hdi Bennouna

To Stephanie Irvine
Bennouna

Héros sans gloire

Echec d'une révolution
1963 - 1973

Préface
René Gallissot

Tarik Editions

Couverture : Souad Guennoun

Dépôt légal : 2002/0862

Illusion révolutionnaire et contre-révolution monarchique

René Gallissot

« La révolution trahie ». La formule a déjà servi, mais Trotsky n'est pas l'unique révolutionnaire vaincu. Dans l'activisme clandestin déjà, règne la suspicion du traître ; pour les survivants, le ressassement, en quête des défaillances, renouvelle les soupçons. Tout en recoupant les témoignages et en manifestant les doubles ou triples jeux avec la vie des autres, ce livre se refuse à la complaisance dans l'histoire secrète, mais il retrace le parcours d'au moins deux générations qui se tiennent par la main, celle des partisans de l'Armée de libération du Maghreb, et celle des jeunes de « l'option révolutionnaire ». Prolongeant la lutte de libération, le projet était de faire avancer la justice sociale par la construction nationale. Ce qui l'a emporté, c'est au contraire l'exercice absolu du pouvoir régalien sous couvert de nationalisme royal revêtu d'habits sacrés. Ce n'est pas tant l'ordre social qui est sauf, celui qui unit les familles d'héritage bourgeois et les affairistes parvenus, mais le Palais qui triomphe en mettant dans sa mouvance, partis et syndicats.

Il est possible de lire cette reconstitution en voyant se succéder les désillusions, aussi bien intérieures qu'internationales, désillusion de la lutte d'indépendance, désillusion de la révolution algérienne, désillusion des mouvements de libération tricontinentaux, désillusion de la libération arabe et palestinienne, de la révolution libyenne, de l'opposition armée à Hassan II. C'est précisément la toute puissance advenue du système monarchique, le réalisme du règne par la force qui donnent à cette histoire de la résistance et de la lutte libératrice recommencée, le caractère d'une illusion. Mais la terreur d'Etat n'est pas le tout et la fin de l'histoire.

Révolution nationale et libération

Au départ, se situe bien l'engagement de libération nationale par la lutte armée, tant au Maghreb qu'en Palestine si l'on pense au projet initial d'Abdel Krim el Khattabi en 1947 que, sous l'égide de la Ligue arabe, est chargé de conduire le Bureau du Maghreb. La mise en place de groupes clandestins et de bases armées doit aboutir à la coordination insurrectionnelle d'une Armée de Libération du Maghreb. La préparation aléatoire et discontinue passe à l'acte au Maroc en 1953 en réplique à la destitution du Sultan ; puis en reprenant l'appellation de fellaghas du sud et des frontières tunisiennes, ce sera l'insurrection algérienne à partir du 1er novembre 1954. Dans leur cloisonnement et plus encore dans leur action locale directe, les groupes ne savent pas toujours qu'ils relèvent de ce mouvement.

Cette action est anti-coloniale ; la présence de la puissance occupante est à la fois directe, militaire, et moins directe mais continue par les services et l'arbitraire administratif, indirecte ensuite mais très présente en s'élargissant de la collaboration des notables et des familles acquises ; « l'action anti- » est aussi une lutte anti-makhzen. Aussi reprend-t-elle les antécédences d'opposition aux agents administratifs et militaires du pouvoir sultanien instrumentalisé par la colonisation, non seulement dans le Rif, mais aussi dans le Tadla, le Tafilalet, les montagnes atlasiques et le sud saharien profond qui répond aussi à l'occupation espagnole.

Cette lutte est renouvelée par la répression conduite par le Prince héritier en 1957 et 1958 pour cantonner, décimer et réduire l'armée de libération tant dans le Rif, que dans les oasis. On sait que ces opérations militaires ont été servies par des tractations dans un triple jeu, avec la France et l'Espagne, mais aussi en tenant en suspens la question des frontières avec l'Algérie et par une sorte de partage nationaliste du chacun pour soi qui contredit non seulement l'idée d'Armée de libération du Maghreb mais tout projet de solution maghrébine.

Les armées française et espagnole ont pu se prêter la main. La récupération de Tarfaya est portée au crédit du nationalisme royal. L'« action anti- » va avoir un ennemi : Hassan II.

Ces partisans de la libération nationale ne cessent de se heurter aux mêmes serviteurs de l'ordre répressif et conservateur. La continuité d'Etat est elle aussi coloniale et makhzénienne ; elle se retrouve et se concentre au Palais. Deux exemples pris aux débuts et à la fin ; l'assistance militaire française est toujours là. Ce sont des pilotes français qui accompagnent les interventions de répression dans le Rif à la fin de 1958, et le Prince est servi par les anciens officiers de l'armée coloniale. En mars 1973, c'est un officier français et des pilotes français d'hélicoptère qui assurent le transfert du corps de Mahmoud qui sera enseveli au cimetière de Ksar es-Souk. Le président du tribunal au procès de Marrakech en 1971 n'avait-il pas commencé sa carrière comme secrétaire de Ben Arafa, le « sultan fantoche » de la réaction coloniale ?

Cette continuité d'Etat qui conduit à la toute puissance d'Hassan II drapé dans les filouteries constitutionnelles de casuiste de celui que l'on célèbre en France et dans l'Empire comme le « doyen Vedel » , a un sens politique qui ressort d'une comparaison avec la Tunisie et le Maroc. Non sans avoir présidé à l'écrasement de l'insurrection intérieure qui se réclamait de Salah Ben Youssef, Habib Bourguiba a incarné le mouvement national identifié au Néo-Destour et à son doublon du syndicat UGTT. L'opposition révolutionnaire n'avait plus de place. En Algérie, la révolution nationale puis le socialisme national ont été mis en exergue par l'action, fut-elle brouillonne, d'Ahmed Ben Bella, puis avec quelque retard à l'allumage, par les campagnes du gouvernement Boumédienne construisant l'Armée Nationale Populaire, les nationalisations/étatisations et l'Etat-parti FLN et ses organisations. L'opposition est en exil tandis qu'une latitude profitable est laissée aux groupes étudiants islamistes.

Au Maroc, les espoirs de libération sont poussés à la marge ou à la clandestinité de devoir recommencer le geste d'insurrection et la geste activiste du populisme. Le Parti unique est au Palais et les partis issus de l'Istiqlal sont voués à l'entre-deux, au suivisme ou au ralliement C'est au Maroc que se poursuit dans l'isolement héroïque, le mouvement de libération. C'est en 1973, ce qui est hautement symbolique et pervers, que sera créée la carte d'ancien Résistant et ancien membre de l'Armée de libération selon les canons de « la Révolution du Roi et du Peuple". Le Peuple est un faire-valoir.

Le nationalisme royal enferme le passé et le présent dans les limites et les prétentions du Sultanat marocain et le culte monarchique. Après avoir connu de près les risques de disparition par complots et par conspiration, jusqu'en 1973 donc, le saut s'effectue par la Marche verte qui entend faire communier dans la religion royale et mettre dans la dépendance, les aspirations au pouvoir politique. Ce royaume est un empire dont la clef est le Sahara. Ce n'est que sur le tard, voire sans y croire, qu'Hassan II s'est avisé de sa succession en passant un pacte avec le régent de transition qu'il a préféré et qui fut donc Abderrahmane Youssoufi jurant de veiller sur la monarchie sacrée et de conserver l'article 19 de l'absolutisme constitutionnel.

En dehors de ceux qui sur le mode conspiratif analogue au mode policier, ne savent pratiquer que « l'action anti- », l'activisme est aussi une option à perspective révolutionnaire, fut-ce dans l'identification au sujet historique du mouvement national qu'est le peuple. C'est ce que Mohamed Bennouna, le combattant Mahmoud, redit en août 1971 dans une longue lettre au fqih Basri (traduite en annexe de l'ouvrage). « L'idée qu'il suffit d'appuyer sur des boutons est une illusion. » Le sens de l'action n'est pas dans une prise du pouvoir qui sans changer la domination de classe « remplace un régime corrompu par un autre ». C'est la leçon de l'indépendance sans rupture de continuité, et l'argumentation reprend l'analyse historique de « l'option révolutionnaire ».

Mehdi Bennouna en rassemble l'essentiel : « Féru de lectures et passionné d'histoire, Mahmoud retrace le parcours des occasions perdues. Tombé en déliquescence après avoir bradé le pays, le Makhzen a été sauvé par le Protectorat français qui l'a doté de structures modernes, dans le but de légitimer sa présence au Maroc. N'est-ce pas ensuite le mouvement national lui-même, qui, faute de vision politique, a donné une seconde jeunesse au Makhzen au lendemain de l'indépendance ? Combien de temps reste-t-il encore, avant que toute capacité de résistance morale ou matérielle soit définitivement anéantie ? Mahmoud se laisse gagner par la conviction que seule une Révolution peut abolir le Makhzen et permettre l'avènement d'un Maroc moderne... » La justification est morale mais aussi sociale ; Mahmoud relève que « les arrestations de 70 démontrent que la plupart des prisonniers sont des paysans. Il ajoute : « ce pourcentage reflète la réelle situation économique et sociale du pays et impose l'option d'une révolution populaire de longue haleine. » Le peuple serait-il paysan ?

Sociologie historique des deux générations révolutionnaires

Ainsi apparaît une sorte d'équivalence entre le peuple et la paysannerie, du moins la base sociale des campagnes et du pays montagnard. Cette base sociale offre à la Résistance, aux maquisards, à la préparation de l'insurrection, des zones d'implantation et les régions de soutien. Mais la révolution du peuple paysan est non seulement une illusion d'idéologie politique nationale, mais une illusion sociologique. Elle témoigne de cette époque d'engagement de libération par l'inversion ou la mise en couple des classes révolutionnaires : les paysans viennent avant les ouvriers ou forment une alliance : paysans et ouvriers, que rejoignent « les intellectuels révolutionnaires », faute d'être suivis, sauf exception, d'une bourgeoisie qui mériterait d'être appelée nationale.

Le volontarisme politique passe avant l'analyse sociologique comme le montre tout autant la vision militante de Mehdi Ben Barka . Ces combattants de la libération, ces partisans du soulèvement par les armes, ces activistes du mouvement insurrectionnel sont-ils encore des paysans ? Certes ils viennent de l'intérieur et des zones frontières (Souss, Figuig, Atlas, Tadla, Oujda et Rif), mais ils prennent les armes comme on émigre, comme parallèlement à partir de la même condition et éventuellement des mêmes familles, on entre dans l'armée coloniale, les forces auxiliaires du Makhzen reconstitué ou de la gendarmerie.

Les activistes clandestins des groupes urbains sont des migrants, au moins les choses sont claires, et leurs liaisons renvoient aux mêmes pays montagnards et oasiens de départ. Les gens du sud font nombre, à Casablanca surtout, car aux prolétaires s'ajoute le soutien des commerçants soussi qui appartiennent eux aussi comme les figuiguiens et les rifains à des réseaux migratoires pour ne pas dire réseaux de parenté.

Cette composition sociale et ces provenances ont été mises en évidence par l'inventaire des dossiers d'anciens combattants de l'armée de libération (ceux qui ont demandé une carte) que dresse une thèse récemment soutenue. Tout oppose les combattants et les hommes des partis politiques ; les femmes ne sont pas là, ce qui est le seul point commun. Les combattants sont ruraux et migrants ; les nationalistes de parti ou les notables ralliés sont des bourgeois citadins ; le contraste se retrouve entre clandestins et activistes de Casablanca d'une part, et d'autre part le patronage des partis depuis Fès, Rabat-Salé, Tanger ou Tetouan, et en second Marrakech et quelques autres cités de bourgeoisie tant makhzénienne et de collaboration coloniale donc, que foncièrement patrimoniale.

Le fait caractéristique qui marque après 1965 et dans les premières années 70, la seconde génération, celle des activistes révolutionnaires qui de socialisante et marxisante devient marxiste-léniniste, c'est qu'au binôme migrants des montagnes, du Nord rifain et du Sud oasien, ruraux prolétarisés et commerçants installés dans les villes, s'ajoute le passage à l'acte et à la clandestinité de lycéens et d'étudiants. Comme l'engagement de l'Union des étudiants s'étend aux lycées, collèges et Instituts musulmans, c'est la génération UNEM dans sa phase radicale. Sur fond des mêmes origines sociales de l'intérieur et d'arrivée en ville, avec quelques éléments de petite bourgeoisie en plus portant les études, les bases de formation sont des lycées avec internats, les cités universitaires, mais aussi intensivement l'Institut Ben Youssef de Marrakech ou le collège Nahda de Salé, pour ne pas redire les réseaux de Figuig ou de Tiznit, l'ancienneté résistante nationaliste et communiste du Tadla.

A citer les bastions montagneux, les marches frontières, les oasis et le Souss d'Agadir au grand sud indéfini, on retrouve ce que j'ai appelé le paradoxe berbère ; il faudrait dire ici, berbère et sahraoui puisque la fin de l'action de libération en 1973 au Maroc est au point de départ du différend saharien. Ce sont les régions berbérophones, et leurs chants en témoignent, qui portent encore une fois la Résistance. Mais celle-ci se veut un dépassement de ce qui est local ou ethnique ; les combattants se disent marocains ou maghrébins, plus encore quand ils sont dans des centres ou des camps d'entraînement en pays arabe. Ils ne mènent pas le combat des Berbères contre les Arabes, et l'Armée de libération du Maghreb se réclame du nationalisme arabe. Leur lutte est nationale et appartient à la Tricontinentale des mouvements contre l'impérialisme.

Mais le constat demeure, celui de l'absence des citadins et des familles de bourgeoisie sauf quelques engagés politiques ; les notables en continuité de liaison makhzénienne, se reconvertissent du Protectorat au service et à la disposition du Palais. La reproduction sociale et la révérence conservatrice font que le mouvement insurrectionnel est non seulement marginalisé, mais dérangeant et suspect. Il n'est même pour la gauche de l'UNFP qui le couvre ou ne peut se dédire, surtout après le procès de Marrakech, qu'un des trois fers au feu ; la réserve armée plus que la contestation sociale syndicale sert d'argument quand Abderrahim Bouabid négocie avec le Palais, le retour à la voie constitutionnelle de front des partis. Nous sommes à la naissance de l'USFP qui marque en accompagnement de la Koutla formée en juillet 1970, la disjonction qui fait entrer dans la mouvance du Palais et bientôt avec la Marche verte dans la surenchère de nationalisme royal ; seul Ali Yata peut faire plus.

En dessous de ce recadrage politique, la coupure est sociale, sinon entre deux sociétés. Partis et syndicats quelles que soient les rivalités, appartiennent à une société publique ou semi-publique dans la dépendance politique ou la retenue de l'expression et de la contestation du système makhzénien, et plus encore dans la soumission à la sacralisation de la monarchie. La majorité de la population échappe, non pas parce qu'elle est formée de paysans et d'ouvriers, mais est en voie de prolétarisation et d'urbanisation généralisée. L'histoire de la résistance armée, sa fin tragique et sa disparition politique sont aussi des témoins de cette mutation sociale.

Les étapes de la sacralisation de l'absolutisme monarchique

L'extinction de la voie minoritaire de contestation par la révolution armée permet de suivre la consolidation de l'ordre politique dominant par l'allégeance au pouvoir du monarque qui serait l'incarnation de la nation sinon de Dieu. La chronologie est parlante en sa simplicité réduite ici à quelques moments où se serre le nœud gordien.

Au départ, l'abandon et la dispersion de l'Armée de libération, notamment dans la poursuite de l'action libératrice au Rif sortant de la tutelle espagnole et contribuant à la lutte algérienne, et au sud face à la conjonction de l'armée espagnole et de l'armée française. La trahison du mouvement de libération peut être quasiment directe, en passant avec armes et bagages, c'est le cas de le dire, au service du Palais ; la formation du Mouvement populaire à l'encontre de la gauche de l'Istiqlal et des branches résistantes, entend apporter une caution berbère. Plus encore, de 1956 à 1958, s'accomplit l'intégration d'une part d'anciens partisans dans les Forces Armées Royales, la gendarmerie et la police, aux côtés des anciens de la Coloniale qui constituent et la masse et l'encadrement. L'intégration est au moins triple, dans le personnel civil et les forces de l'ordre makhzénien, dans l'armée donc et il est des carrières emblématiques, et dans les Services en continuité des appareils coloniaux. Mehdi Bennouna le relève allusivement dans une note (note 2 du premier chapitre) en évoquant « le reclassement des hommes de l'ANL...dans la sécurité rapprochée du Roi... et les brigades spéciales de police. » Certes il y aura là des agents d'information, mais plus encore la ressource d'un double et triple jeu ; de là ces conspirations à tiroirs qui se retournent contre la préparation insurrectionnelle et la recherche d'une mobilisation populaire, dans lesquelles se complait le fqih Basri misant sur ses contacts et connaissances dans l'armée et les services, voire l'administration civile. « Les vieux réflexes ont la vie dure », insiste Mehdi Bennouna (chapitre Overflow), « Aux yeux du fqih Basri, ses camarades de la résistance, qu'ils aient pris leur retraite ou intégré la police et l'armée au service du Roi, restent des alliés d'hier et peuvent redevenir ceux de demain ».

Les années 1962-63 sont celles de la fin du rêve algérien et maghrébin. Les liaisons entre combattants algériens et marocains ne seront pas rompues ou pourront être réactivées dans l'assistance contrôlée aux groupes oppositionnels ; là aussi les agent doubles sont à l'œuvre. Mais le fait décisif, c'est que du côté algérien plus que du côté marocain, les anciens résistants sont devenus des hommes de pouvoir. Aussi bien Ahmed Ben Bella que le colonel Boumédienne retiennent les bras armés et finissent par la transaction pour limiter l'affrontement, tout en maintenant en instance la question des frontières (que l'on met sous garde armée), sinon les ambitions territoriales. Au mouvement de libération du Maghreb succède la clôture de la prétendue raison d'Etat et de l'orgueil national. La gloire de la nation se confond avec la gloire du chef d'Etat et le nationalisme d'Etat se ferme sur lui-même, qu'il soit républicain ou royal. A l'encontre de cet enfermement nationaliste qui le condamne à mort, Mehdi Ben Barka opère un report vers l'option révolutionnaire défendue politiquement.

La violence de la coupure entre la domination monarchique et la société se manifeste ouvertement le 23 mars 1965. La réponse royale sera double : à la terreur qui n'a pas de limites, se superposent les campagnes de glorification du trône intouchable et de ralliement au plus grand nationalisme qui se fait passer pour la cause sacrée de la Patrie. Après les moments du plus grand danger, la pression constante et la chasse aux ennemis du trône et de l'autel supportent la proposition répétée du recours à un gouvernement d'Union nationale. C'est agiter l'offre d'accès à des ministères, mais la fenêtre est très vite refermée. C'est le cas en mai-juin 1965 jusqu'à passer un message à Mehdi Ben Barka, mais dès juin, l'ouverture est close. Bien avant l'enlèvement, c'est le retour à la méthode forte. Cette pratique de la fausse fenêtre durera jusqu'au laborieux montage d'un gouvernement dit d'alternance. Il en résulte encore un double jeu tant de la part du Roi que de l'UNFP, entre contacts au Palais et carte libre aux pires actions des Services d'une part, et d'autre part maintien par la gauche politique d'un recours possible à la voie insurrectionnelle. S'il n'y a pas encore véritablement deux gauches, A.Bouabid a deux mains, une qui retient l'action armée, et l'autre qui est tendue au Roi. L'option révolutionnaire sert de référence.

Le grand tournant se situe peut-être en 1969 et plus encore 1970. Septembre 1970 est tragique non seulement pour la lutte palestinienne et conduit à la fin des temps des mouvements de libération, de là le passage aux attentats dits terroristes, mais encore ou en second par l'échec de la mobilisation insurrectionnelle au Maroc. Il reste certes la base arrière libyenne. Il faut les deux complots contre le Roi, pour rouvrir la voie conspiratrice.

En 1973, l'ultime tentative de soulèvement qui tient de la fuite en avant se trouve à découvert. Elle périclite dans la complication et la mythomanie des opérations doubles ou secrètes dont les secrets sont sans cesse trahis. La fin sera double elle aussi, celle de la formation de l'USFP en faisant silence sur le passé des choix révolutionnaires pour entrer en gravitation politique royale, celle de la marche à l'apothéose de l'enrôlement nationaliste derrière le Roi et d'adhésion à la religion de la monarchie sacralisée qui se nomme Marche verte.

Derrière la déperdition ou la perdition du mouvement de libération, c'est la fin du Maghreb qui est prononcée, non seulement du Maghreb des peuples qui relève de l'imaginaire populiste, mais un Maghreb tissé de relations transversales ; les frontières sont fermées et les migrations rompues, l'information tronquée ; toute recherche de solution fédérale est suspendue. Il ne reste que le Maghreb de collaboration des Services non sans surveillance réciproque et infiltrations. L'exaltation en grand de chacun des nationalismes interdit une solution d'ensemble pour le Sahara. Certes l'éternité n'appartient pas aux situations de force ni l'avenir à l'isolationnisme national ; la question saharienne est le verrou ou la clef d'un Maghreb fédéré.

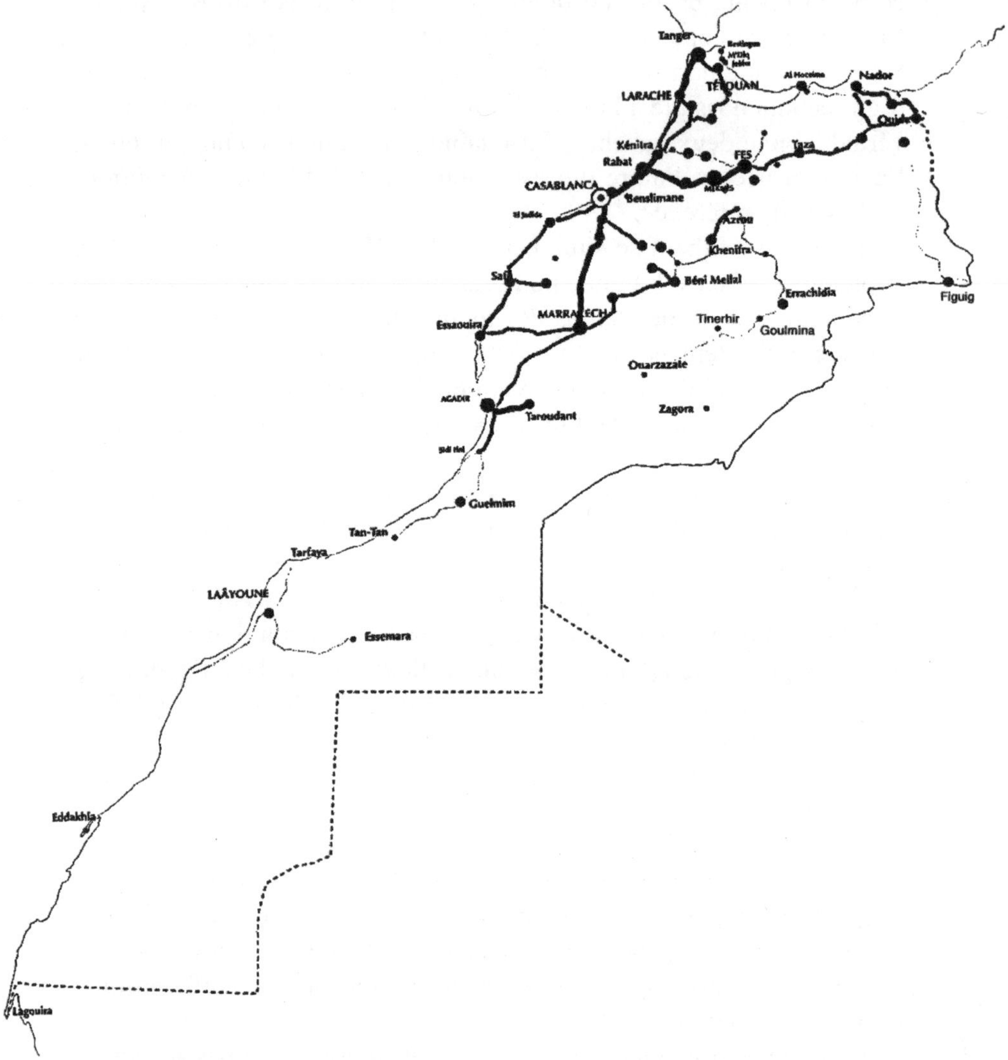

Carte du Maroc

Avant-propos

Mardi 6 mars 1973, quelque part dans le Haut-Atlas (Maroc)

La terre sablonneuse et souple s'abat sans bruit. Seuls les coups de pelle du fossoyeur rythment le silence de l'aube. L'air sent la terre humide. Un fossoyeur creuse une tombe près de laquelle gisent deux dépouilles recouvertes d'un linceul chiffonné. Un peu en retrait, deux hommes en qui il est aisé de reconnaitre des fonctionnaires de police, le commissaire M. flanqué de l'inspecteur A. L'un piétine, visiblement impatient que le fossoyeur ait achevé son ouvrage, l'autre, plus calme en apparence, affecte une attention distraite et le désir d'en finir rapidement. La fosse terminée, ils aident à déposer les deux corps dans le trou. Puis le petit groupe récupère les deux brancards vides et s'éloigne en silence, hésitant entre la solennité de l'acte et le soulagement de la corvée accomplie.

«*Le commissaire M. était venu chercher les corps le lendemain de leur arrivée,* se souvient Omar Jbiha, à l'époque médecin chef de l'hôpital de Ksar es-Souk, ville rebaptisée depuis Rachidia, *trois hélicoptères de l'armée s'étaient posés la veille en milieu d'après-midi. Une manœuvre qui aurait pu passer inaperçue dans cette ville de garnison accoutumée aux mouvements de troupes. Mais, très vite, le périmètre autour de l'hôpital a été complètement bouclé et toutes les issues bloquées. Aucune photo n'était autorisée. L'officier qui commandait était français ainsi que les pilotes. Il m'a confié deux corps sans vie pour procéder à leur identification, ainsi qu'un troisième homme blessé à la jambe, qui saignait abondamment. J'ai immédiatement compris. Depuis plus d'une semaine, la radio évoquait la traque de groupes de guérilla dans la montagne. J'avais en face de moi leur chef, le thorax criblé de balles. Un des projectiles l'avait même atteint à la tête. A ce qu'on racontait, c'était un ingénieur formé en Allemagne. A ses côtés gisait un de ses lieutenants. Le commissaire M, m'a tendu des photos pour l'identification des corps. Mais leur barbe drue rendait l'entreprise impossible. Aussi ai-je procédé au relevé des empreintes digitales. D'après les rumeurs, les pertes dans les rangs des forces auxiliaires étaient élevées. Mais leurs morts et blessés furent acheminés vers un hôpital militaire. 24 heures plus tard, le commissaire M. est réapparu pour emporter les corps et les ensevelir*[1]. »

Le mardi 6 mars aurait dû être un jour ordinaire. Mais le bruit commençait à se répandre que le chef révolutionnaire Mohamed Bennouna, alias Mahmoud, était tombé dans un accrochage près de Goulmima. Deux de ses lieutenants auraient été également touchés, un au moins aurait succombé.

Depuis les premiers échanges de coups de feu à Moulay Bouazza, près de Khénifra, le Moyen-Atlas était en ébullition.

Aussi est-ce avec un enthousiasme à peine contenu que le ministère de l'intérieur insistait, dans un communiqué triomphant, sur la mort du « chef des commandos terroristes ». Reste à combattre ce que le pouvoir redoute autant que les armes : le souvenir. Le commissaire M. qui s'éloigne du cimetière de Ksar es-Souk, sous un soleil encore indulgent, le sait. Aussi, le fossoyeur est-il un de ses hommes, seul moyen de garder le secret. L'instruction de sa hiérarchie est claire : l'emplacement de la tombe du chef rebelle doit demeurer inconnu afin que sa mort efface son existence des mémoires.

L'après-midi même, les fusillades reprennent près d'Asoul, puis à Tinghir, le surlendemain.

Vendredi 29 octobre 1995, Paris

Un attroupement devant le numéro 151 du boulevard Saint-Germain dans le 6e arrondissement de Paris. Ils sont là, postés devant la brasserie Lipp : Brahim, Abbes, Khaled, Idir. La cinquantaine, vêtus de pardessus pour se protéger de la pluie automnale, noyés dans une foule recueillie sur le lieu même où fut enlevé, trente ans auparavant, Mehdi Ben Barka.

Un crime d'Etat qui marque le début d'une guerre ouverte entre Hassan II, le roi du Maroc, et les plus résolus de ses opposants. Cette

---

[1] Entretien avec l'auteur.

guerre, ils l'ont faite quand ils étaient jeunes, tous unis dans le même combat. Depuis, leurs rangs se sont éclaircis. Ce pèlerinage annuel prend des allures de retrouvailles de vétérans. Les arrivants échangent salutations et nouvelles. Après quelques poignées de mains entrecoupées d'accolades chaleureuses, j'engage la discussion. Des rendez-vous sont pris. C'est ainsi qu'a commencé ma recherche.

Quel en a été l'élément déclencheur ? Les séquelles de la perte de mon père ? Probablement, si l'on considère qu'elle a été entourée d'un mystère destiné autant à me préserver d'hypothétiques représailles qu'à enfouir une blessure qui ne parvenait pas à se cicatriser, faute de trouver des réponses à des questions aussi élémentaires que pourquoi ? comment ?

Confrontés à ces questions sans réponses, je portais en moi le besoin de trouver, attisé par un tabou paradoxalement fertile en récits contradictoires et témoignages invraisemblables. Il n'en fallait pas davantage pour provoquer ma curiosité d'universitaire fraîchement diplômé en sciences humaines et rompu à la recherche de terrain.

L'histoire que je me propose de restituer est vraie. Elle retrace aussi fidèlement que possible l'aventure des hommes qui ont porté l'espoir révolutionnaire au Maroc. Elle est peu et mal connue.

Du vivant d'Hassan II, l'histoire du pays se lisait dans le silence de ses protagonistes, relégués au rang de spectateurs passifs d'un pouvoir exerçant un monopole absolu sur la mémoire de son peuple. Trois décennies plus tard, à l'avènement de Mohamed VI, les Marocains savourent une ébauche de liberté qu'ils n'ont jamais connue sur leur sol natal. C'est cette liberté que Mohamed Bennouna a payée de sa vie. Cette histoire raconte la vie, et, pour beaucoup d'entre eux, la mort, de héros anonymes qui, par leur combat mené contre la tyrannie au nom de la dignité humaine, rappellent à notre esprit la réelle signification du mot « résistance ». Fidèles à leurs idées, ils ont tenté avec courage et détermination d'œuvrer à l'avènement de l'instant, tant redouté des dictateurs, celui où le peuple entrevoit ce qu'il n'a jamais imaginé possible, la liberté.

Cette aventure a connu son dénouement tragique dans ce qu'on appelle pudiquement les « événements de mars 73 » : page absente de l'histoire officielle, histoire indispensable, pourtant, tant il est essentiel que les peuples sachent de quoi ils sont faits, le sens profond de leurs sacrifices et de leurs espoirs.

Cette histoire commence tout juste à émerger. Elle est à la mesure du silence dont l'ont enveloppée, depuis de si longues années, les rédacteurs de l'histoire officielle. Unique et dramatique à la fois.

Retracer l'histoire d'une révolution avortée n'est pas aisé, surtout si l'on veut éviter les écueils du discours militant, de la mystification ou de l'anecdote. Depuis, bien des acteurs affranchis ont eu le temps de peaufiner leur version. En même temps, les sous-chefs de la répression, ceux qui se sont illustrés par une servilité zélée, redressent la tête. Eux aussi réécrivent l'histoire. Mais en se drapant des habits de justicier pour avoir anéanti, au nom de l'ordre, ce qui fait la fierté d'un peuple : son honnêteté et son courage. D'autres restent cois, murés dans le silence de la peur, de la honte ou, pour beaucoup, hélas, le silence éternel.

Il ne s'agit ici ni d'un témoignage ni d'un essai, mais bien d'une tentative de cerner, à travers le parcours de certains protagonistes de l'histoire récente du Maroc, la gestation et l'avortement d'un mouvement révolutionnaire qui manqua renverser le cours de l'histoire. L'opacité et le cloisonnement de ce mouvement ont imposé un travail de recherche minutieux pour débusquer et exploiter des sources d'information diverses. Le recoupement systématique de ces informations a été guidé par une démarche empirique, destinée à éviter les raccourcis dont s'accommodent les opinions préconçues.

Mon propos est donc de réhabiliter un épisode de l'histoire contemporaine, dévoyé par le silence des uns et le mensonge des autres. Jusqu'où allait la ré-élaboration de l'histoire et où commençait la réappropriation d'une expérience non vécue ? Mon travail consistait à défricher, recouper et interpréter les témoignages, les dérobades et certains silences, parfois plus éloquents que de longs discours. A cet obstacle s'ajoute un sens aigu de la légitimité du discours. Les instances dirigeantes du parti[2] (l'UNFP, actuelle USFP) dont sont issus les protagonistes de ce récit, se voient volontiers, à l'instar du Palais, dépositaires du patrimoine historique du pays. Si chaque peuple a droit à son histoire, le souci primordial des hommes politiques est de planter sur les événements des drapeaux à leur convenance. A ce titre, ils se consi-

[2] L'Union nationale des Forces populaires (UNFP) est née en septembre 1959 d'une scission du parti de l'Istiqlal (indépendance), parti nationaliste dominant depuis les années 40 et qui a mené la lutte pour l'indépendance. En 1975, il s'est transformé en Union socialiste des Forces populaires (USFP).

dèrent seuls habilités à divulguer ou, plus souvent, à occulter certains pans des événements qui constituent la trame historique d'une Nation.

Une insurrection qui réussit s'appelle « Révolution ». Elle est gratifiée d'un « R » en lettre majuscule. Elle a ses statues, ses plaques commémoratives et ses chroniqueurs qui traquent le récit de ses multiples paternités, revendiquées et controversées. Par contre, une insurrection vaincue s'appelle « révolte », affublée d'une lettre minuscule, symbole de la honte qui pèse sur elle. Orpheline, elle est enveloppée dans le silence. Mieux, la parole est laissée aux morts pudiquement érigés en icônes sacrées de la martyrologie révolutionnaire, objets de vénération pour les uns, de spéculation pour les autres, figés dans la position de faire-valoir.

Restent la distorsion du temps et la crainte qu'inspire l'évocation d'une page subversive de l'histoire. La mise en perspective historique peut faire jaillir sous une lumière exaltante un événement qui fut vécu, en son temps, comme un fait dénué d'importance. Inversement, une expérience marquante peut se voir réduite, *a posteriori*, à l'état de détail anecdotique.

Dans un souci de fidélité, je me suis appliqué à reconstituer certains faits et dialogues, recoupant des documents et les témoignages recueillis.

Les craintes de mes interlocuteurs, quant à elles, n'ont pu être surmontées que moyennant un patient travail de mise en condition. Pour beaucoup, l'annonce et le motif de ma visite ont fait resurgir de vieux réflexes : rendez-vous discrets pris par un intermédiaire, choix d'une table isolée dans un café avec une place dos au mur, lignes jetées hâtivement sur un papier pour ne pas prononcer l'indicible...

Une dernière précision quant au choix narratif. Si les situations et les dialogues ont été reconstitués à partir des témoignages recueillis, qui, pour l'essentiel, forment la trame de ce livre, j'ai pris la liberté, pour mieux restituer la puissance évocatrice des faits qu'ils relatent, d'imaginer certains détails. Enfin, le souci de ménager le confort du lecteur, m'a contraint à ne citer par leur patronyme que les personnages dont le parcours éclaire la trame de cette histoire. Ce choix est aussi arbitraire qu'injuste pour ceux qui méritaient de voir ici leurs noms cités et leur dévouement salué. J'invite le lecteur non averti à se référer à l'index des noms qui figure en fin d'ouvrage, complété chacun d'une notice biographique.

Les pages qui suivent sont le résultat de cinq années de recherche passées à recoller des fragments d'une histoire sauvée de l'oubli.

Mehdi Bennouna

Le crépuscule des braves et l'essor d'une génération
(1953-1963)

Pour avoir sillonné le pays de toute part, Mehdi Ben Barka avait constaté l'évidence : la monarchie, au Maroc est louée par une écrasante majorité de Marocains, non pas en tant qu'institution politique (comment le pourraient-ils dès lors qu'ils sont soigneusement tenus dans l'ignorance de ses rouages ?) mais en tant que symbole, comme donnée essentielle de l'identité nationale et recours face à la toujours possible intrusion étrangère. Pour ces raisons et pour d'autres aussi, elle est vénérée de façon quasi irrationnelle, investie de vertus supra humaines et de pouvoirs surnaturels.

Avec Hassan II, Mehdi Ben Barka est probablement le seul à avoir clairement identifié et compris les motivations sociales et idéologiques d'un tel élan populaire. Le premier s'évertua à les instrumentaliser pour asseoir la pérennité de la monarchie alaouite, le second, lui, s'appliqua à les réformer pour imprimer au Maroc un projet de développement.

La nature de cette rivalité, dont le dénouement tournera au désavantage de Ben Barka et aboutira à son élimination physique, explique pourquoi nombre d'intellectuels et d'ingénieurs, comme Mahmoud, feront le choix des armes. Dès lors, la fin des années 60 devient celle où l'intelligentsia marocaine, inspirée par l'exemple de Che Guevara, prit le maquis.

Mais des anciens leur avaient préparé la voie. Ceux qui avaient sacrifié leur jeunesse dans l'armée de libération nationale des années 50, elle aussi aventure méconnue, et qui, pour beaucoup, avaient été déçus par une indépendance qu'ils avaient appelée de leurs vœux. Dès les premiers mois, en effet, ils voyaient les collaborateurs contre lesquels ils avaient lutté, réhabilités, choyés. Ils voyaient un système ancestral se réinstaller dans toute sa prééminence, jouer le jeu des relations néo-coloniales et, peut être surtout, faire bon marché des espoirs et des promesses qui avaient sous tendu leur combat : non seulement la liberté de leur peuple, mais encore son mieux-être, les gains nécessaires en matière de développement, d'enseignement, de santé, la sortie d'un Moyen Âge duquel, 40 ans après, les montagnes et les plaines du Maroc émergent à peine. Ce premier chapitre illustre le parcours et la conjonction de ces deux types d'individus, Nemri et Sidi Hamou pour les anciens résistants, Mohamed Bennouna, dit Mahmoud et Dakhoun, pour les jeunes étudiants révolutionnaires.

Nemri, l'insoumis

Il arrive que des hommes fassent bouger l'ordre des choses. Par esprit de dignité mais aussi parce qu'ils ont le sens du devoir, ils affrontent des forces qui les dépassent. Nemri, communément appelé Brahim Tizniti, était de ceux-là. Son physique donnait à voir un homme que des années d'épreuves, surmontées par la seule force de la conviction, avaient façonné. Un regard grave lui conférait une austérité quasi religieuse. Il possédait une sérénité intérieure propre à ceux qui ont fait vœu de consacrer leur existence entière à l'accomplissement d'un idéal. Même si les faits lui résistaient, il poursuivait invariablement dans la voie que sa foi en la justesse de la cause qu'il défendait lui avait tracée. Il était véritablement de l'étoffe dont on fait les héros, ceux dont les lâches et les tyrans cultivent l'oubli.

Driss Boubker, son compagnon d'armes et futur colonel dans l'armée marocaine, exprime avec les mots qui sont les siens, son admiration pour Nemri : « *Jamais plus une femme ne mettra au monde un homme d'une telle valeur !* »

L'indépendance en 1956 sonne la paix des braves, à commencer par les plus prompts à convertir leur patriotisme en prébendes. Nemri est alors, parmi les cadres de l'Armée de Libération Nationale (ALN), de ceux qui s'en remettent à Abdelkrim Khattabi et à Allal Fassi, les deux figures légendaires de la Résistance anti-coloniale. Leur mot d'ordre, lancé depuis leur exil du Caire, est : « *Tant que l'Algérie ne sera pas libre, nous n'irons pas parader à Rabat !* »

Nemri n'est pas un combattant de la dernière heure dont l'exaltation naissante rechignerait à s'accommoder d'une paix jugée prématurée. Il a été parmi les premiers résistants à gagner la zone sous contrôle espagnol au nord du Maroc pour rejoindre les camps d'entraînement d'où sortiront les bataillons de ce qui deviendra l'Armée de Libération Nationale. Un embryon armé né au cœur des maquis montagneux après les rafles policières dans les villes, qui ont mis de nombreux «terroristes» derrière les barreaux[1]. Né pour reprendre le flambeau d'une lutte paralysée par l'incarcération et l'exil des principaux dirigeants nationalistes, ce mouvement armé n'a fait que remplir le vide politique créé par la France.

Nemri et ses compagnons y sont rejoints par nombre d'étudiants établis à l'étranger, de jeunes intellectuels, frais émoulus des universités européennes, destinés à servir de cadres aux maquisards. Parmi ces combattants de la première heure, certains marqueront de leur empreinte les années à venir, notamment, Abderrahmane Youssoufi, plus tard Premier ministre.

---

[1] Ce mouvement émerge vraiment, et ce n'est un paradoxe qu'en apparence, en octobre 1955, au moment des négociations d'Aix les Bains, de l'abdication de Ben Arafa, le sultan imposé par la France en août 1953, et du retour programmé de Mohamed V (Voir chronologie en fin d'ouvrage). Il se situe résolument, et avec le recul, on l'aperçoit encore mieux, dans la conjonction avec la lutte algérienne qui va être, jusqu'à l'indépendance du pays voisin, sous-jacente, et dans la lutte socialisante et progressiste du nouveau Maroc indépendant.

Les Feddayin opèrent alors sous le commandement d'un état-major maghrébin où siégeaient côte-à-côte Algériens et Marocains. C'est en effet une libération complète du Maghreb que prônent les chefs de l'ALN. A partir de leurs camps retranchés, ils mènent plusieurs opérations de guérilla qui contribuent à accélérer le retrait de la tutelle coloniale française.

Le chemin conduisant à la souveraineté nationale sera plus long et surtout plus sanglant pour les compagnons de lutte algériens. Le gouvernement français cédera du terrain en Tunisie et au Maroc pour mieux défendre ses intérêts en Algérie. Cette manœuvre de diversion ouvrira une brèche dans la solidarité maghrébine dont se réclame l'ALN. Le pouvoir est, par essence, le fruit de hautes luttes et non un legs librement consenti, aussi légitime soit-il. Ainsi, le geste historique de la France crée un paradoxe significatif. Si le maquis de l'ALN est le creuset de différentes générations de dirigeants algériens de Boudiaf à Bouteflika en passant par Boumédienne, il accouche en même temps des plus irréductibles opposants à la monarchie marocaine. Nemri est de ceux-là. Il n'est pas homme à s'avouer vaincu avant d'avoir livré son ultime combat. Il garde donc foi en une libération complète du Maghreb uni. Le commandement algéro-marocain de l'ALN, réuni à Madrid en janvier 1956, n'a-t-il pas fait serment de lutter jusqu'à la libération complète du Maghreb, se ralliant ainsi à l'appel d'Abdelkrim Khattabi et d'Allal Fassi ?

Mais très vite, ceux qui, comme Nemri, veulent encore y croire, déchantent. Ce qui se voulait une lutte de libération totale se transforme en combat d'arrière-garde. En juillet de la même année, l'ALN cède du terrain. Les bataillons sous le commandement de Brahim Manouzi (Mao dans les rangs des Feddayin), sont défaits par les troupes françaises à Ain Chair dans le Tafilalet. Belhaj Boubou, un autre commandant de l'ALN, dépose les armes à Figuig et Erfoud, aux confins du Sud-est marocain.

Nemri se trouve alors dans le dernier carré qui, acculé de toutes parts, reflue dans le sud et s'établit à Goulimine. Originaire de Tiznit, un douar situé aux confins du désert, Nemri est à l'aise dans cette bourgade saharienne. L'étendue infinie du désert, synonyme pour certains de désolation et de perdition, est pour lui un terrain propice au combat libérateur, trop tôt abandonné dans les villes et les montagnes du Nord. Dans ces contrées, il n'est pas de place pour le futile, seul compte l'essentiel. Sérénité et rigueur indiquent la voie et permettent de percer le secret des dunes et des mirages. Nomade dans l'âme, Nemri ne connaît pour frontière que celle de l'horizon et pour limite que celle de sa volonté. Sa bravoure de guerrier rehaussée par cette liberté retrouvée, plus insoumis que jamais, il se sent prêt à tenir tête aux tempêtes comme aux troupes coloniales. Goulimine est alors le dernier bastion des irréductibles. Parmi eux nombre de ces figures de l'ALN à qui le pays est redevable de son indépendance : Benhamou, Driss Boubker, Jebli et Ben Saïd.

Sans compromis avec le prix d'une liberté chèrement acquise, Nemri et ses compagnons s'érigent désormais en dépositaires d'un combat inachevé. Mais c'est un combat solitaire. Car, dans la déroute, de nombreux combattants ont cédé aux sirènes du nouveau pouvoir né d'une indépendance octroyée. Chaque chef de l'ALN faisant allégeance avec un minimum de cent partisans est gratifié d'un grade d'officier et d'une solde. Plusieurs milliers d'hommes endossent, en l'espace de quelques mois, le nouvel uniforme des Forces Armées Royales (FAR), créées précipitamment au lendemain du retour du Roi sur son trône.

Le commandement de cet embryon d'armée, encadré par des instructeurs coloniaux, échoit au prince Hassan. Le 14 mai 1956, quelque cinq mille ex-maquisards défilent dans leur nouvel uniforme, aux côtés d'anciens tirailleurs, en saluant à la tribune le Roi Mohamed V et le prince Moulay Hassan, nommé chef d'état-major. La troupe est menée, et ce n'est pas le moindre des paradoxes, par des officiers de l'armée coloniale, avec à leur tête, Mohamed Oufkir, serviteur fidèle et méritant de l'autorité protectorale française. La France y voit un gardien de la pérennité de ses intérêts dans un Maroc post-indépendance et la monarchie, un serviteur de la première heure.

Ce revirement marquera profondément l'esprit de Nemri. Pour lui, le renoncement de ses frères d'armes les conduit, insidieusement mais irrémédiablement, à pactiser avec leurs ennemis d'hier : un acte de réconciliation contre nature[2]. Progressivement, Nemri voit l'appel à la reddition du Palais se transformer en piège. Ses compagnons, démobilisés puis intégrés aux FAR moyennant une modique solde, deviennent les fossoyeurs de leur rêve de liberté. Leurs compagnons d'hier, restés réfractaires, quand ils n'ont pas eu la présence d'esprit de se faire oublier, sont impitoyablement pourchassés et éliminés. Très vite, il n'y a plus assez d'hommes libres pour crier leur indignation et dénoncer la machination en cours. Le voile du compromis a recouvert cette aube nouvelle pour laquelle Nemri a lutté et dont il n'aura fait qu'entrevoir le premier rayon.

Désormais, le renoncement sera pour lui, à jamais, synonyme d'abandon, de mort lente. Un sentiment qui lui laisse en héritage une cause à défendre, celle d'une liberté dévoyée par une indépendance en trompe-l'œil. Cette prise de conscience inspirera à Nemri une inextinguible dévotion pour la liberté, transformée en quête d'absolu. Dans ces contrées sahariennes, il se découvre, presque malgré lui, une vocation de prédicateur auprès d'une population idéologiquement apathique. S'il ne devait rester qu'un seul combattant refusant son allégeance au nouvel ordre des choses, ce serait lui. Pour Nemri, un nouveau combat commence.

Sidi Hamou, le rebelle de l'Atlas

Sous un air calme et poli, Sidi Hamou est un farouche chef de tribu. Originaire de Tinghir, petite agglomération à l'embouchure des gorges du Todra, il se distingue par des faits d'armes

[2] Le reclassement des hommes de l'ALN ne s'effectue pas seulement dans les FAR, c'est à dire dans l'armée, ils sont aussi intégrés dans les forces supplétives du Makhzen mobile, placé, lui, sous l'autorité du ministre de l'intérieur, dans la sécurité rapprochée du roi, émanant du palais et dans les brigades spéciales de la police.

contre l'occupant colonial français, qui contribueront à faire rayonner son autorité morale dans tout le Haut-Atlas.

Son visage aux traits émaciés et son regard intense qui contraste avec une locution rare et parcimonieuse dessinent une physionomie qui pourrait dénoter une noble ascendance. Pourtant, la particule « Sidi » qui précède son nom, équivalent de « Sir » en anglais, loin d'être le vestige d'une gloire passée, ne fait qu'exprimer le respect qu'il impose à son entourage. Sidi Hamou n'est pas un baron. C'est un homme moderne. Un de ses fidèles compagnons de route se souvient : « *A partir de 1959, Sidi Hamou a monté un réseau de cellules clandestines. La plupart opéraient déjà du temps de l'occupation coloniale*». Le motif de cette remobilisation tient en une seule phrase : « *L'oppression n'a fait que troquer le képi contre la chéchia*[3]. » Cette veillée d'armes, consécutive à une démobilisation à reculons, est significative de l'état d'esprit de l'époque.

Sidi Hamou partage l'amertume de plusieurs milliers de Marocains ravalant leurs espoirs trahis par une indépendance trop facilement acquise pour être réelle. De son Atlas natal, là où les décisions de Rabat sont généralement accueillies avec circonspection, il assiste, ulcéré, aux spoliations et aux usurpations qui accompagnent le retour de Mohamed V sur son trône. On ne compte plus, en effet, les collaborateurs honnis et les résistants de la dernière heure distingués et promus. Leur nombre s'accroit à mesure que les patriotes sincères sont écartés, voire éliminés.

Cette réalité inattendue fait vaciller bien des certitudes. Désormais, pour Sidi Hamou, la résistance clandestine a changé de raison d'être. De mouvement de libération, elle est devenue, pour lui, un moyen de survie. Son attachement à la liberté, celle qui lui a fait rejoindre les rangs de la Résistance, porte à présent Sidi Hamou à la rencontre de deux hommes unis par leur volonté commune de faire front face au prince Moulay Hassan et à Oufkir : Mehdi Ben Barka et le fqih Basri.

---

[3] Entretien avec l'auteur de Tourki Adi.

Mehdi Ben Barka a participé avec Abderrahim Bouabid aux pourparlers d'Aix les Bains en août 1955 et figure à ce titre parmi les principaux artisans du retour de Mohamed V sur son trône. Cependant, autour de la table de négociation, Mehdi Ben Barka et Abderrahim Bouabid représentent la tête de file de la jeune garde de l'Istiqlal. Cette particularité les conduit, au fur et à mesure que les antagonismes s'amplifient, à marquer leur différence.

A peine quatre ans plus tard, ils créent, le 6 septembre 1959, l'Union Nationale des Forces Populaires (UNFP). Ils y sont rejoints par Mohamed Basri, surnommé le fqih Basri. De dix ans plus jeune que Abderrahim Bouabid et Mehdi Ben Barka, il a déjà, par son passé de résistant, un profil de vétéran. D'esprit frondeur, il voit dans les accords d'Aix-les-Bains une trahison. Ce sont pour lui des accords conclus par les politiques dans le dos des résistants, qui leur arrachent des mains les armes devant les conduire vers une victoire totale. Cette intransigeance puise ses racines dans une lutte de longue haleine qui ne saurait se satisfaire d'une demi-victoire.

Résistant de la première heure, le fqih Basri a fait ses études à l'université Ben Youssef de Marrakech. A l'époque, Marrakech était sous l'autorité du Pacha El Glaoui, potentat féodal qui ne connaissait qu'une seule manière de faire régner l'ordre colonial : la tyrannie. Ainsi, de toutes les villes du Maroc, Marrakech est probablement celle où fermenta le plus l'esprit de résistance. Ce n'est donc pas un hasard si le jeune Mohamed Basri y côtoie un petit cercle d'étudiants contestataires avides de liberté, parmi lesquels les futurs chefs de l'ALN : Bouras, Ben Saïd et Jebli qui tous, au lendemain de l'indépendance, se retrouveront aux côtés de Nemri dans le camp des irréductibles. Devenu le fqih Basri, il s'illustre quelques années plus tard en prenant, en septembre 1955, le commandement d'une évasion collective de la prison centrale de Kénitra. Une trentaine de résistants, dont plusieurs étaient menacés du peloton d'exécution, recouvrent ainsi la liberté. Cet exploit contribuera à en faire un des symboles de la Résistance armée.

Pour Mehdi Ben Barka la solution armée s'impose progressivement comme un pis-aller.

Jusqu'alors les leaders politiques, tout comme le Palais, avaient trouvé leur compte en détournant le désir d'en découdre des réseaux armés réfractaires au nouvel ordre vers un soutien logistique à la révolution algérienne. Mais depuis l'évolution de la monarchie vers une restauration totale de ses pouvoirs, qui contrarie leurs desseins, ils multiplient les appels du pied en direction de l'ALN pour l'inviter à reprendre du service.

Le noyau de cette organisation paramilitaire est aux mains de résistants qui, comme Sidi Hamou, partagent plus l'antipathie à l'égard du régime que le credo socialiste du parti de Ben Barka. Que d'anciens collaborateurs du protectorat français soient investis dans des postes clés de la nouvelle administration, tout particulièrement dans les provinces, achève de le persuader de ne pas baisser la garde : il se sent trahi. Son indignation morale rencontre un écho solidaire auprès de l'entourage de Mehdi Ben Barka, désireux de faire table rase du passé. Mehdi Ben Barka se laisse convaincre que le pouvoir est désormais à conquérir, si besoin est, par les armes. Dans son esprit, l'instrument censé concrétiser ce dessein se compose des éléments de l'ALN ralliés à sa cause. Coup de bluff ou réel changement de stratégie ? Dans les prémices agitées de l'indépendance, cette convergence n'est pas matérialisée dans une action concertée et les tentatives d'approche se multiplient avant de prendre consistance. Les occasions ne manqueront pas : caches d'armes, réunions secrètes d'officiers de l'ALN, évacuation vers l'Algérie de militants recherchés. *« On avait aménagé des dépôts d'armes clandestins à Figuig, Erfoud, Goulmima, Risani et Boudnib »* me confiera, plusieurs décennies après, un des protagonistes[4].

Dans l'attente, arme au pied, d'un appel qui tarde à venir, Sidi Hamou s'organise. Il gagne le soutien tacite ou déclaré d'un nombre considérable d'anciens maquisards et consolide un pou-

---

[4] Entretien avec l'auteur de Mohamed Ben Amara, alias Saât.

voir qui, bien qu'informel, commence à faire autorité dans la région. Le super caïd El Felki va l'apprendre à ses dépens.

Lors des élections législatives de 1963, il ravit à Sidi Hamou une victoire électorale acquise, falsifiant le scrutin et incarcérant ses partisans. Sidi Hamou, candidat UNFP, floué par la supercherie du super caïd, est aussi un cheikh peu réceptif aux injonctions du pouvoir central. Il organise un attentat contre l'imposteur, qui rate. Sidi Hamou, en fuite, est condamné par contumace à 20 ans de réclusion. Bien qu'infructueux, ce fait d'armes contribue, paradoxalement, à renforcer son prestige. Dans cette région reculée, jalouse de ses spécificités, toute bravade au pouvoir central est généralement accueillie comme un témoignage de fidélité aux valeurs tribales. Incident anodin vu de la capitale, qui a la particularité, dans les hauteurs de l'Atlas, de nourrir la mémoire et d'imprégner l'imaginaire. La singularité de Sidi Hamou, celle qui dit toute la profondeur de son destin, se lit dans ce geste guidé par le seul souci de rompre l'emprise du quotidien inchangé des populations.

Infiltration de l'appareil d'Etat

Si les bravades au pouvoir central sont tapageuses et souvent sans grandes conséquences, l'enrôlement des anciens maquisards est autrement plus périlleux. Saât, de son véritable nom Mohamed Ben Abdelhaq Ben Amara, entré dans la Résistance en 1953, garde un souvenir très vif de ces instants : « *J'ai participé à la lutte contre l'occupation française jusqu'en 1956. Je dirigeais une cellule sous le pseudonyme d'Abdallah Khaddar. Notre organisation reposait sur une structure pyramidale : chaque cellule comportait quatre membres qui eux-mêmes coiffaient chacun une cellule de quatre membres, et ainsi de suite. A la tête de l'organisation se trouvait Bouras, alias le fqih Figuigui, alias le «borgne». Notre plus belle opération fut l'attaque d'un train qui reliait Colomb Béchar en 1954*»[5]. Ces années passées dans la Résistance clandestine ont façonné l'esprit de Saât. Guidé par une suspicion sans cesse en éveil, il semble s'accommoder de toute circonstance dès lors qu'elle lui laisse le loisir de l'esquive.

Deux ans plus tard, Saât, comme d'autres compagnons de lutte, fait l'expérience de cette trêve en demi-teinte qui caractérise les lendemains troubles de l'indépendance : « *Belhaj Boubou, qui représentait l'état-major de l'ALN à Figuig, a insisté pour que je rejoigne les FAR* ». Un ex-maquisard, qui avait 17 ans lorsqu'il participa à ses côtés à l'attaque du train de Colomb Béchar, se souvient : « *J'étais le secrétaire d'état-major de Belhaj Boubou à Figuig après avoir opéré, sous son commandement, à Nador en 1955. A l'appel du prince héritier, on s'est rendu à la tête d'un détachement au Palais de Rabat pour faire notre allégeance*[6]. » Mais Saât, lui, hésite : « *Je me suis confié au fqih Basri, le chef de l'organisation secrète. Il m'a recommandé d'obtempérer* ». Toutefois, cette recommandation, émanant d'une figure estimée de la Résistance faisant autorité aux yeux de Saât, s'accompagne d'un «mais». Car si Saât devient l'adjoint du caïd de Goulmima (représentant du ministère de l'intérieur à l'échelle d'un district), sa nomination au sein de l'appareil d'Etat n'entame en rien son esprit rebelle. Il reste l'officier de l'ALN, spécialiste des opérations nocturnes : les activités clandestines se poursuivent dans sa circonscription.

L'épreuve de forces

Le maintien des troupes coloniales sur le sol marocain avec la bénédiction tacite du Palais de plus en plus prompt à temporiser sur les réformes allait achever de resserrer les liens entre Mehdi Ben Barka et le fqih Basri, d'une part, l'ALN de l'autre. Au début de l'automne 1957, les rencontres se multiplient entre Mehdi Ben Barka, le fqih Basri et le haut commandement de l'ALN-Sud. « *Mehdi Ben Barka rencontrait les dirigeants de*

---

[5] Entretien avec l'auteur de Mohamed Ben Amara, alias Saât.
[6] Entretien avec l'auteur de Moustapha El Amari.

l'ALN-Sud à Goulmima en compagnie du fqih Basri», se souvient Saât. «*Comme j'étais l'adjoint du Caïd, Mehdi Ben Barka venait chez moi de nuit*[7]. » Avec Mehdi Ben Barka, le fqih Basri y retrouvait alors des camarades de promotion de l'université Ben Youssef : Ben Saïd et Bouras. Ensemble, ils récupèrent les éléments de l'ALN en déroute pour les concentrer au sud. Ainsi se constitue une base armée répartie en deux rassemblements distincts. L'un établi au Sahara oriental sous le commandement de Bouras, dont l'état major est installé à Erfoud, l'autre, basé à Goulimine, sous la direction d'un haut commandement composé de Benhamou, Driss Boubker, Jebli, Ben Saïd et Nemri.

Entre août 1956 et janvier 1957, les commandos de l'ALN-Sud accentuent leur pression sur les postes militaires français stationnés dans le sud-marocain. Cette présence est stratégiquement vitale pour la France, soucieuse de pérenniser ses intérêts en Algérie, mais très mal tolérée au Maroc par l'ALN en cette période de transition vers l'indépendance. Non sans quelques accrochages, les éléments de l'ALN sud réussissent à prendre position à Attar et à se rendre maîtres des voies de communication entre Tindouf et Foum Lahcen.

Une jonction possible des armées de libération marocaine et algérienne menace directement la Sakiet al-Hamra. La France perçoit la menace de ces opérations de harcèlement qui ne rencontrent aucune réelle résistance militaire ou politique.

L'ALN-Sud échappe au contrôle du Palais, n'acceptant d'autres ordres que ceux des membres du conseil de la Résistance, ralliés à Mehdi Ben Barka. Le premier accroc survient lorsque le haut Commandement de l'ALN-Sud refuse de libérer les prisonniers espagnols, comme le lui ordonne le prince Moulay Hassan, pourtant chef d'état-major des FAR, et à ce titre, commandant suprême de toutes les forces armées marocaines. Revers d'autant plus cuisant que le jeune prince n'a épargné aucun effort pour mettre au pas l'ALN-Sud. Plus importante, jus-

---

[7] Entretien avec l'auteur de Mohamed Ben Amara, alias Saât.

qu'en 1957, que les FAR, en effectifs comme en armement, celle-ci est perçue comme une menace potentielle pour la stabilité et la survie du trône. L'intrigue, sous couvert de rivalités tribales, les tentatives de corruption et les menaces n'ayant donné aucun résultat, Moulay Hassan tente une méthode plus radicale. Alerté à temps, Nemri déjoue une tentative d'assassinat de Ben Saïd et Benhamou. Les comploteurs, une branche de la tribu des Zemmour, se laissent surprendre à Goulimine à la veille de passer à l'acte. L'avancée de l'ALN-Sud se poursuit. Le 23 novembre 1957, la tribu des Aït Ba Amrane attaque des postes espagnols et s'empare d'Ifni.

Le même jour, l'ALN-Sud déclenche une offensive d'envergure sur Tan-Tan, Smara, Oued Dhahab, Dakhla, Laâyoun et la Sakiet al-Hamra. Du Sahara sous occupation espagnole, l'offensive de l'ALN-Sud s'étend rapidement en Mauritanie où les hommes de Nemri et de Driss Boubker se heurtent aux bataillons «sénégalais » de l'armée coloniale française[8].

L'opération écouvillon

Cette nouvelle offensive sert de prétexte opportun à la France et à l'Espagne. Elles joignent leurs forces pour écraser l'ALN-Sud et couper court à toute velléité d'étendre son action en direction de leurs derniers bastions coloniaux : l'Algérie et le Rio de Oro[9]. L'opération est baptisée « Ecouvillon » du côté français et « Ouragan » du côté espagnol.

En janvier 1958, les Espagnols dépêchent 10.000 hommes. Les Français en envoient 6000 et l'aviation pour déloger l'ALN-Sud. La campagne, abrégée par une sauvage brutalité, ne dure que 15 jours : les villages sont pilonnés par l'aviation, les troupeaux, source de survie des populations, décimés. La perte d'un cheptel tuait une famille nomade aussi sûrement que si elle se trouvait

---

[8] Voir à ce sujet, le témoignage de Mohamed Ben Saïd publié dans le journal Anoual. *Anoual nov. 91- avril 92*.

[9] La Sakiet el Hamra et le Rio de Oro, forment l'actuel Sahara occidental.

directement exposée à un bombardement. Isolés et privés de ressources, les combattants de l'ALN sont contraints de se replier. Certains se rendent, d'autres plongent dans la clandestinité. Nemri parvient à se dégager avec une poignée de partisans. Cet exploit sera mis au crédit de sa réputation naissante d'insoumis.

Le Palais, garant d'une indépendance acquise de haute lutte, n'y trouve rien à redire : l'affaire affaiblit l'ALN, renforce les FAR et l'appareil sécuritaire du régime. Les ex-tuteurs coloniaux continuent à assumer leur rôle de « protecteur » du trône. Fort de cette garantie, celui-ci donne son assentiment et son soutien à cette opération de pacification qui s'inscrit dans la pure tradition coloniale. Pour le prix de sa collaboration, le prince Moulay Hassan se voit rétrocéder par Franco la région de Tarfaya dont il vient prendre possession le 10 avril 1958 à la tête d'une division des FAR conduite par Oufkir.

A Casablanca le fqih Basri organise le retour de ses hommes et compte ses forces, éparses. Mais le Palais a soin d'apaiser Mehdi Ben Barka et son entourage par un gage de bonne volonté. Comme pour atténuer les séquelles de l'opération Ecouvillon, il convie Mehdi Ben Barka et ses partisans à former un gouvernement. Ce sera le gouvernement Abdallah Ibrahim[10]. Ce qui n'est encore que la gauche de l'Istiqlal[11] s'accommode de la manœuvre, au prix d'un compromis qui lui sera fatal.

Au fil des jeux d'alliances, le Palais noue une coalition hétéroclite, mais non inédite, avec d'une part les féodaux ruraux, effrayés par les idées de modernisme prônées par Mehdi Ben

---

[10] Ce gouvernement se maintiendra de décembre 1958 à mai 1960, en dépit d'une lutte sourde et constante avec les forces du Makhzen dirigées par le prince héritier Moulay Hassan, futur Hassan II. Ayant entamé des réformes économiques et sociales qui n'entrent pas dans l'option libérale de celui-ci, il sera renvoyé, le 20 mai 1960, à la veille des premières élections communales et municipales et remplacé par un gouvernement dirigé directement par le roi Mohamed V et dont son fils est le vice président.

[11] L'UNFP n'est pas encore créée.

Barka, et les forces coloniales animées d'un esprit revanchard[12]. En tacticien avisé, Mohamed V a eu soin de s'attirer les bonnes grâces des féodaux de l'arrière-pays. Compromis pour leur collusion avec le protectorat, ils sont devenus, au lendemain de l'indépendance, les partisans obligés du nouveau monarque, seul garant de leurs fortunes, le plus souvent usurpées et donc menacées par les projets de réforme agraire brandis par le nouveau gouvernement. Le Palais n'a donc pas à attiser longtemps leur rancœur en agitant les vieux démons d'un régionalisme passéiste que Mehdi Ben Barka entendait précisément supplanter en formant une nouvelle génération de «citoyens-militants» mobilisés dans la construction d'un Etat moderne. Sollicités, les « féodaux » montent au créneau. Emportés par leur zèle anti-réformiste, ils entreprennent, en octobre, de déterrer la dépouille d'Abbès Messadi, figure de l'ALN, enterrée à Fès, pour l'ensevelir à Ajdir, qui fut jadis son fief.

Geste lourd de symbole. En effet, Abbès Messadi, dirigeant de l'ALN, est mort assassiné pour avoir tenté de rallier les FAR à l'invitation du Palais et Mehdi Ben Barka est accusé d'être le commanditaire du meurtre. C'est une aubaine pour les féodaux ruraux qui, par ce geste, défient le chef de file des « modernistes », tout en rappelant leur allégeance au trône. La procession funèbre se transforme en une gigantesque parade anti-istiqlalienne qui marque l'acte fondateur du Mouvement Populaire (MP), parti légitimiste à forte connotation rurale et régionaliste, érigé en rival de l'Istiqlal avec la bénédiction du Palais. Mais, la cérémonie, changée en manifestation, devient vite incontrôlable. La police tire. C'est l'occasion pour le prince Moulay Hassan d'en finir avec les résidus de l'ALN basés dans le Rif, restés réfrac-

---

[12] On retrouve la même symbiose dans l'affaire du Glaoui sous le Protectorat ou dans celle d'Addi Ou Bihi après l'indépendance. Je renvoie les lecteurs désireux d'approfondir cette question à l'analyse éclairante de Rémy Leveau, *Le fellah marocain. Défenseur du Trône*, Presse de la Fondation Nationale des Sciences Politiques, 1985, et à celle de Maâti Monjib. *La Monarchie marocaine et la lutte pour le pouvoir*, éd. L'Harmattan, 1992.

taires à son autorité. La France, soucieuse de les dissuader de prêter main forte à leurs frères algériens, met ses pilotes au service du jeune prince. Secondé par trois anciens de l'armée coloniale, le lieutenant Chelouati, le capitaine Medbouh et le colonel Oufkir, le prince Moulay Hassan écrase la rébellion dans le sang à la tête de 20 000 hommes. Les témoignages sur les exactions et les atrocités sont accablants. Les légendes militaires prétendent que l'épreuve du feu crée des solidarités qui ne se démentent jamais. Il en est probablement autrement des baptêmes du sang : les trois officiers des FAR qui conduisent les opérations aux côtés du futur Roi se découvriront successivement des vocations de régicide.

L'arrestation de Abderrahmane Youssoufi et du fqih Basri

Le coup de grâce est porté le 15 décembre 1959. Trois mois à peine après la création de l'UNFP, en septembre 1959, le fqih Basri et Abderrahmane Youssoufi, sont arrêtés pour délit de presse. Dans leur journal, *Attahrir,* ils avaient osé suggérer que le gouvernement soit responsable devant le peuple, crime de lèse-majesté[13]. Les intentions du monarque se dévoilent lorsque Ben Saïd, un des principaux chefs de l'ALN-Sud, se retrouve également derrière les barreaux. Jebli, naguère son compagnon à l'université Ben Youssef, et donc cadre prédestiné de l'ALN, en réchappe de justesse : « *Nous revenions d'une tournée d'inspection dans le sud lorsque nous avons été arrêtés par un barrage. Comme je conduisais la Jeep, accoutré d'une simple djellaba, on*

[13] Cette arrestation vise à mettre en difficulté le gouvernement A. Ibrahim qui ne bronche pas : Ben Barka lui-même conseille la retenue, il veut éviter tout clash avant les élections de mai 1960. Basri, directeur du journal et Youssoufi, rédacteur en chef, avaient aussi dans le numéro incriminé dénoncé les agissements des forces de sécurité. Le 25 décembre 1959, ils sont condamnés pour atteinte à la sécurité intérieure de l'Etat, offense à la personne du roi et troubles de l'ordre public. L'UNFP crie au complot et essaie de dissocier le roi de son fils. Youssoufi est libéré le 30 décembre. Basri, emprisonné est déféré au printemps 1960 devant le tribunal régional de Rabat sous l'inculpation de délit de presse et de diffamation (Le Monde, 25.5.1960).

m'a pris pour un chauffeur. Ben Saïd, lui, a été immédiatement arrêté et transféré à Tiznit[14]. »

L'objectif inavoué du Palais est de paralyser l'ALN en neutralisant ses principaux dirigeants. Aussi personne ne s'étonne lorsque l'accusation évoque un « complot contre la vie du prince héritier ». Version du chef d'inculpation postérieure au jugement du tribunal régional de Rabat qui, lui, ne retient que le « délit de diffamation ». Mehdi Ben Barka pressentant la tournure des événements, se réfugie à l'étranger. Désormais, le Palais a la voie libre. Il dissout l'Armée de Libération du Sud en mars 1960, renvoie dans la foulée, le 20 mai 1960 le gouvernement dirigé par Abdallah Ibrahim, empêché depuis son investiture d'exercer la plénitude de son pouvoir, et nomme en remplacement le prince Moulay Hassan, chef du Gouvernement, et le colonel Oufkir directeur de la sûreté nationale. 9 jours après, les élections communales et municipales déjà prévues peuvent être menées dans un autre contexte : elles seront néanmoins un relatif succès, tout au moins urbain, pour l'UNFP.

Rares sont alors ceux qui échappent à la mise au pas. Convoqué par le ministère de l'intérieur à Rabat en décembre 1960, Saât, le résistant clandestin devenu adjoint du caïd de Goulmima, est à son tour mis aux arrêts. Il est condamné à quatre ans de prison pour recel d'armes. Quelques mois plus tard, début 1961, le capitaine Belhaj Boubou, qui avait contraint Saât à rentrer dans les rangs, est assassiné à Casablanca en compagnie d'un commissaire. En même temps, d'autres fusillades éclatent entre factions rivales de la Résistance, épilogue sanglant d'une spirale de violence qui emporte plusieurs vétérans de la lutte pour l'indépendance.

Du démembrement progressif de l'ALN, il ne reste, en 1960, qu'un réseau de cellules disséminées dans le pays, dont les chefs, s'ils ne sont pas en prison ou en exil, ont trouvé refuge dans la clandestinité.

---

[14] Entretien de l'auteur avec Abdesslam Jebli.

Les rescapés de la liquidation de l'ALN

Après la liquidation de l'ALN, El Farchi a quitté son domicile de Casablanca et interrompu son activité constante depuis 1953 : approvisionner l'ALN en armes. En 1959 El Farchi a 30 ans et déjà beaucoup vécu.

Né à Marrakech, sous le nom d'Omar Nasser, il est devenu, sous le Protectorat, après avoir emménagé à Casablanca, El Farchi. Il arbore ce nom de guerre au sein de l'Organisation secrète, la *Moundama Sirya*, nébuleuse de cellules clandestines urbaines dont les attentats souvent sanglants ébranlent alors la suprématie coloniale. Il est maçon de jour et résistant la nuit. Sa devise, il l'a clamée la main droite tendue sur le Coran : « la liberté ou la mort ! » Elle l'unit aux deux autres membres de sa cellule : Amr El Kamdi, surnommé le «philosophe» en hommage à une scolarisation encore rare, et Abderrahmane Sahraoui. Ce dernier mettra du reste son serment à exécution en avalant sa capsule de cyanure lors de son arrestation pour ne pas avoir à dénoncer ses compagnons sous la torture.

Ses talents de maçon ayant contribué à l'expansion de Casablanca en plein essor économique, El Farchi connaît l'histoire de chaque pierre. Expert en planque, il sera, aux côtés de ses deux compagnons, un redoutable activiste qui donnera du fil à retordre aux forces d'occupation françaises. Caches d'armes, évasions, attentats, le palmarès d'El Farchi a largement de quoi constituer un chef d'inculpation semblable à ceux qui envoyèrent certains de ses compagnons devant le peloton d'exécution. La jeunesse d'El Farchi, prologue aventureux, lui a trempé un caractère d'acier.

Lorsque je le rencontre pour la première fois en 1996, je découvre un personnage à l'énigme intacte : gestes économes, visage imperturbable. De son physique de catcheur se dégage une force tranquille. Ses mains massives sont les témoins silencieux d'une vie d'exploits et de souffrances. Il a le regard grave de ceux dont l'existence est un long combat, certes juste, mais qui laisse l'arrière-goût amer de la perte des proches, des sacrifices et des trahisons.

Notre entrevue se déroule au quartier Derb Sultan à Casablanca, dans cette maison qu'il a bâtie de ses propres mains. Des moments de méditation interrompent son récit. El Farchi contemple alors, dans le vide, quelques brides de son existence que l'intrusion de ma curiosité rappellent inopinément à son souvenir. Ainsi défilent devant ses yeux les épisodes d'une vie vouée à un accomplissement jamais atteint. Pour un tel homme, pudique dans ses sentiments et habitué au secret de l'action clandestine, mes questions ne peuvent être qu'inopportunes. Mais, au terme d'une longue méditation, comme pour meubler le silence, El Farchi se résout à faire confidence de son passé. Il prend son temps, choisit ses mots et ponctue chaque phrase dans un souci évident de bien se faire comprendre : « *Début 1960, un traître dénommé Abdesslam Kouider a permis le démantèlement de plusieurs cellules clandestines à Casablanca. Deux de mes compagnons, Abdallah Zenagui et Belhamou El Fakhri, furent arrêtés, condamnés à mort et exécutés. J'étais le seul rescapé de ma cellule tout comme Cheikh-El-Arab qui vit plusieurs de ses camarades tomber en captivité*[15]. » La cellule d'El Farchi faisait partie d'un réseau chargé d'acheminer à Casablanca un stock d'armes de l'ALN-Sud sauvé de la déroute. Le fournisseur de cet arsenal était Nemri.

Réfugié dans la clandestinité après la dissolution de son commandement, le dernier geste de Nemri a été de récupérer ces armes pour des jours meilleurs. Mais l'opération tourne court. Un des destinataires de l'armement, le gouverneur de Beni Mellal, Bachir Ben Thami, devance tout le monde. Il prend le maquis en mars 1960 avec une centaine d'hommes, après avoir assassiné un commissaire de police et attaqué trois postes, et clame son allégeance au parti de Mehdi Ben Barka. Les FAR mettent un mois à le déloger[16]. Un acte manqué qui contraint les

[15] Entretien de l'auteur avec Omar Nasser, alias El Farchi.

[16] Arrêté le 15 avril 1960, il est jugé en mai avec 81 autres accusés et condamné à mort. Il sera gracié puis libéré en 1981. D'autres Caïds suivront son exemple comme Ben Mousa en 1962 (voir chronologie).

derniers chefs clandestins de l'ALN, notamment Jebli, Ben Saïd et Nemri, à s'évanouir dans la nature.

Au cours d'une fusillade meurtrière à Casablanca avec la police, El Farchi est blessé à la jambe. De planque en cachette, il a gagné le nord du pays, atteint l'Espagne, la France, puis le Liban pour arriver finalement, le 14 août 1961, à Damas, nouveau havre des rescapés de l'ALN. El Farchi y retrouve tout d'abord Nemri, mais aussi d'autres irréductibles[17]. Reclus dans leur exil syrien, ces hommes contemplent de loin la réalité d'une monarchie absolue restaurée dans un Maroc, partiellement affranchi de la tutelle coloniale. Certes les apparences sont trompeuses, suffisamment en tous cas pour priver le dernier carré de l'ALN du soutien inconditionnel de la population dont il pouvait encore se prévaloir moins de quatre ans auparavant.

A partir de 1962, l'Algérie indépendante fait renaître l'espoir, celui de voir le mot indépendance rimer avec liberté. Le rêve est à nouveau permis. Les exilés de Damas prennent le chemin d'Alger par vagues successives. Ne s'étaient-ils pas jurés de lutter ensemble jusqu'à la libération complète du Maghreb ?

Plaque tournante de nombreux mouvements révolutionnaires africains, asiatiques et latino-américains, l'Algérie des années soixante devient à la fois le foyer et le modèle des aspirations émancipatrices qui secouent le tiers monde. Y transiteront les principales figures des peuples en quête de liberté : le Guinéen Amilcar Cabral, l'Argentin Che Guevara et bien d'autres, moins connus.

Les dirigeants de l'Algérie nouvellement indépendante offrent l'hospitalité à leurs anciens frères d'armes venus chercher des raisons d'espérer, manière pour eux d'exprimer leur

---

17 Amr Attaoui (arrivé en même temps qu'El Farchi), Houceine Khaddar, Bouras, Saïd Bounilat (de son vrai nom Mohamed Ajjar), Abbès Sebatta, futur président du conseil communal de Rabat. Ces trois derniers avaient été condamnés à mort par contumace pour leur implication dans le supposé « complot contre le prince héritier. »

fidélité aux convictions « maghrébinistes », nées des liens soudés au plus fort de la Résistance au colonialisme français.

Mais la complexité des rapports algéro-marocains dépasse la simple solidarité révolutionnaire. En effet, Hassan II, alors prince héritier et chef d'état-major des FAR, s'est montré, dès 1958 un partisan de la cause algérienne.

Ahmed Ben Bella, lorsqu'il arrive aux commandes du pays, découvre en Hassan II un allié objectif de la première heure dans sa quête de légitimité et de stabilité. Trois semaines après la déclaration d'indépendance, Hassan II, récemment intronisé, effectue sa première visite de chef d'Etat dans l'Algérie indépendante, sans même y avoir été convié. Cette pirouette diplomatique lui permet de damer le pion à Gamel Abdel Nasser, chantre de la décolonisation, et de s'imposer aux Algériens comme un allié de fait. Pour soigner son effet, il apporte dans ses bagages un cadeau destiné à séduire ses hôtes : 10 blindés légers. Cet armement équipera l'embryon de l'armée nationale algérienne, alors divisée en plusieurs clans rivaux. En connaisseur, Hassan II avait vu juste, et Ben Bella ne pouvait que lui en savoir gré. Pour asseoir son autorité, le nouveau pouvoir à Alger devait neutraliser les groupes armés rivaux, tout comme la monarchie marocaine avait laminé l'ALN. Le marché scellait en un pacte tacite les objectifs immédiats des deux régimes voisins. Ben Bella consolidait les bases de son autorité et Hassan II assurait la pérennité de son acquis en gagnant la neutralité de son voisin.

Mahmoud, l'intellectuel militant

Très tôt, Mehdi Ben Barka a pris la mesure de l'inertie résultant des rivalités personnelles et des affinités régionalistes qui minent les rangs de la Résistance comme celles des formations politiques. Ce constat l'a amené à opter pour l'édification d'un mouvement de masse unitaire. Tirant parti des impératifs de reconstruction nationale, il a organisé, durant l'été 1957, le chantier d'une route reliant El Hoceima à Fès. Ce trajet est un symbole : il unifie le territoire jadis sous administration espagnole aux régions jusqu'alors sous protectorat français. Le chantier durera trois mois, pendant lesquels, 12 000 jeunes volontaires, arrivés des quatre coins du pays, s'affairent à tour de rôle, pendant un mois, à la construction des différents tronçons. Mais l'objectif de Mehdi Ben Barka est ailleurs. Prenant exemple de l'expérience chinoise, il répartit les équipes de travail en différentes brigades, mélangeant intentionnellement l'origine ethnique des travailleurs. Après les quelques heures de labeur quotidien, suit une formation politique et... militaire. Un programme qui ne fait pas mystère de ses ambitions : former une nouvelle génération de citoyens conscients politiquement et prêts à défendre les valeurs qui leur ont été inculquées : la patrie, le peuple, le progrès. Aussi, est-ce avec un mélange de fierté et de perplexité, que les jeunes volontaires assistent à l'arrivée à Fès d'un Mohamed V, alerté par la tournure du chantier de cette route de l'Unité et venu distribuer à tour de bras des certificats de mérite. Manière élégante de congédier tout le monde. Le développement oui, mais pas au service du peuple...

Bien qu'éphémère, cette expérience suffira à marquer les esprits au point de constituer le creuset d'une nouvelle génération avide de progrès et de liberté. Parmi eux, Mahmoud, de son vrai nom Mohamed Bennouna, dont le destin tragique soldera bien des espoirs. Fils de Maati Bennouna, épicier, et de Bathoul Bent Mohamed Moulime, il est né à Rabat en 1938. Il a grandi sous l'influence du militantisme nationaliste de son frère aîné qui a travaillé au chantier de la route de l'Unité. L'avidité du jeune Mahmoud était palpable lorsqu'il se nourrissait des récits de son frère aîné, rentré du chantier. Sa jeunesse se confondait avec l'émergence de la Résistance armée dans les principales villes du pays et les exploits des maquisards dans les montagnes. Il n'avait que 9 ans lorsque son frère, bravant les forces d'occupation du Protectorat, abritait au domicile familial les réunions clandestines d'une cellule de l'Istiqlal et hébergeait des fugitifs, recherchés pour cause d'agitation nationaliste.

Les premières années de Mahmoud ont donc été bercées au rythme de ces amitiés nationalistes, nouées dans l'enfance. Happé par le raz-de-marée libertaire, Mahmoud a fait, comme beaucoup d'autres, l'école buissonnière pour participer au jeu interdit de la révolution : les journaux clandestins cachés sous les matelas, les tracts déversés dans les rues pendant la nuit, les affiches collées sur les murs, les brimades contre les présumés collaborateurs. Il a maintes fois fait le mur avec ses compagnons pour participer à des manifestations interdites, prendre part à des réunions clandestines ou encore chahuter les prières du vendredi récitées au nom du « sultan fantoche », un vieillard docile que les Français avaient mis en place après avoir contraint à l'exil celui qui devait devenir Mohamed V. De ces actes de révolte Mahmoud ne mesurait alors que vaguement les conséquences. A l'aube de la puberté, le jeu des grands gagne en attrait. Le jeune Mahmoud se laisse transporter par l'allégresse ambiante.

A 17 ans, il assiste au retour d'exil triomphal de Mohamed V à Rabat qui scelle la victoire des siens, ceux qui ont lutté et vaincu le colonialisme français. Mais en ces lendemains d'indépendance, les temps sont troubles. Mahmoud, déjà, dénonce les reliquats du colonialisme et l'occupation étrangère. L'apprentissage de la vie se confond souvent avec celui de la survie. Il n'y échappe pas : il est gardien de nuit au lycée pour aider sa famille, puis employé au service des communications du ministère des Affaires étrangères.

La lutte pour l'indépendance achevée, commence le combat pour la construction d'un Etat moderne et souverain. Pleine d'espoirs, la nouvelle génération de diplomés se donne quelques années au maximum pour rattraper des siècles de retard, mission exaltante qui mobilise alors nombre de jeunes talents. Aussi, n'est ce pas un hasard si la carrière de Mahmoud sera scientifique, priorité dictée par la nécessité de surmonter les obstacles techniques d'une marche forcée vers le développement. Patriotisme sincère donc, mais patriotisme encombrant pour les partisans du statu quo.

Mahmoud emboîte le pas de cette nouvelle élite montante qui butera sur la vieille garde féodale accrochée à ses privilèges. Scolarisation, modernisation et démocratisation sont autant de mots d'ordre susceptibles de saper la base sociologique de la féodalité. Car leurs antinomies, analphabétisme, obscurantisme, et clientélisme, constituent le meilleur creuset du caractère sacré de la monarchie, euphémisme qui désigne l'absolutisme de droit divin. Tout cela provoque l'accouchement d'une jeunesse frustrée de ses rêves de conquête.

Il ne faudra pas longtemps donc à Mahmoud et à ses camarades pour réaliser que les obstacles au développement sont aussi et surtout politiques. Un de ses camarades de lycée, de trois ans son cadet, qui, à 14 ans déjà, a goûté aux geôles du Protectorat, rappelle l'ambiance qui régnait alors à Rabat : « *Certes, la tutelle coloniale s'était retirée, mais la bourgeoisie compradore, après avoir su en profiter, s'était vite rangée sous l'aile protectrice du roi*[18]. »

Mahmoud a passé son baccalauréat dans ce haut lieu de la contestation lycéenne contre le colonialisme qu'est le lycée Moulay Youssef de Rabat. L'affaire du canal de Suez, le détournement de l'avion des dirigeants du F.L.N. et l'essai atomique français au Sahara, entraînent les lycéens dans la rue pour manifester leur solidarité dans des conflits qui se trament au-delà des frontières. Ainsi Mahmoud figure parmi ceux qui apportent clandestinement une aide logistique au FLN algérien. Pour lui, le patriotisme et le civisme sont indissociables de l'esprit de résistance.

Mais progressivement un conflit naissant s'esquisse à l'intérieur du pays.

Dans ce contexte survolté propice à tous les débordements, survient la scission de l'Istiqlal et la création de l'UNFP en 1959. Syndicats et organisations sont confrontés à un choix : pour ou contre Mehdi Ben Barka, qui, avec ses partisans sillonne le pays pour gagner les militants à sa cause. Pour Mahmoud, la voie est

---

[18] Entretien de l'auteur avec Abderrahmane Seyad.

tracée. Il anime une grève dans les principaux lycées du pays. Le mot d'ordre importe moins que le but tactique : contrecarrer la main-mise de l'Istiqlal sur le système scolaire. A l'époque du protectorat, l'Istiqlal avait ouvert des écoles dites « nationalistes », en réaction aux écoles de notables mises en place par l'administration coloniale.

Conjointement, Mahmoud se retrouve à la direction de *Toufoula chabya* (Jeunesse Populaire) de Rabat, organisation militante de scoutisme fortement influencée par l'UNFP. L'objectif politique consiste à former et encadrer une génération de citoyens capables de construire un Etat indépendant dans lequel ils seront maîtres de leur destinée. A l'époque, il fallait faire preuve à la fois de générosité et de témérité pour embrasser un telle vocation, tant la vulnérabilité des institutions de cette jeune nation, à peine affranchie de la tutelle coloniale, attisait les appétits. Mais Mahmoud, tout comme ses compagnons de *Toufoula Chabya* pour la plupart affiliés à l'UNFP, ne sont dépourvus ni de l'une ni de l'autre. Alors même que la pensée critique est périlleuse, l'UNFP est imprégnée dès sa création de cette vocation pédagogique qui fera d'elle une école de cadres avant d'être un parti. Mahmoud résume alors cette vocation en quelques mots simples : « *C'est dans la prise de conscience de cette jeunesse, c'est dans son éducation politique que réside l'avenir de notre pays, sa libération du joug de la féodalité et de ses oppresseurs*[19]. »

Ce parti Mahmoud ne lui est pas lié qu'idéologiquement : Mehdi Ben Barka est le mari de sa cousine, Ghita Bennani. Il leur rend visite, à l'instar de beaucoup d'autres jeunes, dans la maison familiale de l'avenue de Témara. Le lien familial se mue en communion de pensée.

L'ambition de Mahmoud préfigure la nature de son combat. Comment pourrait-il en être autrement quand la monarchie restaurée apprécie son rayonnement au zèle que déploient ses sujets à s'échiner ? En gratifiant l'assujettissement, le Palais ne fait

---

[19] Afrique-Asie, n° 27, 2.4.1973, Simon Malley : Maroc, la guérilla ?...

aucun mystère du rôle qu'il assigne aux citoyens dans le cadre de son dessein national : celui d'un dévouement inconditionnel à la monarchie absolue. Ce despotisme paternaliste qui mesure encore sa grandeur à la servilité de ses sujets n'est qu'un archaïsme encombrant aux yeux de la jeunesse UNFPiste.

Le cœur plein d'espoir, elle s'est tournée vers les héros contemporains que sont Nasser, Che Guevara et Patrice Lumumba, tous érigés en porte-voix d'une dignité retrouvée après avoir extirpé leur peuple de plusieurs siècles de domination en lui insufflant fierté et combativité.

Les bruits des canons et des exécutions sommaires, dans les oasis du Sud ou dans les montagnes du Nord, ne sont pour Mahmoud encore que des échos lointains emportés par la ferveur ambiante née de cette indépendance tant attendue. Mais ils se rapprochent à mesure que l'injustice se fait plus grande et que le terme du sursis de liberté approche. Ses études à peine terminées et contraint de travailler, Mahmoud devient fonctionnaire chargé de la collecte des impôts dans les régions rurales. « *Rien*, écrira-t-il par la suite, *ne m'a autant révolté que le spectacle de nos paysans subissant l'arbitraire et l'exploitation des propriétaires fonciers nationaux et étrangers... C'est dans mes contacts quotidiens avec cette classe déshéritée que j'ai le mieux senti la nécessité d'une révolution qui rendrait la terre à ses véritables propriétaires, les fellahs..*[20] »

Mais bientôt Mahmoud, au bénéfice d'une bourse de l'Union nationale des étudiants marocains (UNEM), part en Allemagne de l'Est où il entame des études d'ingénieur en électronique. Lorsqu'il reviendra au Maroc, il refusera maintes offres gouvernementales pour se consacrer à la politique et militer parmi les ouvriers et les paysans. Il a déjà réalisé que seule l'action concrète peut lui donner le sentiment de contribuer efficacement au développement de son pays.

---

[20] Afrique-Asie, n° 27, 2.4.1973, Simon Malley : Maroc, la guérilla ?...

Dahkoun, l'activiste

« *Omar Dahkoun était un homme peu loquace, discret et affable. Il évoquait les choses plus qu'il ne les disait. Mais doté d'une grande force de persuasion, il imposait son point de vue et surprenait son entourage par son éloquence*[21]. » Tel est le portrait brossé dans une biographie parue en août 2001 sur cet homme au passé détonnant. Né le 1er mai 1936 dans la région de Taroudant, Dahkoun a presque le même âge que Mahmoud et exalte la même ferveur : un désir de liberté qui ne trouve son exutoire que dans l'insubordination. Mais s'il sont de la même génération, l'enfance de Dahkoun a tout à envier à celle de Mahmoud qui pourtant n'a rien d'un nanti. Dahkoun est un fils de prolétaire, troisième enfant d'une famille pauvre échouée dans les taudis d'Aïn Sebâa à la périphérie de Casablanca, où se déversèrent les premières vagues de l'exode rural.

Après une scolarisation irrégulière à Casablanca, il poursuit sa formation secondaire à Rabat, avant de s'inscrire au lycée Nahda de Salé. Quand l'hospitalité de quelques âmes charitables lui fait défaut, il n'est pas rare qu'il doive passer ses nuits dans un mausolée du cimetière de Salé.

A peine adolescent, Dahkoun découvre la misère. Dans une telle existence, l'euphorie de l'indépendance a tôt fait de se dissiper : même les espoirs les plus modestes sont contrariés par la réalité. L'adversité enseigne à Dahkoun les vertus de la solidarité. Le peu qu'il possède, son gîte de fortune, le taudis familial à Aïn Sebâa, abriteront nombre de camarades étudiants, aussi démunis que lui.

A Rabat, puis à Salé, loin de la cellule familiale, Dahkoun se frotte à la vie, en particulier à la vie politique. Régulièrement, il assiste aux réunions d'une cellule de l'UNFP. Les intervenants y parlent de droits, d'émancipation, de liberté et de progrès, mots

---

[21] Voir le quotidien *Ahdath El Maghribya* du 12 août 2001, 5ème épisode d'une biographie de Dahkoun, incomplète, car censurée, publiée par Abdelhamid Jamhari. *Ahdath el Maghribya* (8 au 26 août 2001).

qui sonnent comme une révélation aux oreilles de Dahkoun. La misère, lui dit-on, n'a rien d'une malédiction, elle est le fait d'un système pervers qu'il faut changer. En 1962, alors qu'il poursuit ses études à Salé, Dahkoun se lie d'amitié avec deux camarades plus jeunes que lui de trois ans, Driss Meliani et Moustafa J'daini. Le premier est originaire de Salé, le second d'Oujda. Leur amitié naissante coïncide avec leur prise de conscience et une rapide radicalisation du combat politique. Grèves, manifestations, les lycées étaient devenus des terrains d'affrontements politiques. Hamid Barrada, alors président de l'UNEM, rapporte que, inspiré par l'exemple sud-américain, il organisa des cellules dans les lycées : « *C'est là que la révolte commence à éclore*[22]. » Dahkoun et ses deux compagnons composaient l'une de ces cellules. Et la révolte ne tarda pas à éclore. En 1963, le directeur du lycée, Boubker Kadiri, candidat Istiqlalien aux élections législatives, est pris à partie par Dahkoun et son groupe qui ne jurent que par son rival Mehdi Alaoui, candidat UNFP. Ce dernier a été, quelques mois auparavant, victime avec Mehdi Ben Barka d'une tentative d'assassinat maquillée en « accident de la route ». Cet évènement contribue à révéler à Dahkoun et ses compagnons l'envers d'un décor qui abusait encore nombre de leurs compagnons, favorables à un légalisme de façade.

Mais Dahkoun est plus activiste que dialecticien. Son intuition des enjeux politiques lui dévoile un enchaînement conduisant irrémédiablement vers un affrontement direct et sans merci. Il perçoit l'inaction enrobée de rhétorique, dans laquelle se complaisent certains compagnons comme l'expression d'un fatalisme, une manière de consentir à un système qu'il réprouve. De belles paroles en quelque sorte, dans lesquelles les indécis, hésitant sur l'interprétation à donner aux intentions du régime, puisent un peu de cet espoir destiné à bercer leurs illusions. Cet attentisme périlleux ravive en Dahkoun une ferveur militante qui ne s'éteindra qu'avec lui.

---

[22] Entretien avec l'auteur.

Les trois lycéens décrochent leur baccalauréat en 1964. Meliani et J'daini, sans doute motivés par un programme qui les a laissés insatisfaits, se destinent à l'enseignement : ils deviendront chacun professeur de lycée[23]. Dahkoun, lui, hésite. Après quelques mois passés à Casablanca au service des passeports, il tente sa chance en France puis en Allemagne. Mais il passe plus de temps à débattre de la situation au Maroc avec ses camarades de l'UNEM qu'à fréquenter les hémicycles de l'université où à délivrer des documents dans un bureau. Il se cherche une vocation professionnelle, c'est une vocation politique qui émerge.

En mars 1965, n'en pouvant plus de ronger son frein, il se rend à Alger. Une année plus tard, il quittera la capitale algérienne pour Rabat avec en poche un message de Ben Saïd à l'attention du fqih Basri.

L'existence de Nemri l'insoumis, de Sidi Hamou le rebelle de l'Atlas, de Mahmoud le militant et Dahkoun, l'activiste dessinent quatre trajectoires aux contours différents mais dont le sillage révèle les même aspirations et les même appréhensions, nées de cette confusion propre aux ères nouvelles qui donnent à croire que tout est possible. Elles ne tarderont pas à se rencontrer, destin d'une époque où la continuation de la lutte pour l'indépendance est appelée à se solidariser avec le volontarisme de l'élite intellectuelle progressiste résolue à propulser le Maroc vers la modernité. L'enchaînement dramatique de l'histoire unira leur sort 15 ans plus tard dans une lutte dont on ne ressort pas indemne.

---

23 J'daini sera exécuté à Kénitra le 1er novembre 1973 et Meliani à Kénitra le 27 août 1974.

De gauche à droite : fqih Basri, Abderrahim Bouabid, Mehdi Ben Barka.

Ci-contre : Mehdi Ben Barka avec le fqih Basri.

Ibrahim Tizniti, alias Abdallah Nemri, Chibani, El cheikh. Mort au combat à Amissour le 6 mai 1973.

Sidi Hamou Abdelalim, alias Tahar. Décédé à Tinghir en 1996.

Mohamed Bennouna, alias Mahmoud. Né en 1938 à Rabat. Mort au combat à Amellago le 5 mars 1973.

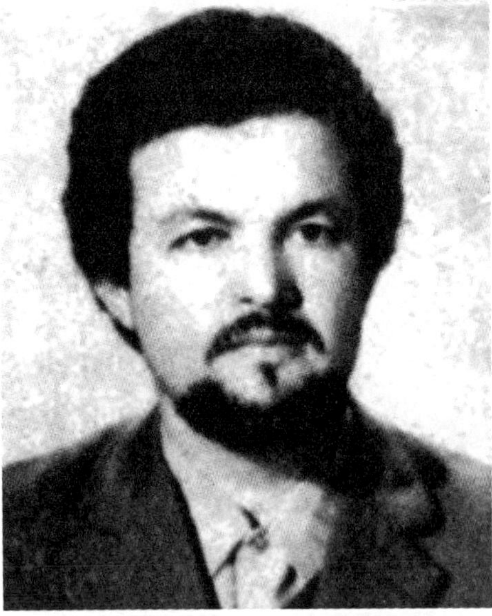

Omar Dahkoun, alias Zouhair. Né en 1942. Exécuté à Kénitra le 1er novembre 1973.

Réunion à Ifni en 1958 entre le Haut Commandement de l'ALN-Sud et des chefs de la résistance. De droite à gauche : Omar Farchi, Driss Ben Boubker (debout), Belhamou, Saïd Bounilat, Mohamed Ben Saïd, Mohamed Ben Ali alias Boulhia, Amr El Harizi alias « le philosophe » et Elkebir Bouzkri.

Une des rares photos de combattants de l'ALN-Sud. On reconnaît Nemri (3e depuis la droite) à côté de Driss Ben Boubker (2e depuis la droite) entourés d'officiers de l'ALN-Sud.

Nemri (4e depuis la droite) à côté de Driss Ben Boubker (3e depuis la droite).

Pose du comité fondateur de Toufoulat Chabiyat. On reconnaît Mahmoud au deuxième rang (quatrième depuis la gauche) et Mehdi Ben Barka au premier rang (deuxième depuis la droite).

Mahmoud (à gauche) lors d'un rassemblement de Toufoulat Chabiyat. Parmi eux, Benkirane (au centre avec les lunettes), futur gouverneur.

Mahmoud animant une réunion de la cellule UNEM en RDA.

Option révolutionnaire
(1963-1968)

« La page sera tournée »

Après son accession au trône, le 3 mars 1961, Hassan II doit faire face à de sérieux problèmes intérieurs et extérieurs. La lutte entre l'UNFP et le palais, engagée depuis le renvoi du gouvernement Abdallah Ibrahim, en mai 1960, avant la mort de Mohamed V, se précise. L'éradication de l'ALN et l'étouffement des libertés l'ont aggravée.

Hassan II est certes parvenu à verrouiller l'administration et à étouffer toute velléité contestataire. Mais, dans cette période marquée par le panarabisme, où le Baath vient d'accéder au pouvoir à Damas et à Bagdad, la gauche arabe est un puissant modèle. C'est aussi la période des mouvements de libération en Afrique, en Amérique latine, des « focos », foyers révolutionnaires, chers à Che Guevara. Réfugiée à l'extérieur des frontières, l'opposition bénéficie du soutien des états phares du Moyen Orient, Egypte, Syrie, Irak. Elle s'affirme plus résolue que jamais : le premier exil de Mehdi Ben Barka, à partir de 1960, le rend fort d'un soutien international qui va de Pékin à La Havane en passant par le Caire et Moscou. L'épreuve engagée entre la monarchie et la nouvelle formation politique, porteuses chacune d'une vision du Maroc, semble irrémédiable.

Avant le congrès de juin 1962 de l'UNFP, Mehdi Ben Barka a tiré l'enseignement des erreurs passées et mis au point le texte fondateur de ce qui deviendra «Option Révolutionnaire », texte visionnaire qui reflète une profonde mutation idéologique[1]. En filigrane d'une analyse des rapports de forces, Mehdi Ben Barka présente l'option révolutionnaire comme la seule alternative crédible pour relever les défis lancés par le régime. Le contexte semble propice à un nouvel affrontement.

A la fin de la même année, le parti prend clairement position pour le boycott du référendum constitutionnel de 1962 jugeant que le texte proposé entérine l'absolutisme du pouvoir royal, au détriment d'une monarchie parlementaire de type démocratique. Dans ce combat contre ce qu'elle qualifie ouvertement de « codification d'un pouvoir personnel et réactionnaire », l'UNFP est pourtant isolée au sein des autres forces politiques. Le combat politique est très dur. L'UNFP met en cause directement et en des termes radicaux, impensables quelques années plus tard, la monarchie dans ses meetings. Elle déclare « il n'y a de remède à ce régime que dans sa disparition ».

Pour qui connaît les méthodes électorales sous Hassan II, le résultat du référendum constitutionnel est un avertissement explicite de ses intentions : le texte est approuvé par 80,10 % des votants avec une participation de 85%, des chiffres comme seule une administration plus disciplinée qu'impartiale peut en produire, en dépit de la forte abstention de certains centres urbains.

D'ailleurs le Palais n'attend pas le verdict populaire pour réagir. Comme pour conjurer le sort, le Roi préfère anticiper le scénario. Une tentative avortée d'assassinat en novembre 1962 de Mehdi Ben Barka, revenu au Maroc en mai, maquillée en accident de la route, est le premier signe annonciateur d'un durcissement du pouvoir et de l'imminence de l'épreuve de force.

---

[1] Qui sommes nous ? Quel est notre adversaire ? Quelles sont les circonstances qui nous ont amenés ici ? demande d'entrée A. Ibrahim qui présente le rapport politique du congrès. Le texte de Mehdi Ben Barka n'est pas lu publiquement mais toutes les résolutions organisationnelles du congrès sont issues du texte non prononcé de Mehdi Ben Barka. Voir *Ben Barka, une vie, une mort*, par Zakya Daoud et Maâti Mounjib, ed. Michalon, Paris, 1996.

C'est dans un tel contexte que le gouvernement A. Ibrahim est renvoyé et les premières élections organisées, en mai 1963. Un mois avant le scrutin, Mehdi Ben Barka et Abderrahim Bouabid lancent un avertissement à peine voilé dans une interview accordée à Jeune Afrique où ils mettent en garde contre de nouvelles fraudes électorales : « *Notre adversaire réel est celui qui refuse de remplir la tâche qui était naturellement la sienne, celle d'arbitre... nous voulons parler du roi... nous voulons créer une monarchie constitutionnelle où le roi serait le symbole de la continuité des institutions et où un gouvernement responsable exercerait le pouvoir... Si l'administration devient l'instrument d'un parti politique, alors il n'y aura plus de recours et l'affrontement direct est inscrit dans les faits. Dès lors, nul ne peut dire jusqu'où iront les choses. A cette tentative de main mise de l'administration sur le peuple, nous serons obligés de riposter et nous ne pourrons plus exister en tant que parti légal* ». Et d'ajouter : « *La page sera tournée pour le mouvement national qui entamera alors une nouvelle étape de son combat*[2]. » Beaucoup ont pu penser que cette radicalisation verbale était une tentative de pression, censée servir de levier pour un éventuel compromis politique. Mais l'avertissement ne s'en inscrit pas moins dans un jeu, qui, aussi subtil qu'il puisse paraître, peut à tout moment basculer dans l'irréversible. Dès lors, la fin et les moyens ne font plus qu'un.

Quelques jours plus tard, le 5 mai 1963, juste avant les élections, l'UNFP publie un manifeste dans lequel elle se déclare « *l'adversaire du régime féodal et personnel. L'un de nos objectifs les plus immédiats est d'y mettre fin. C'est la fierté de l'UNFP d'avoir acculé ce régime à se montrer à visage découvert. Il ne s'agit pas de l'améliorer, de l'amender ou de le cautionner, il s'agit de l'abolir. Pas de composition avec ce régime, pas d'union nationale autour de lui*[3]. »

---

[2] Voir l'hebdomadaire *Jeune Afrique*, 8-14 avril 1963.

[3] *Ben Barka, une vie, une mort*, op cité.

Dans un premier temps, l'UNFP sort politiquement renforcée de l'épreuve. Les élections confirment sa prééminence. Malgré les entraves et la répression, la mise à l'écart de fonctionnaires soupçonnés de sympathie (qui à vrai dire a commencé depuis 1958) elle remporte 28 sièges et 22,3 % des voix, culminant même à 90% des suffrages exprimés dans les circonscriptions urbaines comme à Rabat, où se présentent ses principaux ténors, Mehdi Ben Barka et Abderrahim Bouabid.

Dans un tel contexte, l'appui du peuple au nouveau parti, malgré la fraude électorale, est éloquent. Et la réaction du régime ne tarde pas. Des gouverneurs de province, de hauts fonctionnaires sont mutés ou révoqués pour sympathie avec l'opposition, des locaux de l'UNFP fermés, des militants arrêtés.

Le complot de juillet 1963

Plusieurs auteurs avisés[4] attribuent à un homme le dénouement de l'intrigue qui se profile : le colonel Medbouh. Le pacificateur du Rif a été promu commandant de la garde rapprochée du Roi. Son nom signifie « égorgé » en arabe, référence au prix que payât son père, connu pour avoir combattu Abdelkrim Khattabi et aidé l'armée franco-espagnole contre le héros de la guerre du Rif en 1926. Mais à l'époque, dans les rangs des officiers des FAR, issus pour la plupart de l'armée coloniale, cette filiation n'a rien d'une infamie. Formé au collège d'Azrou, ancien d'Indochine, il a gravi les échelons dans l'ombre de son alter ego, Mohamed Oufkir.

Sans qu'on ne puisse le créditer d'une quelconque sympathie politique, il avait en tant que Ministre des Postes et Télécommunications, dans le gouvernement d'Abdallah Ibrahim, puis en tant que gouverneur de Casablanca, manifesté

---

[4] Notamment Maâti Mounjib, *La Monarchie marocaine et la lutte pour le pouvoir*, éd. L'Harmattan, 1992, et Gilles Perrault, *Notre ami le Roi* , éd Gallimard, 1990.

une bienveillance prudente à l'égard de l'UNFP. Aussi, ses contacts avec le fqih Basri furent-ils appelés à se multiplier. Il semble alors que, sous l'apparence anodine d'échanges purement politiques, le fqih Basri entre en possession de plusieurs informations stratégiques. Mais lorsque le colonel Medbouh est sollicité pour des détails concernant les plans du Palais et les effectifs de la garde royale, il fait marche arrière[5]. A l'évidence, il est plus à l'aise dans le rôle de l'observateur conciliant que dans celui de comploteur. Les jours qui suivent voient le démantèlement de plusieurs réseaux et l'arrestation de nombreux militants.

Promu général, Medbouh se distinguera une décennie plus tard en tant que co-auteur du premier putsch militaire. L'histoire du Maroc ressemble à bien des égards à une succession de vocations tardives.

Les versions divergent encore à ce jour. Y a-t-il réellement eu complot, n'y a-t-il eu que velléités ou ne s'agissait-il que d'une machination montée par le Palais[6] ? Quoi qu'il en soit, la répres-

---

[5] Il en témoignera d'ailleurs au procès. Toutes les personnes contactées par le fqih Basri déclarent «avoir averti les autorités supérieures» qui leur auraient demandé « de maintenir le contact ». *Maroc documents* n° 10, Rabat, Ministère de l'information, janvier 1964. Voir *Ben Barka, une vie, une mort*, par Zakya Daoud et Maâti Mounjib, ed. Michalon, Paris, 1996 et *16 Juillet 1963*, par Abdellatif Jebrou, ed. El Maârif Jedida, Rabat, 2000.

[6] Le 3 août 1964, Reda Guedira, ami du Roi, qui selon la thèse officielle devait également être assassiné lors du complot, écrit dans son journal «*Les Phares*» que «l'UNFP n'a rien à voir dans ce prétendu complot qui n'est que le fait d'une minorité d'agitateurs professionnels et auto téléguidés». Plus tard, Hassan II déclarera lui même «Le terme de complot peut se discuter mais c'en était un dans l'esprit de ceux qui l'ont préparé. Comme il s'agissait d'amateurs qui ont été jugés avec des critères que l'on applique habituellement aux professionnels, les gens ont pensé qu'on avait peut-être un peu grossi les choses». *« La Mémoire d'un roi »*, Plon 1993. Abderrahim Bouabid qui dirige la défense lors du procès déclare au Monde le 22 novembre 1963 : «c'est à partir d'une cellule plus ou moins armée, avec des gens plus ou moins naïfs, que la police a établi le lien avec d'anciens membres de la résistance et des responsables de l'UNFP... c'est un complot contre l'UNFP. »

sion préventive du Palais a pour conséquence de tuer dans l'œuf l'ébauche d'une organisation susceptible de renverser la monarchie. Selon le témoignage de Hamid Barrada[7], à l'époque président de l'Union Nationale des Etudiants Marocains (UNEM), arrêté lors des rafles, ce qui tint lieu de « complot » aux yeux du Palais n'était qu'un début d'organisation s'articulant essentiellement autour de deux axes agissant sans coordination apparente, l'un animé par Omar Benjelloun et le fqih Basri, l'autre, encore plus hypothétique, émanant d'une rencontre entre Mehdi Ben Barka et Cheikh-El-Arab.

De son vrai nom Ahmed Agouliz, Cheikh-El-Arab est un ancien cuisinier en même temps qu'un des premiers résistants urbains et un des fondateurs de l'armée de libération. Ayant échappé aux purges qui accompagnent le démantèlement de l'ALN, il vit depuis 1956 dans la clandestinité. Il est coriace, austère, et, dans le jeu des compromissions achetées à coup de prébendes, incorruptible. « *A cette époque*, se souvient un de ses compagnons, *Cheikh-El-Arab venait souvent nous voir à Kénitra. Bien que recherché pour avoir abattu un agent de la Sécurité Nationale dans le Sud, il se déplaçait à sa guise et tenait plusieurs commerces sous de fausses identités. Il allait même rendre visite à ses camarades détenus à la prison centrale de Kénitra. En 1962, on a réussi à faire évader quelques-uns de ses compagnons comme Bouchaib Doukali*[8]. »

Mais le sentiment d'impunité devient grisant. Moumen Diouri, un des proches de Cheikh-El-Arab fréquente ouvertement à Kénitra des officiers du renseignement et de la gendarmerie et se laisse aller à des confidences. Incrédules, ces derniers n'y prêteront alors qu'une attention distraite. Mais, le jour où les faits corroboreront la véracité de ses propos, ils n'auront aucune peine à remonter la filière.

---

[7] Entretien de l'auteur avec Hamid Barrada.

[8] Entretien de l'auteur avec Abderrahmane Seyad.

Moumen Diouri, qui avait servi d'intermédiaire entre Mehdi Ben Barka et Cheikh-El-Arab, est interpellé le 11 juin 1963. Deux semaines auparavant, il avait acquis un chargement d'armes à la base américaine de Kénitra, comme il le faisait jadis pour le compte du FLN, ce dont il avait fait commerce. Cette fois, les armes sont destinées à Cheikh-El-Arab, qui devient ainsi l'ennemi public N°1 pour avoir voulu constituer des dépôts d'armes et des cellules révolutionnaires. En même temps, plusieurs officiers soupçonnés de collusion avec le fqih Basri sont convoqués au Palais, dont certains ne réapparaîtront plus. Dans la foulée, la police entame des rafles. Abderrahmane Youssoufi, Omar Benjelloun et environ 130 responsables et militants sont arrêtés le 16 juillet en pleine séance du parti à Casablanca. Le fqih Basri et certains de ses compagnons sont également arrêtés le lendemain, au terme d'une véritable chasse à l'homme. Tout l'état major du parti, ses responsables nationaux, 21 de ses 28 parlementaires, au total plus d'une centaine de personnes sont appréhendées. Ce n'est pourtant que le sommet de l'iceberg puisque plus de 1700 militants sont arrêtés et 5 000 militants et sympathisants, responsables et candidats aux futures élections, gardés à vue dans les commissariats. D'anciens résistants, retrouvent la paille des cachots qu'ils avaient connue lors de l'occupation française. La plupart se plaindront d'avoir subi des sévices. La pratique de la torture a gagné en raffinement et certains malheureux ne verront plus jamais la lumière du jour. Les rafles prennent des proportions inimaginables, les militants sont embarqués et transportés par camions entiers, les routes et communications téléphoniques avec l'Algérie coupées.

Au procès qui s'ouvre le 22 novembre 1963 pour se terminer le 14 mars 1964, il y a 200 inculpés, dont 85 présents. Les vedettes sont le fqih Basri, Moumen Diouri, Omar Benjelloun et Abderrahmane Youssoufi, présentés comme les cerveaux de la conjuration.

Mehdi Ben Barka et Cheikh-El-Arab sont jugés par contumace. Le premier a quitté le Maroc le jour même des premières rafles, le second est déjà réfugié en Algérie, comme plusieurs cadres de l'ALN qui ont repris du service. Le procès est riche en rebondissements : tous les accusés reviennent sur leurs dépositions, arrachées sous la torture, ce qui suscite un mouvement de solidarité international.

Le verdict tombe le 7 mars 1964 à 10 heures du soir, après plusieurs mois d'audiences tumultueuses : le fqih Basri, Omar Benjelloun et Moumen Diouri sont condamnés à mort. Le même verdict frappe huit autres dirigeants réfugiés à l'étranger[9]. On compte trois détentions perpétuelles, 20 peines de 5 à 20 ans de réclusion, 20 autres de 1 à 4 ans et 35 acquittements sans oublier une « absolution ».

Finalement ce complot est une aubaine pour le pouvoir qui s'arroge ainsi la totalité des sièges du futur parlement, la participation des partis, UNFP mais également Istiqlal, étant rejetée par eux pour cause de répression. Car l'Istiqal, lui-même, n'échappe plus aux foudres du pouvoir[10].

La rupture est profonde. Le rapport des forces a basculé : l'UNFP est marginalisée, montrée du doigt, stoppée dans son ascension. La boucle semble bouclée.

La diaspora de l'opposition

Le provisoire est le quotidien de l'exilé. L'expectative se substitue aux rituels d'une vie rangée. Rejetant par avance toute idée

---

[9] Il s'agit de Mehdi Ben Barka, Cheikh-El-Arab, Said Bounilat (M. Ajjar), Abbès Sebatta, Abdesslam Jebli, Mohamed Ben Said, Abdallah Bouzalim et Houceine Khaddar.

[10] Dans un document intitulé *Répression au Maroc pendant les élections législatives*, le parti qui avait dit oui à la Constitution, se plaint, sur 81 pages d'une série d'exactions dont 6 morts et 1600 arrestations. Ses dirigeants sont entrés en lutte contre Reda Guedira alors tout puissant bras droit d'Hassan II, qu'ils qualifient de « chambellan », puisque Hassan II ne gouverne plus qu'avec ses proches. Le 5 janvier 1961, les trois ministres istiqlaliens restés au gouvernement en sont renvoyés. L'Istiqlal, pourtant, appuie le projet de Constitution de 1962.

de durée, l'exilé guette fébrilement les signes annonciateurs du changement qui lui permettra de fouler à nouveau le sol de sa patrie, la tête haute. Mais à mesure que le temps s'étire, le provisoire devient plus oppressant, l'éloignement et l'exil s'apparentent à une mort lente. Pour un militant révolutionnaire s'impose alors la nécessité d'œuvrer activement à la réalisation des conditions nécessaires à son retour, voire le cas échéant, à les anticipcr.

C'est l'état d'esprit dans lequel se trouve Nemri, insoumis depuis la dissolution de l'ALN du sud, qui aurait préféré faire l'économie d'une telle expérience. Non pas qu'il se croyait naïvement prémuni contre une telle éventualité, que par ce qu'elle engendre comme contrariété dans le fil logique des événements dans lesquels il s'est projeté.

Sitôt l'Algérie indépendante, Nemri a quitté son exil de Damas et s'est rendu à Alger, pour lui, en quelque sorte, une étape avant son retour au pays. C'est la première fois, depuis ses premiers coups de feu contre les Français, que Nemri est astreint à quitter sa terre natale. La liberté est à ce prix. Maigre consolation pour un militant révolutionnaire contraint de battre en retraite devant un adversaire qu'il s'était pourtant juré d'abattre.

A peine débarqué à Alger, lieu d'exil, lieu de rencontre, il assiste, perplexe, à l'arrivée d'une nouvelle vague de militants, fuyant la répression de 1963. Un deuxième exode qui ajoute à l'ambiguïté de l'exil, aiguise les consciences et donne matière à une profusion de réunions et d'autocritiques. Les raisons et les responsabilités de l'échec sont âprement débattues. Prologue à des rivalités qui ne se démentiront plus, occasion également pour les affinités et les inimitiés de reconstituer des clans.

Lorsque l'Algérie célèbre le premier anniversaire de son indépendance, ce qui reste de la direction de l'UNFP arrive à Alger pour assister à l'événement : Mehdi Ben Barka, Abderrahmane Youssoufi et Mehdi Alaoui. Ils font le compte de leurs effectifs et entreprennent de les réorganiser. Fidèle à son credo fédérateur, Mehdi Ben Barka installe une antenne à Kouba, un quartier résidentiel sur les hauteurs d'Alger, avec un service de presse et un centre de documentation à l'attention des exilés. Au fur et à mesure, le centre de documentation s'étoffera au point de devenir une véritable école révolutionnaire. « *La bibliothèque de Kouba était aussi bien documentée que l'Académie militaire de Saint-Cyr* » se rappelle Ahmed Benjelloun qui y a passé de longues heures à éplucher les manuels de guérilla, à la fin des années soixante : «*Le traité de Clausewitz y côtoyait la théorie des foyers révolutionnaires de Che Guevara*[11]. »

Mehdi Ben Barka ne s'attarde pas à Alger. Tout à ses contacts diplomatiques avec les mouvements de libération et les gouvernements amis, il caresse le projet de coordonner la lutte des peuples désireux de s'affranchir de la domination coloniale et néo-coloniale. Le tribun charismatique de la gauche marocaine se mue en chef de file d'un Tiers Monde qui veut s'émanciper de ses anciens tuteurs coloniaux, sans pour autant servir de pion à l'hégémonisme soviétique ou chinois. Il sillonne les continents, mobilisant ressources et volontés politiques. Ses interlocuteurs sont Nasser, Fidel Castro et Ho Chi Minh.

Pendant ce temps à Alger, les exilés s'organisent.

La guerre des sables

Un des exilés, qui fut journaliste le jour et convoyeur d'armes la nuit, se souvient de son arrivée à Alger en 1963 : « *Un chef de l'ALN en bon termes avec les Algériens m'a fait inscrire à la nouvelle Académie militaire algérienne de Beni Messous dirigée par le commandant Slimane Hoffmann* ». Caprice du destin : arrivant à l'Académie, il y découvre les blindés légers offerts par Hassan II à la jeune République algérienne. « *Natif de Figuig*, poursuit l'exilé fraîchement enrôlé, *je n'ai pas eu trop de mal à me faire passer pour un Algérien. Mon pseudonyme était Rahmane. Seul Hoffmann connaissait ma réelle identité et le but*

---

[11] Entretien de l'auteur avec Ahmed Benjelloun.

de ma formation. Lors de la visite officielle effectuée par Nasser le 4 mai 1963, j'ai été choisi pour assurer la sécurité du président depuis l'aéroport jusqu'au Palais présidentiel[12]. »

Un accord de coopération est conclu entre les deux jeunes Républiques arabes. Il ne tardera pas à se concrétiser. Après quelques figures de style destinées à donner l'illusion d'avoir épuisé tout le répertoire de la diplomatie, éclate entre le Maroc et l'Algérie la guerre dite « des sables ». Il s'agit d'une série d'escarmouches qui s'étendent entre le 13 septembre et le 2 novembre 1963[13].

De l'Académie militaire où il se trouve, le jeune marocain voit ses camarades de promotion algériens partir au front. Sa situation devient critique. Son compatriote, Hamid Barrada, président de l'UNEM, ayant fui le Maroc lors de la répression liée au complot, condamné à mort par contumace pour avoir fustigé « l'agression de son pays contre l'Algérie »[14], l'aide à quitter l'Académie militaire et le fait héberger à Alger. Les exilés marocains assistent aux confrontations qui opposent les chefs de l'ALN, dont ils ne mesurent que partiellement les tenants et les aboutissants et tentent de mesurer les enjeux. « *Tandis que certains cadres en exil évoquaient la reconstruction du parti, d'autres considéraient les palabres dans les villas d'Alger comme une perte de temps, manifestant ainsi leur désir de passer à l'action* », se souvient l'un d'eux[15].

L'idée d'une réactivation de l'ALN fait son chemin avec l'aide du FLN.

---

12 Entretien de l'auteur avec Moustapha El Amari.

13 Voir chronologie en fin d'ouvrage.

14 Le 25 octobre, en plein conflit, une procédure est ouverte contre Mehdi Ben Barka et Hamid Barrada pour atteinte à la sûreté de l'Etat devant le tribunal militaire des FAR à Rabat. Ben Barka écope de sa troisième condamnation à mort pour avoir tenu des propos similaires à ceux de Barrada, mais sur les ondes d'une radio libanaise.

15 Entretien de l'auteur avec Abderrahmane Seyad.

« *J'ai accompagné Cheikh-El-Arab et Saïd Bounilat à Béchar (anciennement Colomb Béchar*», témoigne un exilé. « *avec le Commandant B., chef de la troisième région militaire, on a convenu de l'installation d'un camp d'entraînement à 400 km de Béchar dans une bourgade nommée Ouata*[16]. »

En quelques semaines, le camp de Ouata accueille une centaine de militants. Cette initiative attire les plus hardis : Nemri surgit parmi les premiers arrivants. Sa trempe et sa force de caractère ne pouvaient s'accommoder plus longtemps du sentiment d'impuissance résultant de l'inaction forcée née de l'exil. Il rejoint l'état-major embryonnaire qui s'établit à Oran, composé en outre de Cheikh-El-Arab, Saïd Bounilat, Houceine Khaddar et Hamdoune.

La direction du camp est confiée à Barou, ancien caïd de Salé, ancien camarade de promotion d'Oufkir à l'école des officiers d'Azrou avant de rejoindre l'ALN. Trois officiers instructeurs algériens forment les militants dans leur domaine d'expertise respectif : guérilla, armement lourd et artifices. « *Il y avait des officiers déserteurs des FAR, des résistants et des jeunes, beaucoup de jeunes entre 20 et 25 ans*[17]. »

Très vite, d'autres camps voient le jour, à Tlemcen et Sidi Khaled notamment.

Un leadership révolutionnaire convoité

La cohabitation au sein de l'état-major de l'ALN marocaine en exil n'a rien d'une inébranlable entente fraternelle. Les buts poursuivis ne sont pas toujours conformes aux intentions déclarées. Les hommes composant cet état-major sont aussi fiers de leur prestige de résistants que jaloux de leur autorité. Le colonel Benhamou est le premier à manifester son humeur. Héros de la deuxième guerre mondiale, il figurait avec Nemri dans le dernier

---

16 Entretien de l'auteur avec Moustapha El Amari.

17 Entretien de l'auteur avec Omar Nasser, alias El Farchi.

carré de l'ALN-Sud avant d'intégrer les FAR, pour finalement retourner à ses premières amours. La répression du « complot de 1963 » et la « guerre des sables » l'amènent à déserter avec plusieurs de ses hommes pour gagner l'Algérie. Afin de marquer sa différence, il ouvre son propre camp à Sidi Bel Abbès, à l'endroit même où se trouvaient jadis les campements de la Légion étrangère.

Le recrutement est la deuxième pierre d'achoppement. Venus de l'émigration, parfois recrutés à leur insu, certains pensionnaires du camp n'ont rien de militants. Bien au contraire, pauvres hères appâtés par une vague promesse de gain, ils sont acheminés sans ménagements dans un camp qui se transforme pour eux en centre d'internement. Ces combattants faute de mieux, quand ce n'est pas malgré eux, représentent un facteur certain d'indiscipline et de danger qui n'est pas sans conséquences. La situation s'envenime encore davantage lorsque les Algériens proposent à Cheikh-El-Arab de recruter des militants à Tindouf. Des familles entières sont alors acheminées sur Béchar. Cheikh-El-Arab se rend compte de la supercherie, mais trop tard. Le but des Algériens était de démarocaniser cette ville située sur le tracé de la frontière et revendiquée par eux comme partie intégrante du territoire algérien. Pris au dépourvu, l'état-major hésite sur l'attitude à adopter. Tout indique qu'il n'accorde qu'un intérêt secondaire à l'élaboration d'une stratégie politique commune tant l'objectif unanimement convenu, le renversement de Hassan II, semble à ses yeux se suffire à lui-même.

La question épineuse des prérogatives de commandement achèvera de diviser l'état-major. Lorsque Cheikh-El-Arab contacte secrètement les militaires égyptiens à Béchar, le sang de Nemri ne fait qu'un tour. Cet impair ravive le conflit latent entre les prétendants au commandement. Nemri en réfère aux Algériens qui ne voient pas cette infidélité d'un si bon œil. Le Commandant B., chef de la troisième région militaire, procède aussitôt à l'arrestation et à la séquestration de Cheikh-El-Arab qui ne sera finalement relaxé qu'après que Hamdoune et Saïd Bounilat soient intervenus en sa faveur.

A sa sortie de prison, Cheikh-El-Arab ne pense qu'à se venger du « traître » qui l'a donné. Se sachant menacé, Barou s'enfuit du camp. L'ambiance devient explosive. Les recrues lassées d'attendre et frustrées par des promesses non tenues, manifestent leur mécontentement. Le conflit menace de dégénérer. Cheikh-El-Arab sent que le moment est propice. Il rassemble ses hommes. C'est la rupture. L'état-major éclate en deux factions rivales. Cheikh-El-Arab, Saïd Bounilat et Hamdoune d'un côté, Nemri, Barou et Houceine Khaddar de l'autre. Certains tentent de jouer les bons offices. Mais la révolution algérienne s'exporte mal. Privé d'une direction homogène, le camp de Ouata accouche d'un acte manqué.

Cheikh-El-Arab, l'insaisissable

Le souvenir de Cheikh-El-Arab ravive une douleur enfouie chez El Farchi. D'Alger où il s'est replié par crainte d'un attentat, Cheikh-El-Arab lance à ses proches: « *Puisqu'il s'agit de mourir, autant que ce soit par des balles marocaines*». Il décide donc de rentrer au Maroc. El Farchi sera le seul à accompagner Cheikh-El-Arab dans son entreprise désespérée : « *On a traversé secrètement la frontière le 7 avril 1964. Au début, on s'est installé à Casablanca chez un militant clandestin*[18]. » En quelques semaines, Cheikh-El-Arab et El Farchi parviennent à monter un réseau de cinq cellules clandestines regroupant une trentaine d'hommes, et à récupérer quelques armes, exploit qui doit beaucoup au soutien d'anciens compagnons restés fidèles à l'idéal qui les avait conduits naguère à prendre les armes contre le colonialisme.

Leur organisation s'appuie sur un réseau d'épiceries gérées par des Soussis[19]. Comme du temps de la Résistance, elles font office à la fois de caches, de dépôts d'armes et d'approvisionne-

---

[18] Entretien de l'auteur avec Omar Nasser, alias El Farchi.

[19] Habitants du Souss, région qui s'étend au sud d'Agadir.

ment, et de boîtes aux lettres. Avec les forces de sécurité à ses trousses, Cheikh-El-Arab acquiert vite la réputation d'un Robin des Bois narguant la police et lui échappant à plusieurs reprises, alors même qu'elle était sur le point de le saisir. Dans les bidonvilles de Casablanca, la légende de «l'insaisissable» grandit. En perpétuel mouvement, Cheikh-El-Arab est partout et nulle part. Sa mobilité est d'autant plus grande qu'il bénéficie de complicités s'étendant jusqu'aux forces de l'ordre. Un de ses compagnons en jubile encore plus de trente ans après : « *J'étais avec Cheikh-El-Arab dans la Jeep d'un sous-officier des forces auxiliaires quand sa radio a diffusé un message annonçant notre présence dans un autre lieu de Casablanca et demandant à toutes les unités d'encercler l'endroit indiqué*[20]. »

Par précaution, Cheikh-El-Arab ne dort jamais deux nuits de suite sous le même toit. Mais, fidèle à sa légende, il s'offre le luxe de passer quelques nuits au palais de Rabat, chez le cuisinier du Roi, natif de son village. Le général Oufkir, chef redouté de la sûreté nationale, se jure de capturer Cheikh-El-Arab vivant pour détruire un mythe qui porte ombrage à son prestige. La tyrannie redoute le ridicule. Il déploie donc les grands moyens, mobilisant les brigades légères d'intervention. Le premier à tomber est el Doukali, un activiste arrêté au domicile d'un militant clandestin. Interrogé, il livre un des repères de Cheikh-El-Arab : la maison du directeur de la société pharmaceutique Aspro, dans le quartier de l'Ermitage. « *El Doukali ignorait ma présence à Aïn Chock (*Quartier populaire dans la périphérie de Casablanca)», précise El Farchi.

Oufkir tient une piste. Il décide aussitôt de prendre les occupants de la villa par surprise en donnant l'assaut. Décision hâtive, l'insaisissable avait pris ses précautions. La rue qui borde la villa était surveillée en permanence. Lorsque les hommes de la brigade légère s'avancent dans l'enclos de la maison, ils sont accueillis par des rafales de mitraillettes. La riposte des occu-

[20] Témoignage d'El Hallaoui, rapporté par Ahmed Ouihmane.

pants de la maison de l'Ermitage est meurtrière. Trois officiers des renseignements généraux sont abattus. Lorsque les forces de l'ordre se ressaisissent pour donner l'assaut final, elles s'emparent d'une coquille vide. Cheikh-El-Arab et ses hommes ont pris la fuite par l'arrière. Cet échec cinglant met Oufkir dans une rage folle. Le lendemain, il extirpe de leur prison quatre compagnons de Cheikh-El-Arab, capturés en 1960 à l'époque où El Farchi échappait de justesse à ses poursuivants. Les quatre hommes sont sommairement exécutés sans procès et sans témoins : ainsi moururent Abdallah Bouzalim, Abdallah Gargaj, Souissi El Mzali dit Belahcen et Mohamed Ouchouat.

L'étau se resserre autour de Cheikh-El-Arab. vingt-six combattants infiltrés depuis l'Algérie pour lui prêter main forte ont été pris les armes à la main en juin[21]. Deux mois plus tard, le 7 août, un indicateur remet Oufkir sur la piste. Cheikh-El-Arab se trouverait chez un complice, sous-officier des forces auxiliaires. Cette fois, Oufkir fait boucler le quartier Sidi Othman par la brigade d'intervention légère. Dans l'accrochage qui s'ensuit, Cheikh-El-Arab et son compagnon trouvent la mort ainsi que trois policiers. Un second accrochage survient le même jour dans un autre quartier de Casablanca, qui se solde par l'arrestation de trois hommes[22]. En tout, une quarantaine de personnes affiliées au réseau de Cheikh-El-Arab sont arrêtées.

Cet itinéraire de bandit populaire trahit un cruel manque d'organisation : il révèle de façon dramatique l'inadéquation des méthodes de la résistance à la réalité du Maroc indépendant.

Destin tragique d'un révolté désespérant d'une issue politique, qui ne souffrait pas de voir les « politiciens » noyer le feu de la révolte à coups de compromis. Lorsque El Farchi, évoque celui qui fut son mentor, une mélancolie discrète se peint sur son

---

[21] Six hommes sont interpellés le 3 juin à Oujda, dix-huit le 10 juin à Meknès et deux le 3 juillet à Méknes. Quatorze d'entre eux seront exécutés le 27 mars 1965.

[22] Il s'agit de Brahim Meslil dit El Hallaoui, touché à la jambe, Boushoua et Jawhar.

visage. « *La méthode de Cheikh-El-Arab ? c'est l'absence de plan précis !* » conclut-il, d'une voix volontairement apathique, comme pour masquer une douleur jamais exorcisée. Pour la deuxième fois, El Farchi fuit le Maroc.

Arrestations

Le bruit des pas se rapproche dans la pénombre. L'atmosphère est pesante. Il fait très chaud et humide. Les membres immobiles, Aït Kaddour[23], après de longues minutes passées à rassembler ses esprits égarés, perçoit vaguement les allées et venues dans le couloir, derrière la porte de la cellule. Des cris arrachés à la nuit le tirent définitivement de sa torpeur. Il est à Dar-El-Mokri : de l'extérieur somptueuse demeure située au milieu d'un jardin d'orangers dans un quartier résidentiel de Rabat, à l'intérieur, un centre de torture. Le premier instant d'effroi passé, il se rassure. La séance de torture est finie et il s'en est sorti sans trop de dégâts. Un épisode insolite, vieux de quelques semaines, redécouvert dans les tréfonds de sa solitude, lui revient alors à l'esprit :

— *Es-tu marié* ? lui avait demandé le Dr Benhima, ministre des Travaux Publics et des Transports, en lui servant une rasade de whisky comme pour signifier qu'après l'avertissement qu'il venait de lui faire, l'heure était à une décontraction propice aux confidences.

— *Trouve-toi une femme et envoie-moi la facture du mariage*, ajoute le ministre, sans laisser à son interlocuteur le temps de répliquer.

Un homme célibataire est source d'instabilité, et le Dr Benhima, ministre de tutelle du département dans lequel officie Aït Kaddour, entend régler l'affaire sans éclat. Il a lui-même été jadis un proche collaborateur de Mehdi Ben Barka sur le chan-

---

[23] Mohamed Aït Kaddour, est en 2002, chef de cabinet au ministère de l'Habitat dans le « gouvernement d'alternance » formé par Abderrahmane Youssoufi en 1998 sous Hassan II.

tier de la route de l'Unité. Un antécédent qui n'est pas étranger à sa carrière de ministre. Particulièrement attentif à la loyauté des cadres méritants, le Palais s'est fait une spécialité de débaucher à grand renforts de récompenses les membres de la garde rapprochée de Mehdi Ben Barka : un repenti de l'UNFP est plus en cour qu'un courtisan obséquieux.

Depuis deux ans Aït Kaddour est employé comme ingénieur aux chemins de fer, position qui lui permet une grande mobilité, mise à profit pour ses activités clandestines. Mais il est loin de se douter que la finalité de ses déplacements n'échappe pas aux limiers des renseignements généraux.

Tout a basculé deux jours auparavant. Ce printemps 1964, Aït Kaddour a pris un congé pour se rendre à Midelt chez son père. Sans avoir le temps de le voir, il est interpellé par deux personnes, puis, jeté dans une position inconfortable au pied de la banquette arrière d'une voiture, les mains attachées et un bandeau sur les yeux. Ensuite, c'est la descente dans le sous-sol suffocant de chaleur de ce qu'il devinera par la suite être le commissariat de Meknès. Un interrogatoire a lieu sur la terrasse du bâtiment, sous un soleil de plomb. Questions banales et décousues ne laissant rien présager, préliminaire à un transfert à Rabat, le jour même.

Le cours hasardeux de ses pensées est interrompu par l'irruption soudaine d'un jet de lumière. La porte de sa cellule s'ouvre laissant paraître trois jeunes gens en chemise bleue, marchant avec difficulté. Ils devaient avoir entre 16 et 21 ans. Mais leur âge demeurait incertain tant la grimace arrachée par la souffrance leur défigurait le visage. C'étaient eux les bruits de pas entendus précédemment derrière la porte. A peine entrés, ils s'effondrent sur le sol. Leurs pieds sont ensanglantés et boursouflés. Ces jeunes épiciers soussis de Casablanca viennent de subir une lacération de la plante des pieds. La police sait que Cheikh-El-Arab trouve occasionnellement refuge dans quelques-unes de leurs échoppes et elle tente par tous les moyens de leur arracher des aveux. L'entrée des trois jeunes gens, permet à Aït Kaddour de s'accoutumer à la pénombre et de découvrir du même coup la foule de personnes agglutinées dans la salle qui tient lieu de cellule, au moins une cinquantaine. Un monde éclectique rappelant davantage un hall de gare qu'un centre de torture. Il reconnait, en premier, un ami gisant à quelques mètres, à demi conscient. Ingénieur des travaux publics à Berkane, originaire comme lui de Midelt, il a fait avec lui les 400 coups lors de leur vie étudiante à Paris. Leur périple à Tlemcen en Algérie, il y a trois semaines, au Q.G. des chefs de l'ALN en exil, ils l'ont vécu comme une nouvelle virée d'étudiants chahuteurs. « *On était tellement naïfs qu'on y est allé avec notre propre passeport en passant la frontière le plus officiellement du monde. Pire, on y est même retournés une deuxième fois*[24] », se rappelle Aït Kaddour. Au Maroc, les erreurs de jeunesse se paient cher. Entre temps, Cheikh-El-Arab s'était introduit depuis l'Algérie avec El Farchi, narguant la police et l'armée. Le déplacement d'Aït Kaddour à Tlemcen devenait, par le hasard du calendrier, une atteinte à la sécurité de l'Etat.

A ses côtés, deux officiers, qu'il devine être des déserteurs. Pêle-mêle, quelques Sahraouis, probablement des hommes de l'ALN-Sud. Plus loin, un groupe de paysans écoute un vieil homme d'une corpulence imposante, un Cheikh de Sefrou, psalmodier le Coran. Certains graffitis au mur témoignent du séjour récent de militaires algériens, probablement capturés lors de la guerre des sables. Il y a aussi des membres de la famille de Cheikh-El-Arab, retenus en otage. A côté, un ancien chef de cabinet qui s'avérera être une source inépuisable de cigarettes, un entrepreneur de Meknès et un journaliste trublion à l'égard duquel sa méfiance ira croissant.

Des années plus tard, un épisode précis de son passage à Dar-El-Mokri reste encore gravé dans la mémoire d'Aït Kaddour. Alors que son supplice avait commencé, une voix perplexe lui parvint distinctement au milieu de ses convulsions : «*Toi ici* ! ». Bien que son bandeau l'empêche de voir, Aït Kaddour reconnaît

[24] Entretien de l'auteur avec Mohamed Aït Kaddour.

cette voix entre toutes. C'est celle de Dlimi, son aîné à l'Académie militaire de Meknès. Depuis Ahmed Dlimi a fait du chemin. Devenu capitaine, il a effectué un bref séjour dans le renseignement militaire avant de devenir le bras droit d'Oufkir à la sûreté nationale.

Après 80 jours passés dans la pénombre suffocante de Dar-El-Mokri à guetter les allées et venues, à extraire les vers qui mangeaient les pieds putréfiés des jeunes épiciers soussis, Aït Kaddour est conduit devant un juge d'instruction qui lui signifie sa mise en arrestation et son incarcération à la prison centrale de Meknès. Traduit quelques semaines plus tard devant un tribunal militaire, Aït Kaddour est acquitté. Clémence aussi insolite qu'inespérée au vu de l'avalanche de condamnations à mort qui s'abat lors de la même audience sur les combattants infiltrés depuis l'Algérie pour prêter main forte à Cheikh-El-Arab. Quatorze d'entre eux seront exécutés le 27 mars 1965. « *En guise d'explication, le juge signifia alors que le pays avait besoin d'ingénieurs* » dira Aït Kaddour[25].

Du jeune berger à l'ingénieur militant

Lorsque je rencontrai Aït Kaddour en 1996, s'offrit à moi l'image d'un homme au cœur endurci, ne battant plus qu'au rythme d'accès de nostalgie, un homme pressé de confier les secrets d'une vie avant qu'ils ne s'étiole sous l'effet du temps. A son âge, les vocations pour être rares n'en sont pas moins tenaces. Aït Kaddour me livre son récit comme une confession trop longtemps contenue.

Il est né à Bouayach dans la région de Midelt, point de chute d'une tribu sédentarisée par le protectorat français. Dès son plus jeune âge, il se singularise par une vivacité intellectuelle qui force l'admiration de ses instituteurs. Clin d'œil de l'histoire, c'est à Mehdi Ben Barka qu'il doit sa scolarisation. En 1946, sa

---

[25] Entretien avec l'auteur.

tribu est incarcérée pour avoir refusé la corvée caïdale. Elle est alors taxée de velléités nationalistes.

A sa sortie de prison, la tribu envoie une délégation à Rabat pour demander réparation dans le cadre d'un jugement en appel. Elle obtint gain de cause grâce au concours empressé des avocats de l'Istiqlal.

Aït Kaddour était alors un jeune berger, descendu des hauts plateaux pour écouter émerveillé le récit de son père, narrant les hauts faits de leur périple judiciaire à Rabat. Le récit revenait avec insistance sur «un petit qui bouge beaucoup », celui-là même qui avait lancé aux membres de la tribu : « *Mettez vos enfants à l'école !* » Mehdi Ben Barka savait de quoi il parlait. L'enseignement était non seulement une priorité pour une jeune nation en devenir mais aussi le terrain favori de la propagande nationaliste.

En 1953, le colonel Delumeau était chargé de recruter les meilleurs éléments « indigènes » en vue de constituer des forces auxiliaires mieux tolérées que les tirailleurs sénégalais. L'usage était alors de recruter en priorité les fils de pacha. Mais, par souci de rehausser le niveau qualitatif du recrutement, un quota de «biens élevés» compléta celui des «biens nés». Le jeune Aït Kaddour, à peine sorti du collège de Midelt, fut repéré. Il faudra toutefois l'insistance empressée de M. Foulon, directeur des écoles de Midelt, pour que son père, fervent admirateur du «petit jeune qui bouge », consente à laisser son fils gagner le collège berbère d'Azrou, creuset des futurs cadres supérieurs de l'armée. Aït Kaddour s'y distingue après le fils du directeur, préséance oblige. Fort de ses bons résultats, il poursuit sa carrière à l'école militaire de Meknès.

En 1956, on prépare l'indépendance. Après une visite du prince Moulay Hassan, les classes sont vidées de leurs occupants pour faire place nette à de nouvelles promotions triées sur le volet. La plupart des aspirants sont envoyés dans des lycées avoisinants pour compléter leur formation avant de gagner l'armée. Aït Kaddour apprend la nouvelle au retour d'un cross-combat matinal. Son aîné d'une promotion lui apprend qu'il sera policier en mimant, mi-fier, mi-amusé, les gesticulations d'un agent de la circulation. Il s'appelle Dlimi. La plupart des autres camarades sont destinés à une carrière militaire. C'est le cas des deux frères Ababou, futurs conjurés du coup d'Etat de Skhirat, qui figurent également dans la première promotion.

Dans l'indécision, Aït Kaddour gagne alors le lycée de Meknès. Les tumultes de l'histoire se chargent de lui trouver une vocation. L'affaire du canal de Suez et le détournement de l'avion des chefs du F.L.N. l'entraînent dans la première manifestation réprimée par les forces de l'ordre après l'indépendance. Comment se fait-il, se demande Aït Kaddour, qu'une manifestation de solidarité en faveur de pays frères soit ainsi réprimée dans le Maroc indépendant ?

Faute sans doute de trouver une réponse, il se détourne de l'armée et s'inscrit à l'école des conducteurs de chantier à Rabat. Il en sort premier de promotion et se porte volontaire pour le chantier de la route de l'Unité, où il rencontre pour la première fois Mehdi Ben Barka, celui à qui il est indirectement redevable de sa brillante carrière. Après le chantier, Aït Kaddour poursuit sa formation à l'école industrielle de Casablanca, dont il sort à nouveau premier de promotion avec en poche une bourse pour préparer une école d'ingénieurs à Paris. A l'issue du concours, il se voit proposer l'école des ponts et chaussées. Privilège suprême pour un jeune Marocain dans la France de 1961 alors que l'Algérie se débat encore dans la guerre. Mais Aït Kaddour est animé par une prudence héritée de ses racines paysannes. Il ne se hasarde pas au-delà de ce qu'il perçoit être ses limites. Il décline l'offre.

Raison d'Etat

Le cessez-le-feu mettant fin, en novembre 1963, à la « guerre des sables », débouche sur un épilogue diplomatique qui jette les bases d'une issue négociée du contentieux frontalier opposant le

Maroc à l'Algérie. Ahmed Ben Bella, le président algérien, envoie son ministre de l'économie, Bachir Boumaza, à Rabat. Choix d'autant plus insolite que son ministre des affaires étrangères est mandaté en même temps à Paris pour négocier un dossier économique. Une inversion délibérée des rôles qui, traduite en langage diplomatique, exprime une irritation évidente de la part de Ben Bella.

Boumaza arrive à Rabat le 25 octobre 1964. Lors des pourparlers, Hassan II lui lance :

— Je vous défie de trouver trace d'un soutien de notre part à la sécession d'Ait Ahmed[26].

Hocine Aït Ahmed, membre historique du F.L.N., avait en effet pris le maquis en Kabylie. Il est en prison, alors que le soupçon d'une concertation entre les maquisards d'Aït Ahmed[27] et l'offensive des FAR lors de la guerre des sables faisait son chemin dans l'esprit des dirigeants algériens.

— Par contre, poursuit Hassan II, j'ai un rapport détaillé des activités fomentées par des opposants marocains en Algérie.

Il fait alors signe à un de ses conseillers de tendre à Bachir Boumaza un rapport volumineux où figurent noms, adresses et détails concernant les cadres de l'ALN, réfugiés dans son pays.

— Je ne vois aucun inconvénient à ce que vous les financiez, précise Hassan II. Offrez-leur même des villas sur la côte d'Azur, mais, surtout, ne leur fournissez pas d'armes !

Bachir Boumaza ignore l'essentiel de l'affaire. Ministre de l'économie, son seul contact avec l'opposition marocaine se borne à signer les autorisations de financement dont elle bénéficie. De retour à Alger, Bachir Boumaza transmet le dossier à Ben Bella. L'accalmie sera de courte durée car Boumedienne, ministre algérien de la défense, ne voit à ce moment là aucun

---

[26] Tout le passage qui suit résulte d'un entretien de l'auteur avec Bachir Boumaza.

[27] L'UNFP enverra 5 avocats du Maroc pour défendre Aït Ahmed lors de son procès.

intérêt dans un apaisement des relations algéro-marocaines. L'échec de la « guerre des sables » lui a laissé une revanche à prendre. Deux jours après le retour de Bachir Boumaza, il saisit l'occasion de la célébration de l'indépendance et fait défiler dans Alger un bataillon de chars baptisés du nom des villes en litige situées sur le tracé de la frontière. La délégation marocaine quitte la tribune en signe de protestation. Toutefois, cet incident ne portera pas à conséquences : Hassan II sera gratifié par Ben Bella d'un gage de bonne volonté. Le président algérien enjoint aux révolutionnaires marocains de fermer le camp d'entraînement de Ouata. Ce faisant, il est surpris de rencontrer la collaboration zélée de certains membres de l'état-major en exil, qui obtempèrent sans se faire prier. D'autres, comme Saïd Bounilat, s'y opposent farouchement.

L'entreprise désespérée de Cheikh-El-Arab a contribué à faire éclater les dissensions au grand jour. Saïd Bounilat se souvient alors du jeune Bou Kharouba qu'il transportait jadis sur ses épaules dans les maquis du Rif et qui est devenu le Colonel Boumedienne, ministre des armées. Boumedienne n'a raté aucune occasion d'afficher son hostilité à l'égard de la monarchie alaouite. Mais la démarche de Saïd Bounilat est vaine. Boumedienne ne peut plus interférer. La décision de Ben Bella est prise. Le règlement du contentieux frontalier passe, dans l'esprit du président algérien, par un retrait de l'aide militaire accordée à l'opposition marocaine. Les relations diplomatiques reprennent entre Alger et Rabat en février 1964. Sous l'égide de l'ONU les zones de combat sont démilitarisées, les armées évacuent, procèdent à l'échange des prisonniers. Les deux pays renouent le processus maghrébin en novembre et signent ensemble 14 conventions et protocoles.

Pendant ce temps, deux cent cinquante militants marocains sont livrés à eux-mêmes en Algérie. Plusieurs rentreront au Maroc, divulguant de précieuses informations à la police de Hassan II. Certains des militants formés à Ouata seront même intégrés dans les forces de police et rassemblés au sein d'une brigade spéciale des services de sécurité placée sous le contrôle du ministère de l'intérieur. Plusieurs éléments formés par les révolutionnaires marocains deviennent ainsi leurs futurs tortionnaires.

Le parti révolutionnaire

Lorsqu'en 1965 Aït Kaddour apprend la grâce des condamnés du procès de mars 1964, il se rend immédiatement à Rabat. Il retrouve le fqih Basri, Omar Benjelloun et Moumen Diouri autour d'un dîner organisé avec Abderrahim Bouabid, le 15 avril 1965, pour célébrer leur libération. La grâce royale et la relaxe des « conjurés de 1963 » se veut un geste de réconciliation à l'adresse de l'UNFP au lendemain des émeutes de Casablanca qui ont manqué de renverser le cours de l'histoire.

Le 23 mars 1965, suite à une circulaire du ministre de l'Education nationale orientant vers un enseignement technique inexistant des élèves trop âgés, une manifestation de lycéens, encadrée par l'UNEM et relayée par les parents d'élèves, a entraîné la population de Casablanca dans la rue. Surpopulation urbaine, chômage et misère croissante d'un côté, enrichissement illicite, corruption grandissante et répression de l'autre, ont constitué un composé explosif. Ecrasés de misère et d'humiliation, les bidonvilles de Casablanca, véritable cour des miracles, ont vomi leur désespoir à la face des nantis.

Oufkir, ministre de l'intérieur depuis août 1964 tandis que Dlimi, a été nommé au même moment Directeur général de la Sûreté nationale, ramène le calme à sa manière. Il dispose des divisions blindées sur les axes stratégiques de la ville. Les émeutiers, pour la plupart lycéens et ouvriers, sont fauchés par les balles des automitrailleuses déployées dans les rues et d'un hélicoptère survolant la foule. Et comme on ne prête qu'aux riches, la rumeur rapporte que le tireur d'élite dans l'hélicoptère n'est autre qu'Oufkir lui-même. Casablanca est en état de siège, les fosses communes pleines et le désespoir du peuple à son paroxysme. Le bilan du massacre, variable selon les estimations, s'exprime en centaines de morts.

On comprend dès lors le geste de conciliation du Palais, qui entend ramener l'UNFP vers des dispositions plus modérées. Depuis 1964 déjà, les travaux d'approche avaient commencé envers l'opposition[28]. Cette fois, ils s'accélèrent et comme le parti a demandé une amnistie générale, on libère ses dirigeants emprisonnés. Hassan II renoue le contact au plus haut niveau de l'UNFP.

L'organisation du parti, sous la direction hésitante des rares cadres dirigeants à avoir échappé à l'exil et à l'emprisonnement, s'est laissé dépasser par les événements. Conscients de cet état de fait, les dirigeants sortis de prison s'assignent comme priorité la réorganisation du parti. L'objectif est d'en faire tout à la fois un instrument de mobilisation des masses et un appareil d'actions révolutionnaires[29].

Trois hommes font cause commune pour cette tâche : Omar Benjelloun, Abderrahim Bouabid et le fqih Basri. Leur différence de caractère est notable, mais ils sont néanmoins complémentaires.

Omar Benjelloun est un universitaire et un syndicaliste. Homme du peuple, érudit, il est aussi à l'aise dans la harangue populaire que dans l'analyse politique. Tribun au verbe enflammé et activiste infatigable, il n'a pas son pareil pour mobiliser les mouvements ouvriers. C'est à lui qu'incombera le rôle de politiser et d'encadrer le prolétariat pour l'arracher à un syndicalisme corporatiste sans perspective politique.

---

[28] Les peines de mort des condamnés de mars 1964 avaient été commuées en détention à vie en août 1964. A. Bouabid était rentré au Maroc. On avait permis à l'opposition de déposer une motion de censure contre le gouvernement en juin 1964, et, qui plus est, les débats avaient été télévisés au grand discrédit des parlementaires proches du pouvoir. On avait alors reparlé d'un gouvernement d'union nationale pour lequel l'UNFP était à nouveau pressentie.

[29] Symptomatiquement, c'est à la même époque que le texte présenté par Ben Barka au congrès de 1962, sera publié dans sa version non édulcorée sous le titre « Option Révolutionnaire ».

Abderrahim Bouabid est un intellectuel pétri de culture universelle. Avocat de formation, il a fait partie, avec Mehdi Ben Barka, de la jeune garde de l'Istiqlal et il l'a suivi à l'UNFP. Organisateur hors pair, il est aussi un excellent diplomate. Des pourparlers d'Aix-les-Bains au ministère des Finances en passant par son poste de premier ambassadeur du Maroc à Paris, il s'est forgé une réputation d'habile négociateur. Interlocuteur du Palais et des représentations étrangères, il affecte un légalisme de bon aloi destiné autant à plaider la cause de l'Option Révolutionnaire qu'à donner un cadre organisationnel à la révolte qui gronde.

Le fqih Basri, celui dont le surnom de fqih signifie lecteur du Coran en arabe enfin, passe pour un résistant impénitent, réputation qui conforte son image d'homme de l'ombre. Cet ancien étudiant de l'université Ben Youssef de Marrakech qui fréquentait le petit cercle des futurs chefs de l'ALN, devenu lui-même un symbole de la Résistance armée contre l'occupation coloniale, se présente désormais comme un opposant irréductible à la monarchie, dépositaire à ce titre de «l'alternative par les armes ». Il est l'homme par qui le changement doit arriver en cas de raidissement politique.

Ces trois facettes, on les trouve réunies chez Mehdi Ben Barka : un verbe enflammé pour exalter la base militante, une main tendue vers le compromis et une main armée en cas de coup dur.

Mais le compromis s'annonce difficile. Hassan II fait semblant de chercher une issue politique à la crise. « *J'ai une équation à résoudre* », dira-t-il à l'adresse de Mehdi Ben Barka qui fut jadis son professeur de mathématique au collège royal. Un cousin du Roi, Moulay Ali, ambassadeur en France, est mandaté auprès de Mehdi Ben Barka pour négocier la composition d'un gouvernement d'union nationale. Mais Mehdi Ben Barka pose des conditions. Sa prudence est justifiée. Dans le fragile équilibre entre le compromis et l'affrontement c'est ce dernier qui l'emporte.

Le 7 juin 1965, Hassan II décrète l'état d'exception suspendant par-là même la constitution octroyée deux ans auparavant. Le 29 octobre, Mehdi Ben Barka est enlevé et assassiné à Paris par des truands et des agents du renseignement français opérant pour le compte d'Oufkir. Omar Benjelloun est arrêté en mars 1966. Le fqih Basri quitte le Maroc en mai 1966.

De Taza aux camps de Damas

En 1963, la faculté des sciences sociales de Bagdad comptait parmi ses étudiants un jeune boursier marocain, M'hammed Touzani. C'était pour lui l'aboutissement d'un cursus entamé à la fameuse université de Qarawiyine à Fès, un des temples intellectuels de l'islam, avant de se spécialiser dans l'enseignement secondaire à Casablanca. Sa carrière commence en autodidacte, une expérience partagée par beaucoup de jeunes trop désargentés pour financer leur scolarité.

Né à Taza, dans le Nord du pays, Touzani est un fils de paysan, aîné d'une famille de six enfants. Elevé dans le sens du devoir, il prend très jeune conscience de l'existence de deux mondes bien distincts, celui des possédants et celui des possédés. Il apprend ainsi à se tenir à sa place, celle dont les limites sont circonscrites par l'indulgence des possédants. Mais à 22 ans, il s'engage dans les rangs de l'UNFP, le parti des humbles, engagement qui lui vaut d'être arrêté avec plusieurs de ses camarades. Cette expérience édifiante lui enseigne que les aspirations des pauvres sont punies de prison.

Son regard s'est donc tout naturellement tourné vers l'Irak révolutionnaire qui, à l'époque, attirait nombre de jeunes Arabes en mal d'émancipation. Certes, la réalité quotidienne dans l'Irak des années soixante, était moins idyllique qu'on se l'imaginait alors sur le campus de l'université de Casablanca. Mais le pouvoir royal y avait été aboli, ce qui, en soi, était déjà un motif d'enthousiasme. Aussi, le pouvoir n'était plus une affaire de privilèges : le jeune boursier marocain pouvait dialoguer avec une déconcertante facilité avec des ministres débarrassés de leur aura, ce qui était tout de même plus fascinant que les fastes décadents d'un pouvoir rétrograde. Le pouvoir n'était plus une affaire de privilèges, mais un instrument à portée de main permettant d'accélérer le cours de l'Histoire : en l'espace d'un an, il assiste à deux tentatives successives de coups d'Etat. Du Maghreb, les rumeurs lointaines de la « guerre des sables » et de la condamnation à mort par contumace de Mehdi Ben Barka affermissent son désir diffus d'apporter une solution radicale aux problèmes de son pays, solution qu'il était venu chercher confusément à Bagdad.

Durant sa première année d'étude, Touzani reçoit un message de Hamid Barrada, alors président de l'Union Nationale des Etudiants Marocains (UNEM). Convié à un rendez-vous à Damas, chez un militant, il est invité à suivre une formation militaire en Syrie. Touzani avait trop vu de choses et trop cherché, l'expédient qu'on lui propose fait l'affaire.

Désormais, il s'appellera Khaled. Nouvelle identité, nouveau destin. Mais à Damas, le temps s'étire sans apporter les moyens promis. L'effet galvanisant d'une entrevue avec Mehdi Ben Barka, lors d'un de ses passages dans la capitale syrienne, pousse Khaled à prendre les devants. L'exposé du professeur sur les besoins vitaux du parti en matière de cadres compétents achève de balayer ses appréhensions. Le lendemain, il se rend chez le ministre syrien des affaires étrangères, également chargé des relations avec les mouvements de libération. Jusque là, sa vie n'a été qu'une longue succession de refus. Mais, tout va changer. Khaled sent, pour la première fois, que rien ne s'oppose plus à ses aspirations. Aussi, naturellement, il sollicite le droit de suivre une formation de pilote de chasse dans l'armée de l'air syrienne. Le ministre en question, Hassan Meryoud, poussera l'amabilité jusqu'à entreprendre les démarches nécessaires. Un peu comme on se prête au jeu d'un enfant capricieux. Après tout ne s'agissait-il pas d'un rêve d'enfant ? Le ministre se doutait bien que l'UNFP s'opposerait à une telle fantaisie. En effet, que ferait ce parti d'un pilote de chasse sans avion ? Un ordre laconique de l'UNFP vint y remédier : Khaled devait suivre une formation dans l'infanterie !

Deux ans plus tard, le 8 mars 1966, Khaled, officier d'infanterie de l'armée syrienne, reçoit de la visite : une délégation de l'UNFP comprenant notamment le fqih Basri, Abderrahmane Youssoufi et Ben Saïd, est de passage à Damas pour assister aux festivités du troisième anniversaire de l'avènement au pouvoir du parti Baath. Les dirigeants de l'UNFP entament une visite de circonstance aux militants de la place. Khaled fait partie des convives. La rencontre est polie, apparemment sans conséquences, mais Khaled, sent un nouveau destin se profiler.

Depuis l'assassinat de Mehdi Ben Barka, la Syrie a rompu ses relations diplomatiques avec le Maroc, privant Khaled de la possibilité de renouveler son passeport. Mais qu'importe, puisque l'avantage de s'appeler Khaled est précisément de ne plus connaître de frontières. Le 17 juin 1967, Khaled arrive à Alger, muni d'un passeport diplomatique syrien. Dès son arrivée, il plonge dans le réseau cloisonné de la clandestinité. Il évolue entre ses zones d'ombre et s'accommode des mystères de ce milieu qui lui révèle la réalité cachée derrière le langage militant. L'organisation à Alger vient de tomber sous la férule du fqih Basri qui entreprend de réorganiser ses réseaux.

Si le coup d'Etat de Boumedienne, le 19 juin 1965, n'a pas apporté de changement immédiat, l'arrivée du fqih Basri, moins d'une année plus tard, a laissé des traces. En désaccord avec lui, Jebli, Ben Saïd et Hamid Barrada ont quitté Alger pour un second exil à Paris. «*Avant l'arrivée du fqih Basri, nous étions résolus à rompre avec l'ère du mercenariat et des coups de mains, raisons pour lesquelles, nous avons manifesté un souci qualitatif dans nos méthodes de recrutement et d'organisation*», expliquera en substance Hamid Barrada. «*Or, dès son arrivée, le fqih Basri, bien qu'il souscrivait dans la forme à notre analyse, a renoué avec ces méthodes que nous entendions bannir*[30]. »

---

30 Entretien de l'auteur avec Hamid Barrada.

Jebli précise : « *Ben Saïd et moi avions déjà rencontré secrètement le fqih Basri à Stockholm avant qu'il ne quitte officiellement le Maroc. Nous étions alors convenus d'inscrire la lutte armée dans un cadre politique défini par le parti, sous une direction collégiale et sans concessions vis-à-vis des Algériens. Mais la suite des événements démontrera qu'il n'accordait qu'une maigre importance à de tels engagements*[31]. »

Cette rupture creusera le fossé naissant entre les « blanquistes »[32], terme qui qualifie les partisans du fqih Basri aux yeux de ses adversaires, et les « révolutionnaires en chambre », compliment que leur retournent ces derniers.

Le fqih Basri ne réside qu'épisodiquement à Alger. Le plus clair de son temps, il sillonne les capitales arabes et européennes pour rappeler les militants sous ses ordres. Habile orateur et voyageur infatigable, il tisse un réseau de relations auprès de dirigeants arabes dont il sollicite soutien financier et logistique. Non sans difficulté, le fqih Basri est également parvenu à convaincre Bouras, son camarade de l'université Ben Youssef, de le soutenir dans son entreprise. Mais en 1967, l'ancien chef de l'ALN, atteint d'une cécité naissante, ressemble davantage à un patriarche ancien combattant qu'à un révolutionnaire prêt à partir au front. Toutefois son prestige de chef historique en fait un allié de choix pour un fqih Basri en quête de crédibilité aux yeux des militants. Persona non grata en Algérie pour avoir revendiqué avec sans doute trop de virulence la marocanité de Béchar, Bouras a élu domicile à Paris au 20, rue Serpente dans le 5e arrondissement, point de chute des UNFPistes et des réfugiés de passage dans la capitale française.

Khaled garde un souvenir précis de ses instants de solitude dans la clandestinité algérienne : « *Pendant plusieurs mois, mon*

---

[31] Entretien de l'auteur avec Abdesslam Jebli.

[32] Du nom de Louis Auguste Blanqui, figure de la révolution de 1848 en France, symbole, dans le jargon politique, d'une attitude jusqu'au-boutiste où la fin justifie les moyens.

seul et unique contact était le fqih Basri et, occasionnellement, Saïd Bounilat. » Cette solitude lui réservera aussi des surprises pénibles : « *J'ai été arrêté par la police algérienne à Aïn Tourk alors que je me rendais à Oran accompagné d'un militant clandestin. Détenteur d'un passeport diplomatique syrien, je fus pris pour un espion. Ce qui m'a valu trois jours au commissariat d'Oran avant qu'on vienne me sortir de ce guêpier*[33]. » Khaled aurait très bien pu s'épargner le désagrément de cette visite des geôles algériennes en déclinant son identité aux policiers. Mais, il ne pouvait le faire en présence de son compagnon de voyage qui n'était censé connaître ni sa réelle identité ni son rôle au sein de l'Organisation. Un militant clandestin devait ignorer l'identité de ses compagnons pour, en cas d'arrestation, en céder le moins à ses tortionnaires.

Khaled n'est pourtant pas mécontent d'avoir quitté Damas. Bien au contraire, car l'appel du fqih Basri l'a arraché à une tâche ingrate, qu'il évoquera des années plus tard du bout des lèvres. La guerre de six jours opposant Israël à ses voisins venait d'éclater, mais sa préparation avait débuté depuis de longs mois. Khaled, officier instructeur, était chargé de l'entraînement militaire des étudiants, fonction qui l'obligeait parfois à pourchasser les récalcitrants.

A Alger, après une mise en quarantaine, Khaled est installé dans une villa. On lui procure des copies de cartes d'état-major du Maroc et une étude sur l'armée marocaine en lui demandant de les retravailler pour échafauder une stratégie de guérilla urbaine et rurale. Topographie, emplacement des casernes, effectifs des détachements par province, organigramme des états-majors, types d'armement, tout est passé en revue pour déterminer les régions propices à l'établissement de foyers révolutionnaires.

Pour l'assister dans ce travail on lui présente un étudiant de 25 ans du nom d'Abdelmoumen, surnom d'Ahmed Benjelloun, frère d'Omar, le leader syndicaliste arrêté au Maroc en mars 1966.

---

33 Entretien de l'auteur avec M'Hammed Touzani, alias Khaled.

De l'UNEM à la lutte armée

Tout comme Khaled, Ahmed Benjelloun est né au Nord-est du Maroc. Il a passé le plus clair de son enfance dans un village de la région d'Oujda, à 30 km de la frontière algérienne, point de passage du commerce frontalier. Bien qu'issu d'une famille bourgeoise, le grand-père d'Ahmed s'est paupérisé en quittant Fès. La guerre a frappé de plein fouet ceux qui n'ont pas su s'adapter à son économie. La dépossession matérielle avive les sentiments de fierté. Dès lors, la famille Benjelloun devient un creuset contestataire dans la région. Les deux frères aînés d'Ahmed, Omar le syndicaliste et Zoubir l'enseignant du secondaire, UNFPistes convaincus, forgeront sa vocation. En été 1963 ses deux frères sont arrêtés. Zoubir est relaxé au bout d'un mois et demi, mais Omar, tout d'abord porté disparu, est traduit en justice pour «complot contre la monarchie » et risque la peine capitale. Lorsque Ahmed vient lui rendre visite au parloir de la prison de Kénitra, Omar l'exhorte à poursuivre ses études en Algérie. En fait, il cherche surtout à soustraire son jeune frère à d'éventuelles représailles policières.

Ahmed obtempère et se rend en Algérie en 1964. Non sans mal, car il manquera de se faire arrêter pour sa ressemblance physique avec un compagnon de Cheikh-El-Arab. Cependant son expérience algérienne tourne court. Au bout de deux ans, Ahmed Benjelloun quitte Alger pour Paris. Mais l'histoire le rattrape. Contacté à la cité universitaire, il accepte un rendez-vous secret dans un appartement de la rue Saint-Dominique. Lorsqu'il se présente au lieu indiqué, il est accueilli par le fqih Basri. Les réticences d'Ahmed Benjelloun sont tenaces. Le souvenir des dissensions internes au mouvement étudiant et des rivalités qui divisaient les résistants installés à Alger est encore vif dans son esprit.

Mais, dans la mêlée, le fqih Basri propose une ligne claire : la Révolution armée. Il trouve les mots justes qui transforment la désillusion d'Ahmed Benjelloun en désir de revanche. Au début de l'été 1967, Ahmed retourne donc à Alger qu'il avait quitté une année auparavant, alors qu'il était encore étudiant et militant de l'UNEM. A présent, il y débarque clandestinement pour devenir un révolutionnaire professionnel. Son nom de code est Abdelmoumen.

Un ancien militaire sera également mis à contribution par le fqih Basri pour aider Khaled et Ahmed Benjelloun dans leur tâche. Un personnage singulier au parcours hors du commun. Son nom est M'hamed Ben Aomar Lahrech[34]. Sitôt arrivé à Alger il se fait connaître sous le nom d'Abou Fadhel. A 53 ans, c'est déjà un ancien combattant. Vétéran de la campagne d'Italie pendant la seconde guerre mondiale, aux côtés d'Oufkir, membre du Parti communiste marocain, il a été envoyé en 1954 au Vietnam par son parti sur une requête d'Hô Chi Minh. Il s'agissait alors d'encadrer les prisonniers et les déserteurs maghrébins entassés dans les camps du Viet Minh. Anticolonialiste et communiste convaincu, celui que les Vietnamiens connaissent sous le nom d'An Mah, se dépense sans compter. Il étend même ses activités d'agitation dans les lignes ennemies, gagnant de nombreux déserteurs maghrébins à la cause du Viêt-minh. A la tête de sa brigade de « volontaires » maghrébins, il participera à l'assaut victorieux de Diên Biên Phù, exploit qui lui vaudra d'être promu par le général Giap, l'artisan de la victoire du Viêt-minh à Diên Biên Phù.

Pendant ce temps, dans le camp adverse, d'autres Marocains se battent pour sauver les dernières bribes d'un empire colonial en perdition. Le plus dévoué d'entre eux s'appelle Oufkir, son frère d'arme de la campagne d'Italie.

Abou Fadhel retourne au Maroc dans les années 60. Mais cet homme d'action se sent très vite à l'étroit dans un parti communiste marocain empêtré dans un réformisme sans issue. Le fqih Basri n'a pas à le courtiser longtemps pour le convaincre de ral-

---

[34] Abdallah Saaf : *Histoire d'Anh Ma,* ed. l'Harmattan 1996.

lier son projet de révolution. La nostalgie internationaliste de ce militant communiste sincère fait le reste.

Ahmed Benjelloun reconnaîtra chez Abou Fadhel une formation politique et une capacité d'organisation éprouvées. Mais ses notions militaires en matière de guérilla lui paraîtront rudimentaires. Abou Fadhel lui donne davantage l'impression d'un baroudeur que d'un stratège de la lutte armée.

La relève

Pendant que Khaled et Ahmed Benjelloun, aidés d'Abou Fadhel, peaufinent l'étude du dispositif des FAR et devisent sur les techniques de guérilla les plus appropriées au terrain, l'entraînement militaire reprend sous l'impulsion de Nemri. L'ancien chef de l'ALN-Sud a rallié le camp du fqih Basri.

Depuis la fermeture des camps sur injonction des Algériens, Nemri, fidèle à lui-même, perpétuait en secret, avec une minutie d'ermite, les préparatifs militaires en vue du grand soir. Pour ce faire, il s'est installé à Aïn Tourk près d'Oran, entouré d'un cercle de combattants de Ouata restés fidèles. A chacun, il avait intimé l'ordre absolu de ne sortir sous aucun prétexte de leur caserne-prison. Son obstination lui valut même d'être arrêté par les forces de sécurité algérienne lors du coup d'Etat de Boumedienne et torturé pour avouer l'emplacement de ses caches d'armes.

A l'instar de Nemri, d'autres cadres de la lutte armée ont répondu à l'appel du fqih Basri, parmi lesquels Abbes Sebatta, Houceine Khaddar et Saïd Bounilat. On y retrouve également El Farchi, le rescapé. Ni la mort de son compagnon Cheikh-El-Arab ni sa fuite périlleuse du Maroc, la deuxième, ne semble avoir altéré son enthousiasme, comme si El Farchi trouvait dans son extraordinaire faculté à survivre les ressources nécessaires à la poursuite du combat. Est-ce l'audace du miraculé ? A moins que cette ténacité ne naisse de l'impossibilité d'El Farchi de se dégager du souvenir de ses compagnons, tombés à ses côtés. N'a-t-il pas été épargné pour reprendre le flambeau du combat pour lequel ils se sont sacrifiés ?

Cette pugnacité, cette force de caractère hors du commun, sont le signe distinctif de ces hommes qui ont résolu d'unir leur destin.

En été 1967, El Yazid a vingt trois ans lorsqu'il se retrouve pendant trois mois dans un camp d'entraînement à Arziew près d'Oran : « *Le responsable du camp était Nemri et le principal instructeur El Farchi. A l'époque, je poursuivais des études de journalisme à l'université d'Alger, grâce à une bourse de l'UNFP*[35]. » Par cette bourse, le parti entendait mettre à l'abri un des meneurs des émeutes casablancaises de mars 1965, acte de révolte qui puise ses racines dans une vie pleine de désillusions : « *J'étais encore adolescent lorsque l'usine qui employait mon père ferma ses portes. Ma famille était retournée dans son village natal* ». El Yazid est donc livré à lui-même, subsistant tant bien que mal de petits boulots pour pouvoir terminer ses études au lycée. Destin commun à nombre de jeunes ruraux, échoués à Casablanca pour grossir immanquablement les cohortes déshéritées du sous-prolétariat urbain. Le bidonville de Ben M'Sik était son univers, la jeunesse UNFPiste, son espoir. Il y militait assidûment depuis trois ans. A Alger, les jeunes militants de l'UNFP ont des rêves de conquête. L'exemple algérien fait des émules : « *Au camp d'Arziew se trouvaient essentiellement des étudiants comme moi* » se souvient El Yazid.

Parmi eux, celui répondant au nom de « Boudrar ». Comme El Yazid, sa jeunesse fut un combat contre l'exclusion. Pour s'extirper de l'existence misérable que lui promet son origine déshéritée, il a de l'énergie à revendre et se persuade que son affranchissement n'est que le prélude à la libération de son peuple. Son vrai nom : Dahkoun. Une année auparavant, il a rencontré, au Maroc, le fqih Basri pour lui remettre un message de

---

[35] Les passages qui suivent résultent d'un entretien de l'auteur avec Barakat El Yazid.

Ben Saïd. Ce geste imprime un tournant décisif dans sa vie. S'en suivent des réunions clandestines et des rendez-vous furtifs avec des intermédiaires qui l'introduisent dans le réseau de deux cellules secrètes de Cheikh-El-Arab ayant survécu à la disparition de l'insaisissable guérillero. Ce contact enclenche une nouvelle vocation.

Répugnant à l'idée de capituler sans avoir livré combat, Dahkoun bat le rappel des troupes et récupère les armes qui pouvaient encore servir avec la complicité de deux lieutenants de Cheikh-El-Arab, Mohamed Aouad, alias Canada, et Houceine Amrir. Depuis, toute son attention s'est portée sur la réorganisation du réseau. Son premier souci étant de resserrer les rangs, Dahkoun a fait envoyer plusieurs hommes en formation en Algérie. Les autres, une vingtaine, sont encadrés à Casablanca par un instructeur recruté par ses soins. Lorsque Dahkoun arrive à Arziew pour y suivre la formation politico-militaire dispensée par Nemri, il n'est déjà plus un novice en matière de lutte clandestine.

Mais Dahkoun n'est pas le seul militant de l'UNEM à fréquenter les baraquements du camp d'Arziew.

Y figure aussi un certain Benyahia[36]. Inscrit à la faculté de lettres d'Alger, il a succédé à Ahmed Benjelloun, à la tête du secrétariat de la section locale de l'UNEM. Originaire du Souss comme Dahkoun et El Yazid, il a la réputation d'une tête brûlée. En 1958 déjà, il a été expulsé du lycée Mohamed V de Rabat pour avoir organisé des grèves lycéennes.

El Yazid poursuit : « *J'ai terminé mes études de journalisme à Alger en 1968. Le parti m'a alors chargé de l'organisation des travailleurs émigrés en France, Belgique et Hollande. Officieusement, il s'agissait de resserrer les liens avec les organisations de travailleurs marocains à l'étranger en vue de recruter des éléments pour la lutte armée*[37]. »

---

[36] Attaché de presse du Premier ministre dans le « gouvernement d'alternance » formé par Abderrahmane Youssoufi en 1998, sous Hassan II.

[37] Entretien de l'auteur avec Barakat El Yazid.

El Yazid entame alors une tournée dans les principales villes européennes, qui se termine en septembre 1968 à Paris. Convié par le fqih Basri à une réunion secrète dans un appartement du 7e arrondissement, El Yazid y retrouve Benyahia, son compagnon d'armes au camp d'Arziew ainsi que deux autres hommes répondant aux noms de Mahmoud et Ajoul[38].

Le physique malingre d'Ajoul le disqualifiait pour les exploits de guérillero. Mais il compensait ce handicap par un activisme effréné, dans lequel il investissait toute son intelligence. Benyahia et Ajoul, respectivement responsables de l'UNEM à Alger et à Paris, sont affectés au recrutement des étudiants. Mahmoud, discret et affable, presque éclipsé par l'enthousiasme expansif de Benyahia, parle avec conviction et sans artifice. Il est responsable de l'UNEM en Allemagne de l'Est. On devine que ces cadres étudiants, qui se découvrent une vocation commune, représentent, dans l'esprit du fqih Basri, une force émergente susceptible de concrétiser l'option révolutionnaire dans les faits.

Depuis l'affaire des complots, ce qui restait de la structure de l'ALN a été éradiqué et le réservoir des militants épuisé. Mais la radicalisation grandissante du mouvement étudiant, empreint d'un messianisme révolutionnaire, inspiré par la révolution cubaine et la guerre du Viêtnam, lui ouvre un nouvel horizon. Ainsi lorsque El Yazid, Ajoul, Benyahia et Mahmoud sont mis en présence par le fqih Basri, leurs aspirations profondes se conjuguent presque spontanément. Un moment fort amplifié par un enthousiasme qui leur fait mesurer toute la singularité de cette réunion. Ces jeunes cadres étudiants, promus à un avenir radieux, devinent-ils qu'ils pénètrent, en cet instant, dans le champ clos d'une lutte sans merci ?

Cette rencontre s'inscrit dans une multitudes de contacts qui foisonnent parmi l'opposition marocaine en exil. « *Depuis la fer-*

[38] Larbi Ajoul fut secrétaire d'Etat dans le premier « gouvernement d'alternance » formé par Abderrahmane Youssoufi en 1998 sous Hassan II.

meture du camp de Ouata, je me suis retiré du circuit, affirme un ancien exilé. *Replié à Belgrade je ne rencontrais Bouras et le fqih Basri qu'occasionnellement à la faveur de quelques déplacements à Paris ou à Alger*[39]. » Pourtant, le fqih Basri, sorti des geôles marocaines, dirigeant connu et bien introduit auprès des autres gouvernants arabes, a tout pour insuffler à un militant aguerri la confiance perdue. Ainsi, lorsque le fqih Basri lui fixe un rendez-vous à Paris par le biais de Bouras, l'homme répond présent. La rencontre se tient en mars 1968 chez Mehdi Alaoui[40]. Il y retrouve le fqih Basri, Bouras et Abou Fadhel. La discussion tourne rapidement autour de la réorganisation du mouvement armé. Depuis la fermeture des camps, l'Algérie n'offre plus une base de repli fiable pour les révolutionnaires marocains. Le gouvernement algérien, privilégiant son plan de développement industriel, veut normaliser ses relations avec ses voisins et a sensiblement accentué sa pression sur l'opposition marocaine, manifestant clairement son intention de ne tolérer aucune velléité armée à partir de son territoire.

A l'issue de cette seconde réunion à Paris, l'assistance s'accorde sur deux destinations possibles : le Viêtnam ou la Bulgarie. On reconnaît là, la patte d'Abou Fadhel. « *De retour à Zagreb*, poursuit l'ancien exilé, *j'ai reçu, avec d'autres compagnons, la visite de Bouras et d'un homme qu'il m'a présenté comme Mahmoud. Ils m'ont informé que leur base ne serait établie ni en Bulgarie ni au Viêtnam comme il avait été envisagé à Paris, mais en Syrie*[41]. » Les sollicitations pressantes du parti Baath syrien qui se positionne en donneur de leçons auprès des résidus de l'ALN vont trouver matière à se concrétiser.

---

[39] Entretien de l'auteur avec Moustapha El Amari.

[40] Alors responsable de l'UNFP en France, il deviendra ambassadeur, puis conseiller du Premier ministre Abderrahmane Youssoufi.

[41] Entretien de l'auteur avec Moustapha El Amari.

Alors même que les lendemains s'égarent et que des convictions s'assagissent, une nouvelle génération, le cœur gonflé d'espoir, est prête à prendre la relève et à écrire la suite d'une histoire mal engagée. Ni plus utopistes, ni plus volontaristes que leurs prédécesseurs, ils ont simplement résolu d'unir leur sort, autant par conviction que par nécessité, à ce combat devenu indispensable pour forcer le destin.

El Tanzim
(1969-1970)

Le charter des militants

Le 21 février 1969, Khaled reçoit la visite de Nemri à la villa d'Alger plage. Décontractés, ils partagent un café. Après quelques plaisanteries, Nemri sort un document de sa poche, un passeport syrien au nom de Hassan Brahim. En l'ouvrant, Khaled reconnaît sa photo.

— *Tu pars demain pour Damas,* dit abruptement Nemri[1].

Militant modeste, dévoué et discipliné, Khaled est un juste. Ses états de service et son attachement indéfectible à la cause révolutionnaire le prédisposent à un destin que Nemri vient de sceller d'une phrase.

Une trentaine de militants triés sur le volet seront du voyage, parmi lesquels, El Farchi, le rescapé.

El Melki a 18 ans, lorsque, le 22 février 1969, il embarque à l'aéroport d'Alger avec le groupe de Khaled. Tous sont munis comme lui d'un passeport syrien. El Melki doit à ses origines le privilège d'être de l'équipée. Issu d'une famille de guerriers de l'Atlas, neveu du valeureux Sidi Hamou, El Melki a de qui tenir. Dès sa plus tendre enfance, il s'est entendu répéter par ses aînés qu'un avenir meilleur se conquiert à force d'« endurance » et de « lutte ». A 12 ans, au plus fort de la répression de 1963, il est menacé. Plusieurs membres de sa tribu sont arrêtés. Esseulé, le

[1] Entretien de l'auteur avec M'hammed Touzani, alias Khaled.

garçon trouve le salut dans la fuite. Il franchit à pied les montagnes pour rejoindre ceux des siens qui ont trouvé refuge en Algérie. El Melki n'a donc pas encore atteint la puberté qu'il découvre l'âpre réalité que recouvre le mot « endurance ». En exil, l'adolescent excelle dans les transmissions de messages, donnant la pleine mesure de ses talents précoces. D'une étonnante pugnacité, il rejoint de nuit la frontière, se glisse sous les fils de fer barbelés, puis, déjouant la vigilance des gardes-frontières, gagne les centres urbains pour délivrer les messages. Il se révèle un excellent agent de liaison, surmontant les difficultés avec une insouciance enfantine. L'endurance devient chez lui un jeu d'enfant.

Son départ pour Damas est vécu par le jeune agent de liaison comme une nouvelle étape initiatique. Désormais, El Melki, enfant adoptif de la Révolution, allait apprendre à combattre. Après l'endurance, la lutte.

Une brève escale à Rome et l'avion dépose El Melki et ses camarades sur l'aéroport de Beyrouth. « *Avec nos passeports syriens, le passage de la frontière, fut une simple formalité*[2] » s'étonnera encore 30 ans plus tard, El Melki, peu accoutumé à une telle liberté de mouvement.

Mahmoud en est à sa quatrième cigarette. Comme les révolutionnaires de son époque, il est un grand consommateur de tabac. Un expédient qui permet de tromper à la fois la faim et l'ennui, les deux ennemis du guérillero. Flanqué d'un camarade, il attend à l'aéroport de Beyrouth l'arrivée de Khaled accompagnant le premier contingent de militants venus d'Algérie[3].

Mahmoud a beaucoup changé depuis l'époque de ses études. Courageux, déterminé, peu loquace, il affiche constamment un sourire confiant et un visage serein. Il est animé par la force de ses convictions : il donne l'impression d'être un de ces hommes,

---

[2] Entretien de l'auteur avec Abdallah El Melki.

[3] Cette scène, la seule du récit, n'est pas basée sur un témoignage. Elle a été imaginée pour des besoins narratifs.

rares, qui connaissent la face cachée des choses. S'il se rebelle contre ce qu'il perçoit être une injustice, il ne cède pas aux certitudes aveugles.

L'enlèvement et l'assassinat de Mehdi Ben Barka a été pour lui un électrochoc qui a ravivé sa ferveur révolutionnaire. Le carnet d'adresses de Mehdi Ben Barka contenait en bonne place les coordonnées de Mahmoud à Leipzig. Plus qu'un lien familial, l'attachement qui unissait les deux hommes était une communion de pensée. Sous un désintéressement qui confine à l'austérité, Mahmoud se découvre alors un attachement affectif pour la cause révolutionnaire. C'est désormais dans son cœur qu'il porte le dessein secret de réparer l'injustice. Une générosité d'âme qui n'empêche pas un tempérament bouillant. Il éprouve autant d'aversion à l'égard de la tyrannie que de sympathie fraternelle vis à vis de ses opprimés.

A 31 ans, il est plus déterminé que jamais à renverser le cours de l'Histoire. Il a beaucoup lu, depuis le temps de ses études. Ses analyses s'affinent, elles deviennent plus précises, plus rigoureuses. Méticuleux dans l'organisation, il gagne l'estime de ses proches par un souci permanent d'efficacité sans jamais se départir d'un calme aussi serein que résolu. L'un ne va pas sans l'autre dans son esprit. L'efficacité n'a pas besoin d'artifice. Le mot rare, le geste précis et un sourire confiant aux lèvres, cet ingénieur en électronique s'emploie depuis plusieurs mois à l'édification d'une structure armée révolutionnaire.

Le camarade qui l'observe placidement faire les cent pas dans le hall d'attente de l'aéroport de Beyrouth est un ami d'enfance. Ils ont fait les 400 coups ensemble dans les rues de Rabat, partagé la même passion au sein de l'organisation *toufoula chabya* (Jeunesse Populaire), avant de poursuivre de concert leurs études en Allemagne de l'Est. Cette complicité les a conduits tous les deux en Syrie. Quelques jours plus tard, El Yazid et Ahmed Benjelloun les ont rejoints, le premier de Paris, le second d'Alger.

Le testament de Mehdi

L'arrivée de Khaled met le dispositif au complet. Avec Ahmed Benjelloun, son coéquipier d'Alger, Khaled a en commun cette faculté d'attente puisée dans les aléas d'une vie difficile. A ceci près qu'Ahmed Benjelloun vit dans l'espoir de ces grands chamboulements qui satisfont ceux qui vivent prisonniers d'un quotidien qu'ils subissent : des années à égrener des rêves frustrés vont enfin trouver leur exutoire.

El Yazid, qui a devancé Khaled à Damas, n'est pas de ceux qui rêvent de plaies et de bosses. Il les vit. Echappé de justesse aux balles qui ont fauché ses camarades lors des émeutes de 1965, il n'a cessé depuis de travailler à l'avènement du grand jour.

Tous partagent l'espoir d'une prochaine libération qui jaillirait d'un mouvement réactivé par une nouvelle direction. Le destin de ces hommes se noue à Damas autour d'un projet commun : matérialiser l'option révolutionnaire que Mehdi Ben Barka a appelée de ses vœux dans ce qui est devenu son testament politique. Leur ambition : mettre sur pied une force armée révolutionnaire disciplinée et organisée.

Leur jeune âge les distingue. Au seuil de la trentaine, ils incarnent une nouvelle génération. La précédente s'est forgée dans la lutte anticoloniale. Celle-ci vient faire ses classes dans la lutte pour la libération de la Palestine. Elle a émergé dans le désenchantement d'une indépendance confisquée et a assisté, impuissante, aux dissensions qui ont miné l'action de ses aînés. Après le démantèlement de l'ALN, l'illusion du parti révolutionnaire a mené nombre de camarades, fichés et connus, dans les griffes de la police.

Dès lors, le constat s'impose : la structure du parti actuel, l'UNFP, n'a rien de révolutionnaire. Imbu de messianisme politique, le parti s'est laissé entraîner dans un affrontement avec le régime qui a révélé son inefficacité. Faute de disposer d'une structure clandestine organisée, il a réagi plus qu'il n'a agi.

Une avant-garde lui fait défaut, une force de frappe autonome qui n'utilisera pas la structure du parti comme base d'appui mais comme instrument de mobilisation des masses en vue d'une transition vers la lutte armée. Il appartient dès lors à une élite révolutionnaire d'ouvrir la marche pour amorcer et diriger un mouvement armé de plus large ampleur. La stratégie est guévariste et l'ambition à la mesure de l'espoir meurtri.

Dans l'esprit de ces nouveaux militants, il s'agit de passer de l'amateurisme à une forme de lutte organisée. L'arrière-plan idéologique a aussi évolué. Bien que ce projet puise ses racines dans la résistance anticoloniale et la solidarité pan-arabe, la culture marxiste, encore que rudimentaire, du nouvel état-major est clairement affichée. Une formation politique servira donc à parachever l'identité idéologique du mouvement en procurant un cadre rationnel à une révolte souvent vécue de manière convulsive et spontanée. La suite montrera que la rigueur morale de certains cadres, comme Mahmoud, cimentera les rangs sans doute de manière plus efficace et plus durable que les articles de foi de la Révolution…

L'organisation du mouvement se structure de façon pyramidale, reposant sur des cellules locales qui essaiment jusque dans les coins les plus reculés du Maroc. Cette structure est sobrement appelée *El-Tanzim* (l'organisation, en arabe). Maintenir le secret au moyen d'un strict cloisonnement est le but prioritaire que s'assigne le nouvel état-major. Pour ce faire, il s'entoure d'un luxe de précautions : cloisonner les contacts au moyen de coupe-circuit, affubler les militants d'un, voire plusieurs, pseudonymes qui peuvent changer au gré des missions, ne jamais laisser de traces écrites ni tenir des réunions en des lieux et avec des horaires identiques, etc. A l'usage, les réflexes sont conditionnés. Le cloisonnement s'effectue de lui-même. Les militants clandestins découvrent dans la discipline organisationnelle un nouveau mode de vie.

Mahmoud et Ahmed Benjelloun se partagent la direction politique. A Khaled échoit logiquement l'entraînement militaire.

Restés en arrière-plan, le fqih Basri, Bouras et Nemri se chargent d'intensifier le recrutement et d'organiser les cellules clandestines au Maroc. Leur sympathie notoire pour le parti Baath sert opportunément de caution morale et politique auprès des autorités syriennes.

Le fqih Basri est désormais un homme de l'ombre. Omniprésent entre deux déplacements, il ne séjourne jamais plus d'une semaine dans la même ville, utilisant de nombreux pseudonymes. Il se sait traqué et redoute le sort qui a été réservé à son compagnon, Mehdi Ben Barka.

Le camp de Zabadani

« *Après une semaine passée à Damas, nous avons été conduits à Zabadani. C'était le 15 mars*[4] » se souvient El Farchi, également du voyage avec le contingent qui a suivi Khaled en Syrie. Cette bourgade abrite un camp militaire alloué par les Syriens à leurs protégés palestiniens de l'organisation Saikat. La Syrie, comme beaucoup d'Etats arabes désireux à l'époque d'instrumentaliser la question palestinienne, a constitué son propre sous-produit de la « Libération de la Palestine ». Saikat en est la quintessence. Le camp qui abrite l'organisation palestinienne est situé à environ 60 kilomètres au nord-ouest de Damas, sur la route de Beyrouth, près de la frontière libanaise. Plus de 800 militaires y séjournent en permanence. En même temps qu'El Farchi, cinquante militants marocains y établissent leurs quartiers. Officiellement, ils sont Tunisiens et venus rejoindre les rangs des Feddayin palestiniens. Travestissement de la cause pour les besoins de la clandestinité.

Ces hommes ont entre 20 et 30 ans. Ce sont des combattants, généralement issus des rangs de l'ALN ou militaires défroqués, qui, en dépit des conditions de vie précaires dans les camps de Ouata ou de Sidi Bel-Abbès en Algérie, sont restés fidèles à

---

[4] Entretien de l'auteur avec Omar Nasser, alias El Farchi.

Nemri. Khaled, sensible aux vertus de l'éducation spartiate, éprouve à leur égard estime et confiance. Tous animés d'un sentiment de révolte ont confiance dans la justesse de leur cause. Ils donnent l'exemple à leur manière en offrant ce qu'ils ont de plus cher, et, pour beaucoup d'entre eux, ce dévouement ira jusqu'au sacrifice suprême.

Najjar, l'un d'entre eux, se souvient : « *Après le démantèlement de l'ALN-Sud, j'ai fait l'école des sous-officiers d'Ahermoumou, école qui fournira la force de frappe du premier coup d'Etat de 1971. J'en suis sorti avec le grade de sergent-chef. En 1963, le Colonel Benhamou, qui fut mon supérieur dans l'ALN-Sud, a fait une tournée d'inspection. Il voulait s'enquérir de notre situation et de notre sentiment d'anciens combattants de l'ALN-Sud. C'est là qu'il nous a confié qu'une opération secrète était projetée pour reprendre le contrôle des FAR. Je n'en savais pas plus si ce n'est qu'en cas d'échec, nous avions ordre de nous replier en Algérie. Ainsi, lorsque les premières arrestations sont survenues, je suis parti en Algérie avec un autre sous-officier appelé Lahcen Idrissi, alias Nassiri*[5] ». Tous deux, on le verra, suivront quelques années plus tard, Mahmoud dans son ultime combat.

L'arrivée à Damas du groupe accompagnant Khaled est vécue par certains comme le retour en grâce de l'inacceptable : un désir de faire peau neuve unit le nouvel état-major, or voilà que les premiers militants venus s'entraîner en Syrie sont issus des camps algériens !

— *Il nous faut des éléments neufs, clame un ancien exilé d'Algérie, ces gars là, je les connais*[6] !

Ce cri du cœur a valeur de rejet de pratiques qui ont laissé dans les souvenirs un désarroi intact. Il exprime aussi le souci de ne pas introduire à Zabadani l'agent corrosif de l'échec qui a

---

5 Nassiri, ancien sous-officier des FAR, sera exécuté à Kénitra le 1er novembre 1973. Entretien de l'auteur avec Bachir El Zine, alias Najjar.

6 Entretien de l'auteur avec Moustapha El Amari.

déjà réduit à néant une décennie de lutte. Le risque d'un indicateur glissé dans les rangs des militants, est jugé grand. Sans compter que certains militants sont connus des services algériens, lesquels ont pu à loisir transmettre leurs informations aux renseignements marocains. Le passif de l'expérience algérienne mettra du temps à s'effacer. Il recouvre pour beaucoup un drame existentiel qui, confié aux seuls soins de la dialectique, ne trouve pas toujours la voie de l'apaisement. Najjar témoigne : « *Nous étions marqués par l'échec de notre expérience algérienne. Le désespoir et la méfiance allaient en grandissant* ».

A leur arrivée, ces hommes trouvent en Mahmoud quelqu'un qui sait les élever au-dessus des contingences et les préserver de la précarité : « *Mahmoud sut nous faire retrouver ce sentiment de plénitude que nous avions perdu, poursuit Najjar. Il partageait nos conditions de vie et travaillait sans relâche, ne dormant que quatre heures par nuit. Il faisait preuve d'une force physique que sa modeste corpulence ne pouvait laisser soupçonner. Attentif à nos doléances, il nous expliquait le but de notre engagement et donnait sens à nos sacrifices*[7] ».

Dès le premier jour, les moins aguerris des nouveaux venus ont droit à leur baptême du feu. El Melki, le jeune agent de liaison, benjamin de son groupe, s'en souvient encore. Il partageait une tente avec 7 autres compagnons, lorsque, aux aurores, une poigne énergique le tire de son sommeil. D'une voix forte, Mahmoud le somme, lui et ses voisins de lit, de se réfugier dans les tranchées creusées en bordure du camp. Après une courte et confuse mêlée, El Melki se retrouve à plat ventre, le nez dans la boue, au creux d'une tranchée inondée par l'averse de la veille. Quand il retrouve ses esprits, lui parviennent au loin ce qu'il reconnaît être des détonations et le bruit caractéristique d'une chasse aérienne : les Israéliens opéraient une attaque sur le camp voisin des feddayin palestiniens.

---

[7] Entretien de l'auteur avec Bachir El Zine, alias Najjar.

Cette entrée en matière est le préambule à un entraînement digne des forces d'élite, sous la conduite d'un officier instructeur syrien, particulièrement zélé dans les exercices en conditions extrêmes, dont le souvenir restera gravé dans la mémoire des jeunes apprentis révolutionnaires comme synonyme de souffrance et de privation. Même les plus robustes des anciens officiers des FAR, comme Najjar, soulignent la rudesse de leur entraînement : endurance physique, maniement de différents types d'armes, fabrication et utilisation d'explosifs, survie en milieux hostiles et expérimentation de diverses techniques de combat. En plus de la formation pratique, une formation théorique est dispensée pour parfaire les connaissances des futurs cadres révolutionnaires. Y sont passés en revue les instruments de la lutte clandestine : écriture à l'encre sympathique, télécommunications, codage et cartographie.

Enfin, la formation idéologique occupe une place de choix dans le programme. « *Lors des discussions politiques, Nemri donnait le ton pour les Soussis et un autre en faisait autant pour les Figuiguiens, se rappelle Khaled. Mahmoud, Ahmed Benjelloun et moi, on ne savait pas dans quel camp se ranger. Par ironie, on se définissait comme le camp du Maroc*[8]*!* » Sous l'unanimité apparente, le régionalisme reste une ligne de démarcation. Preuve que le chemin est encore long pour l'avènement du citoyen-militant cher à Mehdi Ben Barka. Déjà acquis aux vertus pédagogiques, Mahmoud se laisse rapidement convaincre que le succès de la révolution tient autant aux prouesses militaires de ses cadres qu'à leurs facultés intellectuelles. Un endoctrinement qui évince la réflexion aurait tôt fait d'accoucher d'une liberté assortie d'œillères. Seule une élite instruite, à la conscience éveillée, peut arracher un peuple à la dévotion d'une dictature sacralisée. Fort de cette conviction, il adjoint un programme de formation complémentaire à l'attention de ceux dont la scolarité a été prématurément abrégée.

---

[8] Entretien de l'auteur avec M'Hammed Touzani, alias Khaled.

Les armes, de fabrication russe ou tchécoslovaque, sont fournies par les Syriens. Mais très vite, le Tanzim élargit l'éventail de son approvisionnement pour disposer du même type d'armement que celui des FAR, notamment des fusils-mitrailleurs français MAT 49.

Après quelques semaines, l'état-major du Tanzim sollicite l'autorisation d'entraîner ses recrues dans un campement exclusivement réservé à cet effet. Il s'agit autant d'éviter une cohabitation à risque avec les autres pensionnaires du camp, car propice à toutes les indiscrétions, que de préparer un entraînement approprié aux missions qu'il s'assigne.

La guérilla palestinienne

Alors que l'entraînement bat son plein, les nouvelles sont inquiétantes. Des carences répétées ralentissent les préparatifs nécessaires à l'infiltration des cadres révolutionnaires au Maroc. Les discussions s'animent. A terme, l'inaction menace le moral et la discipline des hommes qui se morfondent à Zabadani. Un militant du nom de Aït Ami[9], se découvrant une vocation internationaliste et las d'attendre un ordre de marche qui tarde à venir, a déjà rejoint les rangs du FPLP (Front Populaire de libération de la Palestine). Quelques années plus tard, rescapé du massacre de Septembre Noir, le transfuge rejoindra à nouveau les rangs du Tanzim, pour trouver la mort aux côtés de ses frères d'armes...

Faute de perspective claire, Mahmoud et ses compagnons décident de trancher. Ils jugent le temps opportun pour leurs hommes de s'aguerrir au front.

Nous sommes en juin 1969. Le Fatah s'est lancé dans une guérilla d'usure harcelant les positions israéliennes, essentiellement sur la frontière orientale de l'Etat hébreu. Les combattants du Tanzim sont répartis en petites formations dans les rangs des

---

[9] Lahcen Aït Ami sera exécuté à Kénitra le 1er novembre 1973.

commandos palestiniens qui arpentent la rive est du Jourdain. Sur la crête de la rive opposée, les Israéliens ont érigé une enfilade de bunkers. Ces places fortes, distantes chacune de trois kilomètres, contrôlent sous leur angle de tir toute l'étendue de la vallée du Jourdain.

Un premier groupe s'établit en zone syrienne dans le Golan, à El Biar, près de Quneitra. Le second groupe prend position plus au sud, le long du fleuve Irmouk, en Jordanie. Seul celui-ci, en contrebas du village, les sépare des forces armées israéliennes. Le troisième groupe est stationné à Skoura, aux abords de Karama en Jordanie. Leur camp donne sur les abords de la mer Morte face à Jéricho. Dotés d'un armement léger, de fusils-mitrailleurs russes et de lances roquettes RPG essentiellement, les commandos opèrent des infiltrations nocturnes. Durant la journée, il faut se cacher, faire le mort. Opération éclair, camouflage et attente, l'idéal du travail pratique destiné à faire d'un apprenti révolutionnaire un guérillero efficace. Chaque opération rassemble quinze hommes : cinq mènent l'assaut, deux autres groupes, légèrement en retrait, couvrent les flancs latéraux. Ce rôle de couverture est généralement dévolu aux Marocains, les Palestiniens se réservant le centre.

Les Marocains, désireux de se battre, apprécient très modérément leur rôle d'appui. Néanmoins, ce baptême du feu s'avère formateur. Les hommes totaliseront à leur actif cinq à six opérations. Ils traversent le Jourdain de nuit, escaladent la rive opposée en s'abritant dans les bosquets, glissent en silence pour atteindre le périmètre des positions ennemies et ouvrent le feu. La réaction israélienne est invariablement la même : des projectiles phosphorescents éclairent le secteur d'où proviennent les tirs qui essuie alors une riposte nourrie.

Non sans amertume, Khaled, se remémore les prouesses au combat de certains de ses hommes qui connaîtront un destin tragique : « *Ba Amrani était un véritable virtuose en balistique et faisait des miracles avec son lance-roquettes RPG. Il a participé à plus de dix opérations commandos. Farix, un tireur d'élite, comptera à son actif plusieurs soldats israéliens tués. Bravant les ordres, il s'est même lancé dans des opérations solitaires qui deviendront tellement meurtrières que les Israéliens feront appel à un tireur d'élite pour le neutraliser. Ce dernier touchera Farix au doigt, distinction qui fera de lui le seul blessé dans les rangs marocains*[10]. »

Pour des raisons de politique intérieure, les Syriens sont partagés sur l'opportunité de laisser les Marocains participer directement aux opérations de guérilla le long du Jourdain. Le plus hostile à leur présence dans les commandos palestiniens est alors le ministre syrien de la défense, Hafez El Assad. Sans le savoir, Mahmoud et ses hommes deviennent rapidement un enjeu de la lutte de pouvoir qui se trame à Damas. Salah Jedid, homme fort du régime et principal soutien des Marocains, est favorable à une armée de milice. Un peuple de citoyens arabes mobilisés aux côtés des forces régulières est, selon son credo, le meilleur moyen de venir à bout des forces armées israéliennes. Fort de cette conviction, Salah Jedid effectue plusieurs visites dans les camps d'entraînement et les avant-postes frontaliers pour galvaniser les combattants palestiniens et arabes enrôlés sous le commandement des forces armées syriennes. Des cadres du Baâth le relayent régulièrement pour entretenir l'enthousiasme des troupes. Ainsi, presque chaque semaine, les combattants marocains sont conviés à des causeries politiques qui ne les concernent que de loin. En filigrane, une lutte d'influence se déroule sous leurs yeux. Hafez El Assad sent la menace. Pour assurer la pérennité de son autorité, il a besoin de s'appuyer sur une armée de conscription soudée et soumise à un commandement unifié. Or toute l'action de Salah Jedid tend précisément à dissoudre le commandement de l'armée syrienne en plusieurs états-majors subordonnés à une seule et unique instance supérieure : la prési-

---

[10] Barou, Moubarak, alias Ba Amrani et Abdallah Ben Mahzoun, alias Farix, seront exécutés à Kénitra le 1er novembre 1973. Entretien de l'auteur avec M'Hammed Touzani, alias Khaled.

dence. Le scénario préfigure déjà le dénouement. Quelques mois plus tard, Hafez El Assad écartera Salah Jedid et s'emparera du pouvoir. Salah Jedid périra en prison, après une longue agonie.

Aïn El Baida, juillet 1969

Alors que les hommes entraînés à Zabadani font le coup de feu dans la vallée du Jourdain, une deuxième vague de militants arrive d'Europe. La plupart des hommes, qui prennent leur quartier dans les baraquements délaissés par leurs prédécesseurs, sont des étudiants, de l'aile radicale de l'UNEM, recrutés par Dahkoun, appelé à Damas Zouhair. Militant aguerri, formé aux méthodes d'organisation du parti et entraîné en Algérie, Dahkoun est apprécié autant pour sa force physique que pour sa sérénité. Plus qu'un militant, c'est déjà un cadre révolutionnaire qui débarque à Damas. Deux ans auparavant, il a fait parler de lui en récupérant certains éléments du réseau de Cheikh-El-Arab dispersés après la disparition de leur chef. A Damas, plusieurs dizaines d'hommes, recrutés par ses soins, suivent son exemple : ils arrivent par vagues régulières, après avoir emprunté la même filière. Enrôlés au Maroc, ils vont à Paris, un numéro de téléphone en poche. Après une mise en observation de quelques jours, ils sont confrontés au fqih Basri ou à Nemri, qui décide de leur acheminement sur Damas. Leur « stage » en Syrie est une escale, quelques semaines d'entraînement tout au plus. Ce sont pour l'essentiel des étudiants, mais aussi, pour beaucoup, des enseignants libérés par les vacances estivales.

Militants sincères, bien intentionnés, nourris de valeurs pacifiques, leur vocation professionnelle d'enseignants les investit d'une mission particulière : assurer le devenir des futures générations. Face à un système qui ne tolère aucune critique et asservit les hommes jusqu'à les abîmer dans l'indignité et la corruption, leur destin est tout tracé. N'ayant plus que leur révolte à opposer à l'adversité, ils font le choix des armes.

Devant le nombre croissant d'arrivants, Tanzim a obtenu des

Syriens qu'ils mettent à sa disposition le camp d'Aïn El Baida, à 15 km à l'est de Damas.

El Kouar[11], un militant étudiant recruté pour s'entraîner à Aïn El Baida raconte : « *J'ai été approché par Dahkoun à Casablanca en février 1969. J'étais alors âgé de 25 ans et venais de terminer mes études d'histoire et de grec à l'université de Rabat. Membre de la jeunesse de l'UNFP, je militais dans un sous-groupe émanant de la jeunesse du parti appelé Halakat. Il s'agissait d'un courant maoïste radicalisé par les émeutes de mars 65, l'assassinat de Mehdi Ben Barka et la guerre de six jours. Au sein de mon groupe, la lutte armée était perçue comme une forme d'action plus adéquate que la résistance passive choisie par la direction du parti. Tout au moins en théorie. Lorsque Dahkoun m'a approché, c'était pour me proposer de nous aider à concrétiser notre projet révolutionnaire et de rencontrer le fqih Basri. J'ai accepté. Je suis arrivé à Paris début juillet, avec pour seul contact un numéro de téléphone. Un militant m'a ensuite fixé rendez-vous dans un hôtel où une chambre m'était réservée. Pendant quelques jours j'ai fréquenté des connaissances à Paris. Puis, le fqih Basri m'a fixé un rendez-vous dans un café proche du métro de La Motte-Piquet*[12]. » Neuf jours plus tard, le 22 juillet, El Kouar s'envole d'Orly pour Damas avec une dizaine de militants, tous membres de l'UNEM.

Parcours parallèle, destin semblable. Taoufik Idrissi, jeune avocat stagiaire à Casablanca, est en rupture avec le parti. Ses contacts politiques se limitent à deux anciens camarades de l'UNEM, devenus cadres de l'UNFP : Belqadi et Lakhssassi. Après ses études de droit, Belqadi est devenu permanent du parti et membre de la commission administrative. Lakhssassi préside aux destinées de l'UNEM. Tous reconnaissent que la voie politique est une impasse et qu'une nouvelle forme d'action s'impose.

---

[11] Il deviendra rédacteur en chef du journal Anoual.

[12] Entretien de l'auteur avec Houceine Kouar.

Taoufik ignore encore que Belqadi et Lakhssassi sont des agents recruteurs du fqih Basri.

Président de l'association des jeunes avocats, Taoufik était réputé, bien introduit et bien informé. Ainsi, jusqu'en 1969, l'activité clandestine de Taoufik se résumait à des rapports sur les militants recrutés. Rédigées à l'encre sympathique, ses missives étaient envoyées directement dans des boîtes aux lettres en Europe à l'intention du fqih Basri. Mais Dahkoun, son ami d'enfance, lui parle des camps d'entraînement en Syrie et, après avoir éprouvé son dévouement, l'invite à y suivre un stage. Taoufik s'y rend en septembre 1969 sous le couvert d'un congrès des jeunes avocats arabes à Beyrouth.

Khaled, qui supervise sans ménagement l'entraînement, juge avec circonspection ces nouveaux arrivants sortis de l'université comme El Kouar et Taoufik Idrissi. Leur ferveur juvénile est suspecte à ses yeux. Plus riches d'enthousiasme et de rhétorique révolutionnaire que de discipline militaire, ils suivent le parcours du combattant comme d'autres découvriraient un camp de vacances. Eux qui revendiquaient le monde doivent commencer par apprendre à se contenter des moyens du bord. Peu d'entre eux sans doute, s'imaginaient, arrivés en Syrie, que leur communion révolutionnaire allait devoir se transformer en sacerdoce.

« *J'ai passé avec mes compagnons trois jours à Damas chez Bouras, dit El Kouar. On y a retrouvé Dahkoun et Mahmoud. Puis, on est allé à Aïn El Baida. C'est là que j'ai pris conscience du gouffre qui sépare les promesses du fqih Basri de la réalité. Pour des raisons de sécurité, j'avais demandé à m'entraîner seul. Or, je me retrouvais dans un camp entouré de militants marocains dont plusieurs avaient été mes camarades d'université. Qui plus est, la sensibilité dominante était, à mon goût, plus nationaliste que marxiste*[13]. »

En effet, le fqih Basri, en propagandiste de la révolution, incline à accorder ses desseins aux affinités idéologiques de ses

---

[13] Entretien de l'auteur avec Houceine Kouar.

interlocuteurs. Il compte ensuite sur ses lieutenants pour aplanir les éventuelles divergences de vues qu'il s'est habilement employé à masquer. Il faudra toute la force de persuasion de Mahmoud pour dissuader El Kouar de plier bagage. « *Idéologiquement, il m'était le plus proche ; c'est probablement ce qui m'a convaincu de rester* » conclut El Kouar qui passera six semaines à Aïn El Baida.

La même déconvenue obscurcit l'enthousiasme de Taoufik Idrissi : « *Arrivé à Damas, je suis descendu chez Bouras. Ahmed Benjelloun m'a conduit au camp d'entraînement de Zabadani. J'y ai passé trois semaines. J'avais demandé à être entraîné clandestinement. Quelle ne fut pas ma surprise lorsque, à mon arrivée, j'appris qu'un cousin éloigné se trouvait au camp ! J'ai demandé à Ahmed Benjelloun de le faire sortir pour ne pas être identifié. Peine perdue. Je me suis retrouvé nez-à-nez avec un camarade de lycée*[14]. »

Taoufik découvre que certains militants partagent son itinéraire. Tous ont frotté, en même temps que Dahkoun, leur culotte sur les bancs de l'école Nahda de Salé au début des années 60. Le camp prend l'allure d'une sortie d'anciens écoliers turbulents, venus exprimer leur révolte sur un nouveau champ de bataille.

La promiscuité est, pour Taoufik, aussi déroutante que la diversité de ses hôtes : « *Au camp, un nombre important de militants étaient des travailleurs arrivés de Belgique, de France, d'Allemagne et de Hollande.* » La coexistence de ces militants issus d'horizons divers lui laisse l'impression d'un rassemblement pléthorique aux motivations idéologiques aussi disparâtres que contradictoires. Mais la dialectique révolutionnaire, logique implacable sur laquelle ricochent les contrariétés, a gommé bien des imperfections. Bien qu'il ne soit pas de ceux qui cherchent la réalité dans la rhétorique, Taoufik Idrissi comme tant d'autres, fera passer sa profession de foi révolutionnaire avant ses premières appréhensions. Le temps n'est plus aux palabres, il est à la révolution.

---

[14] Entretien de l'auteur avec Taoufik Idrissi.

Infiltrations

Trois mois après l'affectation au sein des commandos palestiniens du premier contingent, un événement capital vient gonfler l'enthousiasme des jeunes recrues. Le 1er septembre, la radio annonce qu'un jeune capitaine répondant au nom de Mouammar Khaddafi s'est emparé du pouvoir en Libye et en a chassé le roi Idriss Senoussi. Ce coup de force qui détrône une monarchie d'Afrique du Nord démontre, pour eux, le bien-fondé de la stratégie révolutionnaire et de l'entraînement paramilitaire des cadres. Les hommes donnent libre cours à une allégresse irrépressible. Les cœurs vibrent d'espoir : l'Histoire, pensent-ils, leur donne raison, ils vont bientôt toucher du doigt le but de leurs sacrifices.

Ce bouleversement de la donne politique a probablement contribué à hâter les préparatifs. Le fqih Basri et Nemri supervisent le retour au pays des cadres révolutionnaires formés en Syrie avec la même consigne : « attendre les instructions ! » Mot d'ordre inlassablement ressassé comme pour rappeler les hommes à cette vigilance que l'heure de liesse a estompé, le temps de quelques élans festifs.

Au pays, une frénésie palpable s'empare des militants du parti mis dans le secret. Ils rongent leur frein. Ne manquent plus que des armes et des cadres pour constituer un foyer révolutionnaire. Le scénario a été maintes fois revu : déclenchement de grèves paralysantes relayées par des manifestations insurrectionnelles. Dès lors, la rue appartient au peuple encadré par l'appareil politique et syndical du parti. Son bras armé peut alors entrer en action : opérations commando sur des objectifs stratégiques et symboliques. La solidarité entre le peuple et les commandos inclinera l'armée – savamment noyautée – à changer de camp : instant crucial où le pouvoir glissera des mains de la monarchie vers celles de la révolution.

Le 5 octobre 1969, Mahmoud et Ahmed Benjelloun sont accueillis à l'aéroport de Madrid par Saïd Bounilat. L'ancien chef de l'ALN a quitté l'Algérie à la suite d'une « indiscrétion » : un dignitaire algérien l'informe d'un projet d'enlèvement tramé à son encontre. Un accord de bon voisinage avait été passé entre Hassan II et Boumedienne en 1968. Condamné à mort par contumace dans l'affaire du « complot de 1963 », et ami de Ben Bella, le président déchu Saïd Bounilat savait le sort qui l'attendait si ce plan était mis à exécution. Il s'établit à Madrid. Depuis, son domicile madrilène figure parmi les points de rencontre des révolutionnaires marocains. Mahmoud et Ahmed Benjelloun y retrouvent le fqih Basri et Nemri. Ils passent en revue les derniers détails du plan d'action et se partagent la direction des opérations.

A Ahmed Benjelloun et Nemri sont confiée la phase finale de l'infiltration des militants entraînés en Syrie, celle des anciens de Ouata ; tous recherchés pour leur collusion avec le « complot de 1963 ». Leur intrusion requiert donc une filière clandestine bénéficiant de complicités policières. Le fqih Basri accompagne Ahmed Benjelloun et Nemri à Malaga où il leur présente un homme du nom d'El Mid qui fait office de passeur. Jadis, dans la résistance, sous les ordres de Bouras, il était chargé d'infiltrer les militants et une partie des armes par l'enclave espagnole de Melilla. Ahmed Benjelloun ira se rendre compte par lui-même à Melilla des moyens dont dispose El Mid : tampons, passeports, passeurs, tout y est, El Mid a ses entrées à la préfecture d'Oujda...

Pendant ce temps, Mahmoud s'occupe de l'acheminement d'un chargement d'armes depuis le port de Barcelone. Le gouvernement syrien a en effet passé une commande d'armes à l'Espagne. Il a été convenu qu'une partie de cette commande soit affrétée pour le compte du Tanzim. Après avoir passé en revue les détails de l'expédition à l'ambassade syrienne à Madrid, Mahmoud se rend à Barcelone pour inspecter la cargaison, escorté d'un militant chargé du fret.

Un protagoniste de l'époque, alors ouvrier saisonnier en France, se souvient avoir été quelque peu nerveux lorsqu'il s'était retrouvé dans un appartement de la rue Saint Dominique, dans le 7e arrondissement de Paris, en face du fqih Basri, flanqué de Nemri et d'un troisième homme, dont il ignorait l'identité. Le rendez-vous avait été fixé par l'intermédiaire de son frère, rentré d'un entraînement en Syrie. Le fqih Basri, qui sait trouver les mots qui conviennent en de pareilles circonstances, lui demande de se rendre à Rabat pour préparer un abri sûr afin d'accueillir un chef révolutionnaire. Tout comme lui, cet homme est issu de l'Atlas et a combattu contre les Français. C'est Sidi Hamou.

Sidi Hamou est rentré au Maroc par l'Algérie. Non démobilisé, son réseau avait attendu l'arme au pied jusqu'à la mort de Cheikh-El-Arab en 1964. A l'époque, contraint à l'exil, Sidi Hamou avait lancé un appel à ses partisans. « *A la demande de Sidi Hamou, nous étions plusieurs à avoir délaissé notre emploi en France pour le précéder à Tinghir* », se souvient un de ses compagnons[15].

Comme celle de Sidi Hamou, elles sont des dizaines de cellules clandestines à composer la toile que le fqih Basri est en train de tisser sur le Maroc. El Farchi, rentré par Melilla avec un groupe de trois autres révolutionnaires, formés en Syrie, a suivi un itinéraire identique pour une destination différente : « *Après nous avoir signalé notre objectif et notre contact au Maroc, Nemri nous a accompagnés de Madrid jusqu'à la gare de Malaga. Là, nous avons été pris en charge par El Mid qui nous a conduits jusqu'à Nador, d'où nous avons poursuivi jusqu'à Casablanca en passant par Oujda[16]* ». Le groupe d'El Farchi y reçoit le 26 octobre, la visite de deux dirigeants du parti, venus de Marrakech: Habib Forkani et Aït El Mouden. « *Ils nous ont répartis en plusieurs groupes, poursuit El Farchi, un camarade est allé à Amzouiz, deux à Demnat, moi, je suis resté à Marrakech* ».

---

[15] Entretien de l'auteur avec Tourki Adi.

[16] Entretien de l'auteur avec Omar Nasser, alias El Farchi.

Pour El Khatir, autre militant également formé à Zabadani, le point de chute est Agadir : « *Nemri m'a conduit avec un compagnon, entraîné comme moi en Syrie, à Melilla. De là, Ahmed Benjelloun et El Mid nous ont introduits au Maroc après avoir échangé nos passeports syriens contre des cartes d'identité marocaines. Nous avons passé une première nuit à Nador chez un policier, puis nous avons poursuivi, conformément aux instructions de Nemri, en direction d'Aït Abdallah, un douar près d'Agadir*[17] ». On pourrait multiplier les témoignages du même ordre : ce sont ainsi plusieurs dizaines de militants qui se rendent par cette voie au Maroc.

La fuite

Survient alors l'inattendu, le détail qui remet tout en question. Mohamed Tanouti, officier responsable des postes frontières à Oujda, alerte le fqih Basri : une taupe a infiltré le Tanzim en Syrie. Son rapport manuscrit, envoyé à une ambassade marocaine, décrit dans les détails le projet de révolution. Une copie parvient au ministère des affaires étrangères, qui la communique au ministère de l'intérieur. En quelques heures, tous les départements de police sont en alerte. Tanouti figure tout naturellement parmi les destinataires de la circulaire. Effaré, il découvre la liste des hommes dont il est chargé de faciliter l'intrusion au Maroc. Au moment où il prend connaissance de la circulaire, une grande partie des militants formés en Syrie est déjà rentrée au pays. El Kouar est de ceux-là. Dépité par son périple en Syrie, il est rentré à Casablanca en août 1969 : « *Lors de mon escale à Paris, j'ai adressé un rapport critique au fqih Basri, par l'intermédiaire d'un militant, qui lui était proche. A Casablanca, mes appréhensions se sont vite confirmées. Les langues se déliaient. Certains militants parlaient ouvertement de l'existence de camps d'entraînement en Syrie*[18] *!* »

---

[17] Entretien de l'auteur avec Khatir El Khatir.

[18] Entretien de l'auteur avec Houceine Kouar.

Taoufik Idrissi rentré à Casablanca le jeudi 2 octobre 1969, est également envahi par le doute. Tout comme El Kouar, il a adressé un rapport critique au fqih Basri lors de son passage à Paris. A peine arrivé chez lui, le téléphone sonne. Au bout du fil un policier sympathisant, attaché à la brigade de l'aéroport, lui signale qu'il est suivi et lui révèle le numéro de plaque des voitures qui l'ont pris en filature. Le lendemain, lorsque le fqih Basri l'appelle, Taoufik lui fait comprendre à demi-mot qu'il est grillé. Il a déjà détruit tous les documents compromettants en sa possession. Cependant, l'amitié qui le lie à Dahkoun le dissuade de rompre avec lui. Il le rencontre régulièrement dans une salle de cinéma à Casablanca, après une promenade destinée à semer ses poursuivants. Dahkoun lui propose de le faire évacuer par l'Algérie. Mais Taoufik se rebiffe. Loin de le soulager, cette proposition le remplit d'angoisse : trop de bruits circulent sur les agents infiltrés dans les milieux marocains en Algérie. Ce refus sonne comme un défi.

Taoufik Idrissi et El Kouar ne sont que des maillons du dispositif mis en place par Dahkoun à Casablanca et dans la région environnante. Plongés dans l'anonymat du réseau des cellules clandestines, ils sont, comme eux, des dizaines de cadres étudiants, enseignants ou fonctionnaires à avoir été formés en Syrie en été 1969. Rentrés au Maroc, ils se sont vu assigner pour mission de former des cellules clandestines de 3 à 6 membres. Depuis des semaines, ils s'affairent à recruter et encadrer des militants aptes à la lutte armée, évaluer la fiabilité des voies d'approvisionnement en armes et étudier les effectifs des casernements de la gendarmerie et des forces auxiliaires.

Alors, lorsque l'information parvient au fqih Basri, il juge qu'il est trop tard pour faire marche arrière. Il enjoint de poursuivre les infiltrations par Ceuta au lieu de Melilla comme prévu initialement. Tenter le tout pour le tout, n'est-ce pas là l'ambition même de la révolution ?

Un avenir prédestiné

Originaire de Tafraout au sud d'Agadir, Houceine Manouzi porte à 26 ans l'héritage d'une tradition familiale de luttes et de sacrifices. Sa famille s'est illustrée dans la lutte anticoloniale avant de s'élever contre l'arbitraire féodal. Son père, Haj Ali Manouzi, et ses oncles, Brahim et Saïd Manouzi, figuraient parmi les principaux chefs de l'ALN. Il devient, par la force des choses, le dépositaire des aspirations de ses aînés. Après avoir fui la répression de 1963, Houceine Manouzi s'est installé chez un membre de sa famille en Belgique pour achever sa formation de technicien en aéronautique, entamée à Casablanca. Tout aurait pu se dérouler normalement. Mais son visage lisse d'étudiant studieux et l'envergure trompeuse de sa petite taille cachent une âme de rebelle. Militant syndicaliste, il accumule les jours d'abnégation qui forgent les opiniâtres et son insubordination ne tarde pas à irriter la direction de la société où il travaille, la Sabena. Après quelques péripéties, Houceine Manouzi se voit contraint, en 1967, à un départ précipité pour la Libye. Militant en mal d'action, son ardeur politique a fermenté dans des luttes syndicales en Belgique, mais son tempérament enflammé nourrit une vocation radicale. Lorsqu'il croise sa route, le fqih Basri rencontre un homme déjà sur le pied de guerre. La formation militaire en Syrie sera pour Houceine Manouzi une répétition générale avant le grand soir.

Un des cadres formés à Zabadani, infiltré en compagnie de Houceine Manouzi, se souvient : « *De Damas, j'ai rejoint Houceine Manouzi et Chafai Melouk, alias Abou Ali*[19] *à Paris. Ensemble, nous sommes allés chez Nemri qui nous a indiqué notre destination assortie d'une mission. C'est ainsi que, le 1er septembre 1969, Houceine Manouzi et moi sommes rentrés au Maroc par Ceuta*[20]. »

---

19 Etudiant à Moscou, puis secrétaire général de l'UNEM à Damas, il sera directeur du quotidien *Ittihad Ichtiraki*.

20 Entretien de l'auteur avec Brahim Ben Boujma, alias Stitou .

A Casablanca, Houceine Manouzi s'installe dans la maison familiale du quartier Bourgogne. Pour les besoins de son intégration, il fait comme tout travailleur émigré rentré au pays, il se marie. Puis, toujours à l'instar d'un émigré de retour parmi les siens, il se prévaut d'un pécule, « *amassé grâce à son labeur en Europe* », pour se mettre en quête d'un commerce à sa convenance. Il remet à son père 75 000 DH, une fortune à l'époque, pour acheter un bateau, et il entreprend d'obtenir un permis de pêche. Jusque-là rien que de banal si ce n'est ce studio loué au numéro 205 du boulevard Goulmima, qui sert de point de rencontre aux membres de sa cellule, tous entraînés comme lui en Syrie.

Le piège

Poussés par une foi qui transcende toutes les hésitations et attelés à une mission qui oscille entre trahison et improvisation, et dont personne ne soupçonne encore la portée réelle, les cadres du Tanzim ont l'esprit entièrement absorbé par leurs tâches immédiates. L'autopsie de cette opération mort-née révélera le point de départ d'une série noire qui emportera rêves et destinées.

Tout commence par une délation. Le 16 décembre 1969, un dénommé Monadi, commerçant et petit agriculteur, membre d'une cellule clandestine à Amzouiz au sud de Marrakech, pénètre dans le bureau du commissaire principal de Rabat[21]. Telle est du moins la version officielle qui fait grand cas des aveux de ce repenti providentiel. Choujar, un cadre formé à Zabadani, basé à Amzouiz depuis son infiltration, tombe le premier. Cet enseignant de Safi, ancien membre du réseau de Cheikh-El-Arab, infiltré depuis l'Espagne avec le groupe d'El

[21] Il sera le principal témoin de l'accusation au procès de Marrakech, en 1971. Dans sa déposition, il dira qu'il avait cherché d'abord à être entendu par le cabinet royal, puis par la police et par la gendarmerie. On ne le croit pas. Il mettra 6 à 8 mois avant d'être enfin écouté.

Farchi, a formé et entraîné plusieurs militants, dont la « balance » Monadi. C'est le coup d'envoi d'une première vague d'arrestations qui submerge Marrakech. Habib Forkani, le responsable régional du parti, est enlevé le mercredi 17 décembre. 80 personnes, dont 45 paysans, soupçonnées d'appartenir aux cellules clandestines, sont arrêtées dans les environs de Marrakech. Puis, suite aux aveux extorqués, la ville de Demnat est investie par les forces auxiliaires. Prévenus, les deux autres cadres rentrés avec El Farchi, Bouzyan et Othmani[22], qui avaient déjà armé et entraîné quatre cellules clandestines, s'enfuient vers Beni Mellal. El Farchi, rescapé parmi les rescapés, s'est déjà évanoui dans les ruelles obscures de Marrakech, avant de se replier clandestinement à Casablanca.

Mais le désastre ne s'arrête pas à la capitale du sud. Une deuxième vague d'arrestations (120 environ) atteint quelques jours plus tard Casablanca. Taoufik El Idrissi est enlevé le mercredi 24 décembre à 7h du matin sur le boulevard Mohamed V alors qu'il se rendait à son cabinet. Comme lui, plusieurs lieutenants de Dahkoun, formés en Syrie, pour la plupart cadres de l'UNEM, tombent[23].

Une troisième vague d'arrestations atteint Nador et Oujda. Le piège se referme en premier sur le réseau de passeurs d'El Mid. Pour son malheur, Sidi Hamou, le rebelle de l'Atlas, se trouvait à Oujda en même temps. Infiltré depuis l'Algérie, il s'apprêtait à poursuivre vers Rabat. Un indicateur le vend à la police.

Mercredi 31 décembre 1969, Dar-el-Mokri

La porte de la cellule s'est refermée derrière El Kouar. Le cliquetis des clés qui verrouillent la porte remplit la pénombre.

---

22 Mohamed Bouchakouk, alias Othmani et Lahcen Tarjisht, alias Bouzyan, respectivement ancien sergent-chef des FAR et moqaddem à Safi, seront exécutés à Kénitra le 1er novembre 1973.

23 Notamment Moustafa Rachidi alias Talal, Brahim R'bati alias Nasihi, Aisa Intidam alias Abdallah et Chafai Melouk alias Abou Ali.

L'air est froid et humide en ce mois de décembre. Trois ombres se détachent sur les murs. Au fur et à mesure que sa vue s'accoutume à l'obscurité, El Kouar reconnaît une femme et deux hommes, un Hollandais et un Belge. La femme est algérienne. Ils sont accusés de trafic d'armes. El Kouar a été arrêté le samedi 27 décembre à la gare routière de Tétouan lors d'un contrôle d'identité à bord du bus qui devait le ramener à Casablanca. « *J'avais fait le déplacement à la demande d'un caïd de la région qui m'avait signifié que le fqih Basri souhaitait me rencontrer en Espagne, se souvient El Kouar. Le rendez-vous n'a pas eu lieu et je m'apprêtais à rentrer à Casablanca. Dahkoun, qui venait de me quitter a assisté impuissant à mon arrestation à 10 mètres du bus*[24]. » Sitôt arrivé à Dar-El-Mokri, l'interrogatoire commence. En guise de prélude, El Kouar a droit à toute une panoplie de harcèlement psychologique : complicité affectée, corruption, chantage. Puis, la torture. Déluge de sévices d'un raffinement sordide : étouffement à l'aide d'un chiffon imbibé de produits chimiques introduits dans la bouche, décharges électriques savamment dosées sur les parties sensibles du corps, sans oublier l' « avion », terme qui indique la posture du supplicié, suspendu à l'horizontale par les pieds et les mains, face contre terre, la colonne vertébrale pliant sous le poids du corps. Les membres d'El Kouar se crispent sous l'effet de douleurs aussi soudaines que cinglantes qui paralysent progressivement ses sens, ne laissant à l'emprise des bourreaux qu'un corps désarticulé, ballotté entre la vie et la mort. Après deux semaines d'un tel régime, le dossier est bouclé. El Kouar, physiquement anéanti malgré sa corpulence d'athlète, retrouve alors en captivité d'autres compagnons d'infortune rencontrés dans les camps en Syrie.

A l'évidence, la police estime disposer de suffisamment d'informations. Taoufik confirme le caractère expéditif de l'enquête : « *J'ai été torturé 6 jours durant. Les questions portaient invariablement sur la cache de Dahkoun, les armes et les noms des*

---

[24] Entretien de l'auteur avec Houceine Kouar.

militants entraînés en Syrie[25]. » Seul Habib Forkani subit un traitement particulier. Responsable régional du parti, il est soupçonné d'en savoir plus que les autres. Les sbires d'Oufkir le torturent deux fois par jour sans discontinuer.

Mais le Palais réclame la tête des chefs révolutionnaires. La diplomatie est mobilisée. Le vendredi 9 janvier 1970, Abdelhadi Boutaleb, ministre des affaires étrangères, débarque à Madrid. Lopez Bravo, son homologue du régime franquiste, arrive opportunément à Rabat quelques jours plus tard pour entamer les négociations sur l'extraction du phosphate du Sahara sous contrôle espagnol. Hassan II tient son marché. En échange d'un assouplissement de la position marocaine, il exige l'arrestation et la livraison des « chefs de la conjuration », dont sa police a localisé la présence à Madrid.

Jeudi 29 janvier 1970, arrestations à Madrid

Lorsque la nouvelle de la disparition d'un passeur atteint Ahmed Benjelloun, le doute l'emporte sur la détermination. Cette absence insolite laisse présager le pire. La plupart des hommes formés en Syrie ayant passé la frontière, Ahmed Benjelloun sait devoir rejoindre Oujda dans quelques semaines avec deux autes cadres révolutionnaires. Il s'interroge. Par précaution, il décide de remonter à Madrid pour rendre compte de la situation. Aussi impensable que cela paraisse, il est loin de douter que l'enlèvement du passeur est l'aboutissement d'une déferlante d'arrestations qui a pris naissance dans le sud du pays. La question de poursuivre l'opération, de tout interrompre ou de tout mettre en sommeil, se pose avec beaucoup plus d'acuité qu'il ne le soupçonne. A Madrid, Mahmoud et Saïd Bounilat apprennent la nouvelle avec stupeur. Plusieurs rondes auprès des cabines de téléphone publiques seront nécessaires avant de pou-

---

[25] Entretien de l'auteur avec Taoufik Idrissi.

voir joindre le fqih Basri et l'informer de la situation. Mais, comme bien souvent lorsque les faits contrarient des plans prétendus infaillibles, la réponse du stratège se borne à fustiger l'anxiété qui taraude les hommes dans le feu de l'action. Devant l'incrédulité du fqih Basri, Mahmoud s'impatiente. Il monte à Paris le mercredi 20 janvier 1970 laissant Saïd Bounilat et Ahmed Benjelloun à Madrid.

Neuf jours plus tard, le vendredi 29 janvier, la police fait irruption dans la rue *Sancho da Villa* et s'engouffre chez Saïd Bounilat qui se retrouve les menottes aux poignets. Dans l'appartement, la police espagnole saisit une importante somme d'argent, plusieurs documents et des faux passeports. Mais la prise paraît maigre au regard du butin annoncé. A tout hasard, la police installe un dispositif de surveillance. Cette patience est vite récompensée. En début de soirée, Ahmed Benjelloun débouche au coin de la rue. Dans sa poche un texte qu'il vient d'achever dans un café en réponse à un article de Hamid Barrada dans la revue *Front*, éphémère publication militante, mélange insolite de polémique et de clandestinité. Pris en embuscade, il n'oppose aucune résistance. Dans la foulée, les policiers espagnols arrêtent quatre autres cadres révolutionnaires attendant les ordres dans une pension de la banlieue de Madrid : le jeune El Melki, Najjar, Seghir et Si Brahim. Détenteurs d'un passeport syrien, El Melki et ses compagnons voient rapidement leur sort s'améliorer. Prévenu de leur arrestation, Attassi, le président syrien, exige que « *les étudiants syriens arrêtés par erreur* » soient confiés aux soins de l'ambassadeur de Syrie. L'exigence est assortie d'une menace de rompre les relations diplomatiques.

En délicatesse avec nombre de capitales, le régime franquiste ne peut se payer le luxe de s'aliéner la neutralité d'un pays arabe. La menace fait son effet. Dès le premier jour de leur arrestation, l'ambassadeur syrien est autorisé à visiter El Melki et ses compagnons en prison. Ils y resteront 20 jours, le temps que la police espagnole se convainc que rien ne les lie aux communistes espagnols ou aux séparatistes basques.

Saïd Bounilat et Ahmed Benjelloun, en possession d'un passeport marocain, ont moins de chance. De plus, Ahmed Benjelloun est, pour son malheur, doté d'un franc parler qui contraste avec les silences lourds d'insinuations qu'affectent certains camarades. Dès son premier interrogatoire dans les locaux de la sûreté espagnole, il revendique sa nationalité marocaine, sans se douter un instant de la conséquence de son obstination. Soucieux de ne rien laisser au hasard, les policiers espagnols poussent la précaution jusqu'à faire venir un ancien fonctionnaire colonial pour s'assurer de la marocanité d'Ahmed Benjelloun. L'identification faite, l'officier de police qui l'interroge, lui soumet des photos de militants en lui demandant de les identifier. Ahmed Benjelloun prend subitement conscience de la tournure des événements. Tout porte à croire que ces clichés proviennent des services de renseignement marocains. Ahmed Benjelloun en reste sans voix. Affectant de ne pas relever sa perplexité, l'officier poursuit son interrogatoire d'un ton détaché. Peine perdue : à la vue des photos, Ahmed Benjelloun, subitement décontenancé, s'est muré dans le silence. Face à la preuve intangible de la collusion entre la police de Franco et celle d'Hassan II, il maudit son excès de confiance.

— *Et celui-là tu le reconnais* ? lui lance alors l'officier espagnol d'un ton narquois en lui exhibant sa propre photo.

Ahmed Benjelloun la reconnaît en effet, le cliché a été pris à Alger. Exaspéré par son silence obstiné, l'officier lui assène :

— *On va t'envoyer chez Oufkir, il saura te faire parler, lui !*[26]

La débandade

A ce stade, les choses sont, pour l'essentiel, consommées. Sachant que la phase insurrectionnelle a été abandonnée depuis l'arrestation de Saïd Bounilat et d'Ahmed Benjelloun, le pouvoir

[26] « Franco a fourni au pouvoir royal les éléments d'un complot contre l'opposition marocaine », écrit l'*Humanité* du 3.6.1971.

traque les réseaux clandestins coupés de leur état-major. L'implacable loi des séries est enclenchée. Les suspects sont arrêtés par centaines et interrogés avec le soin que l'on sait. En tout, le Tanzim va perdre dans cette opération 300 militants. Statistique anodine dans les annales de la répression marocaine. Pourtant derrière ce chiffre, des réseaux entiers sont démantelés, comme celui de la police d'Oujda.

Souhail Ramsis, inspecteur de police à Oujda, déjouant la vigilance des agents de la DST, embarque clandestinement à bord d'un train en partance pour l'Algérie. L'ironie du sort veut que Tanouti, son supérieur direct, membre du Tanzim comme lui, participe à la perquisition de son domicile à 4 heures du matin. La fouille dépasse l'espérance des policiers. Ils mettent la main sur des armes et du plastique destiné à la fabrication de bombes. Pourtant, Tanouti parvient à sauver l'essentiel. Au hasard de la fouille, il subtilise une lettre manuscrite adressée au fqih Basri contenant des informations sur le réseau d'Oujda. Précaution louable mais vaine, car la cavale de l'inspecteur Ramsis sera de courte durée. Arrêté par la police algérienne, il sera livré aux autorités marocaines dans le cadre d'un échange de prisonniers. Le lendemain de son extradition, le 27 mars 1970, les agents de la DST se présentent au domicile de Tanouti. Il est arrêté en même temps que deux professeurs de lycée et un commerçant qui s'apprêtaient à rejoindre les rangs des révolutionnaires.

Néanmoins, dans le tourbillon des rafles qui déciment leurs rangs, plusieurs cadres révolutionnaires s'échappent de justesse. C'est le cas de Dahkoun, qui passe entre les mailles du filet grâce à la complicité d'anciens camarades de Cheikh-El-Arab, miraculeusement épargnés par les arrestations. Réfugié à Salé, il se rend à Casablanca, accoutré en femme. Très vite, il prend la mesure des pertes subies par son réseau. A en croire une correspondance avec un avocat de Marrakech qu'il consulte à propos de l'étendue des arrestations, il garde confiance dans les capacités du Tanzim à resurgir de ce néant. « *On trouve dans le ruisseau ce qu'on ne trouve point dans la mer* », écrit-il dans une lettre qui tombera entre les mains de la police lors de l'arrestation de son messager.

Sidi Hamou en réchappe également par miracle. Dans la confusion, il est relâché après quelques semaines à Dar-El-Mokri. Sa version pathétique du patriarche regagnant sa terre natale pour y finir ses jours obtient crédit aux yeux de la police. Il faudra l'arrestation de Saïd Bounilat et d'Ahmed Benjelloun pour que la police réalise qu'elle a été grugée. Trop tard. Sidi Hamou a disparu. La police le recherche à Tinghir, pendant qu'il se terre à Rabat.

Mais l'intensification des recherches policières rend la situation intenable. Plusieurs révolutionnaires ne trouvent le salut que dans la fuite vers l'étranger. Le dimanche 15 février est le jour de la fête du mouton, l'Aïd El Adha. La surveillance s'est relâchée à la faveur des festivités et El Farchi peut traverser la frontière et trouver refuge en Algérie. D'autres cadres révolutionnaires, rentrés au Maroc dans la foulée, suivent son exemple. « *J'ai fait un zéro* » commentera El Farchi en joignant le pouce et l'index. Son geste représente autant ses efforts infructueux que le périple qui l'a fait tourner en rond : il avait en effet quitté Oran un an auparavant pour Damas, avant de gagner l'Espagne pour s'infiltrer au Maroc, tout cela pour se retrouver de nouveau, 6 mois plus tard, à Oran.

Hasard ou sens équivoque de la symbolique ? C'est aussi le jour de la fête du mouton que le régime de Franco livre Saïd Bounilat et Ahmed Benjelloun à la sûreté marocaine[27]. Un avion cargo militaire les dépose menottés et cagoulés sur l'aéroport de Salé. « *Il faisait froid, heureusement, je n'avais pas quitté mon manteau depuis le jour de mon arrestation ; un beau manteau, précise Ahmed Benjelloun, un militant me l'avait donné lorsque j'avais quitté Alger*[28]. »

---

27 Selon Philippe Herreman, le *Monde*, 12 juin 1971, les Espagnols auraient été sensibles à certaines pressions américaines, car aucun accord d'extradition ne lie les deux pays.

28 Le passage qui suit résulte d'un entretien de l'auteur avec Ahmed Benjelloun.

Lundi 16 février 1970, CAB 1, Casablanca

Ahmed Benjelloun n'en revient pas. Plié en deux sur sa chaise, il garde la tête baissée. La double claque que vient de lui asséner sur les deux oreilles l'homme posté derrière son dos a fait glisser son bandeau. Suffisamment pour lui permettre d'entrevoir l'officier qui mène l'interrogatoire. En face de lui se tient Oufkir, affublé de ses mémorables lunettes de soleil, entouré de trois hommes en civil. Ne pas relever la tête. Si celui-ci s'avise qu'il a été reconnu son compte est bon. Ahmed Benjelloun garde l'œil découvert fixé sur le sol. Ses mains sont attachées dans le dos par les menottes espagnoles qui ne l'ont pas quitté depuis son arrestation à la rue *Sancho da Villa*.

Oufkir est obsédé par la véritable identité, cachée sous des pseudonymes, des cadres du Tanzim.

— *Avez-vous des liens avec le colonel Hatimi*[29] ?

Fidèle à lui-même, Ahmed Benjelloun nie tout en bloc. Oufkir considère avec détachement son obstination :

— *Il semble que tu aies la tête dure, alors je vais te confier à ces messieurs, qui te feront subir un traitement spécial. Puis, en guise de conclusion, Oufkir lance : Tu es con, tu serais venu chez moi, je t'aurais mieux entraîné que les Syriens !*

Fanfaronnade d'un officier de l'armée française, songe Ahmed Benjelloun. Mais, les sbires d'Oufkir ne lui laissent guère le loisir de méditer. Pour lui, c'est le début du cauchemar. Deux mains l'entraînent dans les sous-sols, le débarrassent de son manteau et l'allongent torse nu sur un établi de bois. Avant de lui enlever son bandeau, El Achâachi[30], le responsable du CAB 1[31] le prévient d'un ton qui ne souffre aucune réplique :

— *Si tu te retournes, tu es un homme mort !*

---

[29] Pseudonyme de Benyahia. Le colonel Hatimi sera tué après Skhirat.

[30] Identifié par Mohamed Boukhari (*Le secret*, éd. Michel Lafon) comme un protagoniste de l'affaire Ben Barka, il deviendra plus tard préfet de police.

[31] Appellation réservée aux différents centres d'interrogatoire dépendants du ministère de l'intérieur : CAB 1, CAB 2, etc.

A l'extrémité de l'établi, cinq hommes cagoulés le tiennent en joue de leur MAT 49. A ses côtés, le commissaire Hassouni, en blouse blanche, fait office de médecin. Patiemment, il passe en revue un plateau exhibant un attirail complet de chirurgien. Ahmed Benjelloun sait que les geôliers des détenus politiques se surpassent dans l'horreur. Il songe un instant aux préliminaires d'une séance de torture chirurgicale.

— *Tu trembles, tu as peur Ahmed* ? ironise triomphalement El Achâachi.

— *Non, j'ai froid* ! s'enhardit Ahmed Benjelloun.

En fait, El Achâachi s'est mis en tête de l'examiner pour évaluer sa résistance à la torture. L'examen terminé, Ahmed Benjelloun est emmené au désormais tristement célèbre Dar-El-Mokri à Rabat. Après trois jours d'isolement dans l'antichambre des services spéciaux, c'est maintenant aux différentes brigades des renseignements d'en tirer quelque chose. « *J'avais toujours mes menottes espagnoles, mais mon manteau, lui, avait disparu* », se souvient Ahmed Benjelloun. Les menottes espagnoles qui immobilisaient ses mains dans le dos n'avaient qu'un seul maillon et devenaient rapidement une torture.

Mais Ahmed Benjelloun s'obstine. Il ne plie pas.

— *Nous savons que tu t'appelles Abdelmoumen, et tu vas finir par l'avouer,* martèle une voix inquisitrice comme pour ponctuer chaque cri de douleur arraché au supplicié.

Après une journée de sévices, leur victime chancelant au-dessus du gouffre de la mort, les tortionnaires se ressaisissent. L'entêtement d'Ahmed Benjelloun confirme si besoin est qu'il ignore l'arrestation de ses camarades de Zabadani et d'Aïn El Baida. Ne reste plus qu'un seul moyen d'avoir raison de son obstination : le confronter à l'évidence. Ahmed Benjelloun s'en souvient comme si c'était hier : « *J'étais allongé à moitié conscient ; ils avaient relevé mon bandeau pour que je puisse voir. Un à un défilèrent devant mes yeux quelques cadres que j'avais infiltrés au Maroc et un passeur.* »

— *Quel est son nom* ? demande à chacun le tortionnaire en chef.

— *Abdelmoumen*, rétorquent invariablement les prisonniers.

L'enquête reprend. Les détenus déjà arrêtés depuis plusieurs mois, comme Taoufik et El Kouar, subissent de nouveaux interrogatoires. De nouvelles arrestations sont opérées. La cruauté des tortionnaires qui se relaient au chevet d'Ahmed Benjelloun est à la hauteur de son obstination. Les bras ankylosés et les pieds gangrenés, il sera envoyé par deux fois à l'hôpital militaire pour y être « retapé ».

— *Si vous voulez le garder en vie, ménagez-le* ! diagnostique le général major Moulay Archane après l'avoir ausculté.

La mise en garde n'avait rien de fantaisiste. Les tortionnaires d'Oufkir étaient recrutés selon un pedigree particulier. C'étaient généralement des fils de traîtres éliminés par les résistants. Ce choix diabolique décuplait leur zèle vindicatif contre les anciens résistants, comme Saïd Bounilat, ou ceux qui s'en réclamaient. Au bout de 15 jours, le régime semble s'assouplir. Ahmed Benjelloun obtient que ses mains soient attachées devant avec des menottes marocaines, « plus confortables ».

— *Tu as sept âmes,* lui déclarera un de ses geôliers, sans doute enclin au respect pour les plus résistants, *tu meurs et puis tu ressuscites*.

Mais de tels gardes-chiourme ne sont pas légion à Dar-El-Mokri. Environ 80 détenus s'entassaient dans les chambrées de 60m^2 qui tenaient lieu de cellule. Un des murs, le mur d'enceinte du bâtiment, était délimité aux deux extrémités par une fenêtre à barreaux. Allongé dans un angle, Ahmed Benjelloun était enchaîné aux barreaux de l'une des fenêtres. Le rayon de soleil qui filtre à travers les barreaux projette une flaque de lumière au milieu de la salle. En dépit du mouvement circulaire de cette tache lumineuse, dernier repère du monde extérieur, la nuit et le jour se confondent, abolissant le temps et laissant la torpeur s'emparer des esprits. Les yeux bandés, les détenus observent avec leurs oreilles. Ils identifient les gardes à leur démarche, à leur voix, comptent les détenus au nombre de soupirs, des portes qui claquent, repèrent les distances, le couloir, les murs à coups de tâtonnements fébriles. L'immobilité, les bruits de loquets, les grincements de portes, les gémissements étouffés et, au loin, les cris des suppliciés, suivis d'un silence pesant, meublent le décor de leur infortune et donnent l'arrière-goût d'un immense sentiment de gâchis.

Dar-El-Mokri est devenu la destination finale de leur rêve de liberté. Dans cet espace confiné, impossible de se soustraire au désespoir. Mais surtout, le plus terrible de mémoire de prisonnier, la vibration de la sonnette qui annonce l'appel pour l'interrogatoire : un grésillement strident qui fait tressaillir chaque détenu et dépose, en son for intérieur, cette lie humiliante qui célèbre la lâcheté comme seule voie de salut.

— *Pourvu que ce ne soit pas mon tour* ! Implore secrètement chaque malheureux, non sans savoir qu'un tel vœu appelle en même temps le supplice d'un camarade.

Trente ans après, Ahmed Benjelloun garde encore une admiration mêlée de perplexité au souvenir d'un codétenu dénommé Khirani. Il se savait condamné et insultait Hassan II toutes les nuits. Cette audace lui valait une séance de bastonnade quotidienne. Un jour, lassé de ce manège, il opta pour une autre tactique. Il avisa un gardien :

— *J'ai une information importante à vous communiquer, conduisez-moi au grand chef.*

Le gardien jaloux de ses prérogatives ne l'entendait pas de cette oreille :

— *Vas-y Khirani, dis moi ce qui est si important sinon je te finis !*

— *Attention, si tu me fais parler, tu prends tes responsabilités, car ce que je sais est très sensible.*

Prudent, le gardien consulte son chef direct. Ensemble, ils décident de faire parler Khirani. Mais celui-ci ne se démonte pas :

— *Non, ce que j'ai à dire est très important. Il faut que je voie le grand chef.*

De guerre lasse, Khirani est ramené à sa cellule. Le soir même, il est reconduit au bureau.

— Vas-y, tu peux parler maintenant, le grand chef est là !

— Enlevez mon bandeau pour que je voie si vous dites vrai.

Lorsqu'on lui découvre les yeux, Khirani se retrouve au milieu d'une pièce avec en face de lui un homme en civil dont la stature imposante dénote un grade élevé.

— C'est bien toi le grand chef ?

— Oui, qu'as-tu de si important à me dire ?

Khirani, les yeux révulsés de jubilation, s'exclame :

— Eh, bien que tu es le plus grand fils de pute que la terre ait porté !

Courte, mais savoureuse revanche sur l'horreur. Ahmed Benjelloun conserve avec une affection particulière le souvenir de ces anecdotes qui permettaient à ses compagnons, plongés dans cet antre de l'inhumanité, de s'accrocher à la vie. Le souvenir d'un jeune employé d'une société sucrière de Casablanca lui reste en mémoire. Les tortionnaires ne l'avaient pas martyrisé une demi-heure qu'il tremblait déjà de tous ses membres en émettant des gémissements continus. A le regarder tressaillir, on pouvait craindre une attaque cardiaque ou cérébrale. Pris de doute, les gardiens le reconduisirent en cellule. Il était tout occupé à ses convulsions lorsque deux détenus de Marrakech se lancèrent dans une joute verbale pour égayer leurs codétenus. Des rires étouffés commençaient à percer l'obscurité. Soulagement du désespoir. En quelques minutes, une avalanche de rires envahit la cellule. Le jeune employé ne put contenir son rire bien longtemps et s'esclaffa à son tour. Mal lui en prit. Un gardien soupçonneux le guettait depuis son retour en cellule. Il se rua sur lui et l'empoigna.

— Alors d'abord on fait le mourant puis après on rigole ? !

Emporté par l'hilarité générale, le malheureux lâcha :

— Je suis comme une tête de mouton, mon rictus n'apparaît que lorsque je suis rôti !

La lutte finale

A Paris, Oran et Damas, l'heure est au bilan. « *La situation est explosive*, répétait le fqih Basri à qui voulait le croire, *vous serez l'allumette qui mettra le feu à l'insurrection* ». Pourtant, la théorie a fait long feu, le rêve se consume par impudence.

A l'entendre, une chiquenaude aurait eu raison du régime. De Damas, Bouras, presque anéanti, tire les conclusions du désastre. L'ancien chef de l'ALN qui avait accepté de rejoindre le fkih Basri pour mener à terme un combat inachevé, se résout à l'évidence. C'est un homme sans animosité et sans rancune qui me confiera ses regrets plusieurs décennies plus tard : « *Nous n'avions rien appris de nos erreurs passées*[32]. »

Mahmoud et Nemri tentent de comprendre. « *Mahmoud et Nemri sont venus à Oran*, se souvient El Farchi, *Mahmoud m'a harcelé de questions et Nemri me soupçonnait de n'avoir pas suivi les ordres. Je leur ai expliqué que le travail d'encadrement des masses était complètement déficient. Les points d'appui à l'intérieur étaient des cadres locaux du parti, comme Habib Forkani à Marrakech, qui n'entendaient rien à la lutte armée*[33] ». Mais, si les dirigeants du parti ont failli à leur mission, le Tanzim, cette avant-garde révolutionnaire, a également échoué dans la sienne. Il arrivait que des cadres infiltrés soient hébergés chez des militants qu'ils connaissaient personnellement et qui étaient tout aussi connus des services de police. Autant dire que leurs noms de code n'étaient qu'un exercice de rhétorique. Accointances fatales qui ont facilité la répression. Quelques arrestations ont suffit à démanteler les réseaux. Mahmoud découvre avec effarement la réalité d'événements dont il n'avait saisi que des images confuses. Le décompte des cellules encore opérationnelles dévoile l'étendue du désastre. Le réseau de Marrakech est décimé. A Casablanca, restent Dahkoun et

---

[32] Entretien de l'auteur avec Bouras Figuigui.

[33] Entretien de l'auteur avec Omar Nasser, alias El Farchi.

quelques-uns de ses lieutenants ainsi que la cellule de Houceine Manouzi. A Rabat, se trouve encore le groupe de Sidi Hamou, à quoi s'ajoutent quelques cadres révolutionnaires à Oujda et dans le Moyen-Atlas miraculeusement échappés à la police.

Mahmoud a beau égrener les perspectives qui s'offrent au Tanzim, désormais paralysé dans sa capacité d'action, aucune d'entre elles ne permet d'entrevoir une issue politiquement et militairement viable. Devant le cataclysme, la perplexité de Mahmoud se mue en incrédulité. Il songe à exfiltrer les militants qui peuvent encore l'être. Mais le fqih Basri ne se résigne pas à déposer les armes. Des rumeurs de conspiration au sein de l'armée le confortent dans la certitude d'un dénouement victorieux. Nemri, pensant que les hommes ont failli par négligence, se range à son avis. Répugnant à l'idée d'une reddition, tous deux s'acharnent à vouloir forcer le destin. Il suffit, selon eux, de rallumer la flamme vacillante de la révolte, le foisonnement politique fera le reste. Pour ce faire, ils décident de réactiver, dans le sud du pays, le foyer éteint par la vague d'arrestations qui a submergé Marrakech et ses environs.

Ce sera la mission d'El Yazid.

Le second front

Au hasard d'une réunion à Paris, en présence du fqih Basri et de Nemri, El Yazid se voit assigner une mission : « *Mon groupe comprenait cinq camarades*[34] *; tous formés à Zabadani. Notre objectif était l'encadrement et l'organisation des cellules secrètes dans le Souss. Principalement à Agadir, Taroudant et Tiznit. Un cadre local du parti dénommé Houceine Bouadane devait nous servir de relais sur place*[35] *.* »

---

34 Les cinq cadres révolutionnaires sont : Mohamed Benyahia, Aziz Ben Brahim alias Khalifat, Yazid Merzouk alias Semlali, Mohamed Askour alias Castro et Mohamed Ben El Houssein alias Sabri. Ces deux derniers perdront la vie en 1973, le premier au combat le second devant un peloton d'exécution.

35 Entretien de l'auteur avec Barakat El Yazid.

El Yazid n'en est pas à son coup d'essai, lorsqu'il rentre au Maroc par l'Algérie le 19 juin 1970. Son entraînement en Syrie n'ayant duré qu'un mois, il avait précédé tout le monde, une année auparavant, pour ressortir du Maroc en novembre 1969 : « *Je devais mettre en place un réseau clandestin à Taroudant. Mais mes démarches sont restées infructueuses* ». Le jour même où il rend compte de son échec au fqih Basri, la vague d'arrestations au Maroc emporte plusieurs de ses compagnons entraînés à Zabadani et les militants de leurs cellules respectives[36].

C'est donc un naufragé que le fqih Basri charge de ramener à bon port le radeau à la dérive. Mais un naufragé revigoré par la certitude que l'accalmie qui suit la tempête est propice à de nouvelles conquêtes. Dans ce parti pris transparaît la résolution, commune aux militants du Tanzim, de poursuivre jusqu'au bout d'eux-mêmes. Ils savent, pour en avoir fait le serment, que leur combat doit les projeter au-delà de la limite frileuse du moindre mal.

Bien qu'il s'y soit préparé, El Yazid est secoué par l'ampleur du désastre subi par le Tanzim. Seule consolation, le quartier général du 205, boulevard Goulmima s'est étoffé depuis l'infiltration de Houceine Manouzi. Une dizaine d'hommes constituent désormais le noyau dur de la cellule clandestine. Parmi eux, Dhaish, un cadre entraîné en Syrie, et Aït El Mouden, un responsable du parti, tous deux échappés de justesse aux rafles qui se sont abattues sur Marrakech. Pour eux, le cloisonnement a fonctionné. Prévenu du danger par les deux fugitifs de Marrakech, le groupe de Houceine Manouzi a changé de papiers d'identité et mis en sommeil ses contacts avec les autres cellules.

---

36 Notamment la cellule d'Aïssa Intidam, un cadre formé en Syrie en même temps qu'El Kouar (Bouhaq Mohamed Benmousa, Mohamed Ben Mohamed, Ryad Bouchaib El Larbi, Nounes Mohamed) et la cellule d'El Yazid (Benmousa, Mohamed Benomar, Lahcen El Zindi et Souka Mohamed). Source : Arrêt du tribunal régional de Marrakech No 71/612.

Mais la vigilance de la police ne s'est pas relâchée. En mars, l'intermédiaire casablancais du réseau de Marrakech est arrêté[37]. Son arrestation survient alors que Houceine Manouzi a fait le déplacement de Paris pour venir aux nouvelles. Les occupants de la rue Goulmima désertent rapidement les lieux par crainte d'une descente de police. Quelques jours après, sans le moindre signe d'alerte, ils réintègrent leur repaire. Le militant clandestin arrêté n'a pas parlé.

Lorsque El Yazid entre en contact avec le réseau de Houceine Manouzi, début juillet 1970, celui-ci est absorbé par les préparatifs de l'action : Houceine Manouzi fabrique des bombes avec un cadre formé en Syrie tandis que les autres membres du groupe font des repérages autour du siège de la sécurité nationale de Mohammedia, de l'école de police d'Aïn Sebaâ et du poste de gendarmerie d'Aïn Harrouda. Un policier affecté au poste de la sécurité nationale de Mohammedia, membre de la cellule secrète, a déjà fourni les plans des bâtiments et des informations sur les effectifs et l'inventaire de l'arsenal. Une liste de sympathisants prêts à être armés (dont plusieurs policiers) est également prête. Pendant ce temps, au 269 de la rue Ziraoui, deuxième appartement du réseau Manouzi, des tracts sont imprimés et envoyés par poste.

Houceine Manouzi a reçu du fqih Basri l'ordre de frapper.

La même instruction parvient à Dahkoun et à El Yazid le 15 juillet 1970. Les groupes de Houceine Manouzi et Dahkoun ont chacun déjà reçu un chargement d'armes venant d'Europe. Les objectifs assignés au groupe d'El Yazid sont l'immeuble de l'imprimerie du groupe Mas, résidu de la propagande colonialiste converti en thuriféraire de la monarchie, et le centre culturel américain, soupçonné d'héberger des services de renseignements.

---

37 Il s'agit de Belmansour. Ancien étudiant à Belgrade formé militairement en Algérie, c'est chez lui que le groupe d'El Farchi a fait escale avant de poursuivre à Marrakech.

La révolution se transforme en terrorisme urbain. Dans quel but ? Crédibiliser la récente union de l'opposition, rassemblée autour d'une revendication démocratique commune (la *Koutlah*, créée entre l'UNFP et l'Istiqlal le 22 juillet 1970) ? Marquer un désaccord avec les préparatifs d'un référendum constitutionnel aux résultats connus d'avance (certains tracts imprimés par la groupe de Houceine Manouzi y font explicitement référence) ? Un seul homme peut répondre : le fqih Basri.

Mais la conséquence, elle, est connue : moyens dérisoires, improvisation et atermoiements auront raison de plusieurs cadres, jusque-là épargnés par les rafles, en les précipitant dans des actions vouées à l'échec.

Le 16 juillet, El Yazid se blesse grièvement en manipulant un détonateur. Après plusieurs démarches, il est enfin hospitalisé dix jours plus tard sous une fausse identité et s'en sort avec le majeur et le pouce amputés. La nuit du 17 au 18 juillet, deux de ses hommes font feu sur des policiers qui s'apprêtaient à contrôler leur identité.

De plus, la cellule de Houceine Manouzi est en butte à des dissensions internes. Dans le tumulte des sentiments contradictoires il ressort qu'Aït El Mouden s'oppose aux attentats et que Dhaish refuse d'exécuter les ordres. Dépité, Houceine Manouzi se rend à Paris pour rendre compte de la situation, non sans avoir demandé au préalable à un de ses hommes, de retirer son arme à Dhaish et de le tenir à l'œil.

Les conditions hasardeuses d'un faux pas sont réunies.

Le mercredi 1er septembre 1970, deux membres de la cellule de Houceine Manouzi doivent se rencontrer en face du café *El shems*, boulevard de Bordeaux, au croisement du boulevard Ziraoui. Le premier, initialement recruté pour le transport d'armes et d'explosifs depuis l'Europe, légèrement en avance sur l'horaire prévu, patiente au volant de la Peugeot 404 qu'il a utilisée pour son dernier convoi. A ses côtés, un sac contenant le pistolet qu'il a retiré à Dhaish ainsi qu'un uniforme de police. Lorsque le second militant, un cadre formé en Syrie, débouche au coin de la rue, un policier a repéré le manège. Constatant que la voiture est garée non loin d'un débit de boisson et de surcroît immatriculée en Belgique, il suppute un trafic illicite d'alcool. Le policier furète autour du véhicule et interpelle le conducteur dans l'espoir de monnayer son indulgence. Lorsque celui-ci examine d'un air entendu les papiers du véhicule, le second militant arrive sur les lieux. Craignant un piège, il braque son pistolet sur le policier. Dans la confusion, le premier, pris de panique, s'enfuit au volant de la Peugeot 204 abandonnant ses papiers aux mains du policier. Le pistolet du second s'enraye et le policier, qui reçoit le renfort d'autres collègues, n'a aucun mal à le désarmer.

Le lendemain, Houceine Manouzi reçoit un télégramme à Paris annonçant la catastrophe : *« Il y a eu un accident : 1 blessé et 1 hospitalisé*[38]. »

Ce n'est que le début. Deux jours plus tard, la gendarmerie fait irruption dans l'appartement de la rue Goulmima et trouve un arsenal complet. Des pistolets munis de silencieux, des bombes, du matériel de mise à feu, des treillis, des faux documents de police, des cartes et un véritable laboratoire de substances chimiques et d'acides destiné à la fabrication d'explosifs. Dans la foulée, deux autres appartements utilisés par le réseau sont investis : le 269 de la rue Ziraoui, à deux pas de là, et le 405, rue el-Maâni. La gendarmerie met la main sur d'autres armes, des munitions, du matériel d'imprimerie et une liste de noms de policiers. Durant ces descentes policières, Aït El Mouden, Dhaish et la plupart des compagnons de Houceine Manouzi sont capturés.

Combat d'arrière-garde

La nouvelle plonge le fqih Basri dans l'anxiété. Il sent distinctement l'étau se resserrer. Les dernières cellules du Tanzim

---

[38] Entretien de l'auteur avec Rachid Manouzi, frère de Houceine Manouzi.

sont menacées. En désespoir de cause, il intime à El Yazid l'ordre de retrouver Dahkoun et de se replier dans le Sud. La traque de Dahkoun dure plus d'une semaine. Les intermédiaires se montrent prudents. Après maintes tergiversations, un rendez-vous est convenu. El Yazid et les siens sont tendus. Depuis la cascade d'arrestations, ils redoublent de vigilance. Accompagné d'un homme légèrement en retrait, El Yazid, l'œil à l'affût et la main sur le pistolet, se rend à l'endroit indiqué. Dahkoun ne se montre pas. Un second rendez-vous est fixé. Pas de Dahkoun. Il ne se montrera pas d'avantage au troisième rendez-vous. En réalité, il est présent à chaque fois, mais, méfiant, il observe El Yazid et son compagnon de loin. Difficile, dans ce climat de tension extrême qui attise la suspicion, de prendre la moindre sollicitation pour argent comptant.

Ce n'est que fin octobre qu'El Yazid encore convalescent, ses cinq lieutenants et Dahkoun descendent dans la région d'Agadir. Le dernier carré de révolutionnaires se retrouve alors isolé et sans ressources. Cependant, rien dans l'attitude d'El Yazid ou de Dahkoun ne trahit l'angoisse coutumière aux fugitifs aux abois. Si l'envergure d'un révolutionnaire se mesure à l'aune de leur détermination, Dahkoun et El Yazid sont assurément de grands révolutionnaires. L'esprit d'El Yazid est absorbé par la mission que lui a confiée le fqih Basri à Paris : l'enracinement d'un foyer insurrectionnel dans le Souss. Cette ultime confrontation avec la réalité alarmante de l'organisation du Tanzim à l'intérieur du pays conduira El Yazid et Dahkoun à prendre la mesure du désastre. Les cellules clandestines de Houceine Bouadane se révèlent rapidement des fantômes, l'intendance est balbutiante. Les armes ne sont pas arrivées, les moyens logistiques sont inexistants.

Les révolutionnaires sentent leur détermination fléchir au point de regretter de s'être hasardés dans cette entreprise. Il y a des échecs qui ne trompent pas. Victimes d'une réalité travestie, ils tentent de disputer à ce destin hasardeux quelques fragments d'espoir. Ils s'évertuent à nouer des liens avec les cellules politiques du parti pour s'enquérir des ressources humaines et matérielles disponibles. Même des cadres de l'autorité régionale, réputés sympathisants, sont sollicités. Ultimes et vaines tentatives. Non pas que ces héros de l'ALN-Sud soient si durs à convertir à l'idéal de la Révolution, mais dans le silence de ces étendues désertiques, les cheikhs des douars, enclavés dans leur dénuement, n'ont que la politesse d'une hospitalité discrète à leur offrir. Après avoir écumé les bonnes volontés, Dahkoun, El Yazid et leurs compagnons, le cœur aux abois, se rendent à l'évidence : les moyens réels pour préparer une action armée font défaut. Il ne leur reste plus qu'à se replier sur Casablanca. Là au moins, ils seront à l'abri, noyés dans l'anonymat urbain.

N'en pouvant plus de ruminer leur ressentiment, les cinq lieutenants accompagnant El Yazid depuis son entrée au Maroc, décident de retourner en Algérie par Berkane. Dahkoun et El Yazid choisissent de rester. C'est aussi l'instant où Houceine Bouadane, le dirigeant de l'armée fantôme, revient à la charge. Il assure à El Yazid qu'il a un contact à Casablanca susceptible de leur procurer des armes et des militants prêts à se battre. Il s'agit d'un ancien lieutenant de Cheikh-El-Arab. L'homme est une « balance ». Intrigué par le manège insolite de Houceine Bouadane, El Yazid nourrit déjà des doutes à son sujet et se propose de tester la nouvelle recrue, avant de l'introduire dans le réseau. Lassée de ce manège, la police se contente de le capturer seul.

El Yazid est arrêté au cimetière de Ben M'sik à Casablanca le vendredi 27 novembre 1970. Immédiatement transféré au commissariat de Derb-Moulay-Cherif à Casablanca, il y sera sauvagement torturé pendant un mois pour avouer les détails d'une histoire qu'il avait imaginée pour appâter et tester la recrue recommandée par Houceine Bouadane : « *un camion chargé de militants armés est attendu d'Algérie*[39]. »

---

[39] Entretien de l'auteur avec Barakat El Yazid. C'est aussi ce que dira Monadi au procès de Marrakech : « 150 000 hommes se seraient massés à la frontière algéro-marocaine pour renverser le régime ».

Elyazghi[40], membre du comité central du parti, arrêté à la même période pour sa collusion supposée avec le Tanzim, subit le même traitement. Stitou, le bras droit de Houceine Manouzi, croupit également dans les sous-sols du Derb-Moulay-Cherif. Il restera prostré à force de sévices, ne pouvant plus se mouvoir qu'à quatre pattes. Cette infortune lui vaudra le sobriquet de « la brouette ».

Les membres de la famille Manouzi témoigneront de la sauvagerie des tortures infligées. Haj Ali est suspendu treize fois par les pieds. La police s'était jurée de lui faire avouer que le bateau de pêche acquis à la demande de Houceine Manouzi était destiné au transport d'armes. Dans bien des cas, l'acharnement des policiers ira au-delà de tout entendement, faisant des victimes innocentes. Moujahid El Kacem était un sympathisant de la cause révolutionnaire. Par Houceine Manouzi, il apprit que le meurtre d'un policier, à Casablanca, était le fait du groupe d'El Yazid. Il eut le tort d'ébruiter l'information auprès d'autres militants. Ceux-ci avouèrent sous la torture les propos de Moujahid. Il n'en fallait pas d'avantage pour faire porter les soupçons sur le jeune malheureux. Il fut torturé jusqu'à ce qu'il avouât un forfait qu'il n'avait pas commis. Le supposé crime avoué, les policiers entreprirent de se venger en achevant Moujahid El Kacem[41].

Nouvelle donne politique

L'échec de l'opération de 1969 a des conséquences politiques désastreuses pour le Tanzim. Dès les premières arrestations,

---

[40] Il est arrêté le 16 novembre 1970 et d'abord porté disparu selon un communiqué de l'UNFP de l'époque. Alors membre du comité central, responsable de la fédération UNFP de Rabat et collaborateur du cabinet de A. Bouabid, il sera ministre de l'Habitat dans le « gouvernement d'alternance » formé par Abderrahmane Youssoufi en 1998, sous Hassan II.

[41] Mort sous la torture, il sera déclaré « mort d'épuisement » par la police, dans un rapport qui laisse entendre qu'il aurait voulu s'évader.

Hassan II a dépêché Oufkir à Alger et à Tunis pour convaincre les présidents Boumedienne et Bourguiba que le Maroc est victime d'un « complot baâthiste » dont le siège se trouve à Damas.

Le roi, lui-même s'est rendu en France la première semaine de février 1970 pour renouer des liens, distendus depuis l'affaire Ben Barka, avec le gouvernement français. La disparition du général de Gaulle, quelques jours plus tôt, lui permet de fouler à nouveau le sol français. De Gaulle avait en effet rompu les relations diplomatiques depuis l'assassinat en France du leader de l'UNFP.

Hassan II tente de convaincre son successeur, le président Pompidou, de la véracité du « complot baâthiste » et sollicite, par la même occasion, un soutien politique et militaire. La démarche est payante. Jean Lacouture, observateur avisé de la vie politique française et fin connaisseur du Maroc, ne s'y trompe pas. Dans le Nouvel Observateur[42], il écrit : « *Maurice Shumann est certainement très fidèle à la ligne politique tracée par le général de Gaulle, mais c'est une fidélité qui a la mémoire courte.* » Et de conclure : « (...) *le régime de Rabat est plus que jamais celui avec lequel avait rompu de Gaulle.* » Mais l'heure n'est plus aux mises en perspective historique. Pendant la visite d'Hassan II, Nemri est arrêté à Paris dans l'appartement de la rue Saint Dominique à la faveur d'un renforcement des contrôles de police, pour prévenir un éventuel attentat contre le monarque. En prime, la police tombe sur une importante somme d'argent en plusieurs devises, des armes et des passeports. Replié à Paris depuis l'arrestation de Saïd Bounilat et d'Ahmed Benjelloun à Madrid, Nemri répertoriait les quelques indices distillés par les rares correspondants encore opérationnels au Maroc, qui confirmaient de jour en jour l'irrémédiable désastre. L'antécédent de Mehdi Ben Barka embarrassait le gouvernement Pompidou à telle enseigne qu'il préféra se débarrasser de Nemri,

---

42 Jean Lacouture; « Une Nouvelle affaire Ben Barka », *le Nouvel Observateur*, 7 Décembre 1970.

prisonnier devenu encombrant, en le confiant immédiatement aux soins des autorités syriennes.

Nemri échappe ainsi aux griffes d'Oufkir. C'est un autre destin qui l'attend.

Alors que la monarchie gagne le soutien du gouvernement de Pompidou, le Tanzim, politiquement isolé, perd ses alliés arabes. Retranchés dans la solitude de leur échec, ses chefs voient leurs soutiens d'hier se métamorphoser au mieux en tuteurs obligeants, au pire, en donneurs de leçons musclées. Les autorités algériennes réagissent avec vigueur aux infiltrations effectuées depuis leur territoire en opérant quelques arrestations à Oran. En Syrie, Salah Jedid, qui a cautionné le projet révolutionnaire du Tanzim, est personnellement inquiété et tient ses protégés marocains pour partie responsables de ses déboires.

Le coup d'Etat d'Hafez El Hassad, fin septembre 1970, parachève l'isolation du Tanzim. S'il conserve son soutien politique au Tanzim, Hafez El Hassad lui retire l'appui militaire et financier dont il jouissait jusqu'alors.

De plus, le mois de septembre 1970 représente un véritable tournant historique et sonne le glas des révolutionnaires arabes. Au coup d'Etat d'Hafez El Assad, s'ajoute la disparition du président Gamel Abdel Nasser, principal soutien des mouvements de libération du Tiers Monde. Enfin, l'épisode sanglant de Septembre noir achève de sacrifier l'espoir révolutionnaire sur l'autel de la raison d'Etat. Les troupes jordaniennes déciment les commandos palestiniens stationnés sur leur territoire, ceux-là même aux côtés desquels les révolutionnaires marocains s'étaient entraînés à la lutte armée. Reste un combat désespéré pour sauver les débris d'un rêve devenue chimère. Paralysé par l'hécatombe de ses militants, ses moyens logistiques anéantis et politiquement isolé, le Tanzim se prépare à une longue traversée du désert. C'est ce contexte, peu propice aux révolutionnaires, qui sera choisi par l'armée pour entrer en scène en 1971 et 1972.

Pour les chefs du Tanzim épargnés par le désastre, Mahmoud, Nemri, Dahkoun et Sidi Hamou, commence l'épreuve de l'indignation. Celle-ci débouchera immanquablement sur une remise en question qui, en temps normal, façonnerait la suite des événements. Mais à l'aube des années 70, l'histoire s'est emballée emportant dans son sillage bien des destinées. Celles de ces quatre personnages, qui ont opté pour le danger afin de cohabiter avec le doute, s'y mêleront dans un enchevêtrement de visions, de courage et de forces.

Echo des lendemains qui déchantent (1971-1972)

Nouvelles recrues

Le parcours de Brahim Ouchelh, est un classique du militantisme, la chronique d'une révolte annoncée. Fils d'un commerçant du Souss installé à Salé, trempé dès son plus jeune âge dans un milieu nationaliste, il grandit dans les prémices houleuses de l'indépendance marocaine. Lycéen puis étudiant, Brahim rejoint les rangs de l'UNEM et participe aux multiples grèves et manifestations.

Lorsqu'il débarque à Grenoble en 1967 pour un cursus de maîtrise en géologie, c'est aussi pour retrouver la plupart de ses camarades de l'UNEM, venus poursuivre leurs études en France. La France de cette époque vit un calme tout relatif, la jeunesse caresse un ardent désir d'émancipation nourri d'une rhétorique révolutionnaire aux accents romantiques. Elle rêve d'en découdre avec une bourgeoisie poussive, installée à peu de frais dans la quiétude de l'après-guerre. Le sexe, la violence deviennent des vérités premières pour bousculer les oripeaux détestables de cette bourgeoisie.

Le Viêtnam, Che Guevara, les discours enflammés de Nasser éveillent cette jeunesse au militantisme et lui procure le contenu idéologique qui manquait à sa révolte. Forte de ces certitudes, elle s'invente des rêves de liberté qui emporteront bien des destinées dans les tumultes tragiques de l'histoire.

Aux côtés de ses camarades de l'UNEM, Brahim s'adonne aux rites du militant de base. Il participe à des réunions interminables, prolongées tard dans la nuit, distribue des tracts et organise des boums étudiantes pour récolter des fonds et accessoirement draguer les filles dont l'émancipation participe au dévouement à la cause révolutionnaire. C'est dans ce vivier étudiant de Grenoble que l'UNEM recrutera quelques-uns de ses futurs cadres politiques[1]. Pour l'essentiel, des fils de notables qui se sont laissés entraîner bien loin des conventions qu'impose l'honorabilité bourgeoise.

Pour Brahim, la liberté revendiquée a valeur de paradis terrestre. Le chemin devant y conduire au Maroc ne pouvait être que trop long. La révolution devenait plus qu'un simple exercice de rhétorique. Elle s'imposait comme une nécessité pratique. Il n'est pas seul à aspirer en secret à une solution expéditive. Parmi ses camarades il se rapproche d'un certain Larbi Ajoul particulièrement réceptif aux mêmes thèses. De conciliabules en rencontres, leurs liens se resserrent, dans la complicité secrète d'un dessein commun.

Le fqih Basri n'est plus très loin. Les premiers contacts entre le fqih Basri et Brahim s'esquissent alors même que plusieurs cadres de l'UNEM militent dans les rangs du Tanzim, comme Ajoul. Responsable de l'UNEM en France, Ajoul figurait déjà parmi les cadres étudiants qui renflouèrent les camps de Zabadani et d'Aïn El Baida en nouvelles recrues. « *Mes contacts avec le fqih Basri passaient par Saïd Lachgar, un étudiant établi à la cité universitaire qui sera plus tard kidnappé à Tripoli*[2], se souvient Brahim, *Ghazouani Rachidi, membre du Comité exécutif de l'UNEM, qui deviendra ministre, faisait le lien avec les cellules secrètes du syndicat étudiant établies au Maroc, alors dirigées en sous-main par Lakhssassi*[3] ».

---

[1] Parmi eux, Larbi Ajoul, futur secrétaire d'Etat, Taïeb Bennani, futur président de l'UNEM, puis directeur de l'école Mohammedia des ingénieurs de Rabat et Abdelghani Bousta, ingénieur et futur directeur des barrages du Sud marocain. Tous deviendront des membres actifs du Tanzim.

[2] Encore porté disparu au moment où ce livre paraît.

[3] Entretien de l'auteur avec Brahim Ouchelh. Lakhssassi est alors président de l'UNEM.

En été 1970, Brahim a 25 ans. Son parcours prend un tournant décisif. De Nancy, où il poursuit sa spécialisation en géologie, il est convié à une réunion secrète à Paris. Il y retrouve Ajoul avec le fqih Basri. Depuis le temps des boums étudiantes de Grenoble, Ajoul a fait du chemin. Efficace, discret, il a désormais la haute main sur le mouvement étudiant marocain en France. Quatre autres étudiants, tous cadres de l'UNEM, assistent à la réunion. Parmi eux Benyahia, ancien responsable du syndicat étudiant à Alger, il a entamé son parcours de combattant au camp d'Arziew à Oran aux côtés de Dakhoun et d'El Yazid, avant de rejoindre Zabadani en Syrie. Deux étudiants arrivés d'Allemagne et un autre en provenance du Moyen-Orient, que Brahim identifiera plus tard comme El Yazid, complètent l'assistance.

El Yazid est à la veille de rentrer au Maroc pour rejoindre Taroudant. C'est également le cas de Benyahia, un des cinq lieutenants qui l'accompagnèrent dans son entreprise désespérée.

Benyahia excelle dans cette emphase révolutionnaire qui galvanise les camarades, en exaltant les héros entrés dans la légende. «*Un poète de la révolution*», songe Brahim qui en a vu beaucoup essaimer dans les universités où la «révolution» est devenue un thème très en vogue. Les cataclysmes qui ébranlent l'histoire ont la particularité d'inspirer des illusions lyriques.

Deux individus d'âge mûr, apparemment locataires de l'appartement, accueillent les étudiants et servent le thé. Les prenant pour des travailleurs immigrés, Brahim ne leur adresse qu'une attention polie et détachée. Il apprendra plus tard que ces deux hommes sont Nemri et Bouras. Au fil de la discussion, Brahim comprend que l'objet de la réunion est le prochain congrès de l'UNEM qui doit tenir ses assises en été 1970[4]. Le mouvement étudiant va s'y pourvoir d'une plate-forme d'action et se doter d'une nouvelle présidence. L'orientation de ce congrès est fondamentale. La scène politique s'est radicalisée au Maroc. Les

---

[4] Reporté, ce congrès, le 13e, n'aura lieu qu'en décembre de la même année.

principaux partis d'opposition s'apprêtent à rejeter la réforme constitutionnelle pour la seconde fois et à boycotter les élections législatives. Dans ce climat de tension politique, le contrôle du mouvement étudiant est un enjeu essentiel. Hormis le syndicat ouvrier UMT, l'UNEM représente alors la principale force de mobilisation populaire du pays. « *Après délibération, nous sommes convenus de soutenir Taïeb Bennani à la succession de Lakhssassi* », confie Brahim.

Pour lui, cette réunion fut l'une des rencontres les plus décisives de sa vie. Au sortir de l'appartement, le champ de son action est clairement défini ; celle-ci appelle un nouveau mode d'action, la clandestinité.

Lundi 14 juin 1971, tribunal régional de Marrakech

Les prévenus se serrent sur les bancs en bois, encadrés par des policiers en civil et en uniforme. A eux seuls, ils représentent la majorité de l'assistance de la salle d'audience du tribunal régional de Marrakech. Le box des prévenus est trop petit pour les contenir, aussi les a-t-on installés dans le parterre de la salle d'audience. Il y a là une quinzaine de cadres formés en Syrie, dont El Yazid, El Kouar et Taoufik El Idrissi[5]. Et un de leurs principaux dirigeants, Ahmed Benjelloun.

A leurs côtés, des anciens résistants tels Saïd Bounilat, Aït El Mouden et Haj Ali Manouzi ainsi que deux cadres du parti, Habib Forkani et Elyazghi. Enfin, une pléthore de militants étudiants, ouvriers, paysans et petits commerçants complètent la fournée des 161 inculpés présents à l'audience[6].

A gauche, une vingtaine de journalistes et d'observateurs font office de public. Au premier rang du parterre d'accusés, une ran-

---

[5] Mais aussi Moustafa Rachidi (Talal), Brahim R'bati (Nasihi) , Aissa Intidam (Abdallah), Chafai Melouk (Abou Ali), Abderrahmane Choujar (Walid), Khatir El Khatir, Brahim Ben Boujma (Stitou), Abdesslam Sedkaoui, Mohamed Hafiane (Chahine) et Mohamed Drioush.

[6] Les 193 inculpés (dont 32 contumace parmi lesquels le fqih Basri,

gée d'avocats. Le parti, mesurant l'enjeu du procès, a aligné ses ténors, conduits par Abderrahim Bouabid. Face à eux, le tribunal avec, à ses pieds, l'étalage des pièces à conviction: une dizaine de pistolets, deux mitraillettes, une machine à écrire et une vieille polycopieuse. Cette maigre panoplie, qui contraste avec l'immense arsenal judiciaire déployé par le pouvoir, contribuera à entamer d'entrée de jeu la crédibilité du procès. Ce sera la première d'une série de maladresses d'un pouvoir politique davantage à son aise dans la répression que dans les subtilités procédurières.

Le moral des accusés est bon. Leur comparution devant le tribunal est un soulagement pour eux comme pour leurs proches. Il rompt leur isolement et le cycle infernal des tortures et des terribles conditions de détention. La plupart étaient, jusqu'à ce jour, « portés disparus » : aucun document officiel n'atteste de leur détention depuis la date de leur arrestation. Ce sont donc des revenants qui défilent à la barre des accusés. Plus de six mois de détention dans les centres secrets de torture et un an d'instruction ont été nécessaires au pouvoir pour porter l'affaire devant la justice. Le tribunal militaire de Rabat, juridiction d'exception, s'est dessaisi. L'affaire a alors été confiée au tribunal régional de Marrakech.

Agir pour la révolution est une chose, discourir à la barre d'un prétoire en est une autre. Les militants donnent l'exemple à leur manière en affichant une solidarité sans faille et en méprisant l'accusation. Pour le reste, ils s'en remettent aux avocats. Ahmed Benjelloun et Saïd Bounilat défient leurs accusateurs. Lors du

---

Abderrahmane Youssoufi, Mehdi Alaoui, alors représentant de l'UNFP en France) ont entre 30 et 40 ans. Plus de la moitié sont ouvriers et employés, 13 instituteurs ou professeurs, 7 étudiants, 24 commerçants et artisans, 6 avocats. 45 sont de Marrakech et de sa région, le reste vient de Casablanca, d'Oujda, de Nador et d'El Jadida. Ils sont accusés d'avoir voulu renverser le régime pour le remplacer par « une république socialiste », en liaison avec des éléments « ayant reçu une instruction militaire hors du Maroc et entrés clandestinement dans le pays ». Ils sont poursuivis pour atteinte à la sécurité de l'Etat, tentative d'homicide volontaire avec préméditation, faux et usage de faux.

traditionnel appel des accusés, à la question «lieu de résidence ? », le premier réplique « le cachot de la prison de Marrakech » ; le second ironise « Alger ». La déposition d'Habib Forkani est plus académique. Il passe en revue les vices de procédure, les conditions de détention, la torture, l'extorsion d'aveux, sans oublier les procès-verbaux préfabriqués et signés sous la contrainte[7].

Pour autant, les inculpés ne se font aucune illusion sur l'issue du procès. Plusieurs d'entre eux se savent déjà condamnés à mort. A commencer par Ahmed Benjelloun et El Yazid, inséparables depuis leurs premiers coups de feu sur les champs de tir à Oran, jusque dans le tragique épilogue de leur détention. La liste serait bien plus longue si la police avait mis la main sur les autres chefs passibles de la peine capitale, le fqih Basri, Bouras, Mahmoud, Nemri et Dahkoun.

32 prévenus sont jugés par contumace, ce qui porte le nombre total des inculpés à 193. Depuis les premières arrestations, le Palais a eu le loisir d'étoffer sa version du complot et d'allonger la liste des prévenus : Abderrahmane Youssoufi, Mehdi Alaoui et Mohamed Elyazghi, tous membres du comité central de l'UNFP, sont inculpés pour collusion avec le fqih Basri. Elyazghi, avocat attaché au cabinet de Abderrahim Bouabid, a été enlevé le mardi 16 novembre 1970 pour comparaître, dans un piteux état, 9 jours plus tard devant le tribunal militaire de Rabat. Avec Forkani, le pouvoir tient désormais deux membres de la direction de l'UNFP à la barre des accusés. Les informations dont dispose le régime sur l'étendue du projet révolutionnaire sont vastes, mais incomplètes. Elles prêtent même à confusion si l'on songe que, dans la liste des personnes traduites par contumace figurent plusieurs

---

[7] « La contrainte physique et morale dont nous avons été l'objet justifie à elle seule le caractère non fondé de l'accusation », déclare Forkani. Tous les accusés dénoncent les tortures subies. Les sévices sont prouvés malgré le refus des expertises médicales. On peut lire dans un communiqué de la Koutlah : « Toutes les victimes, à quelques exceptions près, ont subi les tortures, les vexations... et cela durant toutes les périodes de la garde à vue.... C'est dans de telles conditions qu'ont été obtenus « les aveux spontanés et concordants » dont est constitué le dossier d'accusation ».

militants en rupture de ban avec le fqih Basri comme Benhamou ou Ben Saïd, les deux chefs de l'ALN-Sud.

Monadi, 44 ans, commerçant à Amzouiz, se présente à la barre des témoins. Il parle deux heures sans discontinuer, ne faisant grâce d'aucun détail. Il s'étend longuement sur ses contacts avec la direction locale du parti. A l'évidence sa prestation obéit à une mise en scène. Mais Monadi a le souci de la prestance. Il est le principal témoin à charge et veut peaufiner son rôle de conjuré repenti. Bref, il en fait trop. Il s'emmêle dans des illogismes et des contradictions qui entachent sa déposition[8]. C'est un coup dur pour le procureur qui prévoyait d'appuyer son réquisitoire sur les révélations de Monadi.

Car, en dépit des informations récoltées, la piste syrienne sera abandonnée par le tribunal. Le coup d'Etat d'Hafez El Assad a vidé un tel chef d'accusation de son opportunité politique. La démonstration d'une « tentative de déstabilisation interne » reste désormais la seule voie praticable pour l'accusation, qui s'applique à recoller les morceaux éparpillés par les égarements de Monadi. Exercice d'autant plus délicat qu'à l'extérieur du prétoire le pouvoir politique doit faire face à une mobilisation internationale. Aucun procès politique au Maroc n'aura rencontré un tel élan de solidarité à l'étranger.

L'arrestation à Madrid de Saïd Bounilat et d'Ahmed Benjelloun suivie de leur livraison, pieds et poings liés, à leurs geôliers marocains a donné d'emblée une dimension internationale au procès. La presse de l'époque a souligné le parallèle avec l'affaire Ben Barka, cinq ans plus tôt. Aucun accord d'extradition n'existait entre le Maroc et l'Espagne, mais là encore, la raison d'Etat a disposé du droit.

Même si le verdict est entendu d'avance, Hassan II veut un simulacre de procès, une mise en accusation publique de l'oppo-

---

[8] *Le Monde*, 19.7.1971, souligne les contradictions de sa déposition. Son double jeu n'échappe pas à la majorité des observations. Il est en liberté provisoire et qualifié d'agent provocateur par la presse.

sition, et une parade judiciaire légitimant son appareil répressif. Or Abderrahim Bouabid à la barre et Abderrahmane Youssoufi à Paris vont battre le pouvoir sur son propre terrain, déployant tout leur savoir-faire juridique et organisationnel.

Dès l'ouverture du procès, Me Abderrahim Bouabid inverse les rôles. Au premier rang des inculpés, figurent des hommes qui ont contribué au rétablissement de la souveraineté nationale. Tandis que le président du tribunal est identifié comme collaborateur notoire pour avoir été le secrétaire particulier du «sultan fantoche» Ben Arafa. Cet ancien collaborateur, dont le nom figurait sur une liste de traîtres, consignée au bulletin officiel au lendemain de l'indépendance, préside aux débats dans la même salle d'audience qui vit naguère Aït El Mouden condamné à mort par la justice coloniale pour avoir attenté à la vie de Ben Arafa, en 1954[9].

Me Abderrahim Bouabid tient son cheval de bataille : un certain Maroc en juge un autre. Le féodalisme corrompu et collaborationiste entend s'orner des oripeaux de la justice pour étouffer la capacité de résistance des citoyens épris de justice. La faiblesse de l'arsenal exhibé, qui confine au ridicule, et l'inconstance des témoins à charge aidant, Me Abderrahim Bouabid s'emploie à démonter le chef d'accusation avec une minutie d'orfèvre.

De Paris, Abderrahmane Youssoufi, lui-même inculpé, conduit tambour battant une campagne de soutien en mobilisant

---

[9] Aït El Mouden a été 13 fois condamné à mort sous le Protectorat et 2 fois depuis l'indépendance. La presse ironisera sur le fait qu'il est jugé à Marrakech par Mohamed Laabi, personne ayant rédigé l'acte d'allégeance du « sultan fantoche » Ben Arafa et qui était à ses côtés lors d'un attentat contre lui à la mosquée de Marrakech auquel participait justement Aït El Mouden. M. Laabi avait déjà siégé dans le tribunal qui l'avait, alors, condamné à mort. Son nom figure sur la liste des traîtres consignée au BO du 6.9.1957. Sa récusation est demandée en vain par les 50 avocats, en majorité de Casablanca et de Rabat, dont le futur secrétaire général du parti de l'Istiqlal, M. Boucetta, ainsi que celle de certains juges d'instruction, également anciens collaborateurs actifs. Mais Mohamed Laabi a été amnistié et ses biens, auparavant confisqués, lui ont été rendus.

la machine associative. A l'époque, Abderrahmane Youssoufi déborde d'activités. L'ALN dissoute, il a participé à la création et à la direction de l'UNFP aux côtés de Abderrahim Bouabid et de Mehdi Ben Barka, avant de se réfugier en France, où il est redevenu l'étudiant qu'il fut avant de rejoindre les maquis. Actif au sein de l'Association des Avocats Arabes, il s'est forgé la réputation d'un défenseur de la cause arabe. En 1958, il s'associe à la défense des cinq dirigeants du F.L.N. algérien kidnappés lors d'un détournement aérien fomenté par les services français. C'est également lui qui assure la défense du commando FPLP de Georges Habbache qui s'empare le 18 février 1969, d'un Boeing d'El Al à l'aéroport de Zurich.

A la veille de l'ouverture du procès de Marrakech, Abderrahmane Youssoufi, en compagnie de Robert Buron, ancien ministre français, donne une conférence de presse à Paris. Il annonce la constitution du *Comité International pour la Défense des Inculpés de Marrakech*. Les membres du comité sont à la mesure de l'événement. Y figurent d'éminents avocats, des orientalistes de renom (Jacques Berque, Charles-André Julien, Vincent Monteil, Jean Lacouture et Maxime Rodinson) et toute une palette d'hommes politiques de gauche (Pierre Cot, Pierre Joxe, François Mitterrand, Alain Savary et Michel Rocard)[10]. Abderrahmane Youssoufi en appelle aussi à plusieurs associations internationales du barreau : l'Association des Avocats Espagnols, l'Association Internationale des Juristes Démocrates et l'Association des Avocats Arabes, dont il est alors secrétaire général adjoint. Toutes ces organisations dépêchent des observateurs au procès pour relever les «irrégularités de procédure», terme pudique qui désignait à l'époque les atteintes aux droits de

[10] La presse étrangère unanime dénonce la faiblesse de l'accusation, les conditions du procès. Michel Legris écrit dans le Monde, 19.7.1971 : « Si complot il y a eu et quels qu'auraient pu être les ambitions de ses animateurs, une partie des conspirateurs manquait de sérieux et, bavardant inconsidérément, mettait sur pied leur organisation avec légèreté ». Pour l'Humanité, 24.6.1971, « ce complot est une nouvelle tentative de liquidation de la résistance ».

l'homme. Au Maroc, une mobilisation analogue se met en place à travers les syndicats ouvriers et étudiants. L'UNFP obtient même un alignement de l'Istiqlal, son partenaire de circonstance, qui dépêche un avocat à la défense et signe au nom de la Koutlah (rassemblement des forces d'opposition réclamant la démocratie) une dénonciation du procès.

La révolution libyenne

Il arrive que les handicaps physiques des hommes de pouvoir, même bénins, influent sur le cours de l'histoire. Ainsi en est-il sans doute du mal de dents du commandant El Houni, numéro deux du Conseil de la Révolution, ministre des affaires étrangères et chef du renseignement libyen. Devant se rendre en Espagne au début de l'année 1971 pour y subir une opération dentaire, El Houni décide, lors de son passage au Maroc, de s'attarder quelques jours. Il est accompagné de son bras droit, le capitaine Mahmoud Zakri. De passage à Fès, les deux hommes jouissent de l'hospitalité d'un pompiste qui, bien qu'ignorant à qui il a réellement affaire, s'enthousiasme à l'idée d'accueillir chez lui deux ressortissants libyens, au lendemain de la chute de la monarchie Idrisside. Le dîner en l'honneur des Libyens est détendu. Dans le climat de suspicion qui règne alors au Maroc, la compagnie d'étrangers incline d'avantage aux confidences que celle des compatriotes.

Enhardi par la présence des Libyens, le pompiste lâche alors à ses hôtes : « *Le seul personnage encore valable au Maroc c'est le fqih Basri* ». C'est la première fois que le commandant El Houni entend prononcer ce nom. Mais les destins solidaires ne peuvent s'ignorer longtemps.

Quelques semaines plus tard, de retour à Tripoli, le ministre de l'information Bousiri[11] fait irruption dans son bureau. Une de ses anciennes relations du Maroc, un certain Basri, demande à le voir. Le tête-à-tête qui suit est le prélude à des contacts que le fqih Basri avait déjà amorcés avec Mahmoud, en décembre

1970. A l'époque, ils étaient accompagnés de Othmane Bennani, cousin de Mahmoud et beau-frère de Mehdi Ben Barka. Othmane Bennani pilotait jadis les contacts diplomatiques de Mehdi Ben Barka en Afrique et avait ses entrées auprès de certains gouvernements.

Ministre des affaires étrangères et chef du renseignement, El Houni est l'interlocuteur privilégié des différents mouvements de libération en quête de soutien. Une fonction prenante. Depuis la proclamation de la république libyenne en 1969, la junte au pouvoir soutient de nombreuses causes, au gré des humeurs changeantes de son leader, Mouammar Khaddafi, qui se voit volontiers investi d'une mission révolutionnaire dont le leadership lui serait dévolu. Palestiniens, nationalistes arabes, révolutionnaires africains, républicains irlandais, islamistes, trouveront tour à tour appui et refuge en Libye.

La visite du fqih Basri n'a rien de fortuit. Sa base arrière en Syrie est menacée par l'arrivée au pouvoir de Hafez El Assad. L'Algérie de Boumedienne le tient à distance, et les bons contacts avec les Egyptiens tardent à se concrétiser au plan de l'intendance.

La république libyenne offre alors le visage neuf d'une nation bouleversant les rapports de forces au nom d'une doctrine aussi généreuse pour les mouvements de libération, qu'insolente vis-à-vis des puissances occidentales jalouses de leur acquis régionaux. Qui plus est, elle sanctionne la chute d'une monarchie arabe en Afrique du Nord, ce qui n'est pas la moindre de ses qualités aux yeux des révolutionnaires marocains. El Houni et le fqih Basri sont donc faits pour s'entendre : lorsque le fqih Basri sort du bureau d'El Houni, le Tanzim est déjà l'hôte de la Libye.

---

[11] Il disparaîtra au-dessus de la Méditerranée dans un avion civil libyen abattu par la chasse aérienne israélienne.

Samedi 10 juillet 1971, Skhirat

C'est avec faste que Hassan II célèbre son 42e anniversaire dans son palais de Skhirat. Alors que 1 200 convives endimanchés s'affairent dans les jardins de la résidence d'été du Roi, le colonel Mohamed Ababou fait irruption à la tête de deux colonnes de camions, chargés de 1 400 cadets de l'école militaire d'Ahermoumou. Il est 13h 45, la garden-party bat son plein, les buffets viennent d'être entamés.

L'intrusion des cadets dans l'enceinte du Palais provoque une fusillade qui fait une centaine de victimes[12], dans l'affolement général. Mais une mésentente entre le colonel Ababou et le Général Medbouh, qui dirigent ensemble l'opération, aura raison du coup d'Etat. Le premier exécute le second, créant une diversion inespérée que le Roi met à profit en confiant les pleins pouvoirs à Oufkir. Ce dernier renverse la situation en quelques heures. Les conjurés avaient établi des listes de noms et des organigrammes de gouvernement. Les arrestations sont aisées. Hassan II tient sa vengeance. Deux jours plus tard, le mercredi 13 juillet, dix officiers, dont quatre généraux, sont passés par les armes. Les représentants de l'armée, Oufkir en tête, assistent à l'exécution. Les hommes adossés aux poteaux sont ses compagnons d'armes. Le général Bougrine a été son camarade de promotion au collège d'Azrou, tout comme le général Hamou, son frère d'arme lors de sa première affectation au 4e régiment des tirailleurs en garnison à Taza. Les généraux Moustapha et Habibi

[12] Sur 100 morts recensés, 67 sont connus et 33 non identifiés ou sans papiers, parmi lesquels des militaires. On compte 158 morts parmi les assaillants. Parmi les morts connus, deux médecins du roi, le directeur général de l'agence MAP, deux ambassadeurs, le ministre du Tourisme, le directeur du plan, le président de la cour suprême, 4 généraux, Gharbaoui, Nmichi, Bouhali et Abdelhai, 3 colonels dont Boulhimez, commandant de la place de Casablanca, Mekki, le neveu de Bougrine et des hauts fonctionnaires. Parmi les 130 blessés, Hassan Ouezzani, secrétaire général du Parti de la démocratie constitutionnelle, amputé d'une main, Moulay Abdallah, frère du roi et 3 ministres.

étaient à ses côtés lors de la campagne d'Italie et le colonel Chelouati a survécu avec lui dans les rizières d'Indochine. Avant la salve du peloton d'exécution, l'un des suppliciés[13] lance à Oufkir « *Prends garde Oufkir, la prochaine fois, ce sera ton tour, car je sais que tu penses comme nous* » !

La lame de fond qui a fait sortir l'armée de ses gonds vient de loin, faisant converger les forces les plus diverses à un point focal : éliminer Hassan II. Parmi les suppliciés figure le commandant Brahim Manouzi, oncle de Houceine Manouzi. Etudiant en France dans les années 50, devenu compagnon de lutte de Nemri dans l'ALN, le commandement Manouzi a fait du chemin. Pourtant, sa participation au coup d'Etat est loin d'être avérée. Lors de son arrestation, il a été surpris à son domicile familial en plein sommeil, conduite insolite pour un supposé putschiste en déroute. Il semble qu'il faille chercher ailleurs le motif de son élimination.

A l'annonce de son exécution, Ahmed Benjelloun aura, au fond de sa cellule, une réaction qui en dit long : « *Quand j'ai entendu le nom du commandant Manouzi j'ai eu une révélation ! En Syrie, lorsque j'enseignais le tir de mortier, Houceine Manouzi me disait impatient* : *abordons un autre sujet, j'ai quelqu'un qui m'enseignera tout ça*[14]. » Brahim apporte un autre éclairage sur le rôle supposé du commandant Manouzi : «*Un jour, le fqih Basri m'a remis ainsi qu'à Ajoul des flacons d'arsenic. Il nous a demandé d'introduire le poison dans des récipients qui n'attireraient pas l'attention*[15]. » Le breuvage mortel sera acheminé au Maroc dans d'anodins flacons de parfum. Pour le destinataire, Brahim avance le nom du commandant Manouzi : « *J'ai appris qu'il prévoyait d'en faire usage lors d'un banquet*

---

[13] Le général Bougrine selon Gilles Perrault, *Notre ami le Roi*, éd. Gallimard, 1985. Le Colonel Chelouati selon Stephen Smith, *Oufkir un destin marocain*, ed. Calman Levy, 1999. Les suppliciés sont dégradés par leurs pairs avant l'exécution. Cette exécution est diffusée sur les écrans de la télévision.

[14] Entretien de l'auteur avec Ahmed Benjelloun.

[15] Entretien de l'auteur avec Brahim Ouchelh.

réunissant les officiers supérieurs de l'armée, hostiles à la cause révolutionnaire ». La collusion était-elle réelle ? A n'en pas douter, l'exemple du putsch en Libye faisait des émules dans les rangs de l'armée marocaine. Le coup de Skhirat provoquera une nouvelle vague de mutations et de disgrâces dans l'armée. Parallèlement, les soldes des soldats sont relevées. Mais surtout, signe de défiance absolue, les stocks de munitions des FAR, désormais suspectes d'abriter des putschistes potentiels, sont soumis au contrôle direct de la gendarmerie royale.

Dimanche 11 juillet 1971, Paris

Brahim est attablé dans un café du 15e arrondissement de Paris, à proximité du métro Duroc. Il attend le fqih Basri. A ses côtés, une valise dans laquelle il a rassemblé ses effets personnels. Deux mois auparavant, le fqih Basri l'a sondé sur l'étendue de son engagement. Brahim a compris alors qu'il ne s'agissait plus de multiplier les réunions, de distribuer des tracts ou encore d'organiser des boums. Il devait déclarer s'il était prêt à prendre une part active à la révolution, si nécessaire, jusqu'au sacrifice de sa vie. En hiver, lors du 13e congrès de l'UNEM au Maroc, il a déjà effleuré les conséquences possibles de son engagement politique. Depuis l'enrôlement de cadres étudiants dans les rangs des révolutionnaires, la police porte une attention particulière aux activités de l'UNEM, déployant toute une série de mesures : incarcération des cadres, envoi sous les drapeaux, fermeture de la maison du Maroc à la cité universitaire de Paris, acquise au syndicat étudiant, etc. Venu au Maroc assister au congrès du syndicat étudiant, Brahim manqua de se faire arrêter et vit plusieurs de ses compagnons « disparaître » dans des centres de détentions secrets.

Débarqué de Nancy la veille, Brahim est descendu dans un petit hôtel de la gare du Nord. Une partie de la nuit, il a laissé défiler le flot de ses pensées en fixant le plafond de la chambre. Afin de s'assurer qu'il a effectué le bon choix, il réargumenta pour lui-même les raisons profondes qui l'ont amené à quitter sa compagne et sa fille. Sa compagne a été aisée à convaincre. Militante maoïste, elle comprend ses motivations. Pourtant, il n'a pas osé affronter une séparation formelle. Il a laissé les clés de son appartement chez un ami, le chargeant de les remettre à sa compagne. A présent, plus rien ne doit l'arrêter. Comme pour hâter sa décision, la veille, la radio s'est fait l'écho de la tentative de putsch au Maroc.

L'arrivée du fqih Basri interrompt le cours de ses méditations. Brahim remarque ses yeux enflés, son humeur sombre : il n'a pas dormi de la nuit. Sans doute l'avait-il passée entre la radio et le téléphone. Curieux et intrigué, Brahim l'assaille de questions sur le coup d'Etat manqué. Le fqih Basri connaissait bien Medbouh, l'homme par qui arriva la vague de répression censée étouffée le « complot de 1963 ». Mais il semble dépassé par les événements. Si la motivation des insurgés est limpide, les tenants et les aboutissants du coup de Skhirat sont encore obscurs.

Sans autre formalité, le fqih Basri signifie à Brahim sa destination : Tripoli. Sa mission consiste à mettre en place une base logistique pour le Tanzim en Libye. La nouvelle république libyenne vient de lancer des appels d'offre pour l'exploitation de ses gisements de pétrole. Les compétences de Brahim en géologie lui serviront de couverture.

24 heures plus tard, Brahim se retrouve à l'hôtel Ksar Libya, qui compte alors parmi les plus huppés de Tripoli. Dans sa chambre, l'attend un échantillon de la presse internationale du jour. L'officier en civil qui l'a accueilli à l'aéroport, le Commandant Mansour, repasse à l'hôtel en début de soirée accompagné d'un confrère. Sa Volkswagen, voiture de fonction des membres du Conseil de la Révolution, les conduit vers une caserne que Brahim identifiera plus tard comme Bab El Azizia, le siège du Conseil de la Révolution. Brahim est présenté à deux autres personnages envers lesquels ses deux accompagnateurs témoignent d'une grande déférence. Mais ils ne lui sont pas présentés et ne déclinent pas davantage leur identité.

En dépit de leur jeune âge, Brahim devine qu'il s'agit de deux membres du Conseil de la Révolution, qu'il identifiera plus tard comme Moukhtar El Garoui et Abdesslam Jeloud. Jeune activiste étudiant, Brahim ne se sent guère en phase avec ces officiers rompus aux rigueurs militaires, si éloignées de ses passions militantes. Très vite, la discussion aborde la tentative de coup d'Etat au Maroc. Brahim apprend stupéfait que les Libyens avaient dépêché des avions de combat pour aider ceux qu'ils appellent les «révolutionnaires marocains ». Mais les appareils ont du rebrousser chemin, Boumedienne les ayant immobilisés au sol lors de leur escale de ravitaillement en Algérie. Facétie d'un jeune gouvernement ignorant des mœurs diplomatiques ou réelle audace révolutionnaire ? Sur le moment, Brahim ne cherche pas à comprendre tant l'idée lui paraît saugrenue. Dépassé par la situation, il ne sait que rétorquer. Aussi, pour faire bonne mesure, se contente-t-il d'observer une réserve de circonstance. Les Libyens lui demandent alors de traduire certains passages de la conférence de presse d'Hassan II. Comment traduire en arabe : « *Je me fous royalement de Khaddafi, aujourd'hui encore plus royalement qu'hier* » ? Pour Brahim les problèmes de communication avec les Libyens ne faisaient que commencer.

Jugeant l'hôtel Ksar Libya trop ostentatoire pour une mission à vocation clandestine, Brahim entreprend de déménager au Cléopâtre, l'hôtel où sont descendus le fqih Basri et Mahmoud, quelques mois auparavant. Il continue à y recevoir régulièrement la presse internationale ainsi qu'une enveloppe lui permettant de subvenir à ses dépenses quotidiennes. Par contre, plus aucune nouvelle des dirigeants libyens. Son contact, le Commandant Mousa, ne répond plus. Ses interlocuteurs du premier jour ne se manifestent pas d'avantage. Brahim s'interroge : *Ai-je été oublié ? Ai-je commis une bévue lors des entrevues précédentes* ?

En réalité, il n'a pas été oublié. Quant à la bévue, les Libyens l'attendent encore. Brahim est en observation. Elle durera deux mois. Deux mois pendant lesquels, Brahim s'impose une discrétion absolue, évitant tout contact pour s'épargner les inévitables questions sur son identité et le motif de sa présence à Tripoli. Il limite ses déplacements au strict minimum, passant le plus clair de son temps dans sa chambre d'hôtel à lire des romans et à écouter du Boris Vian. A peine émergé de l'agitation étudiante, le voilà plongé dans une inactivité d'autant plus insoutenable qu'il se retrouve littéralement assigné à résidence. Enfermé dans le carcan de la clandestinité, coupé du monde extérieur, il égrène des journées interminables à attendre que quelque chose se passe. Cette solitude est agrémentée par une amitié passagère avec le Dr Aba Sadiq, Secrétaire général du FROLINAT (Front de Libération Nationale du Tchad), homme affable, dont il fait la connaissance par sa femme, une jeune personne souriante d'une gaieté contagieuse. Après tout, le Dr Aba Sadiq n'est pas arabe, aucun risque de fuite, se dit-il, comme pour se justifier à lui-même cette entorse au devoir de réserve. Ce compagnon de circonstance deviendra plus tard ministre dans son pays.

En septembre, le fqih Basri passe à Tripoli. N'en pouvant plus de cette attente interminable, Brahim accueille sa venue comme une libération. Aussitôt le fqih Basri le met en présence du ministre de l'information Bousiri, son directeur de cabinet Jamâa El Fazani et du Commandant El Houni.

Enhardi par le contact retrouvé, Brahim consacre toute son énergie à la tâche. A telle enseigne que les Libyens lui trouvent très vite un surnom : *un deux trois*. En effet, Brahim soucieux de se montrer concis et précis dans ses doléances, a pris pour habitude de ponctuer ses propos d'une brève énumération: premièrement, deuxièmement et troisièmement. D'où son surnom. Dans l'esprit de Brahim, il ne s'agissait pas tant d'accroître l'efficacité de ses requêtes que d'économiser le temps, qu'il présumait fort précieux, de ses interlocuteurs, ministres, ou hauts fonctionnaires. Or, les Libyens savouraient tout particulièrement les longues digressions sur la révolution en guise de prélude aux discussions pratiques. Ministres et Secrétaires d'Etat laissaient volontiers la porte de leur bureau ouverte, comme pour convier les passants à leurs conversations. Ainsi, sans le savoir, Brahim les privait de leur passe-temps favori.

Un seul personnage se distinguait au sein du Conseil de la Révolution : le commandant El Houni[16]. La trentaine élégante, El Houni était une personnalité atypique dans les rangs des révolutionnaires libyens. Il préférait la tenue civile au treillis, portant un soin particulier à sa toilette. Son bureau était toujours fermé si bien que les entretiens s'y déroulaient en tête-à-tête. Qui plus est, il travaillait exclusivement la nuit.

El Houni se lia rapidement d'amitié avec Brahim. Il prit l'habitude à six heures du soir, avant de gagner son bureau, de passer chez le jeune Marocain qui logeait désormais au rez-de-chaussée d'une villa bordant la rue Ben Achour, dans un quartier résidentiel de Tripoli. L'habitude devint un rituel, lors duquel, l'officier libyen emmenait un échantillon de la presse française pour s'en faire traduire les éditoriaux. Cet exercice lui inspirait à chaque fois le désir d'apprendre la langue de Molière. Son application studieuse, bien que sans cesse interrompue, dans l'apprentissage du français, lui vaudra le surnom de « l'élève » dans le langage codé des révolutionnaires marocains.

Vendredi 17 septembre 1971, jugement à Marrakech

Le juge du tribunal prononce 5 condamnations à mort dont 4 par contumace, 6 réclusions perpétuelles et plus d'une centaine de peines s'échelonnant de 2 à 30 ans de prison. Au Maroc, un tel verdict a valeur de clémence. La tentative de coup d'Etat à Skhirat a sauvé la mise à plusieurs militants inclinant le tribunal à la mansuétude. En ces temps troubles, le Palais entend ménager l'UNFP. Le brio de Abderrahim Bouabid a fait le reste. Saïd Bounilat est le seul des condamnés à mort dans le box. Le fqih Basri, Bouras, Abbès Sebatta et Houceine Manouzi sont condam-

---

[16] En 1975, il prend ses distances avec Khaddafi et s'exile en Egypte. Le 5 septembre 2000, il renoue avec Tripoli ce qui lui vaut d'être nommé représentant de la Libye à la ligue arabe.

nés à mort par contumace. Pour El Yazid et Ahmed Benjelloun, le procureur a demandé la peine capitale : ils écopent de dix ans. El Kouar s'en sort avec cinq ans. Taoufik Idrissi prend 4 ans avec sursis. Une cinquantaine d'inculpés est acquittée, parmi lesquels Abderrahmane Youssoufi, Mohamed Elyazghi et Mehdi Alaoui.

Le chapitre juridico-politique qui sanctionne la déconfiture du Tanzim est clos. Il aura son épilogue fait de règlements de compte.

La taupe en Syrie est rapidement identifiée, un militant entraîné à Aïn El Baida du nom d'Ouradi. Arrivé avec le groupe de Dahkoun, il se présentait comme un intellectuel marxiste. Prétextant une santé fragile, il mit à profit sa convalescence simulée pour consigner en rapports détaillés ses observations quotidiennes, rapports qui finirent entre les mains des renseignements marocains. Sans doute enhardi par une vocation naissante d'écrivain, il publiera un livre, intitulé *La majorité silencieuse*, relatant ses exploits. Dahkoun, qui l'avait recruté en concevra un dépit profond. Redevable de la fiabilité de son réseau, il tentera de l'éliminer à Salé en décembre 1972. Mais Ouradi survivra à ses blessures. Monadi, la « balance » de Marrakech, lui, n'aura pas cette chance. Le « visiteur »[17] mandaté par Dahkoun fera mouche du premier coup, le 7 juillet 1972. Monadi subit ainsi le sort qui s'est abattu l'année précédente sur un autre agent du renseignement. Gharbi Miloud franchissait chaque semaine la frontière pour commercer avec l'Algérie. Mais un détail attire l'attention de l'inspecteur Ramsis : son passeport était vierge de tous tampons, fait d'une rareté suffisante pour intriguer l'inspecteur qui prévint son supérieur hiérarchique, le commissaire Tanouti. Deux correspondants du Tanzim, l'inspecteur Ramsis et le commissaire Tanouti, convoquent alors le « suspect » pour un complément d'enquête. Nullement intrigué par une démarche somme toute routinière, celui-ci, sans doute pour s'épargner un interrogatoire trop poussé, décline sa fonction d'agent du renseigne-

[17] Arrêté, celui-ci, dénommé El Khyari, sera condamné à mort en mars 1973. La sentence ne sera pas exécutée.

ment marocain. Médusé par tant de naïveté, Tanouti esquisse un sourire admiratif, et l'incite, avec une complicité feinte, à poursuivre ses confidences.

— Son passeport ? Il lui a été fourni par le colonel Chelouati, (gouverneur et futur conjuré de Skhirat).

— L'arrestation de Sidi Hamou et du réseau de passeurs à Oujda ? Bien sûr qu'il est au courant, plastronne-t-il, c'est lui-même qui a mis la gendarmerie sur la piste.

— D'autres opérations en cours ? Certainement, il est actuellement en train d'infiltrer l'entourage de Houceine Khaddar à Oran en vue de l'enlever.

Gharbi Miloud n'aura pas le temps de mettre son projet à exécution. Il est abattu quelques jours plus tard dans une rue d'Oujda, par une nuit sans lune.

Autocritique

L'échec vaut au Tanzim ses premières défections. Bouras tire une leçon qui se veut définitive : dans une longue lettre au fqih Basri, il expose les raisons de son désistement : trop d'amateurisme, trop de précipitation, trop d'improvisation. Mahmoud, mieux que quiconque, mesure l'ampleur du gâchis. Combien de jeunes militants sans expérience ont-ils été recrutés pour accomplir des taches auxquelles ils étaient mal préparés ? Combien, par imprudence, se sont jetés tout droit dans la gueule du loup ? Les interrogations fusent face à l'impossibilité de s'accommoder du martyre de cette jeunesse. Le mauvais usage du sacrifice humain est mis en cause. Le fqih Basri ignore les possibilités techniques de la guérilla. Mahmoud le sait. Il rectifie. Limpide et intransigeant, il passe en revue les choix stratégiques et les débarrasse un à un de leur carcan suranné.

De son analyse critique, il reste une lettre d'une dizaine de pages adressée au fqih Basri en date du 7 août 1971[18], dans laquelle une écriture fine trace une pensée généreuse et sans complaisance. La

[18] En annexe, figure une copie du document original avec une traduction en français.

pesanteur organisationnelle du Tanzim et l'opacité qui entoure les décisions du fqih Basri y sont tour à tour disséquées : « (...) *tant que nous maintenons notre forme d'organisation actuelle nous ne serons pas en mesure de suivre le rythme des événements ... L'idée qu'il suffit «d'appuyer sur des boutons » est une illusion. Les moyens à notre disposition sont insuffisants pour espérer actionner le réseau de façon mécanique* » Ce manque d'efficacité, le Tanzim l'a payé cher en occasions ratées : « *Notre inertie (...) est une erreur impardonnable, pour laquelle on nous demandera des comptes* (...). *Ce n'est pas la première fois que, faute d'initiative, nous n'avons su profiter de la vulnérabilité du pouvoir et sommes réduits à observer en spectateurs les événements qui secouent le Maroc.* » Ce constat conduit Mahmoud à dresser un sévère bilan de l'organisation qui pèche aussi, à son sens, par un manque de vision politique : « *Nos efforts à ce jour ne sauraient être assimilés à une ébauche de mouvement de libération (...). Il s'est agit de semer le feu de la discorde en se bornant à des actions qui profitent à un pouvoir plus puissant et à ses intérêts de classe.* » La possible conséquence de cette stratégie de déstabilisation, dépourvue de vision politique, est prévisible : elle risque de « *permettre à une classe exploitante de faire main basse sur le pouvoir et (...) de remplacer un régime corrompu par un autre.* » En filigrane de cette analyse stratégique, l'inconséquence du Tanzim est épinglée. D'où une longue autocritique, qui se veut à la fois un bilan et une analyse de la situation politique, au terme de laquelle, Mahmoud redéfinit les tâches immédiates : « *La priorité n'est pas seulement d'agir vite mais aussi de réévaluer la situation pour relancer notre action dans les plus brefs délais. Notre handicap actuel est l'armement et nos relations avec l'intérieur. C'est pourquoi il importe d'accélérer la mission en Libye pour nous approvisionner en armement, rapatrier nos camarades d'Orient et pouvoir organiser un nouveau rendez-vous avec Abdesslam* (pseudonyme de Houceine Aït Zeid, cadre formé à Zabadani et infiltré dans l'Atlas[19]). »

---

[19] Houceine Aït Zeïd, alias Abdesslam, sera passé par les armes à Kénitra le 1er novembre 1973.

Une ligne d'action, d'où émerge le credo de Mahmoud, celui d'une révolution populaire par le bas qui s'appuierait sur les régions déshéritées de l'arrière-pays : « *Au niveau militaire, les arrestations de 70 démontrent que la plupart des prisonniers sont des paysans. Ce pourcentage reflète la réelle situation économique et sociale du pays et impose l'option d'une révolution populaire de longue haleine. Ceci malgré le manque d'organisation dans les campagnes (...) imputable aux atermoiements des dirigeants, ignorants des taches à accomplir.* »

L'école du matérialisme historique en Allemagne de l'Est à fait son effet. Mais si les erreurs stratégiques et organisationnelles ont été identifiées et analysées, la faiblesse du réseau à l'intérieur du Maroc mettra du temps à percer. Le Tanzim a surestimé la capacité d'encadrement du parti. Par aveuglement ou fétichisme idéologique, la réalité a été fardée au point de transformer la complaisance passive de certains responsables de l'administration en un engagement actif aux côtés du Tanzim. L'effervescence insurrectionnelle décrite par les agents de l'intérieur, probablement grisés par la fièvre militante, semble davantage inspirée par la dialectique que par la réalité des faits.

Dans les décombres du rêve révolutionnaire, Mahmoud découvre un peuple qui au terme d'une décennie d'indépendance a renoué avec des siècles d'assujettissement féodal. « *Le peuple a versé dans une inertie qui s'oppose obstinément aux efforts révolutionnaires* », dira El Farchi après avoir échappé aux griffes de la police et des forces auxiliaires.

Le peuple aurait-il abdiqué ? A n'en pas douter son acceptation résignée témoigne de l'omnipotence d'un pouvoir passé maître dans l'art d'alterner répression et clientélisme, avec la bénédiction d'une administration élue et corrompue par ses soins. Ce système, assurément un des modèles les plus achevés du despotisme, a un nom, le Makhzen. Enlisé dans les méandres d'une pensée unique, façonné par la peur et la duplicité, le peuple est convié à bénir son aliénation comme un garde fou contre le cataclysme de la liberté. Cette apathie, dans laquelle le

Makhzen a plongé le peuple, qui semble n'aspirer qu'au confort relatif et précaire de sa servitude, a de quoi déconcerter les intentions, certes généreuses, des révolutionnaires, mais inopérantes, face à un tel abîme idéologique. Mais qu'est-ce que le peuple, sinon un acteur essentiel, encore obscur, de l'histoire ? L'incivisme étant devenu un moyen de survie, n'appartenait-il pas précisément au parti d'enseigner et de guider le peuple ?

Ce bilan mitigé explique sans doute pourquoi la stratégie visant à donner la priorité à l'action politique ne rencontre que peu d'enthousiasme chez Mahmoud. Il sait les élites politiques et économiques confortablement installées dans une servitude dorée où la perspective d'une révolution se réduit à l'image d'une folie meurtrière.

Féru de lectures et passionné d'histoire, Mahmoud retrace le parcours des occasions perdues. Tombé en déliquescence après avoir bradé le pays, le Makhzen a été sauvé par le protectorat français, qui l'a doté de structures modernes, dans le but avoué de légitimer sa présence au Maroc. N'est-ce pas ensuite le mouvement national lui-même, qui, faute de vision politique, a donné une seconde jeunesse au Makhzen au lendemain de l'indépendance ? Combien de temps reste-t-il encore, avant que toute capacité de résistance morale ou matérielle soit définitivement anéantie ? Mahmoud se laisse gagner par la conviction que seule une révolution peut abolir le Makhzen et permettre l'avènement d'un Maroc moderne, débarrassé de ses archaïsmes moyenâgeux. Face à ce qui est devenu une impasse, il opte pour l'action, celle qui fera rejaillir l'opportunité. C'est là une ambition trop haute dans son esprit pour se laisser assombrir par un échec dont il est résolu à tirer les enseignements qui s'imposent.

Mahmoud sait les circonstances propices à un renversement de situation, en dépit du désastre de l'opération de 1969. Les rapports de l'intérieur, tout particulièrement depuis le coup de Skhirat, renforcent ce sentiment. Non sans avoir consulté son proche entourage, Mahmoud se décide à reprendre l'organisation du Tanzim en main. Désormais, le destin du Tanzim sera le sien.

Avant-poste : Oran

Chez Sahir, le sentiment inspiré par le passé est toujours vif. Dans le domicile casablancais d'El Farchi, où je l'ai rencontré en 1996, il revoit avec précision les scènes du passé. Affectueusement surnommé le « chameau », du fait de sa haute stature longiforme, Sahir n'a rien du militant tortueux. C'est un personnage attachant, qui affiche un sourire amusé et un dépit moqueur face aux contrariétés. Cette bonne humeur désarmante cachait alors pudiquement le mal qui l'emportera quelque mois plus tard. Natif de Fès, Sahir est originaire de Figuig. Petit commerçant, il a rejoint l'UNFP dans le sillage de la Résistance. « *J'ai accompagné Mehdi Ben Barka lors d'une tournée entre Oujda et Ksar es-Souk* », se contente-t-il de rappeler pour signifier son engagement militant. Emporté par la rafle de 1963, Sahir est relâché après un mois de détention. Il s'était simplement abstenu de répondre à l'énoncé de son nom, se bornant à signer les procès verbaux sous un patronyme d'emprunt. Recouvrant une liberté précaire, tributaire d'une identité imaginaire, Sahir se résout à quitter le pays pour se mettre définitivement hors de portée. De Paris, son chemin d'exil le conduit ensuite à Oran, en Algérie, où il s'établit. « *Mahmoud s'est installé à Oran au début de l'été 1971*, se souvient Sahir, *c'est là où je l'ai rencontré pour la première fois*[20]. » A l'époque, les rescapés du Tanzim sont repliés sur Paris, sur Alger, sur Damas ou plongés dans la clandestinité au Maroc, tandis que le fqih Basri fait la tournée des capitales et compte ses troupes. Partout la tension est à son comble. Où qu'ils soient, les chefs révolutionnaires se savent traqués. Les têtes du fqih Basri, de Mahmoud[21], de Dakhoun, de

---

20 Entretien de l'auteur avec Larbi Figuigui, alias Sahir.

21 Au Maroc le frère aîné de Mahmoud, Abdelwahed Bennouna, fonctionnaire au service du personnel du ministère des affaires étrangères, est enlevé en mars 1970. Bien qu'ignorant le détail des activités de son frère, il est torturé pendant six mois à Dar-El-Mokri à Rabat. Le même sort s'abat sur les proches parents des autres chefs révolutionnaires, tel que Dahkoun.

Sidi Hamou et de Nemri sont mises à prix. Tanouti, un des principaux informateurs du Tanzim au sein des services d'Oufkir, témoigne de l'envergure des moyens déployés : « *Un grand nombre d'étudiants marocains établis à l'étranger étaient des indicateurs, en échange du passeport qui leur ouvrait les portes de l'étranger, ils devaient fournir des rapports réguliers sur leurs fréquentations. Ceux-ci atterrissaient ensuite sur mon bureau sous forme d'avis de recherche. Peu avant mon arrestation, l'attention s'est focalisée sur Oran. Un opérateur radio a alors été infiltré à Oran par le biais de mes services*[22]. »

Oufkir avait vu juste. C'est à Oran que le Tanzim a improvisé sa principale base de repli. Mais plus qu'un point de chute, Oran devient un vaste chantier d'inventaire et de réorganisation des cellules clandestines. Mahmoud y retrouve plusieurs cadres révolutionnaires exfiltrés du Maroc, dont Dahkoun arrivé le 24 avril 1971. Fidèle à sa démarche, Mahmoud restructure son réseau à partir d'un noyau de cadres sûrs et aguerris. En matière de recrutement, il s'est fait une idée dont on retrouve la trace dans sa lettre au fqih Basri : « *les messagers et les passeurs confondent patriotisme et contrebande ..., ambition et opportunisme...* (...) *Ils ne seront jamais des militants tant que le bakchich sera le seul lien qui nous unit et que leur motivation obéira à la satisfaction de leurs intérêts personnels et à un esprit de soumission incrusté dans leur mentalité de petit bourgeois. Si nous sommes obligés de traiter avec eux, faisons-le modérément. Car aucun d'eux n'a servi l'organisation avec honnêteté et dévouement* (...). *Toutefois, ils représentent un potentiel au niveau militaire, pour autant que notre relation avec eux se transforme de fond en comble et qu'elle soit établie sur la base de valeurs militantes.* »

El Farchi, de retour à Oran, conserve un souvenir précis de son entrevue avec Mahmoud. L'expérience lui a enseigné la méfiance, désormais ancrée dans les tréfonds douloureux de son

---

[22] Entretien de l'auteur avec Mohamed Tanouti.

âme et dans les souvenirs d'une époque où les amitiés s'apprécient à l'épreuve des tumultes : « *J'ai connu le fqih Basri en 1953 dans la lutte clandestine à Casablanca, il y était monté depuis le Sud comme moi*[23]. » El Farchi garde encore en mémoire une silhouette en djellaba, la tête cachée sous un capuchon, promenée de café en café par des policiers français. Son compagnon Abderrahmane El Sahraoui fut arrêté le lendemain et confronté à l'homme caché sous la djellaba : il reconnût le fqih Basri. El Farchi l'apprit aussitôt après l'évasion spectaculaire mais éphémère de son compagnon. Repris à Fès dans sa fuite vers le Nord, El Sahraoui se donna la mort en avalant du poison. « La liberté ou la mort », la devise des résistants ne se réduisait pas à de vaines paroles mais témoignait d'un esprit de sacrifice sublimé par un désir absolu de liberté.

Les séquelles de la mémoire sont tenaces et l'esprit cartésien de Mahmoud peinera à convaincre l'ancien bras droit de Cheikh-El-Arab de lui prêter assistance. Lui, qui n'avait pas son pareil pour démêler l'enchevêtrement des discordes et dont la voix, calme et dépassionnée, suffisait à restaurer la confiance, devra mettre plusieurs journées pour dissiper le doute qui s'est emparé d'El Farchi. Pour ce rescapé multirécidiviste, l'irréversible marche historique, tracée par la logique révolutionnaire, si fluide et irréfutable, a désormais des accents de duperie. L'inflexible honnêteté de Mahmoud achèvera de persuader El Farchi. Pour lui, ce gage était essentiel, tant les intrigues avaient relégué le militantisme sincère au rang de puérilité politique.

Saât, le vétéran de la Résistance et l'ancien adjoint du Caïd de Goulmima, n'est pas moins réticent. Sorti de prison le 1er octobre 1965, après avoir purgé une peine de quatre ans, il fait figure, à 45 ans, de paisible notable. Contacté à plusieurs reprises, il se rend par deux fois à Oran. Sa méfiance l'emporte. Lors de sa troisième visite à Oran, à la fin de l'année 1971, il rencontre Mahmoud. Celui-ci l'a fait venir pour s'enquérir de ses

---

[23] Entretien de l'auteur avec Omar Nasser, alias El Farchi.

dispositions d'esprit. Après une longue mise au point, les deux hommes parviennent à s'entendre. Ensemble, ils conviennent de l'organisation des cellules de Figuig et des bourgs frontaliers, des points de passage et des caches d'armes. Très vite, les armes commencent à rentrer : un chargement, puis deux, puis trois. El Farchi et Sahir coordonnent les réseaux de passeurs. Par contre, Saât s'oppose à ce que les militants de Figuig partent s'entraîner à l'étranger. « *Toute la région serait au courant* » objecte-t-il. En homme de l'ombre, Saât n'apprécie que modérément l'agitation venant de l'extérieur. Mahmoud anticipe : les militants de Figuig seront formés sur place par des instructeurs infiltrés.

De réunions critiques en conciliabules, de tentatives en réalisations, les prémices d'une nouvelle organisation se mettent en place. Avancées modestes, certes, mais dans lesquelles l'espoir des militants, terrassé par l'échec, trouve matière à envisager l'avenir sous des auspices moins sombres.

Jonction dans l'Atlas

A la fin de l'été 1971, Mahmoud envoie à Rabat un messager, Houceine Aït Zeid, alias Abdesslam, l'agent de liaison dont il parlait dans sa lettre au fqih Basri. Formé en Syrie, Houceine Aït Zeid a gagné clandestinement le Maroc pour rejoindre l'Atlas. Son point de chute atteint il a, conformément aux ordres reçus, attendu la suite des instructions. Mais la débâcle a bouleversé sa mission, alors « mise en sommeil ». A son arrivée à Rabat, l'agent dormant réveillé par Mahmoud, est porteur d'un message pour Sidi Hamou. Le contenu du message est un ordre de repli.

Selon un militant de Khénifra : « *Sidi Hamou et deux de ses hommes sont descendus chez moi à Khénifra, après avoir quitté Rabat. Houceine Aït Zeid m'a averti de leur arrivée. L'un s'est installé à Khénifra pour organiser un réseau clandestin dans la région tandis que Sidi Hamou et le second ont poursuivi vers Tinghir*[24]. » Avertie de leur présence, la police est rapidement sur

---

24 Entretien de l'auteur avec Ahmed Bouyaqba.

les talons de Sidi Hamou. Mais la légende ne fait que commencer. Le cheikh de Tinghir, chez qui les officiers de police, dépêchés par Rabat, viennent s'enquérir de la présence de Sidi Hamou, est un ami. Pendant qu'il accueille les policiers et leur sert du thé, comme le veut l'usage, un messager s'esquive par une porte dérobée et alerte Sidi Hamou qui s'enfuit aussitôt.

En enjoignant à Sidi Hamou de se replier dans l'Atlas, l'objectif de Mahmoud est double. Il s'agit à la fois de mettre le groupe de Rabat à l'abri et d'opérer une jonction avec Nemri.

Fidèle à ses origines nomades, ce dernier pénètre en territoire marocain, le lundi 17 octobre 1971, par El Nif, petit village frontalier du Sahara, à dos de chameau. Comme du temps de ses exploits dans l'ALN-Sud, deux des montures qui le suivent sont harnachées de caisses d'armes et de munitions. Le quatrième et dernier chameau est monté par un cadre formé en Syrie qui fit partie du groupe envoyé avec El Yazid, une année avant, remuer le vide dans le Sud marocain.

Le pas cadencé et nonchalant des ruminants du désert conduit Nemri et son compagnon au Qsar d'Izouriz sur la route de Zagora. Ils y sont attendus par l'agent de liaison Houceine Aït Zeid. Celui ci est accompagné d'un autre militant, convoyeur d'armes du Tanzim dans la région[25]. Les deux hommes guident Nemri et son compagnon à travers les dunes éclairées par le scintillement des étoiles, en évitant soigneusement les pistes les plus fréquentées. A l'aube, ils atteignent un relais, tenu par des sympathisants, à l'abri duquel ils passent la journée. En 7 nuits, la petite caravane a rejoint Aït Chaib près de Tinghir, où l'attend Sidi Hamou. Mais l'hiver est précoce en 1971. Les premières neiges ont déjà commencé à tomber, bloquant l'accès de Khénifra par le col qui jouxte Imilchil. Un déplacement dans la plaine serait trop risqué. Nemri doit donc patienter plusieurs semaines avant de pouvoir atteindre sa destination.

Dès les premières fontes de neige, c'est à dos de mulet, le

---

[25] Il s'agit de Salem Ou Massoud qui mourra en 1973 sous la torture.

moyen de locomotion des montagnards, et avec la complicité des cellules clandestines du Haut-Atlas, que Nemri parvient à Khénifra, toujours sous la conduite de Houceine Aït Zeid. Il est rejoint un mois plus tard par Sidi Hamou et ses hommes. Son transit par le Haut-Atlas est assuré par Zaid Oumidou, chef d'une cellule clandestine d'Imilchil.

Cependant, pour Nemri, Khénifra n'est qu'une escale passagère. Sa destination finale est le Sous où l'attendent ses partisans, la plupart ex-compagnons d'armes de l'ALN-Sud. Son but : réussir là où El Yazid a échoué une année plus tôt.

Oumda, le téméraire

L'exécution du général Hamou, le surlendemain du coup de Skhirat, a mis la région de Khénifra en émoi. Le général comptait parmi les notabilités estimées sinon respectées de la région. Les esprits sont surchauffés, rancœurs et griefs circulent à voix basses dans les maisons de «ceux qui comptent». Quelques mois auparavant, en décembre 1970, une révolte paysanne avait éclaté à Ouled Khélifa, dans le Gharb. Elle fut rapidement réprimée par les forces d'intervention mobiles qui laissèrent au moins 6 morts derrière elles. La rancœur des petits paysans contre les féodaux, expropriateurs de terre, ajoutée aux vexations subies par l'armée, désormais suspecte de velléités putschistes, donne des signes précurseurs de troubles.

Khénifra, ville à l'époque forte de 10 000 âmes, devient ainsi un foyer révolutionnaire potentiel sur la carte stratégique du Tanzim. C'est probablement ce qui a convaincu Mahmoud d'y mandater Nemri et Sidi Hamou. Leur mission est de réorganiser les réseaux clandestins et de les mettre en ordre de bataille. Oumda, arrivé avec Sidi Hamou, est originaire de Khénifra. Il est certainement le mieux introduit. Infiltré depuis l'Espagne, cet ancien agent des forces auxiliaires, formé à Zabadani, a ressurgi à Rabat sans encombre, rejoint peu après par Sidi Hamou, échappé dans les circonstances que l'on sait.

Oumda a un physique de baroudeur implacable et semble rompu à toute épreuve. Son beau-frère, le décrit comme un homme paisible mais doté d'une grande témérité. En 1954, ils menaient des actions de sabotage contre les intérêts français : « *Un soir, il m'a entraîné hors de chez moi après un bon repas. Nous marchions sous une voûte céleste étincelante de milles étoiles. Je crus à une promenade digestive, lorsque, après une centaine de mètres, il m'interrogea :*

– *Sais-tu ce que nous allons faire maintenant* ?

– ....

– *On va aller incendier les hangars de la gare routière de Khénifra*[26]. »

C'était sa manière, spontanée et désinvolte, de mener des opérations subversives. « *Il m'a conduit à l'endroit où il avait entreposé les explosifs et les bidons d'essence. Lorsque la gare routière est partie en flamme, on était déjà à plus d'un kilomètre. On courrait depuis quelques minutes lorsque Oumda m'arrête :*

– *Il fait froid, ne trouves-tu pas ?*

Sur ce, il fait volte-face, se tourne en direction du brasier qui illumine l'horizon et allonge les mains vers le foyer invitant son compagnon ébahi à l'imiter :

– *Réchauffons-nous un instant* ! »

Cette anecdote traduit ce détachement apparent et instinctif propre aux clandestins. A cette nuance près que chez Oumda, ce trait d'esprit est la marque de quelqu'un qui a connu trop de désillusions pour imaginer d'autre parade à l'injustice. La dérision est bien souvent le dernier asile du désespoir.

Le physique d'Oumda en impose autant que son insouciance affectée inquiète. Il est de nature à tenir les intriguants à distance. Des années à ravaler des espoirs trahis en ont fait un des principaux activistes armés du Moyen-Atlas, à la veille de l'indépendance. Pour quelqu'un dont la culture politique était réduite à sa plus simple expression, c'est-à-dire celle d'une notion cora-

---

[26] Entretien de l'auteur avec Ahmed Bouyaqba.

nique du bien et du mal et d'une acceptation tribale de la bravoure et de la loyauté, force est de constater que son action a eu autant, sinon plus d'impact que bien des manœuvres politiques rompues aux intrigues du Palais. Mais comme l'histoire avec un grand H n'a cure de ces obscurs personnages aux motivations énigmatiques, Oumda incarne probablement le mieux le destin égaré du héros anonyme. Ses actions du temps du protectorat le situent résolument dans la catégorie des « terroristes », distinction établie par les autorités françaises qui conservera une singulière pertinence après l'indépendance.

Moha Oulhaj, le féodal influent

Le principal sponsor du Tanzim à Khénifra est Moha Oulhaj Amahzoune, né à Khénifra en 1927, personnage haut en couleurs, beau-frère du Roi[27], et à ce titre, féodal influent et craint dans la région. La fortune allant avec la puissance, il possède de nombreux troupeaux, des terres et un parc de camions. Dans cette zone reculée, il est de tradition que le pouvoir naisse des armes. Aussi, Mouha Oulhaj s'enorgueillit-il qu'aucun de ses aïeux ne soit mort de mort naturelle[28]. L'exécution de son cousin, le général Hamou, après le putsch de Skhirat, n'est pas étrangère à son engagement aux côtés des révolutionnaires.

Gouverneur de la province de Ksar-es-Souk, le général Hamou savait se montrer bienveillant pour les affaires qui firent la fortune de Mouha Oulhaj. Depuis la disparition du général, on prête à Moha Oulhaj des contacts réguliers avec des hauts cadres de l'armée. Leur passion commune est la chasse. Les sources judiciaires révéleront qu'au moins trois des officiers qui accompagnent régulièrement Moha Oulhaj pour s'adonner à leur sport

---

[27] Sa femme est la sœur de l'épouse du roi.

[28] Son grand-père Mouha Ou Hamou Zayane est tombé à la bataille de Zehri qui opposa les tribus dites « rebelles » aux troupes coloniales françaises. Son père Mouha N'aka fut victime d'un règlement de compte.

favori sont des chefs de cellules du Tanzim[29]. Hasard ou complicité, Dlimi, qui n'est encore que colonel, figure dès 1972 parmi les habitués des réceptions de Moha Oulhaj[30] !

Le concours de Moha Oulhaj offre une grande liberté d'action et de mouvement à Oumda, Nemri et Sidi Hamou, qui n'ignorent toutefois pas que ses motivations fleurent le désir de vengeance et le clientélisme. Oumda et Nemri l'apprendront à leurs dépens. Ils avaient divisé les cadres et les officiers de l'autorité régionale en trois catégories : sympathisants, neutres et hostiles, ces derniers étant répertoriés sur une liste noire dont le sort devait être scellé le jour du soulèvement. Selon Nemri et Oumda, Moulay Ahmed, autre beau-frère du Roi, grand féodal du Moyen-Atlas et gouverneur, y avait sa place. C'était oublier qu'il était aussi et surtout un proche de Moha Oulhaj. Celui-ci le fit savoir à sa manière :

— *Si vous projetez d'éliminer Moulay Ahmed, je vous vends aux autorités* !

Inversement, Moha Oulhaj vitupérait avec véhémence contre les cadres du parti peu conciliants avec ses affaires. Un responsable clandestin chargé du recrutement, se souvient avoir été convoqué dans une réunion secrète : « *un militant m'a fixé rendez-vous à Tirsali,* petite bourgade à 10 kms de Khénifra. *Au lieu dit, je le trouve en compagnie d'Oumda, de Nemri et d'un troisième homme dont j'ignorais l'identité. Après m'avoir questionné sur différentes activités dans la région, Oumda me déclare que Mouji, mon camarade de parti, devait être exécuté. Il était accusé d'avoir vendu des militants du Tanzim en 1969. Bien que je considérais Moha Oulhaj comme un intime, je n'étais pas sans*

[29] Alla Oufkouh, Lhouceine Amahrach et Hadidou. *Source : Arrêt du tribunal de Meknès, No 76/130.*

[30] Déposition de l'adjudant-chef des FAR, Lhouceine Amahrach, ami de Moha Oulhaj et d'Oumda, à l'audience du tribunal de Kénitra. Il est fils de caïd et adjudant en chef des FAR à El Hajeb. Déjà condamné à 5 ans de prison dans l'affaire d'Addi ou Bihi en 1957, il est gracié après deux ans de prison. *El Alam*, 19 juillet 1973.

savoir qu'un différend l'opposait à Mouji. Moha Oulhaj l'avait donc probablement accusé d'un forfait qu'il n'avait pas commis dans le seul but de s'en débarrasser. Je me suis interposé[31]. »

Nemri et Oumda doivent donc déployer des trésors de diplomatie et ménager les affinités claniques autant que les alliances d'intérêts pour organiser leurs réseaux. Les hommes sont sélectionnés et regroupés dans différentes cellules dont le niveau d'implication est fonction de leur fiabilité. Un des hommes recrutés raconte : « *Au début, je servais de messager entre Khénifra et Oran. Ensuite, on m'a demandé d'organiser une cellule clandestine de cinq hommes. Nemri venait nous entraîner au maniement des armes et à la fabrication de bombes*[32]. » A l'instar de la cellule de ce militant, plusieurs groupes d'hommes se trouvent rassemblés en cellules secrètes au sein d'une structure cloisonnée, puis formés et entraînés séparément.

Mais les mesures de sécurité les plus draconiennes ne valent rien sans une anticipation des faits et gestes du camp adverse. Aussi, Oumda et Nemri ont-ils monté un réseau de renseignement avec la complicité de quelques cheikhs acquis à la cause révolutionnaire. Ces oreilles et ces yeux tiennent Nemri et Oumda régulièrement au courant des activités du gouverneur et de ses subordonnés, précaution qui n'a rien de superflu tant les activités du parti sont étroitement surveillés par le pouvoir.

Selon un militant clandestin : « *La première étape du recrutement était confiée à des cadres du parti mis dans la confidence. Notre liberté de mouvement et notre rôle actif au sein des associations régionales nous assuraient un champ d'investigation appréciable*[33]. » Pourtant ce dernier se souvient avoir relevé la présence suspecte d'un touriste canadien lors de ses contacts avec une organisation de la jeunesse berbère à Azrou. Le même touriste promena sa caméra à Goulmima et Khénifra. Parfois, la

---

[31] Entretien de l'auteur avec Mohamed El Qasimi.

[32] Entretien de l'auteur avec Abderrahmane Masine.

[33] Entretien de l'auteur avec Mohamed El Qasimi.

provocation s'ajoute à la surveillance. L'agent du Tanzim reçut ainsi la visite d'un militant accompagné d'un ami de Ksar es-Souk. Après avoir pris celui-ci à part et l'avoir mis en garde contre son «ami » pour susciter une complicité propice aux confidences, le militant lui demande :

— *Où en sommes nous, est ce que tout est prêt* ?

Mais le correspondant de Nemri et de Oumda est un briscard de la Résistance à qui on ne la fait pas. Sans se départir de son air innocent, il s'étonne :

— *De quoi parles-tu, les élections ne sont que dans deux ans* !

Radio Libye

Début octobre 1971, le fqih Basri est de retour à Tripoli. Il est accompagné de deux hommes : Othman Bennani, cousin de Mahmoud, et un responsable du Tanzim en Syrie. Brahim leur annonce non sans fierté que les contacts avec les Libyens sont à présent rodés. Conforté par l'hospitalité attentionnée des Libyens, Brahim propose d'organiser quelque chose autour du 29 octobre, date anniversaire du rapt de Mehdi Ben Barka. La commémoration de cet événement constitue alors un rite assidûment pratiqué dans les milieux étudiants. L'idéal serait une émission radio. Séduit, le fqih Basri se charge de convaincre les Libyens de leur accorder un temps d'antenne consacrée à la disparition du leader progressiste et regagne Paris, laissant Brahim et ses accompagnants travailler à la réalisation de l'émission. Mais très vite, Brahim se retrouve seul. Othman retourne le lendemain au Caire et le responsable du Tanzim en Syrie rentre à Damas le surlendemain.

Leur défection est compensée par l'arrivée de deux autres militants. Le premier surprend Brahim par son accent syrien, il a une carrure imposante et se présente sous le nom d'Hassan Brahim : c'est Khaled arrivé de Damas. Le second arrive de Belgique. Brahim a correspondu avec lui depuis Nancy lors d'une campagne en faveur de la libération de Saïd Bounilat et d'Ahmed Benjelloun. C'est Houceine Manouzi. Une complicité immédiate s'établit entre les trois hommes qui rédigent un texte pour la commémoration du 29 octobre et le remettent à la radio libyenne.

Les Libyens ont mis à contribution le meilleur speaker dont ils disposent, Jalal Mouawad, alors marié à l'actrice égyptienne Myriam Fakharcdine. Véritable diva des ondes nationales, il s'est fait une spécialité de la narration des épopées glorieuses de Nasser, symbole admiré des révolutionnaires libyens. Il ne lésinera sur aucun superlatif pour célébrer la mémoire du martyr disparu. La formule fait tellement recette que Brahim et ses deux compagnons disposent dès lors de trois quarts d'heure hebdomadaires pour une émission vers le Maroc.

Les trois quarts d'heure se transforment très vite en deux heures, Mohamed Zouay directeur de la radio libyenne[34], particulièrement prévenant à leur endroit, ne lésine sur aucun effort pour satisfaire leurs besoins. Combien d'heures furent ainsi consacrées à deviser en d'interminables discussions sur la révolution dans le monde arabe !

L'arrivée en novembre 1971 de deux autres cadres formés à Zabadani témoigne de l'intensification des activités du Tanzim à Tripoli. Le premier est un ancien résistant de 45 ans, condamné à mort par contumace en 1963. Il a participé aux côtés de l'infortuné Aït El Mouden à nombre d'attentats fomentés au début des années cinquante contre le protectorat. Son frère, membre du groupe de Cheikh-El-Arab, figure parmi les otages tombés sous les balles d'Oufkir qui se vengeait ainsi de son impuissance à mettre la main sur l'«insaisissable». Le second, de 20 ans plus jeune, est une forte tête. Personnage robuste, il en impose par un mélange d'audace et d'impertinence. Une anecdote, gravée dans la mémoire de Brahim, le résume bien : « *Chargé de l'achemi-*

---

[34] Il deviendra, par une ironie de l'histoire, diplomate en poste au Maroc avant d'être nommé ambassadeur à l'ONU, puis ministre.

nement des armes, il transportait des kalachnikovs dans une Volkswagen lorsqu'un jour il est arrêté par un policier libyen intrigué par son accent. Son coffre était bourré d'armes, et le policier sans même avoir pris soin de fouiller le véhicule le soupçonnait déjà d'espionnage. Autant dire que s'il ouvrait le coffre son affaire était réglée. En pareil cas, les militants avaient pour ordre de contacter un numéro de téléphone au ministère de l'intérieur libyen sans divulguer leur identité. Mais le soupçonneux policier chargea son arme et la pointa sur la tempe du jeune clandestin, lui intimant l'ordre de décliner son identité. Posément, celui-ci lui fit remarquer que s'il s'avisait de tirer, il n'aurait jamais la réponse à sa question[35]. »

L'arrivée de ces deux cadres renforce l'équipe chargée de mettre en place l'intendance militaire. Le premier, garagiste de formation, aménage les véhicules destinés au transport d'armes et le second convoie le chargement en Algérie. Le tout suit une filière mise en place par Houceine Manouzi. Le cercle des quatre vétérans de Zabadani est complété par l'arrivée, deux semaines plus tard, de leur chef : Mahmoud. Brahim découvre un homme à la raison tranquille et au sourire furtif. Rien en lui ne laisse présager sa profonde révolte si ce n'est la conviction de ses propos. Dès son arrivée, Mahmoud rassemble les cadres de Zabadani et passe en revue la logistique militaire. Le Tanzim à Tripoli prend une dimension plus stricte, plus précise et plus professionnelle. Tout indique que les leçons de Damas et d'Alger ont été retenues.

Mahmoud n'est pas homme à s'épancher en confidences, Brahim le découvre au hasard de leur collaboration : « *Il se consacrait beaucoup à l'écriture et témoignait d'une grande soif de connaissance, s'informant régulièrement des dernières publications politiques. Il avait toujours avec lui un cahier dans lequel il consignait des notes* ». Comme d'autres avant lui, Brahim relève son désintéressement matériel : « *Mahmoud est*

---

[35] Entretien de l'auteur avec Brahim Ouchelh.

l'homme qui coûtait le moins au Tanzim. Un jour à Tripoli, il devait se faire prendre en photo pour les besoins d'un passeport. Il n'avait même pas une chemise convenable à se mettre, j'ai du lui prêter mes habits[36]. »

Diplomatie parallèle

Bachir Boumaza, ex-ministre algérien des finances, est en 1971, un allié de circonstance. Il a quitté l'Algérie en 1966 après avoir soutenu le coup d'Etat de Boumedienne pour contrer « les dérives personnalisantes de Ben Bella ». Mais l'ère Boumedienne ne le contente pas. Le fqih Basri s'attire donc rapidement la bienveillance de cet opposant de fraîche date. Il sait les dirigeants arabes friands de confidences et d'informations nouvelles : Bachir Boumaza est un faire valoir appréciable à promener dans les chancelleries arabes. Bachir Boumaza, lui, sait gré au fqih Basri de le faire accueillir en dignitaire par les dirigeants des «pays frères. » Toutefois, leur rapprochement est plus qu'un souci de protocole. En Algérie, Boumedienne est solidement installé au pouvoir et le peuple algérien aspire, après toutes ces années de guerre, à une paix des braves. Le changement ne peut donc provenir que de l'extérieur. Boumaza opère dès lors un rapprochement avec les deux composantes qui ont, à l'époque, le plus de résonance auprès de la jeunesse algérienne : les révolutionnaires marocains et la Résistance palestinienne.

L'écho que rencontrent les révolutionnaires marocains tient essentiellement à la proximité géographique et à l'antagonisme maroco-algérien. Le combat de la Résistance palestinienne bénéficie d'un capital affectif.

Ses liens avec ces deux acteurs remuants du monde arabe conduisent Boumaza de Tripoli à Beyrouth, puis de Damas à Bagdad, évitant Amman, alors en plein règlement de compte avec la Résistance palestinienne. Repliée sur Beyrouth après les mas-

---

[36] Entretien de l'auteur avec Brahim Ouchelh.

sacres de Septembre noir, la Résistance palestinienne a entrepris de redéployer son action sur un terrain plus médiatique, le terrorisme.

L'engagement à leurs côtés de Boumaza et du fqih Basri multiplie les points de contacts. Très vite, le bras terroriste de la Résistance palestinienne étend son action à l'extérieur du Moyen Orient. De telles opérations étaient organisées et cordonnées par Boudia, un Algérien. Le futur et très médiatique Carlos était alors une de ses recrues. Boudia paiera son engagement de sa vie. Il meurt dans un attentat à la bombe perpétré le 28 juin 1973 par le Mossad à Paris, devant l'université de Censier.

Benyahia se souvient d'une visite, en automne 1972, dans un appartement près des Champs-Elysées qui servait de pied-à-terre aux trafiquants d'armes : « *Le fqih Basri m'avait demandé d'acquérir des armes pour le compte de Boudia*[37]. » Toutefois, la seule opération dans laquelle le Tanzim fut directement partie prenante est l'incendie fin 1972 d'une raffinerie de pétrole en Hollande, principal fournisseur d'Israël en hydrocarbure.

Abou Ayad, fondateur de l'organisation « Septembre Noir », le bras terroriste du Fatah de Yasser Arafat qui a monté l'attentat de Munich en 1972, en relatera une autre dans ses mémoires : une opération conjointe prévue lors d'un sommet arabe à Casablanca qui ne fut pas menée à son terme.

Selon Brahim, Mahmoud manifestait le souci de circonscrire le champ de l'internationalisme pour ne pas disperser les moyens. Le fqih Basri se montrait également soucieux de ne pas s'aliéner le soutien de certains gouvernements arabes jusqu'alors neutres sur la question marocaine. Mais Boumaza n'entendait pas en rester là. Leurs chemins se séparent à Damas. Boumaza se souvient : « *Le fqih Basri et moi étions à peine arrivés à Damas, lorsqu'on nous apprend que Chérif Belqacem, un dignitaire algérien, a appelé de Paris et désire rencontrer le fqih Basri. A l'évidence Boumedienne a eu vent de ses contacts avec moi et se*

[37] Entretien de l'auteur avec Mohamed Benyahia.

prépare à lui faire une contre-offre. Le fqih Basri m'a consulté. « *A ce stade, il te sera plus utile que moi,* lui ai-je répondu[38]. »

La réponse de Boumaza confirme le sentiment du fqih Basri : depuis toujours, il voyait en l'Algérie, un avant-poste de la révolution au Maroc.

Il réserve une place dans le premier avion pour Paris.

L'antenne libyenne

A son retour de Paris en janvier 1972, Brahim a des raisons de s'estimer satisfait. La petite équipe qui a pris ses quartiers dans une villa de la rue Ben Achour est opérationnelle. Houceine Manouzi occupe une fonction de contrôleur à l'aéroport de Tripoli et lui-même est employé au service technique (plutôt un bureau d'information) du ministère du pétrole. Si la Libye a localisé ses gisements, les moyens de leur exploitation restent rudimentaires. Brahim travaille avec une équipe de Russes qui parlent aussi bien l'anglais que lui le russe. Khaled, de son côté, s'active à la création d'un camp d'entraînement.

A la radio, le rythme des émissions diffusées vers le Maroc est à présent régulier. Grâce aux ondes radio, rebaptisées la *Voix de la libération*, le Tanzim est désormais impalpable mais partout présent. Ses mots d'ordres circulent comme autant d'armes insaisissables destinées à réveiller les consciences, appelant les oubliés et les obscurs à prendre leur destin en mains.

Tous les mercredi et samedi à 19h, les rues et les cafés des grandes villes du Maroc sont désertés. L'oreille collée à leur transistor, les Marocains ne perdent rien de ses bulletins d'information échappés à la censure. Dans un paysage médiatique sous haute surveillance, la radio Libye se profile déjà comme une radio libre avant l'heure. Pour restreindre son impact, le ministère marocain de l'intérieur tentera de brouiller ses fréquences. Un commando dépêché par Oufkir ira même jusqu'à plastiquer le

---

[38] Entretien de l'auteur avec Bachir Boumaza.

principal pylône de télécommunications à Gargarech, un quartier résidentiel à l'ouest de Tripoli, dans le but de faire cesser les émissions. « *Seuls les Marocains ou les Israéliens auraient pu mener une telle opération qui nécessitait un débarquement par mer* », précise El Houni avant d'ajouter avec malice, « *la qualité discutable de l'exécution a montré qu'il s'agissait de Marocains*[39]. » En effet, le pied du pylône est touché, mais les câbles de soutènement restent intacts et les dommages causés peuvent être rapidement réparés.

Les tentatives d'Oufkir pour faire taire la *Voix de la libération* sont donc vaines et les lettres d'auditeurs parviennent par centaines à Tripoli. Brahim se souvient encore de l'ingéniosité déployée par certains auditeurs pour entrer en contact avec la radio : une lettre en provenance du Maroc fut adressée au numéro 1270 du boulevard Saint Germain à Paris. Etonné de la fantaisie de l'adresse, le postier français remarqua une mention discrète sur la lettre : *radio-Libye* et adressa le courrier à l'ambassade de Libye qui fit suivre. D'autres lettres arrivaient par le biais de la BBC de Londres, échange de bons procédés entre confrères. Par contre, certains correspondants furent plus malchanceux. Tels ces quatre paysans analphabètes de Beni Mellal qui écopèrent de 6 mois de prison ferme pour avoir sollicité le concours de l'imam de leur mosquée afin de rédiger une lettre à l'attention de la radio-Libye.

Acquitté en septembre 1971 par le tribunal de Marrakech, le frère cadet de Houceine Manouzi, se souvient des heures passées à la rédaction de la radio-Libye: « *Je collaborais avec Khaled et Brahim, participant notamment à l'élaboration des éditoriaux en berbère. Le plus souvent, je résidais à la villa Ben Achour. Dans une autre maison, il y avait essentiellement des cadres militaires. J'ai vu Mahmoud pour la première fois en juin 1972, alors que Khaled s'est absenté en Egypte et que Brahim était en Europe*[40]. »

[39] Entretien de l'auteur avec Abdelmoumen El Houni.

[40] Entretien de l'auteur avec Rachid Manouzi.

Comme d'autres avant lui, il découvre un homme parlant peu et écrivant beaucoup. En été 1972, Mahmoud a déjà peaufiné son analyse. Il a pris la mesure des errements et des hésitations passées qui ont davantage dissipé les énergies qu'elles ne les ont mobilisées et rassemblées. Le fruit de cette réflexion est confié au micro de la radio Libye : « *Pour que notre mouvement devienne puissant, il est essentiel que nos motivations et nos esprits se confondent. Que notre peuple comprenne que la voie de la lutte armée est la seule qui lui reste pour s'affranchir de la tyrannie et de la misère, maintenant que sont épuisées toutes les autres formes de lutte*[41]. »

Arrestation de Fadel Nassiri

L'arrestation, à l'aéroport de Casablanca, le 14 juillet 1972, d'un militant formé à Zabadani, met la police sur la piste de Fadel Nassiri, agent de liaison, tout à la fois en contact avec Mahmoud à Oran et les chefs de cellule au Maroc, Nemri et Oumda d'une part, Dahkoun de l'autre. La nouvelle fait l'effet d'une onde de choc et prend tout le monde au dépourvu. C'est un incident dont les conséquences sont redoutées, car difficilement appréciables : elles peuvent réduire à néant le patient travail entrepris depuis des mois. Le spectre des arrestations en cascades qui ont décimé ses rangs deux ans auparavant plane à nouveau sur le Tanzim. Ancien étudiant en économie, Fadel Nassiri a fait ses classes à Bagdad en même temps que Khaled, Zabadani a été pour lui un passage obligé avant son retour au Maroc : « *Rentré à Casablanca en octobre 1969, j'ai ouvert une école privée, l'école Abdelkrim Khattabi* ». Passé maître dans l'art de la dissimulation, il a échappé aux arrestations jusqu'à ce sombre jour : « *j'ai été arrêté à Oujda après avoir pris congé la veille de Dahkoun. Je devais le revoir le 15 juillet*[42]. » Dans la foulée, le

---

[41] Afrique-Asie, No 27, 2.4.1973, Simon Malley : Maroc, la guérilla ?...

[42] Entretien de l'auteur avec Fadel Nassiri.

militant qui a caché le groupe de Sidi Hamou à Rabat, est également arrêté[43].

Un militant clandestin qui hébergeait Nemri dans les environs de Khénifra rassemble ses fragments de souvenirs : « *Houceine Aït Zeid a averti Nemri de l'arrestation de Fadel Nassiri. Comme il faisait la jonction avec nous, Houceine Aït Zeid nous a ordonné de gagner la montagne. Nous nous sommes alors réfugiés avec Nemri, Oumda, et plusieurs membres de la tribu des Aït Khouya à Aguelmous N'maami.* » Menotté et recouvert d'une djellaba, Fadel Nassiri a été conduit sous escorte à Khénifra pour identifier les caches du Tanzim. Feignant de collaborer avec la police, le prisonnier promène les enquêteurs aux quatre coins de la région en prenant soin d'éviter les endroits sensibles. L'objectif est rapidement atteint. La nouvelle de la recherche d'Oumda et Nemri se répand comme une traînée de poudre à travers les montagnes laissant à ces derniers l'occasion de devancer leurs poursuivants. La présence d'esprit de Fadel Nassiri permet au Tanzim d'encaisser ce revers sans coup férir.

Les chemins de Nemri, Sidi Hamou, Mahmoud et Dahkoun se sont rejoints nouant leurs destins à un combat qui n'a pas encore livré tous ses mystères. L'inébranlable foi en la justesse de la cause étant la principale pourvoyeuse de persévérance, ils s'initient, avec de l'énergie à revendre, à la convalescence d'un Tanzim qui peine à se remettre de son échec. Car pour ces hommes qui n'en sont pas à leur coup d'essai, les sacrifices passés ne peuvent qu'être le prélude à la victoire d'une juste cause.

---

[43] Porté disparu, il réapparaît en 1978, pour mourir à son domicile des séquelles des tortures subies.

Overflow (1972)

Les anciens du collège Nahda de Salé

Après une journée éprouvante Abbès, de son vrai nom M'barek Bouderka, regagne son domicile de Rabat, en ce début du mois de décembre 1971. Il est jeune avocat stagiaire chez Me Abderrahim Bouabid. Autant dire que les dossiers des procès politiques pleuvent sur son bureau et ne lui laissent aucun répit. Débouchant dans sa rue, il surprend au pied de son immeuble, un homme à la stature imposante qui lui sourit : Dahkoun !

Leur dernière rencontre remonte à fin 1969. Abbès l'avait hébergé avec Benyahia, ignorant tout de leurs activités clandestines. Il ne voyait alors en eux que d'anciens camarades de l'école Nahda de Salé. Peu après, Dahkoun a été condamné par contumace et recherché par toutes les polices marocaines. D'Allemagne, Abbès recevait régulièrement des nouvelles de son ami. « *J'ai entendu que vous avez eu une belle fête, et je regrette de l'avoir manquée* », lui écrit-il après le coup d'Etat de Skhirat.

Depuis, le Maroc est en pleine ébullition et n'a rien d'une villégiature pour un révolutionnaire clandestin. Les réflexes de sa première jeunesse restés intacts, Abbès, heureux de retrouver l'homme d'action courageux qu'il a quitté depuis quelques années, s'empresse de trouver un studio à Rabat pour abriter son ami.

Abbès n'avait que 14 ans, en 1962, lorsqu'il rencontra Dahkoun pour la première fois, au collège Nahda de Salé. Dahkoun, originaire du Sud comme Abbès, venait d'arriver : « *sa famille avait fui le tremblement de terre qui dévasta Agadir le 29 février 1960* » se souvient-il. Abbès, lui, arrivait de Meknès, sa ville d'adoption. Dans l'amitié exaltée qui soudait ce petit cercle de fils de résistants sous le préau du collège de Salé, l'idée de la lutte armée mûrit tout naturellement. Abbès a maintes fois entendu son père raconter la résistance héroïque de son village d'origine, le dernier à déposer les armes lors de l'occupation française. Le secret des rêves sulfureux dans lesquels s'évade l'enfance, ne se partage qu'entre camarades d'école. Mais dans ces années sombres, de tels secrets ont tôt fait de se muer en rêve de révolution. Aussi n'est-ce pas un hasard si plusieurs de ses compagnons de jeux à Salé, rentrés d'une formation militaire en Syrie, sont devenus des activistes clandestins du Tanzim. C'est le cas d'El Jdaini, inséparable de Dahkoun depuis qu'ils se sont découverts une cause commune[1].

Une nuit d'hiver, le petit groupe de lycéens avait bravé la fraîcheur de décembre pour arpenter les rues de la médina de Salé plongée dans l'obscurité, afin d'en barbouiller les murs de slogans hostiles à la participation au référendum constitutionnel. Dahkoun avait 23 ans, El J'daini 20 ans, et lui à peine 15. El J'daini et Dahkoun avaient copieusement arrosé le succès de leur escapade nocturne et leurs éclats de voix animaient le chemin du retour alertant le quartier. Au coin de la rue, les trois jeunes militants noctambules tombent nez-à-nez avec un détachement de police. La sobriété d'Abbès, trop jeune pour boire, sauva la mise à ses deux amis. Il s'engouffra, prompt comme l'éclair, dans une ruelle, entraînant les policiers dans son sillage. Une course poursuite s'engagea alors dans le dédale des ruelles de la médina de Salé. Abbès avait eu soin de prendre ses affaires de toilette pour prétexter un déplacement aux bains, en cas d'arrestation. Il avisa une fontaine puis, torse nu, se savonna abondamment de manière à camoufler les traces de peinture qui lui couvraient les bras et le visage. Lorsque les policiers débouchèrent à sa hauteur, ils lui demandèrent s'il n'avait pas vu courir un homme. «*Il est parti par-là*» leur lança Abbès, sans relever la tête, indiquant une rue au hasard.

---

[1] Voir premier chapitre.

Pour Abbès, l'activité politique fait donc partie de l'apprentissage de la vie. Il a découvert la politique comme d'autres découvrent l'amitié, l'amour et tout ce qui marque l'entrée d'un adolescent dans la vie adulte. La politique était un jeu tentant, car risqué. Elle a permis au jeune Abbès de se hisser au rang envié des grands alors qu'il oscillait encore dans l'âge incertain entre l'enfance et l'adolescence. Par son père, il apprend qu'au Maroc, la politique appelle la répression. Farouche résistant au colonialisme français, puis partisan de l'Istiqlal avant de rejoindre l'UNFP, son père a été régulièrement appréhendé pour ses activités. A 5 ans, Abbès le visitait pour la première fois en prison en compagnie de son oncle. Il croyait se rendre dans cette maison du Sud que son père lui avait tant de fois décrite. Expérience édifiante qui ne tarde pas à lui servir d'exemple.

Son tour arrive en juillet 1963. Abbès est pris dans la vague d'arrestations qui submerge le pays, alors qu'il passait ses vacances en famille dans le Sud. Son père est violemment torturé au commissariat, tandis que lui-même subit régulièrement des passages à tabac sous la houlette vindicative du Caïd. Abbès devient militant par instinct de résistance.

Après avoir passé son bac avec El J'daini en 1964, Abbès a poursuivi ses études en Algérie, où il s'est distingué comme membre actif de l'UNEM et militant assidu au sein de l'UNFP. Rentré d'Algérie pour effectuer son service militaire, il a participé en 1965, aux cotés d'Omar Benjelloun et d'Elyazghi, à la mise en place d'une section du parti à Meknès, sa ville d'adoption. Ses études de droit achevées, il est recommandé par Elyazghi à Abderrahim Bouabid qui l'embauche comme avocat stagiaire dans son cabinet.

La visite de Dahkoun à Abbès ne relève pas de retrouvailles d'anciens collégiens[2]. Depuis plusieurs mois, Dahkoun a patiem-

---

[2] J'daini, Meliani et Dahkoun, ne sont pas les seuls anciens du collège Nahda de Salé à s'être retrouvés dans les camps d'entraînement en Syrie ; on y trouve également : Benyahia, Taoufik Idrissi, Sedqaoui et Ouradi (la taupe). D'autres militants qui rejoindront le Tanzim ultérieurement, tel Brahim Ouchelh, ont aussi été scolarisés au collège Nahda.

ment réorganisé ses relais à Casablanca et à Rabat pour échafauder l'ossature d'un réseau, hésitant entre la semi-clandestinité et la clandestinité totale. Tout semble indiquer que Dahkoun pressent Abbès pour rejoindre les rangs du Tanzim. Pour Abbès, du prétoire à la clandestinité, il n'y qu'un pas qu'il franchira sans hésitation. Est-ce en connaissance de cause ? Rien n'est moins sûr.

Depuis les rafles de l'année passée, le recrutement a absorbé une grande partie de l'énergie de Dakhoun. Lakhssassi et Belqadi ont organisé à cet effet un réseau parallèle au sein de l'UNEM. Lors des meetings, ils chauffent les esprits pour susciter des vocations révolutionnaires. Les plus décidés sont ensuite envoyés en formation à l'étranger. Rentré au Maroc, le 15 octobre 1971, dans la foulée de Nemri, Dahkoun a organisé, à la date symbolique du 29 octobre, celle du rapt de Mehdi Ben Barka, une série d'attentats contre les commissariats des 5e et 8e arrondissements à Casablanca et l'imprimerie de *Maroc Soir*, journal du groupe Mas.

« *Si c'était à refaire, je le referai* » me dira Abbès d'une voie calme, plus de trente ans après. Pourtant, Abbès avait encore en mémoire l'inefficacité de l'action politique. Il avait vécu lors de ses études à Alger la paralysie de l'appareil politique, les luttes intestines, le climat de suspicion général : les rapports sur les supposés traîtres pullulaient. L'enthousiasme consécutif à la tentative du coup d'Etat de Skhirat acheva sans doute de dissiper ses appréhensions.

Ses première missions se bornent à rendre de fréquentes visites à Saïd Bounilat et Ahmed Benjelloun en prison. Dès 1972, il devient un contact privilégié entre Dahkoun et l'extérieur. « *Plus d'une fois je me suis inquiété des allers et retours que me demandait d'effectuer la direction*, confie Abbès; *il était évident qu'un avocat stagiaire multipliant les passages de frontière risquait d'attirer l'attention d'une police dont la vigilance s'était considérablement accrue*[3]. » N'étant qu'un maillon de la

[3] Entretien de l'auteur avec M'Barek Bouderka, alias Abbès.

chaîne, Abbès se trouve confronté à une série de questions sans réponse : « *Que faisait Dahkoun au Maroc, alors qu'il était recherché dans tout le pays? Y avait-il là un lien avec le coup d'Etat ? De quels moyens dispose-t-il ?* »

Le commando-marin

« *Fin 1971, quatre hommes ont débarqué à Tripoli*, se souvient Brahim. *Ils arrivaient de Damas. Tout ce que je savais d'eux, c'est qu'ils composaient un commando d'élite sous les ordres de Mahmoud. Ce dernier m'a demandé de les mettre immédiatement au secret et de veiller à ce qu'aucun contact ne soit établi avec les autres militants*[4]. » Les quatre hommes envoyés à Benghazi par Brahim sont El Melki, Najjar, Seghir et Si Brahim. Tous ont été relâchés par la police espagnole alors même que Saïd Bounilat et Ahmed Benjelloun étaient livrés à leurs tortionnaires. De retour à Damas, ils ont été mis «en sommeil» pour devenir les étudiants qu'ils avaient prétendu être à Madrid. Au programme de leurs études, des langues et, pour maintenir le physique, du sport. Mais très vite, les quatre hommes ont poursuivi vers l'Irak, munis de passeports diplomatiques. Leur destination finale est une base navale secrète à Bassora. Les quatre hommes y reçoivent un entraînement d'hommes grenouilles ainsi qu'une formation mécanique et pyrotechnique. « *En août 1971, on a été rappelés à Bagdad,* se souvient El Melki, *de là, on a gagné Damas clandestinement via Beyrouth où on a été mis au secret*[5]. »

Autant la nature de leur formation que leur nombre restreint tendent à suggérer que ces hommes sont destinés à commettre un attentat. La composition du commando, des combattants aguerris par plusieurs stages de formation, de l'Algérie à la Libye en passant par la Syrie et l'Irak, sans compter leur expérience dans

---

4 Entretien de l'auteur avec Brahim Ouchelh.

5 Entretien de l'auteur avec Abdallah El Melki.

les rangs de la guérilla palestinienne, dénote un haut niveau d'expertise militaire. Ceci laisse augurer du caractère sensible de la mission qui les attend.

A ce jour le mystère subsiste. A moins qu'il ne faille chercher la réponse dans certaines sources indiquant, à posteriori, qu'une indiscrétion des services de renseignement algériens, confirmée par des informateurs du Tanzim, serait à l'origine de cet ordre de mission hors du commun : depuis le coup de Skhirat, Hassan II aurait fait réaménager son palais d'été pour y passer le plus clair de son temps en signe de défi. Or, en fait de Skhirat, le roi passerait ses nuits en rade, au large de Skhirat, à bord d'un yacht mis à sa disposition par le roi d'Arabie Saoudite.

L'État-major révolutionnaire

Depuis le début de l'année 1972, Mahmoud, Ajoul, Benyahia, Brahim et d'autres cadres du Tanzim se retrouvent à l'occasion dans un studio mansardé à Montmartre. Ensemble, ils constituent un noyau d'ingénieurs et d'intellectuels qui s'est progressivement érigé en état-major autour du fqih Basri. A l'époque, le statut d'ingénieur tout comme celui d'enseignant ou d'avocat était synonyme de prestige. Il était alors fréquent que les éléments formés dans les universités européennes soient cooptés au sein des partis pour constituer la garde rapprochée de l'exécutif. Ces hommes offrent le visage d'une direction technocratique soucieuse d'efficacité. Sous leur impulsion, le Tanzim atteint un niveau d'organisation jusqu'alors inégalé. Les méthodes et le ton ont changé. L'action se veut méthodique et professionnelle. Le ton, lui, s'est marxisé. Les points de divergences sont rapidement dépassés par la nécessité de l'action et les ultimes désaccords se tranchent par décision démocratique. Bien qu'ils sacrifient à un examen critique du passé, seul l'avenir les intéresse. Moins sensibles aux déchirements humains, ils s'en tiennent à un bilan pratique.

Aussi n'est-ce pas sans un certain détachement, affecté, que le fqih Basri se plie à cette nouvelle rhétorique, certainement plus à l'aise avec des ouvriers idéologiquement acquis que face à des intellectuels sachant manier l'autocritique. Gageure d'un ancien résistant sur le retour, empreint d'un nationalisme arabe vaguement socialisé pour qui les complicités éprouvées du temps de la résistance conservent toute leur vitalité. Car les vieux réflexes ont la vie dure. Aux yeux du fqih Basri, ses camarades de la résistance qu'ils aient pris leur retraite ou intégré la police et l'armée au service du roi, restent ses alliés d'hier et peuvent redevenir ceux de demain. Un atavisme qui nourrira une vocation conspiratrice dont l'implacable logique infléchira la suite des événements...

Mahmoud, le premier, entend privilégier une action révolutionnaire ressoudée autour d'un idéal commun. Dans sa lettre du 7 août 1971, il écrivait déjà : « *On ne peut compter uniquement sur les sentiments de frustration et de désespoir ou sur le volontarisme pour tenir lieu de stratégie. (...) Ce qui nous lie aujourd'hui est un vague consensus général. Toute tentative d'aborder ce sujet avec un militant ou un responsable soulève un débat contradictoire qui révèle une diversité d'appréciations. L'objectif n'est pas tant de réduire ces divergences à un seul point de vue que de nourrir notre action politique et surtout militaire par une stratégie claire, à laquelle adhère l'ensemble pour œuvrer à sa réalisation. Celle-ci est censée organiser et fédérer nos efforts en mettant un terme au désordre idéologique et organisationnel.* »

Mahmoud devine d'autres préoccupations derrière cette négligence organisationnelle. Car au-delà de ses atermoiements laborieux, le fqih Basri n'a rien d'un novice en politique. L'expérience montre que si en Syrie, il a, sans rechigner, délégué l'organisation du Tanzim à Mahmoud et ses compagnons, il s'est bien gardé d'en faire autant avec le levier qui commandait les opérations au Maroc. L'impératif organisationnel conduit Mahmoud à remettre en cause le mode de direction du Tanzim : « *(...) un mouvement révolutionnaire digne de ce nom ne repose pas uniquement sur une discipline aveugle et une obéissance de fer. Il est ouvert à un échange d'idées et à un esprit d'innovation qui va de la base au sommet et inversement. C'est là une condition essentielle pour que le mouvement soit une réelle avant-garde de la classe prolétaire consciente de sa réalité et de ses problèmes.* » Et pour que la nécessité d'une refonte de la direction du Tanzim ne laisse place à aucun doute, il ajoute : « *Son rôle est de privilégier l'encadrement des militants et non de stimuler des initiatives individuelles. Le fait de s'appuyer sur des individus isolés (...) a démontré ses limites. C'est pourquoi la mise en œuvre d'une action collective s'impose. (...) Car notre mouvement est animé par un culte de la personnalité (...) et un ensemble de comportements rétrogrades qui trahissent des relents de féodalisme. (...) Si -comme on le prétend dans nos écrits- nous privilégions l'analyse scientifique, il nous appartient d'évoluer de façon à orienter notre action à la lumière de la réalité des faits et non de notre imaginaire. Pourtant l'analyse relève chez nous d'une chimère. Dans le meilleur des cas, notre mouvement l'utilise comme un ornement en se parant de formules toutes faites invoquées comme des textes sacrés (...). Le plus grave, c'est que nous laissons ainsi perdurer les erreurs qui se propagent dans nos rangs.* »

Et Mahmoud de préciser en conclusion : « *A ma connaissance la critique s'impose comme une nécessité didactique, indispensable à l'amélioration et au développement de notre combat.* »

Un ton novateur dans le contexte de l'époque, encore marqué par les méthodes expéditives de la résistance et une discipline idéologique servant opportunément d'alibi à des pratiques autoritaires.

Pourtant, s'il rêve de changement, le parti demeure, en 1972, encore sous l'emprise d'un passé qui élude la réalité du présent et les possibilités de l'avenir. Faute de se donner les moyens de mobiliser les masses derrière son combat, plusieurs instances dirigeantes du parti n'entrevoient alors d'autre alternative que celle de céder l'initiative à l'armée.

Le complot à double détente

La trentaine passée, Aït Kaddour est, en 1972, un homme accompli. Ingénieur diplômé en travaux publics, il occupe le poste de directeur du port de Safi. Cependant, c'est aussi un militant aguerri. Après avoir connu une ascension en règle dans l'appareil du parti, il a rencontré Mehdi Ben Barka à Paris, alors qu'il officiait en tant que secrétaire général de la section locale de l'UNFP. Aït Kaddour y côtoie de jeunes cadres promis à des destins aussi divers que ministres, ambassadeurs, intellectuels ou hommes d'affaires. Les analyses de Mehdi Ben Barka l'impressionnèrent par leur clarté. Aux côtés d'autorités académiques et intellectuelles tels que Jacques Berque et René Dumont, il faisait merveille dans des dissertations sur la décolonisation et la réforme agraire.

Aït Kaddour vivait en direct la solidarité avec le peuple algérien en lutte et les exactions de la police française. Un voyage dans l'Algérie libérée, lui fait découvrir l'exil des dirigeants avec son cortège de conflits et de rivalités. Puis viennent la répression, la torture, la prison. Aït Kaddour a passé le baptême du feu. Depuis, bien des choses ont évolué. Il a observé de loin l'échec de la tentative d'implantation de la guérilla en 1969. De loin encore, il a assisté au coup d'Etat avorté d'Ababou, son camarade au collège d'Azrou. De loin toujours, il a vu son ancien ministre de tutelle, Benhima, devenir ministre de l'intérieur.

Progressivement, les aller-retours d'Aït Kaddour à l'étranger se multiplient. En décembre 71, il se rend à Bruxelles pour un projet de construction de drague portuaire. Deux autres déplacements suivront en avril et en juin 1972 qui n'ont qu'un lointain rapport avec le projet portuaire. C'est le général Hosni Benslimane qui lui a remis son passeport. Complicité ou ignorance ? L'éminent chef de clinique de Kénitra, Omar Khattabi, qui ne saurait être soupçonné de mythomanie, déclare : « *C'est moi qui ai contacté le général Hosni Benslimane, alors gouverneur de Kénitra, pour lui demander d'émettre le passeport d'Aït Kaddour. Le colonel Amokrane, alerté par les contacts qu'Aït*

Kaddour multipliait avec les officiers de l'armée, avait jugé ce dernier trop intriguant. Le considérant comme un élément à risque, il m'avait confié son intention de le liquider. Le général Benslimane étant un ami personnel, j'ai intercédé auprès de lui pour faciliter le départ d'Aït Kaddour[6]. »

Aït Kaddour débarque le mardi 4 juillet 1972 en France. « *J'ai poursuivi le vendredi 7 juillet en Allemagne pour y rencontrer le colonel Amokrane en compagnie du fqih Basri*[7] », précise-t-il. C'est donc à la faveur d'un rendez-vous arrangé par l'entremise d'Aït Kaddour, que les deux hommes se rencontrent. Loin d'être une initiative isolée, cette entrevue fait suite à un contact, par émissaire interposé, entre la direction de l'UNFP et... Oufkir.

Le supplice de ses compagnons exécutés après le putsch avorté de Skhirat, la montée en puissance de Dlimi et une découverte tardive du régime des concussionnaires, sont les raisons avancées à postériori pour expliquer les motivations putschistes d'Oufkir. Au terme de plusieurs contacts discrets, Oufkir a obtenu un feu vert des services français et américains[8].

Pensant sans doute se ménager les coudées franches, il a également pris l'initiative d'informer la direction de l'UNFP. Un officier, le capitaine Boujma, a été mandaté par Oufkir à Paris avec un message à l'attention du fqih Basri et de Abderrahmane Youssoufi, deux mois avant le coup d'Etat. L'homme est un proche de la famille d'El Mid, le chef du réseau de passeurs qui collabora avec Ahmed Benjelloun à Melilla. C'est par son intermédiaire que le messager s'acquitte de sa tâche.

Mais ce dernier contact a donné lieu en coulisse à un second scénario. Les principaux membres de la direction de l'UNFP

---

6 Entretien de l'auteur avec Omar Khattabi.

7 Entretien de l'auteur avec Mohamed Aït Kaddour. Des tampons dans le passeport attestent de l'exactitude des dates.

8 Selon Stephen Smith, Oufkir a prévenu les premiers lors d'un déjeuner avec Alexandre De Marenches patron du SDECE, à Londres. Bien qu'aucune trace n'existe à ce jour des tractations avec les services américains, le fait que la base américaine de Kénitra serve de quartier général aux putschistes atteste de leur assentiment. *Oufkir un destin marocain*, ed. Calmann Levy, 1999.

sont décidés à faire d'une pierre deux coups. Ainsi est né le projet d'un coup d'Etat à double détente : laisser Oufkir attenter au roi, puis, éliminer Oufkir, âme maudite d'un régime qu'il a contribué à ériger sur le cadavre de leurs camarades assassinés. Lorsque le 7 juillet, Aït Kaddour arrive en Allemagne en compagnie du fqih Basri et de son frère Hassan, c'est pour ficeler l'intrigue du scénario.

Le colonel Amokrane et le fqih Basri semblent s'entendre. Si le fqih Basri jugeait le concours de l'armée judicieux, sinon indispensable, pour prendre le contrôle des axes névralgiques du pays, il était plus réservé quant à sa capacité à éliminer le monarque. Il estimait cette opération trop délicate pour être confiée à des militaires de carrière plus réceptifs aux ordres de la hiérarchie qu'à un idéal politique. Il garde en mémoire l'échec du coup de Skhirat, un an auparavant, qui tenait à la fois d'une exécution hasardeuse, d'une direction désordonnée, mais aussi et surtout de troupes mal contrôlées : les cadets ont défailli au moment d'avoir Hassan II en joue. Aux soldats d'Amokrane, le fqih préférerait ses hommes, des militants acquis à la cause révolutionnaire et prêts à se sacrifier. A l'armée de remettre Hassan II à ses hommes, ils se chargeraient du reste. Brahim confirme : « *Un projet de sabotage de l'hélicoptère royal a été mis sur pied. Une fois l'engin atterri en urgence dans un lieu convenu, un commando se chargerait du roi. Le nom de code de cette opération : Overflow*[9]. »

Etait-ce là, la mission secrète assignée au Commando-marin[10] ?

Pourtant rien n'indique que la collusion entre le fqih Basri et Aït Kaddour d'un côté, le colonel Amokrane de l'autre,

---

[9] Entretien de l'auteur avec Brahim Ouchelh.

[10] La déposition d'El Mouhtadi, un des lieutenants de Dahkoun, selon le procès-verbal du tribunal de Kénitra, contient un fait troublant si l'on songe que les prisonniers ont tendance à réduire leurs révélations à ce que le pouvoir sait déjà : en juillet 1972, soit un mois avant le coup d'Etat, El Mid envoie un messager à Dahkoun lui demandant de se rendre à Rabat pour procéder à des repérages autour des bâtiments abritant le quartier général de l'état-major des FAR. *Source : Arrêt du tribunal militaire de Kénitra No 8754/1748.*

débouche réellement sur un plan d'action concerté. Aït Kaddour s'en défend même : «*Amokrane était souffrant. Lors de sa convalescence à Baden Baden, j'ai vu un homme diminué qui savait ses jours comptés. Il se déplaçait à l'aide d'une canne. Comment aurait-il pu, dans son état, songer à prendre la tête d'une conspiration*[11] ? » Aït Kaddour marque un temps d'arrêt avant de terminer par une conclusion sur laquelle il ne reviendra pas : «*Amokrane a été embarqué dans une affaire qui n'était pas la sienne et nos contacts étaient purement amicaux*[12]. »

A son retour d'exil plusieurs années après, Aït Kaddour servira la même fiction aux policiers marocains venus l'interroger. Bien que moins catégorique lors d'un second entretien, ce témoignage a désormais pour lui, valeur de version officielle. Dans sa biographie sur Oufkir[13], Stephen Smith évoque un Colonel Amokrane sauvé de la purge par Oufkir et rallié au projet de coup d'Etat après maintes hésitations. Une certitude semble néanmoins émerger du flot de conjectures. Si Oufkir était l'homme censé abattre Hassan II, Amokrane était aux yeux du fqih Basri, l'homme préposé à l'élimination d'Oufkir.

Le Dr Omar Khattabi, neveu du légendaire Abdelkrim, et de ce fait Rifain d'origine comme le colonel Amokrane, est réputé à la fois anti-monarchiste et sans attache partisane. C'est lui que le colonel Amokrane charge d'établir les contacts politiques pour préparer l'après-Hassan II. Omar Khattabi confirme qu'Oufkir, s'il était le parrain du coup d'Etat, n'en était en rien l'instigateur. L'objectif final du colonel Amokrane était autant l'élimination d'Hassan II que celle d'Oufkir. Pour ce qui est d'une opération concertée entre le colonel Amokrane et le fqih Basri, Omar

---

[11] Selon le témoignage du Dr Khattabi, arrêté et jugé pour ses liens avec Amokrane et Kouera, les auteurs du putsch du 16 août 1972 dont il était le médecin, Amokrane souffrait d'une maladie rénale incurable et il savait, dès 1972, ses jours comptés. Lors de son hospitalisation en juin 1972 en France, il était même, selon son médecin, cliniquement mourant. Comptes rendus de presse.

[12] Entretien de l'auteur avec Mohamed Aït Kaddour.

[13] *Oufkir un destin marocain*, ed. Calmann Levy, 1999.

Khattabi se montre tout aussi catégorique : « *le fqih Basri a été tenu informé de ce qui se préparait, tout comme l'ont été d'autres leaders de partis, mais il n'a en rien participé aux préparatifs*[14]. »

Un épisode rapporté par Brahim lève un autre coin du voile. En juillet 1972, il rencontre le fqih Basri à Paris, à la gare de l'Est. Les deux hommes descendent l'avenue de Strasbourg par un beau matin estival, calme et ensoleillé. Brahim doit rejoindre Tripoli le lendemain. Il énumère un à un les problèmes organisationnels rencontrés en Libye. Mais le fqih Basri l'écoute d'une oreille distraite sans se préoccuper davantage des problèmes qui tourmentent Brahim. Ses pensées sont ailleurs. Puis sentant que Brahim en a fini, il l'informe qu'un coup d'Etat se prépare au Maroc. S'il met Brahim dans la confidence, c'est parce que les Libyens ont été tenus au courant. Lorsque Brahim s'enquiert des instigateurs du coup d'Etat, le fqih Basri lâche le nom d'Oufkir. La réponse tombe d'elle-même, dépourvue des termes circonstanciés usuellement destinés à tempérer l'incrédulité ou l'hostilité d'une oreille peu réceptive. Le fqih Basri, à l'instar des dirigeants du parti, ne juge pas nécessaire d'argumenter un ordre donné à un militant dont le dévouement infaillible est censé être la première des qualités. Brahim est abasourdi. S'il nourrissait encore des illusions, les propos du fqih Basri les ont à jamais ébranlées.

Débarqué d'Allemagne où il a pris congé du colonel Amokrane, le fqih Basri avait réuni la veille son état-major à Paris : « *J'avais assisté à une réunion à Montmartre*, précise Brahim. *Elle avait pour but de mobiliser les états majors politiques dans la perspective du coup d'Etat. Mais je n'étais pas au*

14 Entretien de l'auteur avec Omar Khattabi. Il reconnaîtra au procès de Kénitra que le fqih Basri lui avait été présenté au Caire par Aït Kaddour. Un document aurait été remis à Amokrane pour Oufkir, dans le dessein de préparer une entrevue avec lui. Il rappelle qu'Amokrane fut blessé à Skhirat et traumatisé et qu'il estimait qu'Oufkir avait su rétablir la confiance dans les rangs de l'armée.

courant des détails de l'affaire[15]. » Tout indique donc que l'état-major du Tanzim, s'il a été mis dans la confidence, n'a pas appuyé le projet de coup d'Etat. Mahmoud l'avait-il cautionné ? Connaissant son credo révolutionnaire, il est permis d'en douter. « *Notre intention n'est pas de couper quelques têtes, mais bien de faire la révolution* »[16], avait-il coutume de dire à ses proches. Dés lors, une collusion même tactique avec Oufkir, peut difficilement rencontrer l'approbation de Mahmoud. L'homme, à ses yeux, incarnait un sous-produit du colonialisme doublé d'un tortionnaire. Déjà au lendemain du premier coup d'Etat, Mahmoud mettait en garde contre le risque de « *remplacer un régime corrompu par un autre* ».

Le 30 juillet 1972, ce que le parti compte de plus résolu se réunit en petit comité à Rabat. Omar Benjelloun, Abderrahim Bouabid, Elyazghi et Lakhssassi sont présents. S'agit-il d'épurer le parti en le débarrassant de l'ancienne garde avant le premier coup de feu ? Le contexte survolté de l'époque confère à cette réunion des airs de comité de salut public qui, baptisé faute de mieux UNFP-Comité central, donnera naissance plus tard à l'USFP[17]. Tout en confortant l'image rassurante d'un parti réformiste et constitutionnel, ce shadow cabinet appuie l'initiative armée du Tanzim. Face à l'impasse politique qui génère un risque croissant de confrontation armée, le Tanzim, composante clandestine du parti, incarne dès à présent l'aile marchante par laquelle le changement est censé arriver.

Si le fqih Basri en revendique l'initiative, Abderrahmane Youssoufi et Abderrahim Bouabid, bien qu'ils gardent leurs distances avec les questions militaires, n'en renient pas la paternité politique. A Brahim qui l'interpellait un jour sur des problèmes

---

15 Entretien de l'auteur avec Brahim Ouchelh.

16 Entretien de l'auteur avec Hamid Ben Amar.

17 C'est à ce moment que l'UNFP se coupe en deux, la branche de Casablanca autour de Abdallah Ibrahim et de Mahjoub Ben Seddik, secrétaire général de l'UMT et celle de Rabat, autour de Abderrahim Bouabid. Les deux s'accusent mutuellement de trahison.

d'armement, Abderrahmane Youssoufi aura cette réplique significative : «*Je vous laisse le soin de la recette, ce qui m'importe, c'est que le plat soit réussi*[18] *!*»

Mercredi 16 août 1972

Il est environ 16h lorsque le Boeing 727 qui ramène Hassan II et sa suite à Rabat après une visite en France essuie le feu de chasseurs F5 Northrop surgis de l'horizon, à la hauteur de Tétouan, dès leur entrée dans l'espace aérien marocain. Après l'atterrissage en catastrophe du Boeing sur l'aéroport de Rabat, de nouveaux appareils décollent de la base de Kénitra et piquent sur l'aéroport, mitraillent le salon d'honneur et lâchent des roquettes sur le Palais royal. Le commandant Kouera, qui commandait l'escadrille, est repêché en mer au large de Rabat. Le colonel Amokrane, qui dirigeait les opérations depuis la tour de contrôle de la base militaire de Kénitra, saute dans un hélicoptère avec le lieutenant El Midaoui et trouve refuge à Gibraltar. Le lendemain, la radio annonce le suicide du général Oufkir, ministre de la défense et chef d'état-major des FAR.

Le deuxième coup d'Etat vient d'échouer par un déconcertant concours de circonstances qui fera couler beaucoup d'encre. La version officieuse veut que ce soit le colonel Amokrane qui ait vendu Oufkir, aussitôt débarqué à Gibraltar. Scénario plausible si l'on songe à sa collusion supposée avec le fqih Basri. Comme Ahmed Benjelloun et Saïd Bounilat en 1970, le colonel Amokrane et le lieutenant El Midaoui seront livrés à leurs tortionnaires. Cette fois la raison d'Etat est britannique au lieu d'être hispanique.

Le palais, lui, nourrit de sérieux doutes sur la nature de ce deuxième coup d'Etat. Le colonel Amokrane est torturé des nuits

---

[18] Tentative de traduction d'une expression arabe dont la signification littérale est : « Peu m'importe le couscous, seuls m'intéressent les légumes qui couronnent le plat. »

durant pour lui arracher l'aveu de sa collusion avec l'UNFP, notamment avec Elyazghi et Omar Benjelloun. A titre de loyauté posthume, le colonel Amokrane tentera de les faire mettre en garde par avocats interposés quelques instants avant de tomber sous les balles d'un peloton d'exécution le 13 janvier 1973. Coïncidence qui ne doit rien au hasard, Elyazghi et Omar Benjelloun sont, le même jour, victimes d'un attentat au colis piégé.

La direction bicéphale

Après l'échec du deuxième coup d'Etat, chacun se retranche derrière ses positions. Entre la « ligne réformiste », dont se réclame Abderrahim Bouabid, et la « ligne révolutionnaire », revendiquée par le fqih Basri, l'UNFP se cherche une voie. La tactique de Abderrahim Bouabid consiste à brandir le spectre d'une insurrection armée afin d'assouplir la position du palais et de l'incliner vers un compromis politique. Pendant ce temps, le fqih Basri, à l'instar d'un de Gaulle en exil appelant à la non-collaboration avec l'ennemi, mise sur une accentuation de la répression qui alimenterait, par la même occasion, l'hémorragie des militants et fertiliserait leur conscience révolutionnaire.

De Gaulle avait sa radio, le fqih Basri a également la sienne. Dans ce climat de tension grandissant, celle-ci devient très vite une pierre d'achoppement. Tirant les leçons de l'échec du deuxième coup d'Etat, le palais a convié Abderrahim Bouabid à des pourparlers. L'idée d'un gouvernement d'union nationale fait son chemin. La direction de l'UNFP comptait d'ailleurs faire investir les cadets du parti, de façon à garder les ténors en retrait. Or, cette manœuvre n'arrange en rien les desseins du fqih Basri.

En septembre 1972, le permanent de la radio Libye rédige depuis Tripoli un éditorial incendiaire contre Abderrahim Bouabid. Brahim, alors en Europe, donne son assentiment. Abderrahmane Youssoufi, responsable des relations internationales du parti et, à ce titre, seul habilité à décider de la ligne éditoriale de la radio, en conçoit un vif ressentiment. Une semaine plus tard, il convoque tout le monde à Tripoli. Le fqih Basri,

Mahmoud, Brahim et bien sûr l'auteur de la diatribe écoutent sans sourciller les remontrances de Abderrahmane Youssoufi. Survolté, Mahmoud se lève et lance à Abderrahmane Youssoufi :

— *En tout cas ce n'est pas Ahmed* (pseudonyme de Brahim) *qui a donné l'instruction d'attaquer Abderrahim Bouabid*[19] !

Abderrahmane Youssoufi, attendant cet instant, lâche avec son flegme coutumier :

— *Pour moi, il n'y a qu'un seul responsable de la radio libyenne, c'est Bennouna* (pseudo-patronyme de Brahim) !

Mais rien n'est simple au Maroc. Les déclarations de Abderrahim Bouabid devant le tribunal de Kénitra, une année plus tard[20], apporteront un éclairage nouveau sur la nature de ses conciliabules secrets avec Hassan II. Au juge qui reprochait à certains accusés leur simple contact avec le fqih Basri, il rétorqua que Hassan II lui-même négociait avec le fqih Basri par son entremise[21].

Octobre 1972 : entraînement en Libye

Les circonstances aidant, un camp d'entraînement est mis sur pied en Libye au début de l'automne 1972. Plusieurs groupes de 5 à 10 militants suivent par vagues régulières, qui recruté par une cellule clandestine, qui appâté par les ondes de la radio libyenne. Ils arrivent d'Europe, d'Algérie, du Moyen-Orient et du Maroc.

---

[19] Entretien de l'auteur avec Brahim Ouchelh.

[20] « Le roi, dit-il dans une plaidoirie qui fera date dans les annales juridiques du Maroc, avait envisagé d'amnistier le fqih Basri et de favoriser son retour au Maroc en 1971 et 1972. » Bouabid évoque la déception née de l'échec de ces pourparlers, de l'enlèvement de Mehdi Ben Barka, des blocages politiques, le désespoir né de la répression. Pour lui, la contre-violence est une réaction légitime. Il la condamne cependant, comme il condamne les ingérences extérieures et assure que le parti doit se prononcer, lors d'un congrès, sur le sort du fqih Basri. Il se déclare aussi prêt à participer au gouvernement, pour des élections libres, sincères et honnêtes, une monarchie constitutionnelle, une démocratie vraie. *Le Monde*, 9 août 1973.

[21] Voir Gilles Perrault, *Notre ami le Roi* , ed. Gallimard, 1985.

Ces hommes sont pour la plupart des travailleurs immigrés, des étudiants, (il y avait même un cinéaste se souvient Brahim), et bien sur ...des policiers. « *Les étudiants se montraient généralement utopistes et pressés d'agir,* se rappelle Brahim. *Par contre, les militants et les réfugiés étaient souvent réfractaires aux ordres*[22]. » Si Abdelghani Bousta, ex-étudiant à Grenoble devenu ingénieur en automatique industrielle, délaisse son poste de directeur des barrages du Sud marocain pour rejoindre les rangs de la Révolution, ce sont leurs études que beaucoup d'autres militants abandonnent pour se lancer dans la lutte armée. Si bien que les bonnes intentions ne sont pas toujours accompagnées d'une réelle compétence. Dans l'élan de leur enthousiasme, nombreux sont ceux qui ont un peu précipitamment converti leur amour pour la justice en vocation révolutionnaire. Leur révolte est sincère, mais leur formation reste à entreprendre.

De ces hommes, plus héroïques que disciplinés, Khaled doit faire des cadres-combattants, fiables et efficaces, dont la conscience politique et le savoir-faire militaire remplacent les premières illusions lyriques. « *L'anonymat était absolu et je connaissais rarement la réelle identité des militants* » se souvient Brahim, baptisé Colombo par les combattants en référence à ses cheveux hisurtes et à son inséparable pardessus chiffonné. « *Mais*, poursuit-il, *un accord tacite prévalait sur les questions idéologiques* ». Constat euphémique que l'identité de vue des apprentis combattants se réduit à un objectif commun : abattre la monarchie. Pour le reste, Brahim se trouve confronté à des questions délicates, mais non moins significatives des conditions de vie qui émaillent le séjour des militants, telle que la cohabitation d'éléments pratiquant le Ramadan et d'autres qui s'appliquent à l'ignorer.

« *L'entraînement a débuté à Souani, un campement aménagé dans une forêt à trente kilomètres de Tripoli*[23] » précise Khaled.

---

[22] Entretien de l'auteur avec Brahim Ouchelh.

[23] Entretien de l'auteur avec M'Hammed Touzani, alias Khaled.

La formation militaire dure entre 45 et 50 jours, pendant lesquels sont enseignées les techniques mises au point en Syrie et confrontées, depuis, sur le terrain. En tout, deux cents militants s'initient à la guérilla en Libye sous la houlette de Khaled.

Les armes et les finances sont fournies par les Libyens. Le soutien libyen, bien que précieux, n'a pourtant rien d'une avance à fonds perdus : 17 livres (soit environ $50, de l'époque) par jour pour unc dizainc dc combattants. A quoi s'ajoutaient des aides annexes, telles que la mise à disposition de véhicules ou l'attribution de billets d'avion. A l'époque, la Libye n'a pas encore mis la main sur l'ensemble des gisements pétrolifères qui financeront plus tard l'isolationnisme susceptible de son dirigeant. Les divers canaux de l'internationale révolutionnaire, notamment celui des Palestiniens, constituent une autre source d'approvisionnement.

C'est ainsi que le soutien logistique et financier du FPLP d'Abou Jihad et du Fatah de Yasser Arafat contribueront pour une part importante à la remise sur pied de l'intendance du Tanzim. L'armement, lui, était le même que celui utilisé en Syrie, non sans quelques améliorations. Parfois, quelques engins ultra sophistiqués, telle cette mitraillette Stern munie d'un silencieux, firent l'admiration des convives un soir où l'analyse idéologique ne suffisait plus à maintenir leur concentration en éveil.

Acheminement d'armes

Au Maroc, les chefs de cellules du Tanzim, Oumda, Nemri et Sidi Hamou dans les montagnes, Dahkoun dans les villes, commencent à réclamer des armes et des munitions avec insistance. Car, bien que la filière mise en place par Houceine Manouzi ait fait la preuve de son efficacité, les convois restent sporadiques et les quantités limitées.

La voie empruntée pour le transport d'armes sera baptisée la «piste Brahim Manouzi» en hommage au supplicié tombé devant le peloton d'exécution en juillet 1971 et par analogie avec la piste Hô Chi Minh qui desservait les lignes avancées du Viêt-cong. « *On suivait deux itinéraires pour relier Oran*, se rappelle un des principaux convoyeurs, *l'un par la Tunisie, faisait 1500 km, l'autre qui contournait la Tunisie faisait 2400 km. Le trajet pouvait durer entre 3 et 10 jours, car les ennuis mécaniques n'étaient pas rares*[24]. » Les véhicules pressentis pour le transport d'armes, des estafettes aux performances aléatoires, étaient généralement acheminés d'Italie ou de Belgique. Le plastic et les détonateurs arrivaient par valises, le plus souvent transportées par des militants recrutés dans l'émigration marocaine et ignorant le contenu des colis. Solution peu élégante mais impérative pour garantir la sécurité des membres du Tanzim. Houceine Manouzi animait du reste une cellule de militants UNFPistes en Libye à cet effet.

Abbès, l'avocat stagiaire recruté par Dahkoun, devenu un correspondant du Tanzim au Maroc, se souvient : « *En octobre 1972, le premier jour du Ramadan, je me suis rendu à Paris. Ma couverture était une inscription à la Sorbonne pour des études de troisième cycle en droit. Mon nom d'emprunt était El Barrak*[25]. » C'est le premier d'une longue série de pseudonymes, cartes de visites éphémères qui durent l'espace d'une mission. A Paris, il rencontre le fqih Basri. L'entrevue a pour but d'organiser l'infiltration d'un groupe de combattants armés. Abbès se lance dans une série de doléances allant des compétences professionnelles des hommes pressentis, au type d'armement requis. Le fqih Basri, qui n'a pas pour habitude de s'embarrasser de détails techniques, se contente d'affirmer que tout est prévu et invite Abbès à rejoindre Tripoli pour mettre les derniers détails au point. Le surlendemain, Abbès part pour Rome d'où il s'envole vers Tripoli. A son arrivée, il est accueilli par Brahim.

Le Tanzim disposait alors de plusieurs villas et appartements dans la capitale libyenne. L'une d'elles abrite la rédaction de la radio, les autres sont destinées à l'hébergement des militants de

---

[24] Entretien de l'auteur avec Boujma Belhaj, alias Sâad.

[25] Entretien de l'auteur avec M'Barek Bouderka, alias Abbès.

passage. Sans le savoir, Abbès passe la nuit en compagnie des quatre membres du commando sous-marin formés en Irak. C'est précisément de leur infiltration qu'il vient s'entretenir. Eux-mêmes ignorent l'objet de la présence d'Abbès. Singularité de la clandestinité qui fait se côtoyer des destins solidaires qui s'ignorent.

Brahim a étudié l'opération avec El Houni qui convia à l'entretien le commandant Abderrahmane Saïd, chef des forces armées navales libyennes. Ils conviennent de débarquer le commando, avec hommes et matériel, sur une plage méditerranéenne dans les environs de Tétouan. Abbès de son côté, a prévu la prise en charge du commando, le débarquement effectué. Depuis les vraies fausses cartes d'identité obtenues par le biais d'un juge, membre du Tanzim, à la capacité des véhicules, destinées à réceptionner le chargement, tout est minutieusement étudié. L'opération devait se dérouler un jour de pleine lune et un samedi pour que le caïd de la région, de mèche avec le Tanzim, puisse distraire l'attention des garde-côtes à la faveur d'une soirée agrémentée de danseuses. Tout était prêt, sauf un détail, anodin et décisif à la fois, qui compromit l'opération. L'utilisation d'un bâtiment militaire libyen étant exclue, il fallait recourir à un navire marchand. Après vérification, le bateau proposé ne pouvait appareiller qu'avec un chargement minimal de trois tonnes. Or un tel volume excédait la capacité d'accueil des véhicules destinés à réception.

Prétexte fallacieux qui cachait un refus ? Rien n'est moins sûr quand on connaît le niveau d'improvisation des Libyens. Intarissables lorsqu'il s'agit de chanter les gloires de la Révolution, il n'était pas rare qu'ils perdent leur langage lorsqu'un problème technique les mettait dans l'embarras. L'opération était à refaire. Quelques jours plus tard, El Houni rappelle Brahim. Il lui propose un largage par voie aérienne. Trop risqué : les membres des cellules clandestines auraient été contraints d'agir à découvert.

La traque

Tiraillés entre les errements du passé, la dure réalité du présent et les rêves d'un avenir radieux, la plupart des réfugiés débarqués à Paris se consolent par un activisme effréné. L'un d'eux se souvient : « *J'étais responsable de la jeunesse du parti à Marrakech et j'ai eu la chance de me trouver à Casablanca au moment de la rafle de décembre 1969. C'est ainsi que j'ai pu échapper à la police et trouver refuge en France*[26]. » Sa mine débonnaire et son sourire réjoui offrent sans doute à ce nouvel exilé sa meilleure couverture de clandestin. Sitôt à Paris, il a pris la relève de son prédécesseur grillé par la descente de police dans l'appartement de la rue Saint Dominique et l'arrestation de Nemri[27]. Devenu agent de liaison du Tanzim en France, il se découvre homme à tout faire : il loue des appartements, retient des chambres d'hôtels sous diverses identités, réserve des billets d'avion, procure des voitures, aménage des boîtes aux lettres, mais surtout cache des documents, des fonds et occasionnellement des armes. Alliant un sens pratique à un sens inné de la discrétion, il entretient des relations furtives avec les dirigeants du Tanzim.

Le fqih Basri, Mahmoud, Dahkoun et Nemri le croisent sur le parvis de l'hôtel de ville, le pont de Neuilly ou dans le métro. Car, Paris, la ville aux itinéraires romantiques, est identifiée comme un territoire hostile sur la carte du Tanzim. Une réalité qui tempère l'exaltante impression de liberté que ressent le militant clandestin sitôt sorti du Maroc. Le précédent de la rafle policière à la rue Saint Dominique a eu un effet didactique. Il rappelle aux militants qu'à Paris, ils évoluent dans une ville truffée de polices secrètes. Mehdi Ben Barka, Ahmed Benjelloun et Saïd Bounilat ont fait les frais d'une collaboration rapprochée entre la police politique marocaine et les services de renseignement de leurs anciens tuteurs coloniaux.

---

[26] Entretien de l'auteur avec Ahmed Talbi.

[27] Voir chapitre El Tanzim.

La hantise d'un enlèvement orchestré par la sécurité marocaine impose toute une série de mesures de sécurité. Mémoriser des listes entières de numéros de téléphone, des adresses, déjouer des filatures deviennent le lot quotidien des clandestins de passage à Paris. Mais l'intimité d'un danger partagé n'existe pas dans la clandestinité. S'ils nourrissent le même espoir et les mêmes appréhensions, les militants clandestins restent plongés dans la solitude de leur méfiance sans cesse en éveil. « *Arrivé à Paris en mars 1973, je me suis entendu annoncer ma propre arrestation*[28] » se rappelle Abbès. Si l'information était erronée au moins le cloisonnement avait prouvé son efficacité. Le militant qui lui annonçait la nouvelle ignorait à l'évidence à qui il avait affaire. C'est dans ce climat de suspicion généralisée qui confine parfois à la psychose, que Paris s'improvise comme une plaque tournante à partir de laquelle sont réorientés les membres du réseau, les armes et les finances.

Pourtant, l'expérience montrera que la vigilance s'impose aussi en territoire supposé «sûr». Oufkir a dépêché de nombreux indicateurs sur Tripoli pour tenter d'infiltrer le Tanzim. Certes, les membres du Tanzim ont pris l'habitude de se méfier des provocations et des sollicitations, tout particulièrement celles émanant des milieux marocains établis en Libye. Mais, parmi eux, un entrepreneur, dénommé Driss Admoun, aura raison de la vigilance de Houceine Manouzi. Il dirige une entreprise de transport florissante. Son amitié avec Houceine Manouzi est telle que plusieurs véhicules de son entreprise servent à l'acheminement d'armes vers l'Algérie. Lorsque Brahim se rend en France en octobre 1972, Houceine Manouzi décide de passer quelques jours en Belgique. Pour ce faire, il compte s'arrêter à Tunis, afin de rendre visite à son ami Admoun qui y séjourne occasionnellement. « *A la même époque un sympathisant marocain, bien introduit à Tripoli, m'a mis en garde contre les agissements d'Admoun,* se rappelle Brahim. *De passage à Tunis, il s'était*

[28] Entretien de l'auteur avec M'Barek Bouderka, alias Abbès.

étonné des absences aussi insolites que fréquentes d'Admoun lors de ses rendez-vous et de l'air emprunté qu'Admoun affectait dès qu'il l'interrogeait sur ses absences répétées[29]. » Circonstances insuffisantes pour mériter une réelle considération aux yeux de Houceine Manouzi. Quel crédit accorder au jugement d'un sympathisant dans l'ignorance de ses activités clandestines ? Par indolence ou excès d'assurance, on ne le saura jamais, Houceine Manouzi se rend en Tunisie. Son dernier signe de vie sera un télégramme daté du 29 octobre 1972.

« *Je suis bien arrivé* » Signé : *Gaspar*.

Gaspar était son nom de code ; allusion à un personnage de bande dessinée en vogue à l'époque qui avait la particularité d'être petit et costaud.

La déflagration du second coup d'Etat résonne comme une prophétie et renforce ce sentiment d'urgence, mêlée d'incertitude, qui s'empare de Mahmoud et de ses compagnons. Tenus en haleine par leurs handicaps organisationnels, ils ont vu le régime honni vaciller sur ses bases une seconde fois. A chercher ce qui se trouve à portée de main, ne risquent-ils pas de s'égarer ?

---

[29] Entretien de l'auteur avec Brahim Ouchelh.

Les coulisses de la Révolution
(1972-1973)

Réseau urbain

De Casablanca à Rabat, le réseau clandestin mis en place par Dahkoun a gagné en importance et en efficacité. Sa couverture : lecteur de Coran dans un cimetière de Casablanca. Ainsi, Dahkoun, devenu le fqih Miloudi, déambule tranquillement en djellaba, affublé d'une barbe, d'une paire de lunettes de soleil et d'un tarbouche. Sous sa djellaba, il dissimule un pistolet et sous son allure austère un art de l'espionnage qui aurait sans doute forcé l'admiration des cadres du KGB ou de la CIA. Qui aurait pu se douter que ce fqih disposait de multiples antennes, du ministère de l'intérieur aux caïds de régions (équivalents des sous-préfets) ? Ce réseau[1] le tient au courant des faits et gestes d'une liste de personnalités que Mahmoud lui a demandé de surveiller de près. Bien qu'il n'en observe que partiellement les préceptes, Dahkoun convainc ses hommes que la prudence la plus absolue doit l'emporter en toute circonstance. Le noyau de son réseau s'articule autour de plusieurs cadres révolutionnaires, la plupart formés en Syrie, qui essaiment dans les principales villes du pays : Casablanca, Rabat, Salé et Oujda essentiellement. Chaque responsable encadre une cellule clandestine de cinq à dix militants révolutionnaires[2].

---

[1] Trois agents des forces auxiliaires seront jugés aux cotés de Dahkoun à Kénitra : Mohamed Arzaz (acquitté), Marwane Ben Jilali (acquitté) et Moukhtabir Lahcen (condamné à perpétuité). *Source : Arrêt du tribunal de Meknès, No 76/130.*

[2] Les principaux chefs de cellule sont : El Mouhtadi, Yous Moustapha et Boujma à Casablanca, Meliani, à Salé, J'daini à Oujda et Abbès à Rabat.

« *Outre mon poste au cabinet de Abderrahim Bouabid*, déclare Abbès, *j'étais le secrétaire général de la chambre de commerce de Rabat ce qui me permettait d'être bien introduit dans les sphères politiques et économiques*[3]. » Aucune personnalité du monde de la politique et des affaires ne lui est donc inconnue. La technique d'Abbès est simple mais efficace : il tient salon. Dans son appartement se côtoient des hommes d'affaires en quête de confidences, des fonctionnaires appâtés par des femmes et des militaires aux ambitions frustrées ou, tout simplement, désœuvrés et de ce fait, d'une humeur conspiratrice.

Dans le Maroc du début des années 70, les hommes de pouvoir partagent une conscience aiguë de l'éphémère de leur situation. Aussi, se hâtent-ils de collectionner les bonnes fortunes, en prévision de jours moins fastes. Tandis que les habitués paradent devant lui promenant leur cynisme désabusé, Abbès observe ce monde de privilèges à la dérobée. Il lui renvoie l'image de ses espoirs meurtris. Tous sont là pour colporter la nouvelle qui fera sensation et échanger des sourires entendus. Une connaissance des faits et gestes du roi et de son entourage étant l'apanage d'un courtisan bien en cour, les convives d'Abbès ne sont pas avares de confidences. Mais les hommes de pouvoir dispensent des faveurs obligeantes : Abbès doit prodiguer nombres de petits services pour endormir leur vigilance et en faire des obligés accommodants, voire complices.

Passé maître dans l'art de se rendre indispensable, Abbès ne se fait pas prier pour mettre son studio à la disposition d'un colonel pour une aventure galante. Ce colonel, après tout, est un dirigeant du deuxième bureau, un des principaux services des renseignements généraux. Depuis, il n'émet aucune objection à ce que des voitures de fonction soient empruntées pour de « petites courses ». Un cas parmi d'autres, d'officier ou de haut fonctionnaire regorgeant de sollicitations pour services reçus. Le comportement versatile de ces notables désabusés, plus accommo-

[3] Entretien de l'auteur avec M'Barek Bouderka, alias Abbès.

dants que zélés, convainc Abbès que leur opportunisme les incitera à changer de camp le moment venu. Leur condamnation du système s'en tient au jugement de principe, mais tout dans leur attitude trahit le désir de suivre un mentor qui saurait faire reluire leurs illusions perdues.

A force de compromissions, le réseau de Dahkoun a infiltré l'entourage des trois hommes les plus redoutés du pays : le colonel Dlimi, le général Oufkir et le roi Hassan II lui-même. Mais l'étendue réelle des connivences entre Rabat et Casablanca reste à ce jour une inconnue. Abbès s'est toujours refusé à envoyer des hommes en formation à l'étranger, comme le lui réclamait l'antenne parisienne. Ainsi de nombreuses complicités n'apparurent-elles jamais dans le champ de vision des agents de renseignement chargés d'infiltrer le Tanzim. « *Aujourd'hui, ces membres sont devenus des responsables de mouvement des droits de l'homme, et pour certains, députés ou hauts fonctionnaires de l'Etat*[4] », me confiera Abbès moins de trois décennies plus tard.

Contre-espionnage ou conjuration ?

Après le fiasco de l'opération de 1969, El Mid, le passeur de Melilla, est retourné à ses affaires en France. « *Je gérais un hôtel et quelques épiceries* » résume-t-il[5] sommairement. Pourtant sa villa de Bondy, dans la banlieue nord-ouest de Paris, continue à recevoir la visite de plusieurs cadres du Tanzim. Le fqih Basri, Bouras et Nemri y passent occasionnellement.

Bachir El Figuigui, en délicatesse avec le parti, s'y arrête aussi volontiers. Il est, comme El Mid originaire de Figuig. Mais la similitude s'arrête là. Bachir El Figuigui a un rôle ambigu. Ancien résistant reconverti dans les affaires, il a suivi un parcours sinueux qui se perd dans les recoins obscurs de la scène politique marocaine.

---

4 Entretien de l'auteur avec M'barek Bouderka, alias Abbès.

5 Entretien de l'auteur avec Ahmed Kheir, alias El Mid.

Arrêté en 1963 pour collusion avec l'UNFP alors qu'il en avait précisément été écarté, il se raccroche finalement à d'autres courants politiques. Depuis, cet éternel étudiant à Londres devenu affairiste, entretient des contacts avec les services américains et le renseignement marocain par le truchement d'un mystérieux bureau de consulting à Casablanca. Mais, entre Figuiguiens on a pour habitude de se serrer les coudes. Ainsi, autant par réflexe tribal que par opportunisme, El Mid ne perd pas de vue ses anciens acolytes. Détail insolite qui effleure les rares militants mis dans le secret sans pour autant les faire broncher. Car la nécessité de se taire plonge ceux-ci dans un océan d'incertitudes où les questions se consument faute d'avoir pu être posées.

Accoutumé aux arcanes du sérail, le fqih Basri n'ignore rien de ces discussions de salon à Paris. Mieux, il les encourage de façon à se ménager un contact régulier avec l'entourage de l'armée et du ministère de l'intérieur. En recrutant El Mid en 1969, c'est-à-dire un Figuiguien, Bouras y voyait sûrement un moyen de maintenir un contrôle sur les opérations en cours. Mais c'était compter sans le talent manœuvrier du fqih Basri qui saura retourner la situation à son avantage.

El Mid a facilité l'infiltration des cadres révolutionnaires au Maroc, puis a servi d'intermédiaire avec l'émissaire d'Oufkir lors des préparatifs du deuxième coup d'Etat. Autant de «services» accréditant l'idée d'une courroie de transmission avec l'appareil policier et militaire du ministère de l'intérieur. Ainsi, la villa de Bondy accueille-t-elle des conciliabules d'un genre particulier qui n'ont rien à voir avec les réunions de l'état-major du Tanzim. « *Lors de l'annonce du coup d'Etat de Skhirat, le fqih Basri et Bachir Figuigui étaient chez moi à Bondy* », confie El Mid[6].

Benyahia exprimera ses doutes, bien des années plus tard. Pour tromper ses antécédents, il a promené quelque temps son air désabusé dans les couloirs des facultés de Paris, se consacrant à la préparation d'une licence de troisième cycle en géométrie.

---

[6] Entretien avec l'auteur.

« A l'époque je jouais un rôle d'intermédiaire. J'étais en liaison avec le fqih Basri et Mahmoud. Il y avait beaucoup d'argent brassé sous prétexte d'organisations diverses. Parfois, Barou me communiquait des rendez-vous pour le fqih Basri à Genève sans que je sache avec qui. Je n'ai su que plus tard que Barou, l'ancien directeur du camp de Ouata, avait aussi été un proche d'Oufkir. J'en ai parlé à Mahmoud qui partageait mes appréhensions[7]. »

Est-ce un hasard ? Lors de ses passages à Paris, Mahmoud s'attarde davantage chez Abbès Sebatta qu'à Bondy. L'ancien bras droit et compagnon de route du fqih Basri est un des rares intimes de Mahmoud. Tout les unit, sauf leur rapport au fqih Basri. Le déconcertant mélange de tribalisme et de clientélisme qui entoure les relations du fqih Basri a depuis longtemps fait déchanter Abbès Sebatta qui a pris ses distances. Mahmoud, lui, à travers son autocritique, se laisse gagner par la certitude que l'instant est proche où le peuple marocain écrira son histoire. Avec ou sans le fqih Basri. Pourtant une différence de taille subsiste entre les deux hommes. Si, dans l'esprit de Mahmoud, la révolution est l'élément déclencheur de fureurs longtemps contenues, elle se doit d'être plus qu'un dénouement factice. Elle est censée inspirer une libération complète dans un nouvel ordre des choses. Cette préoccupation ne semble pas tourmenter le fqih Basri.

Des armes, plus d'armes !

Sur l'insistance de Dahkoun, réclamant d'avantage d'armes, Abbès retourne à Paris en novembre 1972. Son rendez-vous avec le fqih Basri a été fixé dans un studio de la rue du Commerce, dans le 15e arrondissement. L'entrevue est tendue. Le jeune agent de liaison s'emporte devant le fqih Basri médusé. Il lui reproche l'irresponsabilité des directives qui font courir un

---

[7] Entretien de l'auteur avec Mohamed Benyahia.

risque inutile aux militants de l'intérieur, menacés à chaque instant d'être découverts et livrés aux griffes de la police politique. Que signifie ce cafouillage dans l'acheminement des armes et des militants ? Pourquoi demander à un avocat stagiaire de multiplier les déplacements à Paris au risque d'attirer l'attention des policiers ? Que fait encore Dahkoun au Maroc ? Le fqih Basri temporise. Il n'a jamais témoigné qu'un intérêt occasionnel et distant pour les questions d'intendance. Non sans se ranger à l'avis d'Abbès, il avance des explications de circonstances, davantage destinées à réconforter le militant désabusé qu'à clarifier la situation.

Ce préambule achevé, il annonce à Abbès qu'un chargement d'armes est prêt en Belgique. Il ne reste qu'à l'acheminer par voiture. A demi rassuré, Abbès se rend à Bruxelles par train, accompagné d'un cadre militaire arrivé de Tripoli. Spécialiste en armement et en voiture, il est chargé de maquiller le véhicule. A Bruxelles, surgit un nouvel imprévu. La voiture doit être inscrite au nom du conducteur pour ne pas éveiller la suspicion des douaniers. Or, en 1972, un jeune avocat stagiaire de 24 ans au volant d'une Opel cinq portes flambant neuve, valant plusieurs années de son modeste traitement, c'est carrément de l'exhibitionnisme. Abbès refuse. Après maintes discussions, il est convenu qu'un autre militant se chargera de conduire la voiture. Avant de quitter Bruxelles, Abbès convient d'un rendez-vous fixé à la place Mohamed V de Rabat. La date d'arrivée du convoyeur étant aléatoire, il fixe un horaire pour le matin et un autre pour le soir, trois jours par semaine. Le mot de passe est digne d'un roman policier de série B : « *As-tu les tartines de Bruxelles* ? »

De retour à Rabat, Abbès fait plusieurs fois le chemin entre son cabinet et la place Mohamed V, car le convoyeur attendu ne se manifeste qu'en décembre. Le véhicule est réceptionné et déchargé sans que le convoyeur arrivé de Belgique n'entre en contact avec le réseau. Le chargement, 22 pistolets, 2 mitraillettes, 5 000 cartouches et de l'explosif, est caché chez un membre d'une cellule clandestine de Rabat. Le lendemain,

Abbès rencontre le militant convoyeur pour convenir du lieu et de l'heure où il pourra récupérer la voiture. Nouvel imprévu. Ce dernier a reçu l'ordre de rentrer directement en avion sans récupérer la voiture. Ce n'est pas ce qui avait été convenu. Une discussion houleuse s'ensuit.

Sans doute accoutumé à ce genre d'aléa, Dahkoun prend sur lui de régler le problème et fait disparaître le véhicule.

Retour à Alger

Le regard du fqih Basri est à nouveau tourné vers l'Algérie. L'invitation de Boumedienne, pour être intéressée, n'en est pas moins pour lui une bénédiction. Il l'attendait comme un retour en grâce. D'ailleurs, pour l'anticiper, le fqih Basri avait déjà envoyé ses éclaireurs à Alger : des militants supposés avoir des contacts dans l'entourage de Boumedienne, remontant à la Résistance, ont déjà fait le chemin d'Alger en 1971. « *J'ai rencontré Mahmoud à Oran pour la première fois. Il parlait peu et lisait beaucoup*[8] », se souvient El Mid. Sur instruction du fqih Basri, résolu à reprendre l'initiative, El Mid prend en charge la liaison avec les cellules clandestines établies au Maroc. De passeur à Melilla, El Mid s'est hissé aux commandes remplissant le vide laissé par les multiples arrestations survenues depuis 3 ans. Il partage son temps entre Paris, Oran et Alger, mêlant à souhait les affaires, les activités clandestines et les contacts avec le contre-espionnage algérien, et occasionnellement marocain.

Fin 1972, Aït Kaddour lui emboîte le pas à Alger. « *J'ai quitté Paris au lendemain du coup d'Etat et me suis rendu à Tripoli entre le 17 et le 20 août. Le fqih Basri m'a présenté comme l'homme qui a fait bouger l'armée et m'a organisé une tournée d'honneur en Libye. Entre les séances de discussions politiques et quelques articles à l'attention de la radio, j'ai rencontré*

[8] Entretien de l'auteur avec Ahmed Kheir, alias El Mid.

El Houni qui m'a remis des fonds pour le fqih Basri[9]. » L'étape suivante est à Alger le 16 septembre. A en croire Aït Kaddour, le scénario reste le même : présentation aux autorités de « l'homme de l'armée » et récolte de fonds. « *Le 4 novembre 1972 je suis retourné à Alger*, poursuit Aït Kaddour. *Le fqih Basri entendait y installer son quartier général et m'a chargé de préparer son arrivée* ».

Mais à Oran El Mid s'interpose. Les Algériens feront très tôt sentir leur préférence : El Mid. Aït Kaddour s'en accommode sans ombrage. Après tout, il fait partie des nomades de l'organisation. Il se trouve à Alger sans y être vraiment.

Hasard de calendrier, début décembre le directeur de la DST, un des principaux services du renseignement marocain, effectue une visite éclair à Alger. Dans sa valise, une requête d'Hassan II à l'attention de Boumedienne. Le roi du Maroc y sollicite une intervention contre un dépôt d'armes du Tanzim à Aïn Tourk, localisé par ses services de renseignement. La source de cette fuite est incertaine. Certains évoquent des aveux extorqués à Houceine Manouzi. D'autres, comme Khaled, établissent un lien avec l'arrestation à Oujda d'un convoyeur d'armes dénommé Boulfarouh, ouvrier établi en Allemagne et formé en Libye. Lors de l'opération de police menée par la sécurité algérienne, quelques hommes sont capturés. Les autres parviennent à s'enfuir. La saisie d'armes n'affecte que marginalement le réseau qui conserve l'essentiel de son arsenal militaire réparti entre Tripoli, Oran, Alger et le Maroc. Toutefois, cette opération a valeur d'avertissement. Curieusement, le pouvoir algérien justifie ce coup de force en invoquant un prétexte fallacieux : l'opposition à Boumedienne pourrait bénéficier du dispositif logistique du Tanzim !

« *Le fqih Basri m'a envoyé à Alger pour négocier avec Draïa (patron de la sûreté algérienne depuis 1965) la relaxe d'Aït Ami, Sabri et de Askour, alors aux mains de ses services depuis leur arrestation à Aïn Tourk* », dit Benyahia[10]. El Mid se prévaudra de

---

[9] Entretien de l'auteur avec Mohamed Aït Kaddour.

[10] Entretien de l'auteur avec Mohamed Benyahia.

la même mission : « *Je suis allé voir Draïa pour obtenir la libération de nos camarades*[11] .»

Mais comme le fqih Basri sait tirer parti de ce genre de situation, l'incident facilitera paradoxalement son retour à Alger en relançant les pourparlers avec Boumedienne.

Réunion de Paris : fin 1972

« *La clandestinité use vite* », avait coutume de dire Henri Curiel[12], expert en la matière. Est-ce l'envergure prise par l'organisation, la dissociation grandissante des tâches ou plus simplement l'usure du temps ? « *Pour un rien, on pouvait être soupçonné d'être un flic, les rapports proliféraient* », se souvient Aït Kaddour[13]. La clandestinité est fertile en rumeurs et les soupçons, au gré des distorsions, ont vite fait de se muer en accusations. Le confinement du cloisonnement, une direction avare en explications, un astucieux travail d'intoxication des services marocains, et parfois algériens, fournissent les ingrédients d'une paranoïa collective.

La clandestinité procure certes un avant-goût de cette liberté à laquelle aspirent les militants. Mais elle s'accompagne de toute une série de contraintes au nom de l'impératif sécuritaire. Des heures à piétiner dans la rue pour déjouer une filature, inspecter plusieurs fois les alentours d'un lieu de rendez-vous, mémoriser des pléiades de pseudonymes, attendre des jours durant un ordre hypothétique, vivre de planques en planques, et surtout... se méfier des oreilles trop réceptives pour être amicales. Le tout agrémenté du risque constant, et omniprésent dans les esprits, d'être arrêté avec une mort probable sinon certaine en bout de parcours. Les aléas d'une activité dont on ignore les tenants et les aboutissants rongent les nerfs et perturbent les convictions. Au nom de quoi un camarade est-il tombé ? Son sacrifice est-il jus-

---

[11] Entretien de l'auteur avec Ahmed Kheir, alias El Mid.

[12] « *Un Homme à Part, qui était Henri Curiel* », Gilles Perrault, livre de poche, 1984.

[13] Entretien avec l'auteur.

tifié ? Le doute taraude les consciences. Or, comment affronter la mort lorsque l'espoir décline ?

Aussi n'est-il pas rare que les militants cherchent à identifier les responsables des échecs. Au sommet, cela se traduit toujours par le même scénario : cellules de crise, explications, résolutions. A la base, cela engendre le sentiment démoralisant de tout recommencer à zéro.

C'est ce qui advint à la fin de l'année 1972

Ses mises en garde au fqih Basri étant restées sans effet, Mahmoud provoque une réunion à Paris. Cette cellule de crise, convoquée en toute hâte, se propose d'enrayer le lancinant processus de désagrégation du mouvement. La réunion se tient dans un pavillon à Villejuif, dans la banlieue sud de Paris. Y participent les principaux cadres du Tanzim, Brahim, Aït Kaddour, Ajoul et Mahmoud[14]. Benyahia, en convalescence à Paris après un traitement contre la tuberculose, les rejoint. Le fqih Basri, absent, envoie son frère Hassan en observateur. Que Hassan Basri joue le suppléant de son frère irrite Mahmoud qui accuse le coup. Il est toujours serein mais son fameux sourire n'annonce rien moins qu'une dégradation des relations internes. Après les civilités d'usage, les rapports se succèdent. L'audience s'accorde sur un meilleur contrôle des différentes activités du Tanzim. Les fonctions sont redistribuées.

En filigrane, l'assainissement de l'organisation se profile. En homme politique avisé, Mahmoud a identifié – ses écrits en témoignent – le risque inhérent aux activités parallèles du fqih Basri. Il sait également qu'El Mid en est le principal jalon. « *En arrivant d'Oran, Mahmoud se plaignait d'El Mid*, se rappelle Brahim. *Il m'a lancé : les affaires d'El Mid à Oran c'est le bordel*[15] ! » En face de Saât, Mahmoud émettra un constat encore plus éloquent : « *Chez nous, tout s'achète*[16] ! »

---

[14] La présence d'El Mid, de Talbi et d'Omar Zahrir a été évoquée par Benyahia.

[15] Entretien de l'auteur avec Brahim Ouchelh.

[16] Entretien de l'auteur avec Mohamed Ben Amara, alias Saât.

Mahmoud a eu le loisir de mesurer le manque de fiabilité de cet homme-à-tout-faire du fqih Basri, dans ces petits riens qui peuvent parfois sauver des vies. Mais il craint le pire. Quelle incompétence, mêlée d'ambitions dangereuses, se cache derrière sa grandiloquence ? El Mid parle avec l'assurance que confère les secrets bien gardés. Certes, Mahmoud est accoutumé aux coups de menton de certains cadres en manque de reconnaissance. Mais là, il perçoit quelque chose de différent, sans pouvoir l'identifier clairement. Depuis ses premiers coups de feu dans la Résistance, le parcours sinueux d'El Mid décrit vingt ans de calculs et d'ambitions obscures. Capable d'une manœuvre hasardeuse pour un intéressement personnel, jaloux de camarades susceptibles de semblable fortune, cet homme est dangereux, car médiocre. Cependant, si les avis sont unanimes quant à son manque d'envergure intellectuelle et son penchant vénal, les opinions divergent sur sa collusion supposée avec les renseignements marocains. Mahmoud sachant le réseau d'El Mid basé sur des affinités claniques et régionalistes le soupçonne de ce fait, d'être fortement infiltré.

Le lendemain, avant de quitter Paris, Mahmoud retrouve Aït Kaddour dans un café de la place d'Italie. Les deux hommes s'attablent et échangent leurs impressions de la veille. Paris est plongé dans la mélancolie d'un après-midi d'automne finissant. La pesanteur de l'air, chargée d'un orage qui semble hésiter à se déclarer, accentue la gravité de l'instant.

Mahmoud met Aït Kaddour en garde :

— *Nos objectifs révolutionnaires sont devenus disproportionnés par rapport à nos moyens.*

Aït Kaddour opine du chef en silence. Mahmoud poursuit :

— *Si le fqih Basri veut s'appuyer sur El Mid c'est son affaire. Quand il faudra rentrer, on rentrera, mais qu'on ne vienne pas nous demander d'apporter le fruit de notre travail sur un plateau*[17] *!*

---

[17] Entretien de l'auteur avec Mohamed Aït Kaddour.

Benyahia aura également un entretien en aparté avec Mahmoud : « *Il m'a fait part de ses réticences vis-à-vis d'El Mid, point sur lequel j'étais d'accord. Par la suite, il a évoqué ses inquiétudes quant à l'évolution de la situation politique. Enfin, il m'a informé que le fqih Basri avait renoué avec les Algériens*[18]. » Sur le moment, cette dernière information ne suscite aucun commentaire. La suite des événements lui conférera pourtant un rôle décisif.

Tripoli, novembre 1972

Aucun signe d'activité inhabituelle ne perçait sous le ton posé avec lequel Mahmoud détaillait l'inventaire de ses besoins à l'attention de Brahim. Arrivé la veille à Tripoli, il s'enquiert, comme à son habitude, des derniers développements en Libye, ne faisant grâce d'aucun détail. Ce n'est qu'une fois isolé avec Brahim dans une chambre de la villa Ben Achour qu'il l'informe de son entrée prochaine au Maroc. En tant que courroie de transmission avec les Libyens, Brahim devait pourvoir aux besoins en armement à longue échéance. Mahmoud réclamait des Kalachnikovs, des lances roquettes RPG et des canons légers HAOUN de fabrication anglaise. Leur acheminement au Maroc suivrait un calendrier préétabli. Pour le transport, les Libyens avaient offert le concours d'avions cargo. Ils disposaient désormais de long-porteurs permettant un ravitaillement direct sans faire escale en Algérie. Des aviateurs yougoslaves, capables de procéder à des largages à basse altitude, opéraient depuis peu sur leurs bases.

Les derniers instants de leur tête-à-tête sont donc consacrés à la mise au point d'un code de communication établi sur la base d'une grille d'alphabet avec des fonctions arithmétiques simples. Jusqu'alors outil de propagande, la radio libyenne servira désormais de moyen de communication avec les groupes révolutionnaires. Ces préparatifs terminés, Mahmoud et Brahim prennent la Jeep pour gagner le camp d'entraînement. Brahim reconstitue l'entretien :

---

[18] Entretien de l'auteur avec Mohamed Benyahia.

— *Comment va « l'élève »* (El Houni), s'enquiert Mahmoud, *assimile-t-il bien ses cours ?*

— *Il a arrêté*, reconnaît Brahim, *manque de temps ou de détermination. Tu sais, il n'est pas matinal. Il voulait que mes cours de français débutent à 8h et il avait tout mis en œuvre pour atteindre son but. Ses collaborateurs ont disposé un grand tableau dans sa salle de réunion. Mais il a tenu cinq jours, puis est redevenu un homme du désert, peu ponctuel.*

— *Tu as donc perdu le contact personnel ! ?*

— *Pas tout à fait, « l'élève » continue à nous rendre visite après sa sieste. Il ramène avec lui les journaux français, on prend un café et je lui traduis les articles.*

— *Tu dois garder le contact,* s'inquiète Mahmoud.

— *Oui Mahmoud, mais tu te rappelles dans l'affaire du colonel Amokrane à Gibraltar, j'ai eu du mal à le contacter. Malgré mes appels insistants, il ne répondait pas.*

Mahmoud éclate de rire, puis se ressaisit :

— *Ils avaient sans doute besoin de se concerter !*

Les derniers bâtiments de Janzour, une banlieue de Tripoli, se perdent à l'horizon. La base d'entraînement de Souani n'est plus qu'à quelques kilomètres. La Jeep négocie une série de virages pour éviter les ornières qui parsèment le chemin.

— *Tu te débrouilles bien avec cette Jeep*, constate Mahmoud.

Puis, soudain préoccupé par l'absence de celui qui affrète ces véhicules chargés d'armes à travers le désert, il demande d'une voix intriguée :

— *Au fait, quelle nouvelle de Houceine Manouzi ?*

— *Aucune, depuis son message signé Gaspar.*

Un silence prolongé interrompt leur échange. Le bas côté de la route défile sous les yeux de Mahmoud. Bientôt 10 jours qu'Houceine Manouzi n'a plus donné signe de vie! Sans oser se l'avouer, il se doutait qu'il était tombé entre les mains de la police politique marocaine. Tout comme lui, il était devenu un homme à abattre depuis le jugement de Marrakech. Après que la Jeep ait avalé un kilomètre dans le silence le plus complet, Brahim relance la discussion.

— *Et toi à Oran ça avance ?*

— *Non,* soupire Mahmoud, *nous sommes traqués par les services de Draïa et en plus maintenant c'est la Sécurité Militaire qui s'en mêle.*

— *Et nos militants ?*

— *Là par contre, il faut avancer, aller de l'avant, l'attente devient périlleuse.*

— *C'est sûrement pour ça que Si Mohamed* (fqih Basri) *m'a demandé de rentrer pour coordonner l'action entre Bouarfa et Figuig.*

Mahmoud se tourne perplexe.

— *Et qui prendra en charge la Libye ?*

— *Le responsable du Tanzim en Syrie*

— *Pas question*, réplique Mahmoud, *tu restes à Tripoli, c'est là qu'on a besoin de toi !*

« *Sans s'en douter, il m'a sauvé la vie*[19] » reconnaîtra plus tard Brahim.

Arrivé à Souani, Mahmoud est chaleureusement accueilli par les camarades de Zabadani. Leur enthousiasme contraste avec la surprise des nouvelles recrues qui voient Mahmoud pour la première fois. Ils expriment une affection débordant largement du cadre impersonnel de la camaraderie révolutionnaire : depuis l'expérience de la guérilla palestinienne, partagée le long des rives du Jourdain, ces hommes témoignent à Mahmoud un attachement indéfectible. Aujourd'hui, sa venue les arrache à la solitude née de l'inaction et de l'absence d'un danger partagé. Au terme de ces retrouvailles entrecoupées d'accolades démonstratives, Mahmoud s'isole avec une quinzaine d'hommes qu'il avait spécialement placés sous la direction d'un instructeur militaire libyen.

Brahim, quant à lui, improvise une Halakat (cercle de formation) autour d'un thème politique de circonstance.

Khaled, responsable du camp, garde également un souvenir précis de ces instants. Plus particulièrement celui d'une réunion

---

[19] Entretien avec l'auteur.

fleuve de trois jours à la résidence Ben Achour qui met en présence Mahmoud, Aït Kaddour, El Mid et le fqih Basri. L'ambiance est tendue. Aït Kaddour et le fqih Basri se font discrets comme il convient à des dignitaires à la veille d'une conspiration. El Mid s'agite. Mahmoud, bien que calme en apparence, semble en proie à une intense fébrilité interne. Avec le fqih Basri, Mahmoud, et Aït Kaddour, le commandement de la révolution est réuni.

La présence d'El Mid préposé à l'intendance et à la logistique donne à penser que le contenu des discussions est d'ordre technique et organisationnel. Convié à se joindre à une partie des conciliabules, Khaled apprend que l'ensemble du dispositif est passé en revue : la situation politique, les cellules locales, les caches d'armes, les communications, le ravitaillement... Le territoire est divisé en six zones opérationnelles, deux au Nord, deux au Centre et deux au Sud. Chaque zone ainsi définie est censée abriter un foyer révolutionnaire disposant de militants prêts à se battre, d'une source régulière d'approvisionnement, de moyens de communication et d'une base de repli.

S'adressant à Khaled, Mahmoud l'informe qu'il partagera le commandement de la zone Nord avec El Mid et cite le nom de quatre cadres qui le seconderont dans cette tâche. Abdesslam El-Lali, un Figuiguien, sorti comme lui de l'Académie militaire syrienne, l'assistera sur le plan militaire[20]. L'homme se trouve déjà au Maroc. Il est employé de poste à Oujda. Trois cadres de l'UNEM entraînés en Libye auront en charge la direction politique[21]. La structure organisationnelle est inspirée des théories de la guérilla vietnamienne avec un commandement politico-militaire à double niveau. Ce type d'organisation est censé pouvoir palier à la perte éventuelle d'un dirigeant sous l'effet d'une direction dormante, prête à assurer la relève.

---

20 Il a été condamné à 20 ans de prison au procès de Kénitra, en 1973.

21 Il s'agit, selon le témoignage de Khaled, d'Omar Zahrir, d'Ahmed Karam et d'Ahmed Oubari. Tous trois sont des cadres de l'UNEM. Khaled connaît Ahmed Oubari pour l'avoir rencontré à Damas dans les milieux USFPistes.

Khaled objecte qu'il ne connaît rien au Rif. Bien que son patronyme soit d'origine rifaine, ses attaches se sont distendues depuis des années. Le fqih Basri opine du chef et fait simplement remarquer que l'origine importe peu. Après tout, Mahmoud, originaire de Rabat, allait bien s'engager au cœur de l'Atlas. A moitié convaincu, Khaled s'enquiert sur ses futurs compagnons de route. Il connaît bien El-Lali, sorti comme lui officier de l'armée syrienne. Mais les autres qui sont-ils ? De quels moyens disposent les réseaux dans le Rif ? Combien de militants sont prêts et aptes à se battre ? A chaque question le fqih Basri cède la parole à El Mid.

— *Tout est prêt*, assure celui-ci à grands renforts d'acquiescements enthousiastes.

Khaled ne connaît pas El Mid. C'est la première fois qu'il le voit. S'efforçant de rester impassible, Khaled n'émet aucun doute, plus par esprit de discipline que par conviction. L'homme lui parait plus accoutumé aux mots d'ordre politiques lisses et vagues qu'à la complexité de la chose militaire. Perplexe, Khaled interroge Mahmoud du regard, puis l'interpelle.

— *Ce que tu me demandes est imprudent. Rentrer avec trois kalachnikovs par homme est tout simplement suicidaire. Il est préférable que les armes précèdent notre entrée*[22].

Plus tard, Khaled comprendra la raison profonde qui a conduit Mahmoud à prendre une telle décision, aussi risquée soit-elle.

Tout comme Khaled, d'autres cadres défilent devant le commandement réuni en conseil, pour se voir attribuer leur affectation. Parmi eux, Moustapha El Ouali : physique de grand athlète, peau tannée par le soleil, El Ouali ne passe pas inaperçu. Mahmoud l'a recruté à Oran en septembre 1972. Actif militant de l'UNEM à Rabat, réputé contestataire, il avait quitté clandestinement le pays avec l'aide de Lakhssassi. Arrivé à Tripoli, le fqih Basri enrôle la jeune recrue. Son père avait été jadis un combattant de l'ALN-Sud. Une référence qui compte aux yeux de l'ancien résistant. Brahim : « *J'ai réservé à El Ouali un temps*

---

[22] Entretien de l'auteur avec M'Hammed Touzani, alias Khaled.

d'antenne hebdomadaire pour des émissions en Hassani, dialecte parlé dans le Sahara espagnol[23]. » Mission dont El Ouali s'accommode sans réticence. Mais très vite, Mahmoud et le fqih Basri découvrent en El Ouali les qualités d'un chef capable d'ouvrir un troisième front dans le Sud[24].

L'heure du choix

« *Mahmoud et le fqih Basri ne s'adressaient plus la parole* » se souvient Khaled. Le désaccord politique s'est transformé en conflit personnel. Dans cette rivalité latente, chacun se replie sur la solidarité de ses proches ou supposés tels. Mahmoud n'est pas homme à faire des confidences. Pourtant, au terme d'une de ces longues méditations qui font affluer des pensées dont on souhaite partager le poids, Mahmoud avoue son inquiétude. Sur le seuil de la villa Ben Achour, où il prend congé de Khaled, Mahmoud se confie. « *C'était le mardi, jour du vol pour Alger* » précise Khaled. Les paroles de Mahmoud sont pleines d'amertume :

— *Il n'y a rien de solide à l'intérieur, l'organisation est trop maigre pour faire quelque chose de sérieux.*

Khaled en reste interloqué.

— *D'après mes renseignements*, poursuit Mahmoud, *les propos d'El Mid sur les réseaux de l'intérieur sont faux. Seuls les contacts avec les autorités régionales et les points stratégiques de ravitaillement sont opérationnels. Les armes et les potentialités humaines, quant à elles, sont défaillantes et mal encadrées.*

— *Mais pourquoi prévoir de passer à l'action dans ces conditions* ? s'inquiète Khaled.

La réponse sonne comme une évidence.

— *Nous sommes au milieu du feu, il faut agir. Maintenant, c'est tout ou rien*[25] *!*

---

[23] Entretien de l'auteur avec Brahim Ouchelh.

[24] Moustapha El Ouali fonde le Polisario le 10 mai 1973 et meurt au combat en attaquant Nouakchott le 9 juin 1976.

[25] Entretien de l'auteur avec M'Hamed Touzani, alias Khaled.

Mahmoud semble possédé par la nécessité historique d'une action d'envergure. Il sait ce qu'une victoire révolutionnaire doit au sacrifice des braves et il est prêt à en payer le prix, résolu à se frayer un chemin périlleux entre la peur, la trahison et l'incurie.

Sur quoi se fonde ce choix ? Une complicité objective de l'histoire en marche ? Une incapacité paralysante du pouvoir ? Mais les impairs du régime n'étaient-ils pas destinés à provoquer un Tanzim trop impalpable et l'amener ainsi à se déclarer ? A quoi bon chercher une réponse ? La conviction s'était imposée dans l'esprit de Mahmoud que faute de cohérence et de compétence, les prétentions révolutionnaires du Tanzim se révéleraient très vite aventureuses. Sa pratique de l'organisation lui a fait mesurer les nuisances de l'inertie dans laquelle a échoué sa direction. Combien de militants sacrifiés, d'occasions ratées, de réveils tardifs ? L'incapacité, l'opportunisme et les rivalités internes ont paralysé sa capacité d'action. Quel crédit apporter à des prétendants au pouvoir qui dirigent un mouvement comme on mène une querelle de voisinage ? Non sans effarement, Mahmoud a décelé derrière la résolution démonstrative du fqih Basri ce vide organisationnel et politique, opportunément masqué par l'opacité idéologique. Il déteste ces conciliabules secrets, où la négociation des pouvoirs et des privilèges tient lieu de stratégie. La médiocrité de la direction est une trahison à ses yeux. Elle trahit les militants, prêts à se sacrifier pour la cause. Pire, elle les fait douter de la justesse de leur combat. Or, la foi est la principale arme du révolutionnaire. C'est en l'inculquant aux faibles et aux déshérités, que le révolutionnaire force le cours de l'Histoire.

Mahmoud a partagé avec ses camarades nombre de veillées nocturnes autour des bivouacs. Il connaît leurs aspirations, leurs appréhensions et surtout leurs colères pour s'être efforcé de les raisonner et de leur inculquer la patience et l'esprit de sacrifice qu'appelle le sens de leur lutte. Il n'était plus question entre eux que de cette entente ineffable forgée dans un combat quotidien contre l'adversité. Probablement, faut-il chercher là une des raisons qui motivent le choix de Mahmoud. La confiance en lui, qu'il lisait dans le regard de ses hommes, appelait un acte libérateur. Face à l'impasse, l'espoir d'une ère nouvelle, partagée par une génération entière, lui pèse sans doute avec plus de force que jamais. Il fait le choix de risquer le geste qui peut tout ou rien.

N'ayant pu restructurer le Tanzim de façon à en faire un instrument révolutionnaire doué d'efficacité, il lui faut des hommes sûrs et expérimentés, aptes à suppléer au déficit organisationnel. Les informations qui lui parviennent de l'intérieur fournissent un tableau désordonné de la situation : en pleine restructuration depuis les deux tentatives de coup d'état, le parti n'offre aucune base d'appui opérationnelle et ses dirigeants sont sous étroite surveillance policière. Le succès de Mahmoud dépend donc, à la fois de la qualité des hommes qu'il entraînera avec lui et de leur capacité à agir en autarcie.

La nécessité de l'action arrache Khaled à la lente déprédation de l'organisation pour lui faire reprendre la pleine possession de ses moyens. Elle insuffle à ses convictions une nouvelle vigueur. Depuis l'opération avortée de 1969, son cœur balance entre l'amertume inspirée par l'étendue effrayante du gâchis et l'exaltation causée par l'effervescence politique qui secoue le Maroc. Comme pour évacuer le fardeau trop oppressant d'un choix aussi terrible, il lui répond sans l'ombre d'une hésitation :

— *Je suis avec toi* !

— *Dans ce cas*, poursuit Mahmoud, *tu me suivras en Algérie et te rendras chez Sahir à Oran où tu trouveras mes ordres écrits*[26].

La zone du Rif était sous étroite surveillance depuis les deux tentatives de coups d'Etat militaire. Khaled et ses hommes devaient donc s'y attarder le moins de temps possible. Ce qui revient à s'infiltrer quelques jours avant le déclenchement des opérations avec armes et combattants. Les armes seraient prêtes à la frontière algérienne et les hommes directement issus du camp d'entraînement libyen. Mahmoud avait prévu qu'il ne

---

[26] Entretien de l'auteur avec M'Hamed Touzani, alias Khaled.

s'agirait pas d'une insurrection organisée du type de celle qu'il projetait dans l'Atlas mais d'une incursion. Dans son esprit, un coup de force énergique devrait permettre de réamorcer la mobilisation entamée à l'échelon national et abandonnée à l'inaction par une direction partagée sur le dessein de la révolution.

Un choix longuement médité. Mahmoud connaît suffisamment le fqih Basri pour savoir, qu'en dépit de leurs divergences, celui-ci lui emboîtera le pas, ne serait-ce que pour conserver son leadership.

Mahmoud prend congé de Khaled par une brève accolade, geste sans effusion qui se veut un encouragement silencieux. Leurs chemins, s'ils se croisent à nouveau, se rencontreront au plus fort de cette lutte libératrice à laquelle ils ont consacré leur vie.

Bouras, qui reçut la visite de Mahmoud à Damas quelques semaines auparavant, garde en mémoire ses arguments : « *Il était persuadé que les conditions historiques exceptionnelles résultant des deux coups d'état avortés ne se répéteraient plus. Après trois ans d'immobilisme, le moment était venu à ses yeux de passer à l'action. Tant pis si le Tanzim n'est pas prêt. Il suffira de constituer des bases révolutionnaires,* me répétait-il. *Avant d'ajouter, qu'une fois qu'elle prendra naissance, les conditions objectives aidant, la révolution survivra aux erreurs subjectives qu'elles aient été commises par le fqih Basri ou lui-même* ». Avant de préciser : « *Mahmoud m'a consulté sur les spécificités de la région de Figuig et de Zenaga. Je l'ai alors mis en garde contre toute tentative d'infiltration à partir de ces deux bourgades*[27]. »

Elke, la femme de Mahmoud, ma mère, se souvient encore du contraste entre sa détermination et l'abandon apparent qui l'entourait : « *A Damas, j'étais choquée par le train de vie que menaient certains soi-disant révolutionnaires dans l'entourage de Mahmoud. Mais lui se contentait de hausser les épaules*[28]. »

---

27 Entretien de l'auteur avec Bouras Figuigui.

28 Entretien de l'auteur avec Elke Bennouna.

Installés trop tôt dans cette oisiveté capitonnée, dans laquelle se comprennent les illusions bourgeoises, certains cadres du Tanzim se prennent à vivre le confort comme une expérience révolutionnaire. Les habitudes s'attrapent plus facilement que le courage. Ils fréquentent de préférence les salons des dignitaires tout en réprouvant, avec une déconcertante conviction, les usages mondains sans se départir pour autant d'un verbe éclatant qui leur permet de se maintenir en vedette aux yeux des militants. Mahmoud a l'ambition personnelle modeste. C'est pour lui une question de morale politique. Il lui arrive même de se montrer magnanime face aux excès de certains camarades : la révolution reconnaîtra les siens ! « *La dernière fois que je l'ai vu c'était au Caire en été 1972,* poursuit Elke. *Peu après mon retour à Francfort, il y a eu l'attentat du 5 septembre 1972 contre les athlètes israéliens à Munich. La police allemande était en état d'alerte et les contrôles à la frontière s'étaient renforcés. Dans ces conditions, il lui était impossible de se déplacer à Francfort* ». Et cette précision, née du désespoir : « *sa dernière lettre date du 11 novembre 1972*[29]. »

Samedi 20 janvier 1973, route de Meknès

Une Renault 10 quitte Rabat en direction du Nord, emmenant ses occupants vers Meknès, par un jour de pluie. Trois hommes sont à son bord, Abbès au volant, à côté Dahkoun, avec la djellaba et la barbe qu'il ne quitte plus depuis des mois, accoutrement qui lui fait paraître plus que ses 37 ans : il ressemble à un patriarche en compagnie de ses deux fils.

A l'arrière, El Mouhtadi du réseau de Casablanca. Formé à Zabadani, El Mouhtadi est un jeune homme de 29 ans, impétueux, presque désinvolte. Un « *James Bond* » dira de lui Khaled, se rappelant sa fougue, peu conforme à la rigueur militaire. El Mouhtadi a une vision romanesque de la révolution. Elle est pour

---

[29] Entretien de l'auteur avec Elke Bennouna.

lui un jeu, une manière de faire perdurer des rêves d'enfance dans le monde implacable des adultes. L'année précédente, en octobre 1971, il a été parmi les instigateurs des attentats censés commémorer l'assassinat de Mehdi Ben Barka. Depuis, il a effectué deux déplacements à l'étranger, l'un à Paris l'autre à Alger, pour coordonner l'acheminement d'armes pour le compte de Dahkoun. Quand il n'assiste pas aux réunions de sa cellule clandestine à Casablanca ou opère des filatures et des repérages, il officie comme caissier à la régie des transports urbains de Casablanca.

Au-delà de Meknès, le contrôle policier se resserre. Le train offre un moyen de locomotion plus sûr. Abbès laisse la voiture dans le garage de sa maison familiale à Meknès et prétextant le mariage d'un ami, prend congé des siens. De Meknès, il gagne Oujda en train en compagnie d'El Mouhtadi tandis que Dahkoun retourne à Casablanca. Après une nuit dans le train, Abbès et El Mouhtadi sont accueillis à Oujda par El J'daini. Le trio d'ex-lycéens qui effectuait des virées nocturnes pour barbouiller les murs de Salé est à présent reconstitué. Mais les jeux insouciants de leur jeunesse se sont mués en un combat impitoyable pour la liberté. Car El J'daini, devenu enseignant du secondaire, membre actif du parti, entraîné en Syrie, est à présent l'homme clé du Tanzim à Oujda.

Après leur avoir fait passer la frontière algérienne, El J'daini conduit Abbès et El Mouhtadi à Oran chez Sahir qui les accueille autour d'un copieux déjeuner.

Abbès se présente :

— *Je m'appelle El Barrak, quelqu'un m'attend !*

A l'issue du repas, un jeune homme se présente chez Sahir et leur demande de le suivre de loin. Il conduit Abbès et El Mouhtadi dans un appartement au 14ème étage d'un immeuble, au centre d'Oran. Abbès s'attendait à rencontrer le fqih Basri, c'est El Mid qui l'accueille. Dans une chambre mitoyenne, attend un homme, Mahmoud. El Mouhtadi le connaît. Ils se sont entraînés ensemble à Zabadani. Tandis que Mahmoud et El Mouhtadi s'entretiennent au salon, El Mid introduit Abbès dans une chambre voisine.

A peine sont-ils installés, que les questions d'El Mid fusent :

— *Combien êtes-vous ? Où en êtes-vous ?*

Abbès perçoit un danger dans ces questions que l'attitude détachée et résolue d'El Mid ne parvient pas à masquer. Prudent, il se montre avare de détails :

— *Il n'y a pas d'organisation, il y a juste des éléments. Pour l'instant, nous avons toujours besoin de combattants capables d'évoluer de manière autonome dans la société.*

Abbès sent distinctement l'impatience gagner El Mid. Pour rien au monde, Abbès ne voudrait compromettre le patient travail clandestin réalisé depuis bientôt une année. Seulement, les événements se précipitent. Plusieurs révoltes ont éclaté au Maroc, multipliant les foyers d'agitation. Abbès devine l'instant décisif. El Mid se montre pressé d'agir. Il lâche sans détour :

— *Ici, nous sommes prêts !*

Et, pour faire bonne mesure, il ajoute :

— *Nous pouvons vous apporter tout le soutien logistique dont vous aurez besoin.*

Abbès, méfiant, n'en démord pas :

— *Je vous dis que nous ne sommes pas encore prêts !*

Selon Abbès, l'entretien en reste là. Il décline l'invitation d'El Mid de passer la nuit à Oran, arguant d'une plaidoirie qu'il doit faire le lendemain matin au tribunal de Rabat. L'impression qu'il tire de cette entrevue, sans oser formuler ouvertement sa pensée, sera partagée par nombre de militants : cet homme n'a pas l'envergure de ses responsabilités !

L'entretien entre El Mid et El Mouhtadi durera une demi-heure. Pendant ce laps de temps, Abbès échange des impressions générales avec Mahmoud, encore présent dans la chambre mitoyenne. Comme à l'accoutumée, ce type d'entretien reste évasif. Les détails personnels ou organisationnels sont soigneusement évités. Pourtant, Abbès retire de cet échange une légère satisfaction. Après les emportements d'El Mid, la force tranquille de Mahmoud lui procure comme un réconfort. C'est le seul entretien qu'aura Abbès avec Mahmoud.

Comme à l'aller, le retour à Oujda se passe sous la pluie. Personne ne parle. Le bruit des pneus chuintant sur la chaussée rutilante meuble le silence. C'est dimanche. El J'daini rentre à Oujda, El Mouhtadi à Casablanca et Abbès se rend directement au tribunal de Rabat après une nuit de voyage.

Trois jours plus tard, le mercredi 24 janvier 1973, le ministère de l'intérieur interdit l'UNEM.

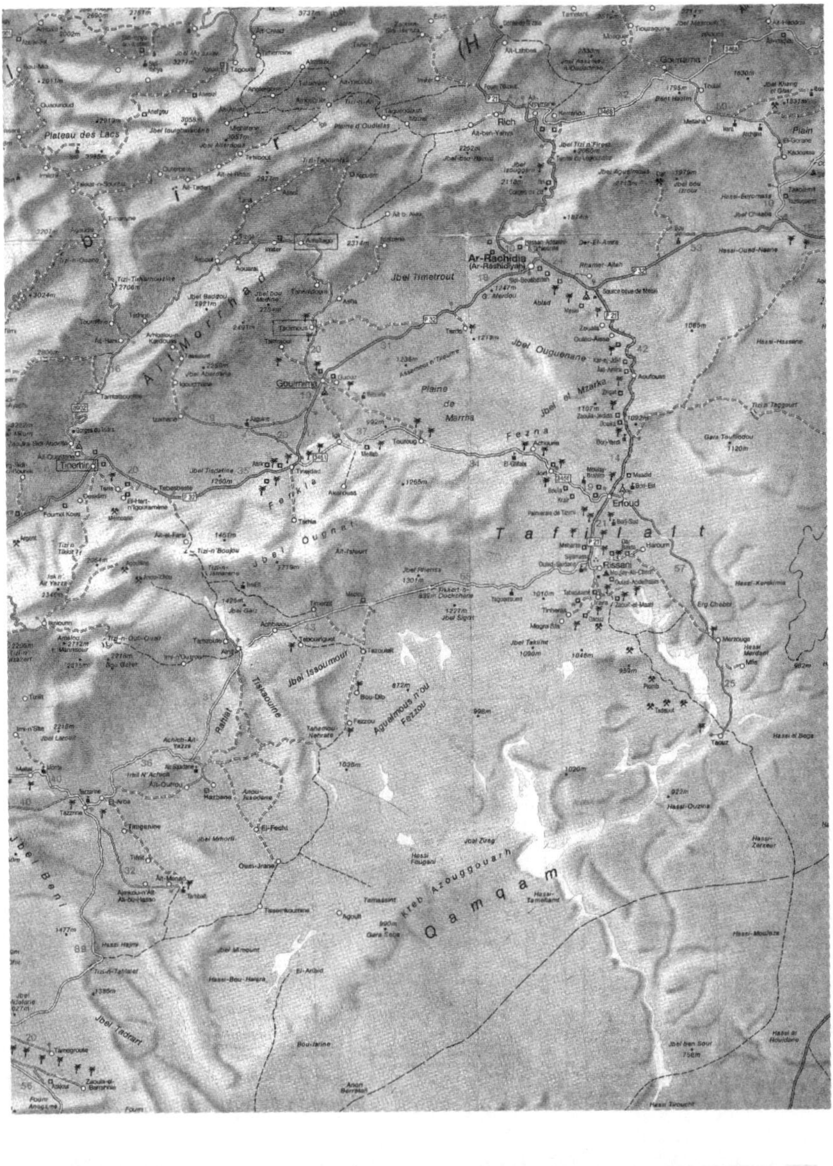

Atlas (1973)

Samedi 27 janvier

Une Peugeot 404 ouvre la voie, suivie d'un camion. Parti de Figuig, le convoi traverse le plateau du Tafilalet à plus de mille mètres d'altitude et fonce sur Goulmima : environ 500 kms de piste. En janvier, les nuits sont glaciales dans l'Atlas. Les 15 hommes en tenue de combat, entassés à l'arrière du camion, se blottissent les uns contre les autres. Sur leur tenue kaki, ils ont revêtu une djellaba en poil de chameau. Mais les mains qui enserrent les armes sont crispées par le froid. Des cahots successifs rythment les étapes de cette expédition, qui s'enfonce dans la nuit silencieuse, faisant ressentir à chaque soubresaut, de manière plus perceptible, le poids du danger.

Mahmoud et ses hommes sont maintenant en territoire marocain depuis trois jours. Conduits par El Farchi, Sahir et El Mid jusqu'à la frontière, ils sont rentrés en tenue civile par Hamdane Bouazza le soir du jeudi 25 janvier à l'extinction des feux. Tout comme il l'avait fait avec Nemri une année auparavant, El Farchi a alors pris congé de Mahmoud par une longue et forte étreinte, comme s'il voulait l'imprégner de cette force qui les a unit dans leur combat et va à présent décider de son dénouement.

De l'autre côté de la frontière, l'attend Saât, responsable local du Tanzim. Instant décisif où le parcours de ces hommes, pourtant si différents au départ, se rencontre pour se fondre dans un destin commun. Mahmoud et ses hommes sont escortés jusqu'à Figuig par des hommes en armes : des policiers affectés à la surveillance des frontières, sympathisants du Tanzim.

Dans la bourgade sahélienne, ils récupèrent ensuite du matériel entreposé sur place : armes, munitions, treillis, djellabas et médicaments ; puis ils poursuivent jusqu'à Oued El Hasi, à 16 kilomètres à l'ouest de Figuig. La région est miraculeusement calme et déserte, aucun détachement militaire en vue. La ville de Figuig, du paysan à l'agent auxiliaire, leur est acquise. A leur grande surprise, les lieutenants de Mahmoud ont même eu la visite d'un moqaddem (représentant du ministère de l'intérieur à l'échelle d'un douar). Sa curiosité a failli lui coûter la vie. Car les ordres de Mahmoud sont clairs : faire feu sur le moindre agent de sécurité qui se montrerait. Ainsi, parmi les hommes de Mahmoud, certains envisagèrent sérieusement de l'abattre. Il ne dut la vie sauve qu'à l'insistance de Saât qui le présenta comme un membre de son réseau.

Le rendez-vous avec les militants de Goulmima devait avoir lieu à un croisement de route nommé Meski à 80 km de Figuig. Mais, au lieu dit, personne, ni au premier rendez-vous, ni au second, prévu en cas de retard inopiné. Dans l'impossibilité de rebrousser chemin, Mahmoud décide de poursuivre sous la conduite de Saât, sachant qu'il avait été autrefois adjoint du caïd de Goulmima.

Le convoi passe Ksar Es-souk sans s'arrêter. Après trois heures de route, il entre dans Goulmima à l'aube froide du dimanche 28 janvier 1973. L'aurore naissante se devine derrière les sommets enneigés qui encerclent la ville endormie. Au milieu de sa palmeraie luxuriante, avec ses maisons rouges blotties dans leur écrin de verdure, Goulmima fait figure de petite Marrakech. A l'ouest, se dressent les montagnes du Haut-Atlas. A l'est, s'élèvent les premiers reliefs de l'Anti-Atlas. Aux creux de cette arène montagneuse, s'étend vers le sud un plateau désertique parsemé d'oasis. Une situation géographique qui vaut à Goulmima le surnom de *Bab Sahra* (la porte du Sahara).

Le ronflement du camion s'arrête devant une station d'essence à l'entrée de la ville. Elle appartient à Louzi, le représentant local du Tanzim[1]. Pendant que les hommes font le plein d'essen-

[1] Hadou Louzi est mort en 1997 à Rabat.

ce, Saât sort prévenir un militant du Tanzim qui loge à deux pas de là. A demi éveillé, celui-ci se remet de sa surprise sous les insultes de Saât : « *Mais l'arrivée du convoi était prévue pour le lendemain. Il avait un jour d'avance*[2] ! » se souvient le malheureux. Le rendez-vous manqué de Meski serait donc imputable à une erreur de calendrier…

Dans la hâte, Mahmoud et ses hommes sont conduits vers une maison sahraouie au cœur de la palmeraie qui s'étend en bordure de Goulmima. Prévenus, les responsables locaux accourent[3].

Goulmima

Merzouk[4] s'en souvient comme si c'était hier. Il avait bien connu un certain Wald Nassarat, un jeune de Rabat qui militait pour la Résistance algérienne à la fin des années 50. Mais il était loin de se douter que ce Mahmoud avec lequel il correspondait par l'intermédiaire de messager était le même homme. Merzouk est alors un robuste paysan de 40 ans issu d'une famille de petits propriétaires terriens semi-féodaux de la tribu des Aït Atta. Petit-fils d'un cheikh de la tribu des Aït Hadidou, sa prestigieuse ascendance lui a valu la fonction de premier secrétaire de la section régionale du parti. Mais ce matin-là, c'est en tant qu'activiste du Tanzim qu'il accueille Mahmoud et ses hommes, non sans déployer une sollicitation empressée, témoignage de l'extrême importance que revêt pour lui cet instant.

« *J'étais arrivé de Tinghir la veille avec Sidi Hamou et deux de ses hommes. On s'apprêtait à préparer l'arrivée des cadres*

---

[2] Entretien de l'auteur avec Houceine El Khabbab, alias Tam.

[3] L'essentiel des détails relatifs au déroulement des événements dans l'Atlas est tiré de rapports écrits en 1973, à la demande de la direction du Tanzim, par trois lieutenants de Mahmoud, rescapés des combats et réfugiés en Algérie : Si Brahim, Najjar et Seghir. Ces trois témoignages concordants ont été ensuite confrontés à des témoignages recueillis entre 1996 et 2000 lors de différentes enquêtes dans l'Atlas.

[4] Mort accidentellement en juillet 2001.

révolutionnaires lorsqu'on nous a annoncé qu'ils étaient déjà arrivés[5] » raconte un autre responsable local du Tanzim. Sidi Hamou, le rebelle de l'Atlas, compte en effet parmi les dirigeants locaux venus accueillir Mahmoud. L'analphabétisme réduisant le niveau de conscience politique des populations locales, l'aura et le prestige des chefs du Tanzim seront déterminants pour mobiliser celles-ci dans leur combat. Sidi Hamou est une autorité morale reconnue à Tinghir, craint et respecté. Louzi, personnage intelligent et influent, possède la seule station à essence de Goulmima et compte de nombreuses complicités au sein de l'autorité régionale. Les autres[6] sont des cheikhs, auréolés de leur prestige de résistant. Les militants des cellules clandestines qu'ils ont crées dans la région ont été formés au sein du parti. Leur culture lettrée suffit à en faire des notables. Après avoir longuement balancé entre la solennité du moment et l'excitation qui l'anime, Louzi ne parvient plus à réprimer son enthousiasme: « *l'autorité du pouvoir central n'est plus qu'une ombre dans la région* », déclare-t-il.

La frustration des habitants a atteint son paroxysme, leur colère est palpable, menaçante et les forces auxiliaires sont prêtes à basculer dans le camp de la révolution. Pour avoir cohabité tant d'années avec la misère, Louzi sait quels ressentiments se cachent sous la léthargie des douars environnants. A ses côtés, les autres chefs locaux hochent la tête d'une approbation sereine. Des années de colère s'expriment, des années de patience aussi. Depuis 5 ans, ils ont envoyé des groupes de militants se former en Algérie, reçu et caché des armes et assisté à l'arrivée successive de Sidi Hamou et de Nemri. Ainsi l'arrivée de Mahmoud, entouré de ses lieutenants, est saluée comme un événement.

Leur appétit satisfait, Mahmoud ordonne à ses hommes de nettoyer les armes récupérées à Figuig par groupes de quatre,

[5] Entretien de l'auteur avec Tourki Adi.

[6] Outre Lahcen Merzouk et Hadou Louzi, sont également présents Si Hamou 'Ala, Cheikh de Tadighoust, Saïd Oudaz, Houceine Aït Zeid et Tourki Adi.

sans bruit, les autres doivent rester sur le qui vive. Ils s'exécutent avec des mouvements dont le soin n'est pas sans rappeler un rituel mystérieux. En ce moment, seul compte le présent. Les gestes sont brefs et l'instant décisif. Sur ces entrefaites, Mahmoud répartit l'escouade et le matériel.

Le premier groupe se compose d'Askour et Sabri, vétérans de 1969, ils avaient accompagné El Yazid dans son périple avorté de Taroudant, Aït Ami l'ex-membre du FPLP, Ba Amrani et Nassiri, deux anciens sous-officiers des FAR. Ce groupe ira à Khénifra prêter main forte à Nemri et Oumda.

Le second groupe se compose d'Othmani et Bouzyan, respectivement ancien sergent des FAR et ex-moqaddem à Safi, également vétérans de 1969, ils figurent parmi les rescapés du groupe d'El Farchi, El Melki, le rebelle précoce, Jazzar et Dahmane Saïd, deux anciens militaires. Ces hommes opéreront à Tinghir sous le contrôle de Sidi Hamou.

Le troisième groupe comprend Slimane El Alaoui, Farix le franc tireur et trois anciens membres du commando-marin : Si Brahim, Najjar et Seghir. Ce groupe restera dans la région de Goulmima pour encadrer les cellules de Louzi. Mahmoud se tiendra à leurs côtés pour cordonner le mouvement des commandos.

Chaque groupe ainsi constitué rassemble, à l'instar des forces d'élite, des compétences en matière d'armement, de balistique, et de télécommunication. Aucun de ces hommes n'en est à son coup d'essai. A 35 ans en moyenne, ils ont été formés à Zabadani et ont connu les rigueurs du camp de Ouata en Algérie. Ils ont combattu dans les rangs des Feddayin palestiniens et échappé aux rafles qui ont emporté leurs camarades. Des épreuves qui les ont projetés au fond d'eux-mêmes, là où la conscience est confrontée à ses convictions et à ses capacités de résistance, pour en ressortir immanquablement transformée.

Au terme de ce parcours, ils conservent une révolte intacte, alors même que leurs contemporains, résignés face à l'adversité, inclineraient déjà à s'accommoder du fardeau de la soumission.

Leur expérience en a fait le noyau dur d'une élite révolutionnaire à la détermination sans faille. Ils rassemblent des qualités qu'il est rare de rencontrer réunies chez un même individu : abnégation, courage et intégrité. Chez eux, la dissimulation est une seconde nature et l'endurance une force insoupçonnable. Bref, Mahmoud a choisi le meilleur de ses troupes pour un combat digne de leurs sacrifices.

Après une journée de repos, Mahmoud demande aux différents groupes de se préparer à partir. Aux responsables de région, il réitère une dernière fois ses consignes :

— *Soyez prêts à attaquer le 3 mars, date de la fête du trône* !

Mahmoud se donne un mois pour réorganiser les cellules, former et entraîner les militants locaux au combat et mettre en place son dispositif d'attaque. Il entend ainsi déclencher l'insurrection juste après la fonte des neiges et suffisamment longtemps avant les premières chaleurs estivales.

Le premier groupe quitte Goulmima à une heure du matin pour faire route vers Khénifra sous la conduite de Mouha Oulhaj, le remuant potentat de Khénifra et son escorte. La seconde formation ne part pour Tinghir que le lendemain 29 janvier, à minuit. Mahmoud et les hommes restants, quittent le refuge deux heures après le départ du second groupe. Ils se rendent en camion à vingt kilomètres à l'ouest de Goulmima au pied de la chaîne montagneuse du Haut-Atlas dans un petit village appelé Tadighoust.

Tadighoust

La région est sauvage, un no man's land naturel parsemé de ksars, fortifications médiévales, témoins d'un passé tumultueux et d'un présent installé dans une paix toute relative. La montagne nue, qui surplombe majestueusement la plaine, arbore des sommets enneigés. L'âpreté du paysage a façonné le caractère des habitants. La vie y est le fruit d'un combat quotidien contre une nature hostile. En exaltant l'ascétisme de ces habitants, les confins de ces montagnes arides ont fait naître des vocations nobles et guerrières qui se sont maintes fois élevées contre la corruption du pouvoir central. C'est probablement pour cette même raison que les maîtres successifs du Maroc, à l'autorité morale chancelante, lui dédièrent le sinistre rôle de destination d'exil et de détention secrète : Arbalou au temps du protectorat et, plus tristement célèbres, Tazmamart et Kelat N'kerdous sous Hassan II.

Chacun de ces ksars héberge des révolutionnaires conscients ou potentiels. Des hommes et des femmes travaillant quinze heures par jour depuis l'enfance, uniquement récompensées par quelques instants de répit dans des gourbis insalubres où s'entasse leur progéniture sans avenir. Perdu dans ces contrées isolées où le temps n'existe pas, survit un peuple rongé par la misère, la dysenterie et la famine, prêt à brandir sa fureur. La révolution naîtra de la faim et de la misère.

Elle offrira aux habitants de ces lieux maudits du royaume les armes nécessaires à la conquête de leur pain et de leur dignité. La jonction des groupes de guérilla se fera dans le Haut-Atlas à partir de Goulmima, Tinghir et Imilchil. Lors du déclenchement, les trois localités seront investies et les points stratégiques pris sous contrôle. Une autre action de guérilla se déroulera simultanément dans la province de Khénifra à 300 km de là, à deux heures de route de Rabat.

Comme il s'y prendrait pour allumer un brasier, Mahmoud prévoit d'allumer le feu de l'insurrection à différents endroits en même temps. Le choix des terrains d'opération et des objectifs a été soigneusement étudié. Depuis les deux tentatives de coup d'Etat, Hassan II a fait placer l'arsenal des FAR sous le contrôle de la gendarmerie royale, dépendant du palais. Plusieurs de ces dépôts d'armes se trouvent dans l'Atlas. Ils constituent l'objectif prioritaire des guérilleros.

Messagers et intermédiaires tiennent Mahmoud au courant de l'avancement des préparatifs. Les chefs de cellule le rencontrent régulièrement de nuit. Combien d'indicateurs se rendaient alors dans les postes administratifs, sous le prétexte fallacieux d'une requête, prenaient le thé, discutaient, et repartaient avec le plan du bâtiment et les meilleures positions de tir en tête ? Mahmoud tient à ce que la présence des cadres révolutionnaires reste secrète. Les militants, organisés au sein des cellules clandestines doivent parer à toute éventualité, mais ils ignorent le détail des préparatifs en cours. Une fois formés et encadrés, ils constitueront une force de frappe répartie en plusieurs groupes de choc.

La maison qui abrite Mahmoud et ses compagnons est un bâtiment en pisé couleur ocre, noyé dans une oasis au pied d'une colline. Pour y accéder, il faut quitter la route qui mène à Tadighoust et bifurquer à droite juste avant d'atteindre le ksar. Elle se trouve donc suffisamment en retrait du village pour offrir un abri discret. De temps à autre, des cris d'enfants et des jappements de chiens rappellent la proximité du ksar. Mahmoud et ses hommes vivent au milieu d'un troupeau de chèvres efflanquées que le maître de maison abrite dans le patio exigu de sa maison, à la manière des bergers de la région. Ils y partagent l'existence rustique des paysans de montagne, modèle de simplicité et d'endurance.

Leur hôte, tout sourire et prêt à de respectueux coups d'échine semble parfaitement indiqué pour leur assurer une bienveillante insouciance de la part des autorités locales. Soucieux de ne pas éveiller de soupçons, il a même poussé le zèle jusqu'à se mettre à fumer, lui qui n'avait jamais touché une cigarette de sa vie. Il faut bien justifier l'odeur de tabac qui avait envahi sa maison depuis l'arrivée de Mahmoud et de ses lieutenants. Mais sous sa déférence et ses manières policées, cet homme cache une âme de guerrier. Il a combattu les Français dans les rangs de la Résistance et connaît bien Slimane El Alaoui, un de ses invités clandestins, pour avoir partagé avec lui l'épreuve du feu. Il se rappellera encore plusieurs années plus tard avec quelle dextérité, Mahmoud réparait les fusils apportés par les militants locaux du Tanzim : « *Il utilisait des côtes de vache pour les fusils. Des petits flacons de parfum étaient remplis d'acide A 44 et enduits de soufre et de sucre. Il m'expliquait qu'en se brisant, l'acide explose au contact du soufre*[7]. »

[7] Entretien de l'auteur avec Moha Oulhou.

Tinghir

Une Peugeot 204 au châssis surchargé dépose le second groupe à Tizghirt, une zaouïa perchée dans la montagne surplombant Tinghir. Les huit hommes qui sortent du véhicule en retirent dix fusils-mitrailleurs et plusieurs kilos de matériel. Le trajet de Goulmima à Tinghir sous la conduite de Sidi Hamou s'est déroulé sans encombre. Aucun barrage n'est signalé.

Cheikh hautement respecté dans la région, Sidi Hamou jouit d'un prestige et d'une aura qui rayonne au-delà de Tinghir. Son autorité morale doublée de ses affinités tribales lui permettent de mobiliser les Aït Hadidou et les Aït Merabd, tribus réputées pour leur pugnacité belliqueuse. Activement recherché depuis deux ans, il gère des complicités et amitiés qui, hormis une influence heureuse sur sa sécurité, lui valent des facilités et des services de ceux-là même qui sont censés l'arrêter. De Tinghir à Mesmerir, il a monté un réseau de cellules clandestines dont l'efficacité doit beaucoup à la complicité de plusieurs agents d'autorité.

Ces derniers constituent d'ailleurs un rouage important du plan d'attaque esquissé par Mahmoud. Comme à Tadighoust, plusieurs dizaines de militants attendent à Tinghir d'être formés au maniement des armes et aux techniques de guérilla. L'un d'eux se souvient : « *Je m'étais occupé du ravitaillement. J'avais fait le tour des marchands de Goulmima pour acheter les vivres nécessaires. Pour justifier les quantités importantes, je me suis fait passer pour l'intendant d'une société de forage chargée de procéder à des explorations minières dans la région. La nouvelle n'a pris que deux jours pour se propager et je fus sollicité par tous les chefs de famille désireux de faire travailler leurs fils. Il ne me restait qu'à les faire patienter*[8]. »

Mais dans la montagne les secrets ne sont jamais gardés longtemps. Ainsi, un militant rejoint les guérilleros presque accidentellement, ayant avisé le contenu des sacs acheminés vers la montagne : fruits, légumes et cigarettes en grandes quantités. Un

---

[8] Entretien de l'auteur avec Tourki Adi.

conciliabule se tint rapidement entre les guérilleros. Que faire de l'indiscret ? Sachant qu'il était apparenté à un chef de cellule du Tanzim, l'éventualité de l'éliminer physiquement ne fut pas même soulevée. Le chef de cellule trancha :

– Donnez-lui une arme et impliquez-le, ainsi il ne pourra pas nous trahir[9] !

Khénifra

Autour de Khénifra, s'étend une région sauvage de collines boisées et de maquis difficiles d'accès, offrant un terrain idéal à une guerre d'embuscades. Cette région verdoyante fut longtemps un repaire de coupes jarrets et garde sa réputation de terre inhospitalière. «*Chrab wa Hrab* » disent ses habitants : « boit et prend le large ! » Conseil clair pour tout voyageur tenté de s'attarder près d'une source faussement accueillante.

L'arrivée à Khénifra du troisième groupe ne s'est pas faite sans encombre. Arrêté par un barrage routier à Midelt, il s'en est fallu de peu que les lieutenants de Mahmoud n'abattent les gendarmes. Sans se démonter, Moha Oulhaj a produit une autorisation royale dont il ne se défait jamais pour les besoins de son commerce. Le document royal fait aussi l'affaire pour les guérilleros.

Arrivé à Khénifra, Moha Oulhaj conduit les hommes dans une maison isolée au milieu d'un maquis près d'Aguelmous où les attendent Oumda et Nemri. Le seul accès à ce repaire isolé emprunte une piste de 15 km depuis Aguelmous. L'endroit est suffisamment en retrait pour offrir une base arrière sûre et un terrain d'entraînement discret.

A leur arrivée, les lieutenants de Mahmoud se sentent en terrain conquis : la région est quadrillée par un réseau de cellules clandestines, organisées et encadrées par les soins d'Oumda et de Nemri. En tout, plusieurs dizaines d'hommes sont dans la confi-

---

[9] Entretien de l'auteur avec si Basou.

dence, dont une demi-douzaine d'officiers de l'armée, prêts à répondre à leur appel.

Les hommes qui accompagnent Moha Oulhaj sont du Sud. Parmi eux, Askour et Sabri ont déjà tenté en 1970, aux côtés de Benyahia, El Yazid et Dahkoun, d'établir une base révolutionnaire dans la région de Taroudant avec le succès que l'on sait. Ce détail laisse présager que leur mission à Khénifra est ponctuelle, elle consiste à appuyer Oumda pour se rendre maître des stocks d'armes et de munitions disséminés dans la région. Mais, l'armement distribué aux militants clandestins, ces hommes poursuivront avec Nemri dans le Sud.

Samedi 10 février

Le soir du samedi 10 février 1973, Mahmoud parcoure à mobylette les 20 kms qui séparent Tadighoust de Goulmima. Il est habillé comme un paysan de la région : une djellaba blanche sur les épaules et un chèche enturbanné sur la tête. Merzouk conduit la mobylette. Deux indicateurs sont postés le long du parcours pour signaler toute présence suspecte. Arrivés à Goulmima, Merzouk accompagne Mahmoud chez un militant du Tanzim, où les attend un dîner. Au milieu du repas, un homme, fait irruption :

— *Saât est arrivé. Il t'attend chez Louzi.*

Pendant que Merzouk expédie le reste du repas, le militant escorte Mahmoud jusqu'au seuil d'une maison, quelques dizaines de mètres plus loin, et s'esquive le laissant seul en compagnie de Louzi et Saât. Ils se retirent dans la fameuse chambre dite « de Sidi Hamou », baptisée ainsi depuis qu'elle a accueilli le célèbre fugitif en cavale.

Saât remet à Mahmoud un sac rempli d'argent : trois millions de centimes. Mais les nouvelles qu'il rapporte laissent Mahmoud songeur :

— *Je n'ai reçu aucun signe d'Algérie et rien n'a franchi la frontière depuis ton entrée.*

– *Le temps commence à presser*, confie Mahmoud. *Il faut que tu te rendes à Oran pour activer les opérations, on se retrouve dans deux semaines*[10].

Une demi-heure plus tard, une voiture conduite par un autre militant clandestin emmène Mahmoud et Louzi à Tinghir. Moha Oulhaj y a établi ses quartiers pour s'adonner à son sport favori : la chasse. A cette occasion il organise une ... fête en l'honneur des guérilleros. Révolution ou pas, Moha Oulhaj n'est pas homme à vivre dans l'ombre. Son incroyable audace déplait à Mahmoud qui préfère l'efficacité et la discrétion aux fanfaronnades. Mais une telle facétie donne la mesure des sympathies dont bénéficie le Tanzim dans la région. Le militant clandestin qui conduisait Mahmoud et Louzi à Tinghir, infirmier de son état, se souvient : « *Je les ai déposés à un endroit précis au bord de la route, quelques kilomètres avant Tinghir. De là, ils ont poursuivi à pied dans le désert. J'ai effectué ce trajet à trois reprises, sur ordre du Tanzim, sans jamais savoir qui était l'accompagnateur de Louzi*[11]. »

La lampe de poche éteinte replonge dans l'ombre le visage des hommes alignés sur le divan qui longe la tente. Mahmoud et Louzi s'avancent sur le sol irrégulier recouvert de tapis et s'installent après les salutations d'usages, réduites pour la circonstance au strict minimum. Dans l'assistance silencieuse, le profil familier de Moha Oulhaj et celui de Sidi Hamou se détachent de la pénombre. La lumière mouvante de la lampe à gaz projette des ombres incertaines au-dessus des convives, accusant leurs traits. Une fébrilité retenue imprègne la scène.

Entourés des trois chefs de région, Louzi, Sidi Hamou et Moha Oulhaj, Mahmoud refait le compte des forces engagées. La guérilla nécessite des moyens logistiques qui font défaut à tous les niveaux : réserve de nourriture, armes, munitions, transports, etc. Les hommes prêts à se battre sont évalués à quelques

---

10 Entretien de l'auteur avec Mohamed Ben Amara, alias Saât.

11 Entretien de l'auteur avec Ali Zouagi.

centaines. En plus des armes de pointe et de quelques fusils disponibles dans les diverses cellules clandestines, Mahmoud avait apporté avec lui 30 fusils-mitrailleurs et Nemri une dizaine. D'autres fusils-mitrailleurs, aux mains de Houceine Aït Zeid, les avaient précédés. En tout, il y a de quoi armer convenablement 80 hommes. Chacun disposerait de 90 cartouches. Une attaque des dépôts d'armes de Tinghir, Amellago, Imilchil et Moulay Bouazza permettrait de recueillir plusieurs centaines de fusils d'assaut et un nombre incertain de pistolets.

Mais les munitions s'avèrent insuffisantes. Mahmoud craint que le manque de matériel ne limite son autonomie d'action. Il est trop accoutumé à la clandestinité pour ignorer que la précarité des moyens multiplie les risques de dérapage. Faute de pouvoir contrôler ses troupes, l'opération tournerait à l'émeute d'une foule désarmée qui se verrait rapidement réprimée dans le sang, comme le furent tant de soulèvements précédents. Pour garantir le secret des préparatifs et le contrôle des opérations, des moyens supplémentaires sont nécessaires. Il a adressé un message codé en ce sens à l'état-major d'Alger, confié à Merzouk, quelques heures plus tôt à Goulmima :

— *Il manque des grains au marché !*

De plus, pour communiquer avec Goulmima et Tinghir, Mahmoud ne dispose que d'un radio émetteur d'une couverture de 60 kms. Il demande à ses interlocuteur de pourvoir à l'installation d'une antenne permettant de communiquer avec l'étranger. Progressivement l'évidence s'impose dans son esprit que faute de combler ces lacunes à temps, le déclenchement de l'insurrection devra être repoussé au-delà du 3 mars, initialement prévu.

Cette décision infléchira la suite des événements.

Ménager les susceptibilités et les prérogatives des chefs locaux est un exercice de haute diplomatie. S'il se situe au-dessus des clivages tribaux, Mahmoud n'en perçoit pas moins le poids qu'ils exercent sur le fonctionnement et l'organisation du Tanzim dans l'Atlas. Néanmoins, il semble que ce soit au-delà des frontières, que Mahmoud rencontre les plus fortes résistances.

Merzouk, responsable de Goulmima, garde en mémoire le message que l'état-major d'Alger a fait envoyer à Louzi : « *Ecoutez Mahmoud mais modérez le, il est radical* ». La suite du message est encore plus explicite: « *Si vous commencez avant l'ordre, assumez vos responsabilités et n'attendez rien de nous*[12]. »

L'attente du crépuscule

A Tadighoust, le calme et la sérénité des lieux contrastent avec l'intensité des sentiments qui habitent Mahmoud et ses compagnons. Les journées s'étirent péniblement et se transforment en semaines. Un début de nervosité commence à gagner les rangs des guérilleros. L'entraînement des militants traîne en longueur et les hommes sont astreints à une attente incertaine. Chaque soir, ils se demandent si le lendemain ils pourront réaliser ce qu'ils n'ont pas fait la veille. L'envie d'en finir avant d'avoir commencé saisit les plus téméraires. Pour les autres, la nécessité de l'action imminente, vers laquelle tend leur quotidien, se dissout dans l'expectative et les plonge dans une existence vague où la discipline tend à se relâcher.

Bons combattants, les compagnons de Mahmoud ont appris à se battre sur tous les terrains avec plusieurs types d'armement et à survivre en milieu hostile. Mais à présent, la situation est différente de celle qu'ils connurent dans les camps en Syrie ou en Libye. Ils sont retournés sur leur terre natale, résolus à la libérer du joug de la servitude. Au-delà des murs, à quelques pas, leurs frères, leurs sœurs, leurs parents continuent à subir l'humiliation quotidienne des potentats locaux. L'attente ne fait qu'exacerber leur impatience et les plonge dans un mélange de lassitude et d'angoisse que seul un passage à l'action permettrait d'assouvir. Mahmoud sait que le désir d'action qui gagne ses hommes risque d'émousser leur vigilance. Il déploie donc toute sa force de persuasion pour tempérer l'ardeur de ses compagnons : la lutte contre l'ennui fait partie du combat révolutionnaire. Il faut savoir se tenir prêt pendant des semaines entières sans faillir.

---

12 Entretien de l'auteur avec Lahcen Merzouk.

Pourtant, la tournée que prévoyait le gouverneur de Ksar es-Souk dans la région, accompagné du super caïd et de l'adjoint du caïd, ravive la fébrilité :

— *Puisqu'ils prévoyaient de passer par Tadighoust pour assister aux festivités de la fête du trône, pourquoi ne pas leur tendre une embuscade* ?

— *Trop hasardeux*, réplique Mahmoud. *Un attentat de cette nature, nous isolerait et nous priverait de toute base de repli.*

Mahmoud, qui sait se montrer si serein en toute circonstance, doit cette fois faire un effort pour conserver son calme. Son plan est précis et ne souffre aucune improvisation :

— *Notre but est d'amorcer un soulèvement général ; pour cela, il nous faut attaquer et vider les dépôts d'armes, distribuer les armes aux militants sûrs et mobiliser la région entière derrière notre combat*[13].

Mardi 27 février

Comme il est d'usage dans la région, c'est autour d'un dîner que le responsable du Tanzim à Tadighoust réunit les chefs de cellule opérant dans le Haut-Atlas. Le Tanzim dispose en effet de plusieurs cellules secrètes dans ces confins, notamment à Lahroun, Amellago, Arbalou, Asoul et Imilchil. Une dizaine de personnes ont répondu à l'invitation. L'assistance, composée pour l'essentiel de moqaddems, de cheikhs et d'agents des forces auxiliaires, évoque d'avantage une séance des autorités administratives qu'une réunion clandestine[14]. A l'issue du repas, ils apprennent de la bouche de leur hôte le motif de ce rassemblement.

---

[13] Témoignage écrit de Mohamed Belqadi, alias Seghir.

[14] La réunion se tient chez Saïd Oudaz à Goulmima à l'appel de Si Hamou Ala. S'y trouvent Adi Shan, le moqaddem d'Amellago, Skou Akader, le moqaddem de Lahroun, Saïd Oukhouya, agent des forces auxiliaires à Imilchil, Ali Ouskounti, cheikh d'Asoul, Oumherir, officier d'Amellago, Basou Ou Taâtout d'Arbalou N'kerdous, Moulay M'hamed de Tafasou, Ali Oukhiri et Hadou Oufdil (ce dernier sera porté disparu).

— *Les cadres révolutionnaires sont à Tadighoust. Nous allons les conduire à Lahroun d'où, ils se rendront dans vos fiefs respectifs pour y organiser l'encadrement militaire des militants*[15].

Les convives ont a peine pris congé, pour digérer le repas et les explications de leur hôte, que celui-ci prodigue ses instructions aux membres des cellules de Goulmima et de Tadighoust. Un des militants clandestins d'une cellule de Goulmima, se voit remettre un pistolet avec une liste comportant des noms de personnes habitant Tadighoust :

— *Lorsque je t'en donnerai l'ordre,* lui explique son chef, *tu élimineras les traîtres figurant sur cette liste*[16] !

Au milieu de la nuit, deux colonnes quittent Tadighoust en direction de Lahroun, situé à vingt kilomètres. Les mules sont chargées d'un lot de fusils-mitrailleurs, de grenades et de treillis militaires. Les deux groupes progressent séparément.

La piste, sinueuse et parsemée d'ornières, serpente à travers une vallée escarpée, bordée par deux falaises abruptes. Dans le creux de la vallée coule le Ris, une petite rivière dévalant au pied de la paroi argileuse. L'obscurité et le relief incertain du chemin rendent la progression difficile. La lune n'éclaire que faiblement les massifs rocheux, dont le sommet se détache dans le noir.

Après deux heures de marche, les deux colonnes bifurquent dans un vallon latéral. Le petit chemin rocailleux sillonne à travers une gorge encore plus étroite, encore plus escarpée. Ce deuxième vallon mène à Tahemdount, petit hameau encastré dans une paroi rocheuse gardant l'accès d'une gorge. Le vallon s'ouvre, quelques kilomètres plus loin, sur une seconde embouchure dont l'accès est gardé par le ksar de Lahroun. L'endroit est à mi-chemin entre Tadighoust et Amellago. Ni eau courante ni électricité n'alimentent ce coin perdu.

Les groupes atteignent successivement Lahroun à l'aube. Le moqaddem du ksar, qui accompagne la première colonne, prévient le cheikh, également membre du Tanzim.

---

[15] Entretien de l'auteur avec Adi Shan.

[16] Entretien de l'auteur avec Houceine El Khabbab, alias Tam.

Les guérilleros profitent de la journée du 28 février pour récupérer leurs forces, tandis que Mahmoud réunit les chefs de cellules. Ceux-ci ne cachent pas leur enthousiasme. A Amellago, Arbalou et Lahroun, le recrutement a commencé. Une trentaine d'hommes à la loyauté et à l'aptitude physique éprouvées, sont prêts. Les armes préalablement introduites depuis l'Algérie sont en lieu sûr, les relais de ravitaillement et les communications, opérationnelles. De plus, certains chefs de cellule, investis de l'autorité que confère celle de représentant de l'Etat, n'hésitent pas à se déclarer garants de la fidélité des habitants de leurs ksars respectifs. Les deux chefs de cellule du ksar d'Asfla sont probablement les plus enthousiastes :

— *Le ksar d'Asfla est entièrement acquis à la cause des révolutionnaires*[17] !

Ceux d'Imilchil et d'Asoul, où des caches d'armes et de munitions sont prêtes depuis une année, débordent de propos encourageants. L'accueil empressé réservé à Mahmoud indique que l'arrivée des cadres de la guérilla est attendue de longue date. Un militant clandestin d'Imilchil, témoigne : « *Des hommes étaient venus nous voir, mon oncle et moi, à Taribant près d'Asoul. Ils venaient toujours de nuit et se signalaient par une pierre lancée dans la cour. Un jour, ils nous ont demandé de nous tenir prêts pour l'entraînement. Des armes allaient arriver, l'heure du soulèvement était proche*[18]. »

Un membre d'une cellule clandestine à Asoul, a également été témoin de semblables préparatifs dans un ksar voisin du sien : « *Je me suis rendu un soir de fin février aux funérailles d'un oncle décédé au ksar d'Aït Bouizne près d'Amellago. Là, je suis tombé nez à nez avec le cheikh de d'Asfla et le cheikh de Lahroun. Ils n'avaient rien à faire dans ce lieu et sortaient d'une maison dans laquelle avaient défilé plusieurs hommes du ksar. Selon toute évi-*

[17] Tous les hommes du ksar seront arrêtés en 1973, puis transférés au centre de détention secret de Gourrama jusqu'en 1975.

[18] Entretien de l'auteur avec Ahmoun Mimoun.

dence, cette maison abritait une réunion secrète du type de celles qu'on effectue pour procéder à un recrutement[19] *.* »

Ponctués de vocables techniques et guerriers, les propos des responsables du Haut-Atlas laissent une grande place au rêve. Depuis des mois, et pour certains depuis des années, leurs efforts tendent vers un seul et unique but : leur liberté. La morne et écrasante répétition d'un quotidien dépouillé de tout espoir n'a fait qu'aviver leur aspiration, devenue une raison d'être.

Marqué par les affres de luttes anciennes, Mahmoud conserve une lucidité qui tempère l'enthousiasme ambiant. Dans ces contrées, les solidarités tribales ont des limites parfois difficiles à apprécier. Mahmoud sait que pour mener à bien son entreprise, il doit s'assurer de l'effet de surprise. Ainsi, pour ne pas donner prise à des accointances périlleuses, il exhorte les chefs locaux à une extrême prudence. Les groupes de choc, chargés de constituer l'avant-garde, seront formés et encadrés séparément. Leur jonction ne doit intervenir que lors du déclenchement des opérations, quand les armes seront mises à disposition. En écoutant Mahmoud édicter ses instructions, le moqaddem d'Amellago découvre, en même temps que ses compagnons, le plan mis au point par le commandement du Tanzim.

— *Quand aurons nous les armes pour nous battre* ? interroge-t-il.

— *Nous sommes ici pour former et encadrer les militants*, explique Mahmoud ; *les opérations débuteront lorsque nous aurons reçu un signe d'en haut.*

La mise au point de Mahmoud, maintes fois répétée depuis des semaines, est saluée par des hochements de têtes approbateurs. Geste machinal exécuté par les convives pour confirmer une adhésion acquise, en même temps qu'ils méditent la consigne. Une curiosité mal dissimulée s'inscrit sur le visage du moqaddem d'Amellago.

— *De quelle nature sera ce signe ?*

---

[19] Entretien de l'auteur avec Ali Ouskounti.

— *Le signe sera un mouvement de grève dans les usines*[20] ! confie Mahmoud d'un ton détaché, sans l'intention de s'étendre plus avant. Moins les cellules en sauront, mieux cela vaudra. L'insurrection devant embraser l'ensemble du territoire, les contrordres ont succédé aux ordres, à mesure que surgissaient les imprévus. Lui seul et l'état-major à Alger, faisant la liaison avec les autres cellules clandestines au Maroc, sont à même d'apprécier la situation.

Le dispositif passé en revue, Mahmoud désigne trois de ses lieutenants, Najjar, Seghir et Si Brahim, pour former et encadrer les militants d'Imilchil. Farix, Slimane El Alaoui et lui-même se chargeront des cellules de Lahroun et d'Amellago. Mais un des responsables d'Imilchil, chargé d'amener les mulets destinés au transport d'armes, a été retardé. La neige est tombée en abondance bloquant l'accès du col qui sépare la vallée du Ris de celle d'Imilchil. L'attente peut encore durer. Par mesure de sécurité, Mahmoud décide de gagner la montagne avec ses hommes pour y attendre l'arrivée du retardataire.

La nuit du premier mars, les guérilleros gagnent la montagne Tabbasti, à 3 heures de marche au-dessus de Lahroun. Ils installent leur campement dans une caverne à l'aube du 2 mars. Toute la vallée s'étend dans leur champ de vision. Alors que l'entraînement a débuté, le moqaddem d'Amellago confie à Mahmoud ses réserves concernant une recrue :

— *Oumherir est un élément à risque, il a déjà tué un innocent et est d'une moralité douteuse* !

Vieille histoire de rivalité tribale, pense Mahmoud. Le père d'un des guérilleros, caïd et chef tribal redouté des Aït Morrhad, avait en effet exécuté le frère aîné d'Oumherir, soupçonné en son temps d'avoir collaboré avec les Français. Le responsable du Tanzim à Tadighoust, qui avait fait son service militaire avec Oumherir, ne lui a-t-il pas garanti son courage et sa loyauté ?

— *Laisse moi faire et je liquide Oumherir*, lâche le moqaddem.

---

[20] Entretien de l'auteur avec Adi Shan.

— *Oumherir est un militant qui nous a été confié par le responsable local du Tanzim*, réplique Mahmoud, *il n'est pas dans nos habitudes de liquider des camarades.*

Une arme dans la main ne signifie pas être juge. Mahmoud se montre intraitable quant aux éventuels dérapages :

— *Le premier qui tire sur un citoyen aura affaire à moi ! Nous sommes ici pour libérer les opprimés, notre seul ennemi est le Makhzen* !

Une mise en garde que Mahmoud a déjà ressassée à ses lieutenants. L'idée s'impose dans son esprit qu'une dérive criminelle leur aliénerait inexorablement le soutien de la population. Il ne faut surtout pas se tromper d'ennemis. Plus qu'un souci tactique, c'est là la marque d'un homme de principe.

Révolution ou Coup d'Etat ?

Alger, tête de pont de la révolution

Mi-février 1973, le fqih Basri débarque à Alger. Il s'installe dans une villa à El Biar, quartier résidentiel sur les hauteurs d'Alger. Le lendemain, il sollicite une audience de Boumedienne, qu'il croit pouvoir compter parmi ses alliés. C'est donc un homme qui ne doute pas de son succès prochain que rencontre Boumedienne. Le fqih Basri avait quitté Alger en catimini en 1968. Son influence s'étend à présent jusque dans l'antichambre des sphères dirigeantes du monde arabe, qu'il a su séduire par ses harangues et son sens de l'accommodement. Il tient sa revanche. Son retour annonce dans son esprit une nouvelle ère.

Au Maroc la situation s'est radicalisée. Plusieurs syndicalistes ouvriers ont été arrêtés[1]. Depuis janvier, grèves et manifestations se succèdent sur le campus universitaire de Rabat. Tandis que la police disperse sans ménagement les militants de l'UNEM, le siège du syndicat étudiant à Rabat est investi le 11 janvier et ses principaux dirigeants arrêtés[2]. Le 24 janvier, le gouvernement interdit l'UNEM.

En même temps qu'elle montre une tension croissante, cette agitation confirme la montée en puissance de la gauche marxis-

---

[1] Dont, le 15 décembre 1972, Noubir Amaoui, futur secrétaire général de la Confédération démocratique du Travail, CDT, syndicat lié à la future USFP, qui succédera à l'UNFP.

[2] Dont le président de l'UNEM, Abdelaziz Menbhi, arrêté le 8 janvier et le vice-président, Abdelwahed Belkébir le 12 janvier 1973.

te et son ascendant sur les étudiants. L'heure est à la révolution. Elle gagne les cœurs et enflamme les esprits. Syndicalistes étudiants et ouvriers en appellent à cette lutte armée qui ne peut que jaillir du chaos social et politique. Des propos dans lesquels affleure une violence diffuse, prête à éclater. Arguments et discours deviennent superflus. Abderrahim Bouabid a déjà entretenu le fqih Basri d'un risque de débordement à gauche : son cabinet assure la défense des militants gauchistes plongés dans la clandestinité et arrêtés en masse par la police. Pendant ce temps, certains officiers supérieurs ne font plus mystère de leur frustration et les commandants de région prennent ouvertement langue avec le Tanzim. Aussi, l'idée d'une opération armée susceptible d'entraîner l'aile gauchiste dans l'action et de mobiliser les forces armées royales germe depuis un certain temps dans l'esprit du fqih Basri. Les tentatives successives de coup d'Etat et l'activisme clandestin dans les universités viennent donner consistance à son projet insurrectionnel.

Poussés par cette conjoncture, les hommes commencent à affluer du Maroc, de France, de Hollande, de Belgique et d'Allemagne. Tous se déclarent prêts à se battre. Seule une initiative armée peut entraîner la fusion de ces forces révolutionnaires éparses. Un des nombreux militants anonymes exilés pour les besoins de la cause, se souvient encore de cette époque où tous les espoirs semblaient permis: « *J'ai été recruté à Oran par Lakhssassi. J'avais 22 ans lorsque je suis arrivé à Tripoli au début de l'année 1973. Après trois jours de debriefing dans la capitale libyenne, j'ai rejoint un camp d'entraînement. Mon entraînement terminé, le responsable qui suppléait alors à l'encadrement militaire, m'a pressenti pour rejoindre le Nord du Maroc*[3]. »

Le pouvoir répond en accentuant la répression. A l'aube du samedi 13 janvier 1973, les 11 aviateurs condamnés à mort par le tribunal de Kénitra sont passés par les armes. Avant de tomber sous les balles du peloton d'exécution, Le colonel Amokrane a le

---

[3] Entretien de l'auteur avec El Mohamadi.

temps de prévenir un de ses avocats présents à l'exécution : « *Préviens Omar Benjelloun, Elyazghi et Omar Khattabi, dis leur qu'on est désolés*[4]. »

Arrachés à leur cellule de la prison de Kénitra, le commandant Kouera et lui avaient été reconduits au centre de torture de Dar-El-Mokri. La reprise des séances de torture avec une sauvagerie redoublée a eu raison de leur résistance. Hassan II sait désormais qu'Oufkir n'était qu'un paravent dans la tentative de coup d'Etat des aviateurs. Quelques heures après, Elyazghi et Omar Benjelloun, ceux-là même que le colonel Amokrane avait tenté d'avertir de la menace qui pesait sur eux, reçoivent chacun un colis piégé. Elyazghi est grièvement blessé au visage. Omar Benjelloun, méfiant, découvre le subterfuge et désamorce la bombe dissimulée dans un livre. Omar Khattabi, lui, est enlevé.

Dimanche 25 février

Après avoir vainement attendu un signe d'Oran, Saât se résout à se rendre en Algérie. Son rendez-vous avec Mahmoud à Goulmima approche. Or, les hommes et le matériel attendus ne sont toujours pas parvenus à Figuig. El Mid l'accueille :

– *Les hommes ? Ils sont encore en Libye.*

– *Les armes ? Elles sont en route.*

– *Le matériel radio ? Il n'est pas encore prêt*[5].

La confusion s'installe. Saât réprime sa consternation, hésitant sur l'attitude à adopter. Prudent, il se contente de regagner Figuig. Après tout c'est là-bas que ça se passe. Ce qu'il ignore, c'est que le 3 février, sur ordre d'El Mid[6], El J'daini a devancé

---

4 Entretien de l'auteur avec Omar Khattabi.

5 Entretien de l'auteur avec Mohamed Ben Amara, alias Saât.

6 El Mid, s'il revendique l'ordre donné, apporte une autre version que celle consignée dans le procès-verbal du tribunal de Kénitra : « *Le coup n'a pas été fait par J'daini, mais par des gars infiltrés depuis l'Algérie, de plus il ne s'agissait pas d'attaquer mais de récolter des armes. La mort du policier était un dérapage.* »

tout le monde à Oujda. Son groupe a attaqué le poste de gendarmerie du deuxième arrondissement d'Oujda, tuant le policier de garde, et raflé l'arsenal. Avec les armes déjà acheminées par El Mid, l'ensemble des cellules d'Oujda est désormais armé jusqu'aux dents et attend...

Saât est à peine reparti qu'El Mid reçoit la visite de Bachir Figuigui. Les deux hommes se connaissent. La présence de Bachir Figuigui en Algérie n'est pas fortuite, l'homme semble en service commandé et vient s'enquérir d'éventuelles velléités armées de la part du fqih Basri. A l'évidence ses informations, bien qu'incomplètes, sont importantes.

Vraisemblablement à l'étroit dans son rôle d'agent double, Bachir Figuigui me servira une autre version : « *J'avais appris par un ami de la police que Mahmoud était rentré au Maroc et était sous surveillance*, me dira-t-il plus tard. *Un café de Casablanca lui servait de lieu de rendez-vous. J'ai essayé de le prévenir par l'intermédiaire de son frère Abdelwahed à Rabat et de Abbès Sebatta à Paris*[7]. » Derrière ces paroles convenues, inspirées par la duplicité du jeu politique, se profile une terrible réalité, qui mettra des années à apparaître aux yeux des militants sincères, mais pétris de certitudes idéologiques.

Bien qu'opposés politiquement, El Mid et Bachir Figuigui partagent la même origine tribale et la même ambition conspiratrice. Pour avoir noté ses frasques et son penchant vénal, Bachir sait El Mid plus sensible à l'intéressement personnel qu'aux articles de foi de la révolution. Selon El Farchi : « *El Mid m'a appelé pour l'accompagner lui et Bachir à Alger*[8]. » A Alger, Aït Kaddour est également mis en présence de Bachir Figuigui. « *Sans se démonter, il m'a parlé d'un ton plein d'assurance comme si c'était lui qui dirigeait les opérations,* se souvient-il, *il m'a même intimé l'ordre de m'en tenir aux choses administratives*[9]. » Dissimulant sa perplexité, Aït Kaddour se garde bien de

---

[7] Entretien de l'auteur avec Bachir Figuigui.

[8] Entretien de l'auteur avec Omar Nasser, alias El Farchi.

[9] Entretien de l'auteur avec Mohamed Aït Kaddour.

le contredire. Cependant, à la lumière des calculs et des ambitions cachées, le propos n'est pas dénué de sens. En effet, le fqih Basri redoutant l'influence du groupe de Figuiguiens et l'ascendant d'El Mid a probablement envoyé Aït Kaddour en Algérie pour faire contrepoids. Mais Aït Kaddour ne sera pas le seul à rencontrer Bachir Figuigui qui entreprend une véritable tournée dans la capitale algérienne[10].

Cette visite insolite d'un agent du pouvoir aux révolutionnaires établis en Algérie soulève la question de l'étendue du double jeu.

Jusqu'où certaines composantes du pouvoir à Rabat sont-elles au courant et laissent-elles faire ? Jusqu'où le fqih Basri utilise-t-il ces fuites pour influer sur l'armée et les forces de sécurité du ministère de l'intérieur ? Echanges d'informations et de services au gré de collusions d'intérêts conjoncturelles ?

La révolution nage dans les eaux troubles du contre-espionnage. Par le truchement de Bachir Figuigui c'est avec Dlimi que converse El Mid, aux ordres du fqih Basri. El Mid confirme : *« Le fqih Basri m'a demandé de faire venir Bachir Figuigui à Alger.* » L'intéressé précise : « *le fqih Basri m'a appelé en Algérie pour me demander de rejoindre son organisation*[11]. »

Quelle est la teneur du tête-à-tête entre le fqih Basri et Bachir Figuigui qui semble, à en croire El Mid, avoir eu lieu à Alger ? La révolution ne serait-elle qu'une manœuvre de diversion pour laisser le champ libre à Dlimi ? Derrière la révolution est-ce un nouveau projet de coup d'Etat qui s'esquisse ? Ne s'agit-il que d'un coup de bluff hasardeux destiné à provoquer une armée jugée trop timorée ?

---

[10] Il croise également le chemin de Benyahia et de Mohamed El Bahi. Journaliste et ami de Youssoufi, El Bahi mourra de maladie au Maroc en 1996, alors qu'il venait de prendre la direction du quotidien *Ittihad al Ichtiraki*.

[11] Entretien de l'auteur avec Bachir Figuigui. Il soutient également qu'un contact direct entre Dlimi et le fqih Basri a eu lieu au Caire sans en préciser la date.

Quand on connaît la connivence entre Dlimi et la nouvelle garde rapprochée de Boumedienne, on devine que Bachir Figuigui jouit à Alger de la bénédiction des services algériens. Kasdi Merbah[12], Draïa et même le ministre des affaires étrangères Bouteflika ont à plusieurs reprises manifesté leur sympathie envers certains éléments de l'armée marocaine. A commencer par Dlimi, que les dignitaires algériens considèrent comme un des leurs, depuis qu'ils le créditent d'une aide discrète mais efficace aux bases arrières du FLN au Maroc lors de la guerre d'Algérie. Le fqih Basri se rend-t-il compte que la bienveillance du pouvoir algérien est purement tactique ? Les Algériens ont fait leur choix. Excédé par l'interventionnisme de Khaddafi, Boumedienne l'a rencontré le vendredi 2 février 1973 en plein désert avec un message clair:

– *Tu t'occupes de l'est, moi je m'occupe de l'ouest* !

Pour l'ouest, Boumedienne penche en faveur d'un régime frère, c'est-à-dire une junte militaire. Seul Dlimi parait en mesure de réaliser un tel dessein.

A ce stade, Dlimi, le complice des virées de chasse de Moha Oulhaj, est plus que jamais dans l'ombre du Tanzim.

---

[12] Longtemps chef des services secrets algériens, Kasdi Merbah deviendra premier ministre en 1988 et sera assassiné en août 1993, après des négociations clandestines avec le Front Islamique du Salut tenues en Suisse.

Mars 1973

Jeudi 1er mars 1973

Le messager de Khénifra a les traits tirés lorsqu'il arrive le 1er mars aux aurores à Goulmima. Il a parcouru de nuit le trajet qui sépare Khénifra de Goulmima pour apporter un message de Moha Oulhaj :

— *Nous allons déclencher les opérations lors des festivités de la fête du trône, le samedi 3 mars* !

De Goulmima le message est relayé vers Tinghir chez Sidi Hamou et vers Amellago chez Mahmoud. La réponse de Sidi Hamou tombe le soir même :

— *Dites à Moha Oulhaj de tout stopper et d'attendre les ordres*[1] !

Ce jour, Abbès a quitté son cabinet plus tôt que d'habitude. Il rejoint Dahkoun à Casablanca. En cette fin d'après-midi, le tumulte de la vie urbaine se ralentit, une certaine quiétude nocturne alanguit la ville. La nuit est précoce en cette période de l'année. L'atmosphère est sereine et n'indique aucune disposition au drame. Ce contraste poignant emplit d'anxiété le cœur d'Abbès qui se sait à la veille d'un grand soir. En son for intérieur, il perçoit instinctivement que les jours qui se succéderont ne ressembleront plus jamais aux précédents.

Depuis quelques jours, El Mid a multiplié les appels téléphoniques de Paris, jusqu'à hier lorsqu'il a déclaré à Dahkoun :

---

[1] Information confirmée par les témoignages de Tourki Adi, Sidi Hamou et Louzi (recueilli par Ahmed Ouihmane).

— *Envoyez-moi des pantalons, juste quelques-uns, pour satisfaire mes clients, il me les faut pour le 3 mars*[2] !

Ce message, Dahkoun l'attend depuis longtemps. Cependant, il est surpris par la modération que semble réclamer El Mid : « *juste quelques-uns*» ! Abbès prend un air contrit pour marquer sa réserve. Il rechigne à utiliser son réseau « juste » pour faire un peu de bruit, comme semble le réclamer El Mid. Dahkoun, lui, qui n'en est pas à son coup d'essai, exécute l'ordre reçu. Après avoir acheté des montres pour monter un système de minuterie, Abbès suit Dahkoun dans un appartement où les attendent El Mouhtadi et deux de ses hommes. Le TNT est introduit avec du sable dans des cylindres. Gestes machinaux tant de fois répétés. Rien ne distingue cet exercice des séances de préparation, si ce n'est une fébrilité contenue.

Le dosage est mesuré de façon à éviter des blessés. Après délibération, Dahkoun et ses lieutenants tombent d'accord sur quatre cibles : deux à Rabat et deux à Casablanca. La finalité de l'opération est purement symbolique. Dahkoun ira même jusqu'à écrire des messages sur les bombes : « *cadeau à Hassan* ».

Avant de prendre congé, Dahkoun confie à El Mouhtadi une partie des armes réceptionnées par Abbès à Rabat. Le lendemain, dans la capitale, une bombe est déposée au centre culturel américain et une seconde dans une entrée secondaire du théâtre Mohamed V où doivent se dérouler, le lendemain, les festivités de la fête du trône. Les même gestes sont exécutés à Casablanca : une première bombe est placée sous la voiture du consul général américain, une seconde au premier étage de la maison d'Amérique. Un communiqué annonçant le dépôt des bombes est adressé à l'agence Reuter[3].

---

[2] Entretien de l'auteur avec M'Barek Bouderka, alias Abbès.

[3] Aucun des engins n'explosera. Selon Abbès, le voltage utilisé pour les détonateurs était insuffisant pour actionner la mise à feu. A l'audience du tribunal de Kénitra, Dahkoun laissera entendre que les fils des systèmes de mise à feux avaient été intentionnellement sectionnés. Cette seconde version accrédite l'idée que la police était au courant des attentats. Cf. *El Alam*, 30 juin 1973.

Vendredi 2 mars, Khénifra

De retour à Khénifra le 2 mars au soir, le messager de Moha Oulhaj rend compte du contre-ordre reçu à Goulmima. Décontenancé, Moha Oulhaj blêmit. Il vient de communiquer à Nemri l'instruction qu'il attendait depuis des mois pour pouvoir poursuivre au Sud et y réitérer ses exploits du temps de l'ALN-Sud :

— *Attaquez le poste des forces auxiliaires de Moulay Bouazza et emparez-vous du stock d'armes* !

Oumda s'emporte. Une vive discussion s'engage. Quelques éclats de voix plus tard, Moha Oulhaj et Oumda s'accordent pour partir sur le champ à Moulay Bouazza. En comptant le temps du trajet, ils devraient pouvoir y arriver avant le premier coup de feu. Moha Oulhaj et Oumda s'entassent avec trois hommes dans une Peugeot qui fonce à tombeau ouvert. Après une heure de route, ils atteignent la petite localité de Moulay Bouazza. Tout est calme. Aucun signe d'agitation ne laisse présager d'une attaque. Un des hommes présents dans la voiture, raconte : « *N'ayant pas trouvé Nemri et ses hommes, on en a déduit qu'ils n'étaient pas encore arrivés. On a refait quelques kilomètres en direction de Khénifra, puis Moha Oulhaj a arrêté la voiture au sommet d'une crête dominant les collines avoisinantes. Il a éteint le moteur et lancé des appels de phare dans la direction où devait surgir le commando*[4]. »

La suite est un enchaînement fatal. Un des guérilleros du commando dirigé par Nemri restitue la trame des événements : « *On était seize*[5]*, armés de fusils-mitrailleurs, à parcourir en pleine nuit les 30 km qui nous séparaient de Moulay Bouazza. La*

[4] Entretien de l'auteur avec Ahmed Bouyaqba.

[5] Il s'agit de Ali Ameziane (l'auteur du témoignage), N'Chabi (Mohamed El Wahi) formé en Syrie, Hadidou, Mohamed Ali (Moha Ou Ali), Mohamed Ben Salah (Akka Ben Salah), Ouha Ben Rakia, Mouha Ou Akka, Ahmed Ben Salah et Mahrouk (Amahrouk Ameziane). On compte aussi Nemri et les 5 lieutenants de Mahmoud : Sabri, Askour, Nassiri, Aït Ami et Ba Amrani. *Source. Arrêt du tribunal de Meknès, No 76/130.*

veille au soir, Nemri avait rassemblé les hommes chez moi pour un dîner. A l'issue du repas, il nous a annoncé son intention d'attaquer Moulay Bouazza la nuit même et nous a assigné nos tâches respectives. » L'ex-guérillero poursuit : « *A un ou deux kilomètres de Moulay Bouazza nous avons vu la lumière phosphorescente des phares d'une voiture jaillir de la nuit. Elle se dirigeait vers Khénifra. Ignorant qu'il s'agissait de Moha Oulhaj nous nous sommes mis à couvert. Le véhicule disparu, nous avons poursuivi jusqu'à Moulay Bouazza. Là, le commando s'est séparé en trois groupes. Un premier groupe a pris position sur les voies d'accès, un second groupe a coupé les communications téléphoniques et le troisième a encerclé le poste des forces auxiliaires. Selon nos informations, les armes étaient entreposées dans un autre dépôt. Il nous fallait capturer le brigadier de garde pour localiser l'endroit. Le poste disposait d'une porte de chaque côté du bâtiment. Nemri a frappé. Faute de réponse, il a fait feu sur la serrure pour forcer l'entrée. Les hommes qui tenaient l'issue opposée interprétèrent ces coups de feu comme une riposte des occupants du poste. Lorsque le brigadier, paniqué, ouvrit la seconde porte, située à l'opposé du bâtiment, pour s'enfuir, il fut abattu sur place par Aït Ami*[6]. »

Le brigadier réduit au silence, Nemri et ses hommes se lancent dans une fouille frénétique des lieux pour trouver des éléments leur permettant d'identifier l'emplacement du dépôt d'armes. Sans succès. L'aube pointant, Nemri donne l'ordre du repli. Au même moment, deux bombes explosent à Khénifra. Mais les tracts sont restés dans les cartons ; probablement en raison du contre-ordre. Le bilan de l'attaque sur Moulay Bouazza durant la nuit du deux au trois mars : un acte manqué.

Samedi 3 mars, Amellago

Le 3 mars, Mahmoud et ses lieutenants sont rassemblés autour d'un méchoui chez le moqaddem d'Amellago, agglomé-

---

[6] Entretien de l'auteur avec Ali Ameziane.

ration de ksars tapie au pied d'une crête argileuse. Prévenus la veille de l'arrivée du chef de cellule retardataire, enfin arrivé d'Imilchil, ils ont quitté leur repaire montagnard.

Les guérilleros devisent avec les chefs de cellule des caractéristiques du terrain pour peaufiner leur technique de guérilla. Leurs discussions sont interrompues par l'irruption d'un garde annonçant l'arrivée d'un messager. Contrairement aux ordres, l'homme arrive en plein jour, et qui plus est, par la route principale. Un tel comportement laisse présager une urgence. La nouvelle du messager cloue Mahmoud sur place :

— *Nemri s'apprête à passer à l'action* !

La scène qui suit, décrite par le moqaddem qui accueille chez lui les révolutionnaires, s'apparente à une saisissante évocation biblique. Mahmoud est entouré de douze compagnons pour partager le repas du soir[7]. Au milieu du cercle, s'élève le fumet d'un mouton rôti à l'occasion de la fête du trône. Parmi ces hommes, un traître. Le repas n'est pas terminé que la radio annonce l'attaque de Moulay Bouazza. La nouvelle fige l'assistance dans un silence empli de consternation. Les hommes sont stupéfaits, Mahmoud lui, est atterré. Son sourire ingénu, témoignage si rassurant de son ardeur bienveillante, s'est figé dans une gravité soudaine. Les yeux des convives convergent vers lui, scrutent l'expression de son visage comme pour présager la suite des événements. De longs regards chargés d'un mélange d'indignation et de peur que les bouches ne parviennent plus à expulser.

Ce déclenchement isolé compromet les plans patiemment échafaudés depuis des mois. Obligé d'accepter les conséquences de cette folie, Mahmoud tente d'en mesurer la portée. Depuis quelques semaines, il a entamé une réorganisation des cellules clandestines, du recrutement, des ressources et de l'armement,

---

[7] Sont présents ses lieutenants rentrés avec lui depuis l'Algérie (Si Brahim, Seghir, Najjar, Farix et Slimane El Alaoui) et les dirigeants des cellules de la région (Adi Shan, Oumherir, Skou Akader, Ouskounti, Saïd Oukhouya, Mouha Ouhamou et Si Hamou Ala).

qui est loin d'être achevée. Si les cellules d'Amellago doivent être opérationnelles d'ici quelques jours, celles d'Imilchil nécessiteront encore du temps avant d'avoir assimilé les principes de la guérilla.

Certes, ils connaissent les moindres détails du terrain : le cantonnement des forces auxiliaires, leur effectifs, l'inventaire de l'arsenal, le détail du bâtiment qui abrite l'adjoint du caïd, le local de la radio, etc. Mais ils ont perdu l'essentiel : l'effet de surprise. Désormais, la garde des dépôts d'armes a certainement été doublée et la chasse aux guérilleros ouverte.

– *Qu'allons nous faire maintenant* ? Interroge Najjar d'une voix neutre qui brise le silence, meublé par le crépitement, tout à coup si lointain, de la radio.

Le regard des convives se fait plus insistant, accroché à la réponse de Mahmoud qui s'élève lentement :

– *Il faut attendre que ça se calme et garder notre sang froid. Inutile de compromettre d'avantage nos plans. Avec un peu de chance, la réaction du pouvoir restera concentrée sur Khénifra*[8].

Mahmoud a répondu lentement, détachant ses paroles, en considérant tour à tour chacun des convives présents, comme pour imprégner en chacun d'eux le caractère irréfutable de sa décision. Des hochements de têtes successifs saluent ses propos. Leur hôte étant le moqaddem d'Amellago, c'est-à-dire le représentant local du ministère de l'intérieur, les autorités ne suspecteront pas son domicile d'abriter des guérilleros.

Mais le moqaddem d'Amellago rapporte qu'en privé Mahmoud avoue son dépit en s'accusant de négligence :

– *Tout est foutu et c'est de ma faute, je n'aurais pas du laisser le champ libre à une action isolée*[9]!

Un silence pesant plane sur le reste du repas. S'ils devaient être condamnés à mourir, autant que ce ne soit pas en vain.

---

8 Entretien de l'auteur avec Adi Shan.

9 Entretien de l'auteur avec Adi Shan.

Mahmoud envoie deux agents de liaison récupérer les armes laissées dans la montagne pour les mettre en lieu sûr chez le cheikh de Lahroun. Puis il ordonne à Najjar de se préparer à partir pour Imilchil la nuit même. Najjar est un fidèle. Mahmoud l'a choisi pour ses talents de survie et son ardeur sans cesse en éveil. A présent, il attend de lui qu'il repousse les limites du possible. Aussi est-ce avec une gravité singulière qu'il l'entretient du dispositif à mettre en place à Imilchil.

A minuit, Najjar, Seghir et Si Brahim quittent la maison du moqaddem sous la conduite des deux chefs de cellule d'Imilchil, suivis de mulets chargés d'armes, de chargeurs, de grenades et de munitions. Ils longent la colline éclairée par les lumières du village, puis disparaissent, happés par la nuit. Un froid subit imprègne l'air limpide qui laisse entrevoir le scintillement des étoiles au-dessus de leurs têtes. Les armes et les munitions ralentissent leur progression. La route est longue et un vent glacial balaie la neige. Celle-ci, soulevée par les bourrasques, réduit la visibilité et emporte le bruit de la respiration hâtive et saccadée de Najjar et ses compagnons. Au bout de quelques kilomètres, le souffle du vent s'estompe faisant place à une nuit de silence.

Lorsque les premiers éclairs de l'aube les surprennent au détour d'une fatigue lancinante, ils se cachent dans les puissants reliefs du mont Asoul. Pendant ce temps, un de leurs guides s'éloigne pour réapparaître les bras chargés de pains, recueillis auprès d'un relais. La seconde nuit, Najjar et ses compagnons atteignent les environs de Tana pour toucher au but, au terme de leur troisième nuit de marche.

Dimanche 4 mars, Amellago

Les deux agents de liaison mandatés par Mahmoud pour récupérer les armes laissées à la grotte se sont acquittés de leur mission. L'un d'eux raconte : « *Arrivé à Lahroun, le cheikh m'a demandé de descendre à Goulmima pour récupérer des équipements de haute montagne. En même temps, il a envoyé l'autre camarade chercher des jumelles et un poste de radio laissés à la grotte*[10]. »

C'est l'instant où les vocations hésitantes, balancent entre la loyauté et la trahison. Chez Oumherir, le deuxième agent de liaison envoyé par Mahmoud, la détermination des premiers instants cède : son esprit se laisse submerger par les calculs qu'inspire la peur aux caractères versatiles. Il franchit la frontière de la lâcheté. Mahmoud, prudent, veillait toujours à envoyer les militants clandestins par groupe de deux. Leur méfiance mutuelle valait toutes les garanties. Le cheikh de Lahroun, se fiant sans doute d'avantage aux vertus de la solidarité tribale, ne jugea pas cette précaution nécessaire. Envoyé seul, Oumherir se rend tout droit chez l'adjoint du caïd d'Amellago et lui présente son arme en déclarant :

— *Ils m'ont envoyé pour te tuer, ils sont dans la maison du moqaddem* !

Pris de panique, l'adjoint du caïd appelle aussitôt le super caïd de Goulmima pour demander l'intervention d'une brigade armée. A cours d'effectifs, celui-ci contacte le gouverneur de Ksar es-Souk, déjà mis en état d'alerte par l'attaque sur le dépôt de Moulay Bouazza. Il obtient de lui, sur-le-champ, l'envoi d'un détachement des forces auxiliaires stationnées à Rich.

« *Arrivé chez un militant clandestin à Goulmima*, poursuit le premier agent de liaison envoyé par Mahmoud, *celui-ci m'a présenté un camarade de Kelat N'Kerdous, qui m'a remis des sacs contenant des djellabas, des ceinturons et des sacs militaires. J'ai quitté Goulmima le 4 mars au soir*[11]. » L'agent de liaison n'arrivera pas à Amellago. Il est dépassé à mi-chemin par un convoi militaire. Quelques centaines de mètres plus loin, une Jeep, phares éteints et moteur coupé, lui barre la route. Mis en joue et interrogé, il prétexte du souk du vendredi pour justifier sa cargaison. Mais, alors qu'il s'apprête à enfourcher son mulet, il est trahi par les tracts contenus dans le revers du capuchon de sa djellaba.

---

[10] Entretien de l'auteur avec Ali Ouskouni.

[11] Entretien de l'auteur avec Ali Ouskouni.

Lundi 5 mars, Figuig

De retour à Figuig, Saât reçoit le 2 mars, la visite d'un messager d'El Mid :

— *El Mid veut te voir, il t'attend à Oran* !

Son rendez-vous avec Mahmoud étant prévu le surlendemain, Saât décide de reporter son déplacement à Oran. Même si des armes et des hommes sont prêts à rentrer, il lui faut refaire le point de la situation avec Mahmoud, se dit-il. Mais le lendemain, la nouvelle de l'attaque de Moulay Bouazza l'atteint de plein fouet. Un officier des FAR sympathisant se rend en personne chez lui pour le mettre en garde :

— *Fais sortir les gars avant qu'il ne soit trop tard* !

Dans la confusion, Saât envoie un autre officier des FAR[12], membre actif du Tanzim celui-là, à Khénifra pour s'enquérir de la situation. Puis, il dépêche deux hommes pour vérifier l'état de surveillance à la frontière. Le caractère alarmant des informations qui lui parviennent le convainc de l'utilité d'avertir l'état-major en Algérie.

Sitôt en présence d'El Mid à Oran, Saât expose les faits avec fébrilité :

— *Il faut passer par Taous, la frontière à Figuig est devenue trop risquée.*

Mais El Mid ne témoigne qu'un intérêt lointain pour l'état des points de passage.

— *J'ai reçu un message de Rabat, tu es recherché et dois quitter le pays.*

Désorienté par une requête aussi inattendue, Saât cherche à comprendre. Dans la confusion des sentiments contradictoires qui le submergent, il tente de parer au plus urgent :

— *Il faut tout de suite surseoir aux opérations en cours pour éviter les risques de dérapage*[13] !

---

[12] Ouazzane Belqacem, porté disparu depuis.

[13] Entretien de l'auteur avec Mohamed Ben Amara, alias Saât.

Accablé d'incertitudes, Saât regagne Figuig le lendemain, 5 mars, pour découvrir la région quadrillée et la frontière sous haute surveillance. Les Forces auxiliaires et les unités spéciales de la gendarmerie investissent Figuig et retournent le sol à coups de pelleteuses tombant sur plusieurs caches d'armes. 39 armes automatiques sont saisies, dont 17 fusils-mitrailleurs et plusieurs caisses de munitions. Saât reconnaîtra parmi les officiers de gendarmerie un homme auquel l'uniforme ne sied guère. C'est un agent de liaison, envoyé deux mois auparavant par Louzi pour procéder aux repérages précédant l'entrée de Mahmoud et ses hommes. L'homme est un agent double, il a averti les autorités de l'entrée des révolutionnaires. Le rendez-vous manqué de Meski que Mahmoud tint pour une erreur de calendrier était en fait une première tentative pour faire avorter l'opération. Qui plus est, l'individu n'est pas un inconnu pour Saât. C'est chez lui que fut entreposée une partie des chargements d'armes que Saât acheminait dans l'Atlas du temps où il était adjoint du caïd de Goulmima. Mais, le receleur avait le sens des affaires plus développé que la fibre patriotique. Il monnaya les armes, un fusil contre une chèvre, jusqu'à se constituer un cheptel.

Martyre d'un révolutionnaire

Alors que la nuit a succédé au soir, le lieutenant Ou Arji arrive à Amellago à la tête de son détachement. Les premières heures du 5 mars sont à peine entamées. Ancien de l'armée coloniale, le lieutenant a gagné du galon dans les forces auxiliaires. Comme à Figuig, les unités dépêchées émanent des forces auxiliaires et des unités spéciales de la gendarmerie.

La maison du moqaddem d'Amellago jouxte un réduit à forage où se trouvent Mahmoud et ses compagnons. Le périmètre est immédiatement encerclé. Le bruit de bottes des soldats sort le moqaddem de son sommeil. Croyant entendre les pas des agents de liaison envoyés à la grotte, dont le retour est attendu depuis la veille, il se lève et sort. A peine franchi le seuil de la maison, il est ceinturé et emmené par les soldats. Réveillée par le bruit, la femme du moqaddem donne l'alerte. A l'intérieur du bâtiment, Mahmoud et deux de ses compagnons, Slimane El Alaoui et Farix. Les trois hommes se mettent immédiatement en position de tir. En un clin d'œil, ils prennent conscience de la situation. Trahis et pris au piège, il ne leur reste aucune issue possible. Ces hommes aguerris, prêts à mourir pour leurs convictions, découvrent l'énergie du désespoir.

Il faudra 5 heures d'une bataille meurtrière aux forces auxiliaires pour en venir à bout. Redoutant cette issue, le lieutenant Ou Arji a d'abord tenté de s'épargner le risque d'un affrontement direct en chargeant un conseiller communal, un ex-résistant, de négocier une reddition. L'homme n'a pas terminé son chapelet de formules faussement apaisantes, qu'il est mis en joue par Mahmoud :

— *Tu as dix secondes pour détaler si tu veux rester en vie !*

Le conseiller communal a à peine tourné les talons que les guérilleros ouvrent le feu sur les assaillants qui s'évanouissent de leur champ de mire. Le lieutenant Ou Arji ordonne aussitôt à ses hommes de riposter. Le crépitement des mitraillettes déchire le silence matinal, soulevant un nuage de poussière. Les premiers rayons illuminent à peine l'aube qui fulmine dans la cour.

Un soldat touché de plein fouet tombe la tête la première dans une *seguia* (canal d'irrigation). Farix est blessé à la jambe. Les tirs font rage, lorsqu'une fumée s'échappe de l'intérieur de la maison du moqaddem. Sur instruction de Mahmoud, la femme du moqaddem a mis le feu au sac d'argent et aux documents qu'il lui a confiés.

A mesure que les épaisses tâches de fumée se dissipent, le lieutenant Ou Arji se rend à l'évidence : un assaut frontal est voué à l'échec. Retranché derrière une fenêtre du bâtiment, Farix couvre ses deux compagnons, postés en embuscade à l'extérieur, empêchant toute tentative d'encerclement. Exposé au feu meurtrier de Mahmoud et de Slimane El Alaoui, ses rangs, de plus en plus épars, risquent un carnage. Résolu à en venir à bout avant l'arrivée des renforts, il tente de prendre les assiégés à revers et ordonne à ses hommes d'escalader le bâtiment par l'arrière. Mais la tentative échoue. Ses hommes essuient les balles de Mahmoud et de Slimane El Alaoui. Au vu des pertes subies, le lieutenant Ou Arji comprend qu'il est préférable de temporiser et d'économiser ses forces. Mettant ce répit à profit, Mahmoud et Slimane El Alaoui se replient dans la maison.

Aussitôt à l'abri, Mahmoud exhorte la femme du moqaddem :

— *Nous allons mourir, mais toi, tu dois vivre pour tes enfants, prends tes deux fils et sort, il ne t'arrivera rien* !

Pour s'assurer de s'être bien fait comprendre, Mahmoud demande à Slimane El Alaoui de traduire ses propos en berbère : le répit ne va pas s'éterniser c'est maintenant ou jamais ! Hésitante, la femme enveloppe ses deux enfants de ses bras et se présente sur le seuil de la porte. Une voix au loin lui ordonne de suivre sa direction. Arrivée à hauteur de l'homme qui l'interpellait, elle découvre un jeune soldat qui lui indique le lieutenant Ou Arji du doigt :

— *Il veut te parler.*

En présence de la femme, le lieutenant lui lance, excédé :

— *Combien sont-ils à l'intérieur ?*

— *J'en ai vu trois*, répond-elle.

D'un geste las, le lieutenant fait signe à un soldat d'escorter la femme jusqu'au bureau de l'adjoint du caïd. « *Quand je suis arrivée au bureau, les coups de feux ont repris* », se souvient la femme du moqaddem.

En prison, avant son exécution, Farix a raconté au moqaddem les derniers instants de ses camarades. « *A dix heures, le lieutenant a redéployé ses hommes et lancé une seconde offensive sur la maison. Mahmoud et Slimane se sont postés à l'extérieur de la maison, l'un en embuscade derrière le puits, l'autre dans une petite tranchée. Moi, handicapé par ma jambe blessée, je les couvrais, posté derrière une fenêtre. Le lieutenant a été blessé et plusieurs de ses hommes touchés. Au bout d'une heure, Mahmoud fut mortellement touché et s'est effondré derrière le puits. Slimane l'a traîné à l'intérieur de la maison. Touché à plusieurs reprises, il est mort quelques minutes plus tard dans l'embouchure de la porte. A court de munitions et sans défense, j'ai finalement été maîtrisé*[14]. »

Les hommes du ksar sont mobilisés pour ramasser les blessés et les morts. Au moins cinq soldats ont été tués et une quinzaine blessés[15]. « *La violence du second accrochage fut telle*, se rappelle un soldat, *que le commandant des forces auxiliaires avait décidé d'envoyer des hélicoptères à Amellago pour attaquer le réduit par air. Alors, le lieutenant Ou Arji, qui s'est fait un point d'honneur de venir à bout de Mahmoud avant une intervention aérienne, a déclenché la seconde offensive en ordonnant un feu à volonté*[16] ». Les anciens élèves de l'école primaire d'Amellago s'en souviennent encore : les corps inertes de Mahmoud et Slimane El Alaoui étaient allongés dans l'unique salle de classe, recouverts d'une couverture. Adossé dans un coin, sous la surveillance d'un soldat, Farix, exsangue, portait son regard vide sur l'horizon, au-delà de l'entrebâillement de la porte.

Les feux de la rampe

Si le chaos peut se concevoir, Aït Kaddour, Benyahia, El Mid et le fqih Basri, tous présents à Alger, peuvent en témoigner : un concert de courage et d'égoïsme, de rêve de justice et d'opportunisme, de vision politique et d'aveuglement idéologique, le tout débouchant sur une agitation désordonnée. Cet emportement fait la démonstration d'une absence totale de cohésion. Abderrahim Bouabid, lui, a débarqué à Paris au premier coup de feu et s'est installé dans une studio de la rue Mouffetard près de chez Mehdi Alaoui. Benyahia se souvient avoir rédigé de Paris

---

14 Entretien de l'auteur avec Adi Shan.

15 Les autorités ne reconnaîtront qu'un mort et trois blessés du côté des forces de l'ordre. *El Alam,* 26 juin 1973.

16 Entretien de l'auteur avec un témoin ayant requis l'anonymat.

un communiqué avec l'aval de Abderrahmane Youssoufi pour revendiquer le déclenchement des hostilités au nom d'un groupe distinct du parti : « *Je me suis retrouvé avec Taieb Bennani à la terrasse d'un café à la butte Montmartre. Ensemble, on a rédigé un communiqué de quelques lignes, aussitôt télégraphié à la radio de Tripoli*[17]. » Le texte, antidaté et intitulé « communiqué de Meknès », réclame la paternité des opérations au nom d'un front national de Libération. Peu après, Benyahia s'envole pour Alger.

A Alger, l'heure est encore à l'euphorie. Fidèle à sa méthode, le fqih Basri imprime sa marque de façon à ce que l'opération s'accorde à ses desseins. Il envoie des émissaires dans diverses capitales arabes amies pour leur demander de concrétiser leur soutien politique. « *Certains en étaient déjà à deviser sur les détails du drapeau national et de l'hymne patriotique* » se rappelle un témoin. La révolution s'est muée en parade où le talent consiste à se frayer un chemin jusqu'au premier rang. Des armes et des munitions sont acheminées précipitamment sur Alger. Khaled témoigne : « *Arrivé de Libye le 6 mars, je me suis retrouvé dans un appartement du centre d'Alger avec plusieurs hommes. Tous avaient été entraînés en Libye et étaient destinés à fournir la force de frappe pour les opérations dans la zone Nord. D'autres hommes encore étaient cantonnés dans une résidence à Hydra. Nous étions tous tenus au secret*[18]. »

En fait des instructions laissées par Mahmoud chez Sahir, Khaled reçoit la visite d'El Mid, Benyahia et Aït Kaddour. Ils ne parlent plus de révolution mais d'un coup d'éclat sur Oujda. Les allers et retours entre Khaled et le fqih Basri se multiplient. Khaled n'en démord pas. Une opération ponctuelle sur Oujda suivie d'un repli sur le territoire algérien lui paraît une pure folie.

Comme souvent dans ce genre de situation, le commandement, emporté par l'énergie du verbe, est pris d'une folie de victoire élu-

---

[17] Entretien de l'auteur avec Mohamed Benyahia.

[18] Entretien de l'auteur avec M'Hamed Touzani, alias Khaled.

dant les difficultés techniques. Leur enthousiasme n'entend pas se laisser ternir par quelques colportages alarmistes. Les dirigeants du Tanzim à Alger se transforment en trafiquants de fausses nouvelles et décident d'un massacre en rêvant d'une victoire.

Bien qu'il ne soit pas en état d'apprécier la situation sur le terrain, Khaled est suffisamment avisé pour comprendre qu'une infiltration en territoire marocain nécessite une base de repli sur place et non en Algérie. Faute de quoi, les FAR n'auraient qu'à boucler la frontière avec l'aide des Algériens pour prendre ses hommes au piège. Khaled est un homme de discipline, certes, mais les ordres reçus de l'état-major ne satisfont plus la foi profonde qui avait fait de lui un révolutionnaire.

Saât, replié sur Oran, est également mis à contribution pour fournir des plans détaillés des caches d'armes et des points de passage. «*J'avais beau leur dire qu'à l'intérieur l'organisation avait été infiltrée et que l'armée était au courant ; rien n'y fit* », rapporte-t-il[19].

Les ordres sombrent dans la confusion, témoins d'une direction déchirée et aux abois. Dépourvu de moyens réels, ce qui reste du commandement de la révolution devient un bâtisseur d'utopie. Au bout d'un mois d'une attente inutile, les hommes commencent à plier bagages et à retourner en Europe.

Le raid sur Oujda n'aura pas lieu.

Mardi 6 mars, Sountat

L'aube rattrape le groupe de Najjar aux abords de Sountat. Elle pointe timidement, éclairant la légère brume matinale qui enveloppe la plaine. Autour, le relief flou et changeant du massif montagneux retrouve ses contours à mesure que les derniers lambeaux de brume s'effacent. Après leur harassante marche forcée, Najjar, Seghir, Si Brahim et les deux chefs du Tanzim d'Imilchil ne sont pas mécontents de toucher au but.

---

[19] Entretien de l'auteur avec Mohamed Ben Amara, alias Saât.

Perché au flanc d'une colline à plus de 2 500 mètres d'altitude, Sountat est un ksar lové dans une large vallée dont l'embouchure conduit vers Imilchil. Après avoir installé ses compagnons dans la maison de fortune qui lui tient lieu de domicile, un des responsables locaux, part en reconnaissance. Une heure passe. Lorsqu'il réapparaît, c'est pour conduire ses compagnons dans une autre maison où les attendent des militants clandestins. Najjar fait le compte des hommes et des armes à disposition. Puis, il décide de gagner la montagne qui surplombe le centre administratif d'Imilchil. De là, ils pourront procéder à une reconnaissance du terrain et organiser les militants en commandos. Alors que les guérilleros devisent de l'objectif à frapper, (le poste des forces auxiliaires d'Imilchil), une agitation singulière gagne le ksar. Le chef de cellule envoie un des militants présents en reconnaissance. Le jeune homme est de retour quelques minutes plus tard :

— *Les forces auxiliaires sont à notre recherche* !

Transi de peur, il s'enfuit pris de panique, imité par plusieurs hommes de l'assistance. Najjar et ses compagnons prennent position pour parer à toute attaque et envoient la femme d'un militant en quête d'informations plus précises. Elle revint peu après pour leur annoncer qu'un accrochage est survenu à Amellago. Plusieurs hommes ont été tués, d'autres ont été arrêtés. Ils ont vraisemblablement parlé et révélé leur présence à Imilchil. La femme est terrifiée. Après avoir éclairci au moyen de questions simples et précises ses propos confus, Seghir s'efforce de la rassurer et la renvoie pour se renseigner sur les mouvements des forces de l'ordre. A son retour, elle leur dresse un tableau pessimiste.

— *L'adjoint du caïd a mobilisé les forces auxiliaires et s'apprête à fouiller le village de Sountat après avoir passé Tinghighasht au peigne fin. Plusieurs hommes ont déjà été arrêtés.*

En restant à Sountat, les guérilleros risquent l'encerclement. Un affrontement au village provoquerait un bain de sang. Najjar décide de se replier dans la montagne. Par chance, la maison où ils se trouvent est située à la lisière du village. Najjar et ses compagnons s'esquivent par une porte dérobée et, sous le soleil de midi, se dirigent vers la montagne. Ils n'ont pas parcouru un kilomètre que les forces auxiliaires sont sur leurs talons. De loin, un moqaddem leur signifie l'ordre de se rendre.

— *Rendez-vous, nous exécutons les ordres malgré nous* ! leur lance-t-il.

Il s'agit d'un détachement d'agents auxiliaires locaux, suffisamment au fait du Tanzim pour en être les complices passifs. Mais Najjar et ses compagnons ouvrent le feu. Surpris, les poursuivants s'enfuient comme une nuée de sauterelles. Ils étaient armés de simples fusils, ce qui réduisait leur capacité de riposte. Leur déroute permet au commando de gagner les hauteurs du Mont Amalou Sountat.

Mais le répit est de courte durée.

Dés 16h, une nuée d'hélicoptères se détache dans le ciel immaculé annonçant l'arrivée de renforts. En quelques minutes, les appareils se posent en éventail en contre bas du massif montagneux dégurgitant des grappes de soldats des forces d'intervention spéciales, dépêchées de Ksar es-Souk et de Rich.

Entre temps, Najjar et les siens ont poursuivi leur escalade jusqu'à occuper le sommet de la montagne à plus de 3000 mètres d'altitude. De là, ils surplombent la vallée et contrôlent tous les flancs du massif montagneux. En fin de journée, les unités spéciales entament leur offensive, tandis que les hélicoptères survolent la zone. Mais de leur position, Najjar et ses compagnons sont indélogeables. Les soldats tenteront plusieurs assauts infructueux au prix de lourdes pertes. Saïd Outama, un potentat local, qui sévissait déjà au temps du protectorat, dirige les opérations de représailles en tyran avisé. Saïd Outama n'est pas à la recherche d'un exercice de bravoure. Mais, emporté par son zèle répressif, il se précipite au devant de son destin et trouve la mort, abattu par les révolutionnaires.

Lorsque le soleil entame sa descente derrière la crête, le groupe de Najjar continue contre toute attente de résister. Pressentant une tentative d'encerclement, Seghir propose d'évacuer. Pour que leur repli ait une chance de succès, il leur faut attendre la tombée de la nuit et économiser les munitions. Les révolutionnaires acquiescent et chargent Seghir de couvrir sous son feu une brèche dans la montagne qui leur permettrait de gagner une vallée latérale. Le massif est une enfilade de vallées rendant toute recherche fastidieuse. Avec un peu de chances, ils pourront rejoindre un point de repli dans la région.

Pourtant, au moment d'évacuer, Seghir ne donne plus aucun signe de vie. Najjar le cherche du regard. Il est invisible. Le croyant blessé, il rampe dans sa direction. Rien. Par mesure de précaution, Najjar et ses compagnons décident de partir dans la direction opposée. Ils traversent une nuit glaciale, marchant jusqu'à l'aube tenaillés par le froid, la faim et la soif. Au loin, des fusées éclairantes projettent un feu d'artifice qui illumine la montagne.

La région est désormais cernée. D'autres renforts sont en route depuis Marrakech et Ouarzazate. Lorsque les premiers reflets de l'aube pointent au sommet des crêtes, Najjar et ses compagnons ont déjà parcouru une trentaine de kilomètres. Le silence s'est installé sur un paysage lunaire baigné d'une lumière diffuse, où le temps semble suspendu. Les guérilleros en déroute trouvent refuge dans un hameau de bergers à l'embouchure du massif Amalou. Le douar s'appelle Taghighasht.

Vendredi 9 mars, Tinghir

La nouvelle de la mort de Mahmoud ébranle les cadres de la guérilla à Tinghir. Avec lui c'est l'inspirateur des plans d'attaque patiemment répétés depuis des semaines qui disparaît. Repliés dans le relief accidenté des gorges du Todra depuis l'annonce de l'attaque de Moulay Bouazza, les révolutionnaires cèdent à un moment de confusion. La montagne est totalement enneigée et isolée. Sidi Hamou ne s'est pas manifesté depuis trois jours. Quant à Houceine Aït Zeid, son bras droit, il s'est réfugié dans une grotte avec plusieurs membres de sa tribu.

« *Ils m'ont envoyé leur agent de liaison pour convenir d'une entrevue dans la montagne pendant la nuit*, se souvient un chef de cellule. *J'ai pris mon arme et les ai rejoint à l'endroit indiqué. Il faisait froid et humide. Le vent soufflait très fort. Une disposition convenue des pierres au bord du chemin indiquait leur présence. J'ai sifflé et ils sont apparus*[20] . »

S'ensuit une entrevue houleuse. Bouzyan et Othmani, deux lieutenants de Mahmoud, sont impatients d'agir. Le chef de cellule, qui sait ce qu'une action isolée peut entraîner de représailles, s'y oppose, soutenu par Dahmane Saïd et El Jazzar, deux autres cadres de la guérilla. Le différend manque de tourner à l'affrontement. Bouzyan et Othmani perdent patience. Le temps n'est plus aux conclaves. La suite des événements va trancher. Un militant témoigne : « *J'ai su plus tard par un proche qui participait aux opérations de police qu'un détachement des forces de l'ordre avait opéré plusieurs descentes à Tinghir sans rien trouver. Leur seule source d'information était Oumherir, le traître d'Amellago, qui a bénéficié de quelques indiscrétions de Louzi. Suite de quoi, un ordre est venu de l'état-major à Rabat de faire une dernière fouille et de se replier à Aïn Chair pour surveiller la frontière. C'est lors de cette ultime opération de recherche qu'ils ont retrouvé la trace de Houceine Aït Zeid et de deux de ses frères*[21]. »

Le lendemain 10 mars à 5h du matin, les forces de l'ordre encerclent une grotte. S'ensuit un violent accrochage à l'issue duquel, Larbi, un des frères de Houceine Aït Zeid, et un des assaillants sont mortellement touchés. Houceine Aït Zeid est finalement neutralisé tandis qu'Omar, son second frère, parvient à prendre la fuite. Mais ce n'est qu'un répit éphémère : il est rattrapé par ses poursuivants une semaine plus tard[22].

Le jour même, Sidi Hamou retrouve dans les gorges du Todra les guérilleros en proie à leurs divergences. Après délibération,

---

[20] Entretien de l'auteur avec Tourki Adi.
[21] Entretien de l'auteur avec Tourki Adi.
[22] Il sera condamné à 20 ans de prison au procès de Kénitra.

ils conviennent que Dahmane Saïd et Jazzar iront à Azilal pour y former un commando avec les militants locaux. Bouzyan, Othmani, El Melki et lui-même feront de même au-dessus de Tinghir. Leur jonction est prévue dans 6 jours.

Le jour venu, Sidi Hamou est contacté par le messager du second groupe. Alors que Sidi Hamou et ses hommes se rendent au rendez-vous à la tombée du jour, un bruit de mitraillette déchire l'air. C'est un piège. Sidi Hamou et Bouzyan qui ouvrent la voie se jettent à terre esquivant une gerbe de balles qui s'abat sans distinction sur le chemin caillouteux. El Melki et Othmani, en retrait, ripostent d'un geste machinal. Un soldat embusqué, touché de plein fouet, tombe de la falaise. Sidi Hamou et Bouzyan se déploient sur les côtés pour prendre leurs agresseurs sous un feu croisé et desserrer l'étreinte. L'accrochage durera une vingtaine de minutes, au terme desquels les forces auxiliaires sont mises en déroute. L'officier dirigeant l'unité armée postée en embuscade est tué lors de l'échange de coups de feu, si bien que ses soldats, privés de commandement, préfèrent se replier.

Profitant de cet avantage, Sidi Hamou et ses hommes prennent la fuite en gagnant la montagne.

Les desperados

La révolution orpheline

Moha Oulhaj sera la première victime de son empressement. N'ayant pu interrompre l'attaque de Moulay Bouazza qu'il a prématurément déclenchée, il subit les conséquences d'un enchaînement fatal. Les incessants appels de phare actionnés pour alerter le commando de Nemri ont vidé la batterie de sa voiture qui refuse alors de redémarrer. Ce coup du sort le confronte à une réalité hostile, dont il ne mesure pas encore la gravité. Un compagnon d'infortune raconte : « *Oumda, deux de ses hommes et moi-même sommes retournés à pied tandis que Moha Oulhaj décidait de rester sur place pour passer la nuit chez le cheikh d'un village voisin. Il entendait réparer la voiture le lendemain*[1]. »

De retour le 3 mars à Khénifra, Moha Oulhaj est visiblement dépassé par les événements. Un des responsables locaux se souvient : « *Il est venu me voir et m'a raconté l'attaque de Moulay Bouazza précisant que rien n'avait été trouvé. Je l'ai conjuré de partir se réfugier dans la montagne*[2]. » Moha Oulhaj sera arrêté le surlendemain à l'aube.

La Révolution, privée de son commandement, s'abîme dans une épopée sanglante et désordonnée. Un des guérilleros témoigne : « *Après avoir rejoint Nemri et ses hommes, nous nous sommes repliés dans la montagne à Aguelmous N'maami. Pour nous, tout était encore possible. Ce n'est qu'arrivés dans cette*

---

[1] Entretien de l'auteur avec Ahmed Bouyaqba.

[2] Entretien de l'auteur avec Mohamed El Qasimi.

localité que nous avons appris la mort de Mahmoud. Cela nous a fait l'effet d'un choc. Nous étions comme paralysés[3]. »

Une aube de deuil se lève sur la montagne. La mort de Mahmoud et de Slimane El Alaoui a marqué dans le sang ce qui s'annonce déjà comme le début d'un épilogue tragique. Ce deuil atteint les hommes à la source même de leurs forces. Mahmoud était celui qui avait su leur insuffler courage et persévérance.

D'autres camarades allaient encore payer le prix fort. *« Nous avons décidé de réagir*, ajoute le guérillero rescapé de l'aventure. *Nemri est descendu avec deux hommes à Khénifra et a abattu en représailles le cheikh N'hamani, blessant deux policiers lors de son repli. L'homme était un agent local d'un service de renseignement dépendant du ministère de l'intérieur. A ce titre, son nom figurait en bonne place sur la liste des traîtres à abattre en prévision du soulèvement.* » Le 20 mars, quatre bombes explosent à Oujda visant des bâtiments administratifs, suivies le lendemain, de deux autres explosions à Nador. Attentats de défi, de désespoir.

La révolution orpheline s'égare dans le terrorisme. L'assassinat du cheikh N'hamani déclenche l'ire de Rabat qui dépêche des unités de parachutistes dans la province de Khénifra pour intensifier les recherches. Les arrestations se multiplient. La moindre dénonciation ou un simple soupçon suffisent désormais pour disparaître dans les sous-sols déjà surpeuplés des centres de détention. Partagés entre l'espoir et le doute, Nemri et Oumda guettent les signes du soulèvement prévu dans les autres régions du pays. Mais partout, le pouvoir organise sa riposte.

Celle-ci a commencé à Figuig, grâce à la dénonciation d'un agent double. La ville est investie par des unités spéciales arrivées de Rich, pour suppléer à la complicité passive où active des forces auxiliaires locales. Plusieurs officiers de Figuig sont enlevés. Après Khénifra, Goulmima, Tinghir puis Oujda, bientôt le pays entier est quadrillé par l'armée et la gendarmerie, en état d'alerte maximum.

---

[3] Entretien de l'auteur avec Ali Ameziane.

Jeudi 22 mars, Casablanca

Le 19 mars au soir, El Mouhtadi est arrêté à Casablanca. Sur quelle information ? Personne ne le sait[4]. Un autre destin se joue désormais, celui d'un homme aux prises avec ses bourreaux. Un activiste clandestin, qui a vu El Mouhtadi peu avant son arrestation, prévient Dahkoun par téléphone. Celui-ci lui ordonne de récupérer les armes en possession d'El Mouhtadi pour les mettre en sécurité à Aïn Sebaâ chez un membre du réseau, inconnu d'El Mouhtadi. Mais la trahison ne s'arrête pas là et les efforts pour circonscrire les éventuelles révélations d'El Mouhtadi seront vains.

Dahkoun est arrêté le jeudi 22 mars à l'aube. Dlimi ne lésinera sur aucun moyen pour mettre la main sur celui qui nargue sa police depuis 4 ans. Une brigade entière boucle la rue et investit par surprise l'appartement où se trouve le chef révolutionnaire. «*Dahkoun a été pris par surprise, car il était armé et bien décidé à ne pas se laisser capturer vivant* », me confiera Abbès[5].

Le 22 mars, Abbès avait déjà son billet d'avion en poche. Depuis le 15 mars, il était convenu qu'il se rendrait à Paris. « *On voulait demander à la direction de suspendre toute nouvelle action car nos cellules n'étaient pas encore opérationnelles* », précise-t-il.

Abbès ignore encore tout de l'arrestation de Dahkoun et d'El Mouhtadi. Ayant plaidé dans la matinée à Rabat, il se rend à Casablanca en début d'après midi. Avant de poursuivre à l'aéroport, il tente d'établir un contact avec Dahkoun : « *Je me suis*

---

[4] Il faudra attendre en mars 2002, la parution du livre de Mohamed Boukhari, Le Secret (éditions Michel Lafon) pour en avoir une version. Cette arrestation aurait été permise grâce à une taupe infiltrée dans une des cellules, répondant au nom de Moha. El Mouhtadi aurait été intercepté le 2 mars et remis en liberté après avoir tout révélé à la police qui aurait ensuite désamorcé les engins explosifs. L'arrestation définitive de Mouhtadi serait intervenue après que la police soit parvenue à localiser Dahkoun.

[5] Entretien avec l'auteur.

rendu dans un appartement qui nous servait de pied-à-terre et de cache d'armes. Après avoir envoyé un garçon pour m'assurer que la voie était libre, j'ai pu constater que l'appartement était inoccupé et non surveillé. »

La police n'a pas encore connaissance de son existence. A l'aéroport, Abbès avise un policier, agent de liaison du Tanzim. Abbès le reconnaît pour avoir reçu de ses mains une enveloppe du fqih Basri à la gare routière de Rabat, il y a quelques semaines. Abbès s'approche de lui et murmure sans se retourner :

– *Si je me fais prendre au passage de la frontière, préviens Paris de mon arrestation* !

Mais le passage se déroule sans encombre. Son avis de recherche ne parviendra à la police des frontière que le lendemain. Ce même jour, une rafle emporte plusieurs lieutenants de Dahkoun à Casablanca et à Oujda, dont El J'daini.

Deux jours après une visite-éclair à Oran, effectuée le 9 mars, El J'daini avait reçu un chargement d'armes d'El Mid et s'apprêtait à déclencher une série d'attentats. Mais la trahison a fait son œuvre dévastatrice, laminant les rangs des révolutionnaires. Les militants qui se tenaient prêts à l'offensive sont arrêtés par centaines. A Oujda, Rabat, Casablanca et Safi, la police met la main sur des dizaines de kilo d'explosifs, des armes automatiques, des passeports vierges et des milliers de tracts appelant à la lutte armée. L'échec de la révolution est consommé.

Samedi 24 mars, aéroport d'Alger

De Paris, Abbès poursuit sur Alger, où il débarque le 24 mars. Lui qui s'était juré de ne jamais devenir un exilé politique, entame ce jour là un exil de plusieurs décennies. A l'aéroport d'Alger, il a les honneurs d'un comité d'accueil, l'état-major auquel Khaled tient tête depuis son appartement d'Alger : El Mid, Benyahia et Aït Kaddour.

Muni de son laissez-passer, El Mid franchit la barrière douanière pour s'élancer au devant d'Abbès. Mais celui-ci perçoit distinctement le hochement de tête que lui adressent Benyahia et Aït Kaddour, tous deux postés derrière la baie vitrée qui sépare la douane du hall d'accueil. L'empressement inaccoutumé manifesté par El Mid pour venir à la rencontre d'Abbès, qui d'ailleurs fait mine de ne pas le remarquer, et l'avalanche de questions dont il l'assaille, achèvent de persuader ce dernier de l'opportunité de se taire. En réalité, le signe discret d'Aït Kaddour et de Benyahia n'a pas réellement influencé l'attitude d'Abbès, chez qui la prudence est une seconde nature. Par contre, il trahit l'émergence d'un conflit à Alger.

Depuis l'aéroport, et ce tout au long du trajet qui conduit l'équipe à destination, El Mid poursuit son interrogatoire infructueux. « *Le soir*, se souvient Abbès, *on s'est retrouvé autour d'un dîner dans la villa du fqih Basri à El Biar. Aux côtés du fqih Basri, se trouvaient Ait Kaddour et Benyahia. El Mid était absent*[6]. »

Au milieu du dîner, le téléphone sonne. Au bout du fil, un membre du Tanzim à Oran rapporte l'arrestation de Dahkoun ainsi que celle d'Abbès, toutes deux annoncées par le ministère de l'intérieur marocain. Tous les regards de l'assistance convergent vers Abbès, dans l'attente de sa réponse.

– *Que vas-tu faire maintenant* ?

Loin d'être un aveu d'impuissance, cette question se veut un encouragement à continuer le combat. Ni la situation alarmante sur le terrain, dont les bribes d'information parviennent à Alger au compte-goutte, ni l'incongruité des directives d'un état-major aveuglé de certitudes ne modéraient l'enivrement qui saisissait les révolutionnaires. Au contraire, ils ne faisaient qu'affermir une détermination à s'avancer vers une agonie ignorée.

Pourtant, au Maroc, le ministère de l'intérieur a fait diffuser par voie de presse le portrait de Mahmoud pour bien signifier à ses partisans que leur chef est mort. L'UNFP-Rabat a été interdite le lendemain de l'attaque de Moulay Bouazza et l'ensemble du

---

[6] Entretien de l'auteur avec M'Barek Bouderka, alias Abbès.

comité directeur arrêté. 13 avocats dont Elyazghi, Omar Benjelloun et l'infortuné Taoufik Idrissi à peine acquitté par le tribunal de Marrakech, sont derrière les barreaux. Seul Abderrahim Bouabid, sorti à temps du pays, attend la suite des événements à Paris.

Mais vue d'Alger, la victoire semble plus proche que jamais. D'autres groupes armés se tiennent prêts à rentrer au Maroc. Rasséréné par la certitude d'une issue victorieuse, Abbès retourne à Paris sous une nouvelle identité. De France, il envoie des fonds à son réseau de Rabat et part en Libye suivre une formation militaire.

Taghighast

Le commando de Najjar pénètre à Taghighasht le 9 mars à l'aube. La population reçoit les guérilleros avec un enthousiasme mêlé de crainte. La nouvelle de leur accrochage a traversé les vallées. L'annonce de la mort de celui qu'ils appellent « le traître », Saïd Outama, a déclenché une allégresse générale. Mais la joie est de courte durée. Le paysan dans ce coin reculé de montagne est trop accoutumé à la peine pour se réjouir indéfiniment. L'ambiance dans la petite bourgade montagnarde a quelque chose d'irréel. Le temps est comme suspendu, accroché à un destin qui hésite. Les combattants sont hébergés et nourris.

La fille aînée de l'un d'entre eux, mariée au fils du maître de maison, éclate en sanglot à la vue de son père.

– *Qui va s'occuper de nous si tu est tué* ? lui lance-t-elle, la voix étreinte par la peur. *Il faut que tu déposes ton arme immédiatement* !

Le guérillero ainsi interpellé, qui s'est signalé par une témérité sans faille au combat, peine à affronter l'angoisse de sa fille. Un des compagnons prend le relai du guérillero, trop bouleversé pour en dire davantage. Il explique patiemment à la jeune femme que la patrie est aussi sa famille, une grande famille qu'il convient de protéger de la tyrannie et de la misère, citant au passage le courage héroïque des femmes vietnamiennes. Cette profession de foi semble faire son effet. La jeune femme se ravise puis acquiesce dans un silence résigné.

Pourtant, progressivement, la difficulté de leur situation pénètre Najjar et ses compagnons. L'accrochage de Sountat les a coupé de leur base logistique et les laisse sans nouvelle de Seghir. Qui plus est, le groupe de Mahmoud décimé, ils ont désormais perdu leur commandant. Pendant ce temps, les FAR, étroitement encadrées par les unités spéciales des forces auxiliaires et de la gendarmerie royale, sillonnent la région. Les cheikhs et les moqaddems locaux mobilisent la population à coups et de récompenses, pour organiser la battue. Averti du niveau d'armement et de la résolution des guérilleros, l'armée évite l'affrontement et envoie la population civile en guise de bouclier humain. Certes, parmi eux, nombreux feignent de participer aux fouilles et détournent le regard le moment opportun. Certains même, après avoir fini la battue pendant la journée, ressortent le soir pour approvisionner les guérilleros. Mais avec le temps, les sacs de farine de l'aide américaine, les offres de pèlerinage et de scolarisation, auront raison d'une population qui s'était montrée jusque là, sinon sympathisante, du moins indifférente.

Le dénuement matériel des habitants les plonge dans une dépendance absolue vis à vis des autorités militaires. Corvéables à merci, ils sont une chair à canon toute indiquée.

L'irruption d'une des filles du maître de maison interrompt les pensées secrètes de Najjar.

— *Un camion plein de soldats vient d'arriver au village, ils fouillent toutes les maisons et arrêtent les militants UNFPistes*, lance-t-elle d'un trait.

D'un seul geste, les combattants prennent leurs armes et se mettent en position de tir, prêts à riposter. En même temps, Najjar demande aux occupants de la maison de vaquer à leurs occupations habituelles. L'attente dure trois heures. Rien ne se passe. La maison qu'ils occupent n'est pas investie par les soldats pour la simple raison que leur hôte n'est pas un membre du parti.

Autant dire que le repas du soir fut très apprécié ce jour-là. La jeune fille qui donna l'alerte est chaleureusement félicitée pour son courage. Son beurre fondu (*Samn*) avait un goût délicieux. Ce n'était pas un festin, mais pour Najjar et ses compagnons cela en approchait. A l'issue du repas, les guérilleros s'accordent pour un repli sur Azghar.

A mi-chemin d'Arbalou, Azghar abrite une base logistique du Tanzim, avec des fonds et du matériel. Après avoir fait le plein de vivres pour la route, ils quittent Taghighasht à huit heures du soir, juste avant le couvre-feu. Arrivés le surlendemain à Azghar grâce à la complicité de quelques habitants de la région, ils apprennent que le responsable local du Tanzim, Saïd Amidou, a été abattu chez lui en représailles des soldats tués à Sountat. Au terme d'une véritable razzia sa femme, ses enfants ainsi que plusieurs habitants du ksar ont subi des séances de viols et de tortures.

La mise à sac d'Azghar contraint les guérilleros à l'errance jusqu'à Aït Hani. Leurs jambes engourdies par l'effort les conduisent aux portes d'un village sinistré. Les échoppes closes dans un dédale de ruelles désertes défilent sous leurs yeux, empreintes d'une désolation muette. La peur hante les lieux.

La plupart des hommes ont été arrêtés et les portes se ferment instinctivement à leur approche. Privés d'une hospitalité jusque-là bienveillante, les guérilleros empruntent des chemins furtifs, leurs pas se perdent dans les vallées, égarés par l'indifférence de l'endroit.

Constat d'échec

Arrivés à Tinghir, six jours plus tard, après un trajet sans répit, Najjar et ses compagnons apprennent que le réseau du Tanzim a été durement touché. Sidi Hamou est introuvable et les militants, ainsi que leurs familles, sont arrêtés par centaines. Fourbus, les pieds meurtris par les engelures, les membres paralysés par le froid et complètement assoiffés, Najjar et ses compagnons décident de récupérer leurs forces dans le maquis au-dessus de

Tinghir. Le camouflage naturel du maquis les tiendra hors de portée du ratissage de l'armée et des rondes d'hélicoptères. Des complices de Tinghir leur fournissent 10 kilos de farine, 4 kilos de dattes et du sucre. Pour les guérilleros qui n'avaient subsisté jusqu'alors qu'en grignotant les rares pousses clairsemées du Haut-Atlas, une telle profusion a valeur de festin.

De temps à autre, deux d'entre eux descendent dans la vallée rejoindre le ruisseau pour préparer du pain à l'aide de la farine et ramener de l'eau pour le thé. Le feu n'est allumé qu'aux levers et aux couchers du soleil, quand les lambeaux de brume filtrent la lumière du soleil, ne laissant entrevoir que des formes incertaines. Précaution supplémentaire, le feu est préparé avec du bois sec à l'aube pour laisser échapper le moins de fumée possible et du bois humide le soir pour que le brasier n'illumine pas la nuit.

Seulement, le séjour dans le maquis à compter les heures d'une attente incertaine ne peut s'éterniser. Formés pour réaliser l'impossible, Najjar et ses compagnons n'osent encore se l'avouer, mais ils perçoivent confusément que les limites décisives du réalisable sont atteintes. A présent, la mort les confronte à leur propre destin. Elle n'est plus une perspective lointaine mais une réalité immédiate, palpable. Arbitraire, elle décide du destin de chacun et se moque des liens qui les unissent. La souffrance se mêlant à la colère jaillit sous la forme d'un profond écœurement. Avec Mahmoud c'est une partie d'eux-mêmes qui s'en va. Son sourire réconfortant qui savait dissiper les appréhensions n'est plus, cette assurance tranquille qu'il a su leur inculquer est désormais tarie. Les choses simples auxquelles on s'accroche d'ordinaire, pour supporter le désarroi, s'égarent dans la nuit, là où la solitude morale s'empare des esprits.

Que peut le mépris du danger face à l'érosion des convictions ? Les guérilleros sentent leur confiance vaciller, taraudée par le doute. Les longues soirées sont consacrées à l'analyse politique de leur situation ; euphémisme délicat pour un constat d'évidence. Ayant perdu l'effet de surprise, une attaque même désordonnée des dépôts d'armes est vouée à l'échec. Les militants des cellules clandestines qui attendaient leurs armes, quand ils n'ont pas été emportés par les rafles, se terrent, imitant une population qui a succombé à la peur. Les montagnes sont quadrillées par un incessant ballet d'hélicoptères et les routes dans la vallée sont hérissées de barrages.

Partout où elle soupçonne leur présence, l'armée et les forces auxiliaires mobilisent les habitants pour fouiller les montagnes environnantes. Sans armes, sans hommes, tenaillés par le froid, la faim et l'interdiction stricte de tirer sur des civils, les guérilleros deviennent des hommes traqués. De révolutionnaires, ils sont devenus des desperados dont le seul salut réside dans la fuite.

Le même constat s'impose, à plusieurs dizaines de kilomètres de là, à Oumda, Nemri et Sidi Hamou.

Martyre d'un insoumis

Tout comme Sidi Hamou au-dessus de Tinghir, les commandos de Nemri et Oumda finissent par tomber dans une embuscade. Un de leurs messagers, arrêté, a avoué sous la torture l'emplacement d'une base de ravitaillement. L'accrochage est violent. Mais les forces auxiliaires, mal renseignées sur le niveau d'armement des révolutionnaires et leurs effectifs se laissent surprendre. Plusieurs soldats trouvent la mort, alors que les guérilleros ne déplorent qu'une seule perte : N'Chabi, qui, blessé, se donne la mort pour ne pas tomber vivant aux mains des forces auxiliaires.

Contraints à la défensive, les guérilleros de Khénifra cherchent une issue. Ensemble, ils conviennent que Nemri se fraye un chemin en direction de l'Algérie pour obtenir renforts et munitions. Oumda attendra son retour dans le maquis avec une quinzaine d'hommes. Pour Nemri et son escorte composée de Sabri, Askour, Aït Ami, Ba Amrani et d'un carré de fidèles, c'est le début d'un périple sanglant et fatal. Ils sont pris dans un deuxième accrochage le 6 mai à Ajdir. Encerclés, et bientôt à court de munitions, Nemri et ses compagnons, en dépit de leur bravoure, ne peuvent rien contre les unités des forces auxiliaires en surnombre.

Mais, comme à Amellago et à Asoul, les unités spéciales se heurtent à la détermination des guérilleros : Askour se sacrifie pour couvrir la fuite de ses compagnons. Encerclé, il tient tête avec rage à l'avancée des soldats, leur infligeant de lourdes pertes. Puis, le chargeur vidé, il se donne la mort en ingurgitant sa capsule de cyanure. Tandis que ses compagnons sont déjà loin, le silence se rétablit au rythme de sa respiration de moins en moins haletante qui s'immobilise dans le crépuscule naissant. Il rend son dernier souffle. Lorsque les pas des assaillants, intrigués par cette soudaine interruption de tirs, se rapprochent de son réduit, le soleil achève sa lente esquive derrière l'horizon et se dérobe à son tour, laissant l'obscurité recouvrir les traces du repli de Nemri et ses hommes.

Un des guérilleros, tombé aux mains des forces de l'ordre la veille, se souvient : « *Le lendemain de ma capture, on m'a présenté le corps d'Askour*. »

— *Connais-tu cet homme* ? Lui demande avec insistance un officier des forces auxiliaires, trahissant sa perplexité l'exceptionnelle témérité du guérillero.

« *Il ne portait aucune trace d'impact de balle et son visage était intact* », se rappelle son frère d'armes tombé en captivité.

Peu après le sacrifice d'Askour, Nemri et son groupe sont rattrapés par leurs poursuivants près d'Amisour, alors qu'ils s'apprêtaient à atteindre la frontière. « *Deux jours après nous avoir exhibé le corps d'Askour, poursuit l'ancien prisonnier, l'officier qui procédait à mon interrogatoire jubilait :*

— *On a attrapé El Haj* (surnom de Nemri), *il va nous révéler tous ce que tu ne veux pas nous dire*[7] ! »

Nemri a en effet été capturé avec Sabri, mais tous deux sont à l'agonie. Comme Askour, ils ont ingurgité la capsule de cyanure qu'ils gardaient précieusement pour cette funeste occasion. Encore entre la vie et la mort dans l'hélicoptère qui les ramène à l'hôpital de Khénifra, Nemri livre son ultime combat. L'intensité

---

[7] Entretien de l'auteur avec Ali Ameziane.

de son regard s'altère progressivement à mesure que la lueur de la vie quitte ses yeux jusqu'à se figer dans une fixité vide et blême. Nemri succombe avant l'atterrissage de l'appareil tandis que Sabri, pourtant résolu à le suivre dans la mort, peut être récupéré par à un lavage d'estomac. Loin d'être un geste salvateur, il s'agit là de la cruelle prolongation d'une agonie à laquelle Sabri voulait précisément se soustraire.

Deux semaines plus tard, Aït Ami et Ba Amrani, les deux derniers membres de l'expédition désespérée de Nemri, à bout de forces, tombent également en captivité à Talsint, à 40 kms de la frontière algérienne.

Le chérif de l'Atlas

C'est près de Tounfit que le destin rattrape le groupe de Sidi Hamou. Après un mois d'errance dans la montagne enneigée aux abords de Midelt, leurs pas les ont conduits au-delà de la chaîne enneigée du mont Mouaskar, à 150 kilomètres de Tinghir. Au pied de la montagne se trouve Tounfit, une petite bourgade coincée entre une chaîne montagneuse dépouillée et un plateau aride s'étendant à perte de vue qui accueille occasionnellement les transhumances des troupeaux de la plaine. Seule une route non carrossable relie le village au reste du pays, lorsqu'elle n'est pas enneigée comme c'est le cas plusieurs mois par an.

Perchés dans le petit bois qui surplombe Tounfit, Sidi Hamou et ses compagnons assistent à l'arrivée d'un important renfort de troupe. 18 camions militaires défilent sous leurs yeux, empruntant l'unique route qui s'étend en contrebas de leur repaire. Au-dessus de leurs têtes, le vrombissement croissant des hélicoptères leur fait prendre conscience du danger. Les hélicoptères sont trop hauts pour distinguer des hommes cachés dans les fourrés. Mais Sidi Hamou et les siens ne peuvent échapper à la vigilance des troupes au sol. Sachant que la population allait être mobilisée pour leur recherche, le commando décide de se replier profitant de la confusion provoquée par la panique générale des habitants. Créant une brèche, Sidi Hamou et ses compagnons s'enfoncent dans la nuit poursuivis par le sifflement des balles et des appels à la reddition :

— *Déposez vos armes* !

Mais la confusion gagne également El Melki. L'ombre de ses compagnons s'évanouit dans la poussière du bref accrochage qui embrume en un instant le village. Ayant devancé les autres, il s'égare.

Pendant ce temps, ses compagnons ont progressé jusqu'à atteindre les abords d'une rivière à fort courant qui jouxte le village. Bouzyan et Othmani sont déjà engagés au milieu de la rivière, l'eau jusqu'à la poitrine, lorsqu'ils sont pris sous le feux d'un des projecteurs montés sur les camions militaires. Des rafales d'armes automatiques balayent aussitôt le lit du fleuve. Sidi Hamou, retranché sur la rive opposée, ouvre le feu en direction du projecteur auréolé de lumière. Il abat sur-le-champ quatre soldats, provoquant une extinction immédiate des feux et un reflux des assaillants.

Profitant de cette diversion, Bouzyan et Othmani entreprennent de traverser la rivière plus en amont. Mais dans le hasard de leur déroute, la chance les abandonne. A peine ont-ils pris pied sur l'autre rive et franchi une centaine de mètres, qu'ils se retrouvent encerclés. De tous les côtés surgissent des soldats tandis qu'un officier vocifère des sommations. Anéantis par la fatigue d'une fuite sans fin et contraints par la réalité de leur perdition, Bouzyan et Othmani déposent leurs armes.

Sidi Hamou, lui, disparaît dans la nuit. Il doit sa survie à un heureux hasard. Dans sa fuite, il avise un groupe de nomades auprès de qui il tente de se faire passer pour un chérif faisant l'aumône. Subterfuge superflu. Les nomades le reconnaissent, le nourrissent, l'hébergent puis le prennent sous leur protection. Grâce à eux, Sidi Hamou retrouve, quelques jours plus tard, la trace d'El Melki.

Pas une gare, un bureau de poste ou une station de bus qui n'affiche désormais l'avis de recherche de Sidi Hamou. La police est sur le pied de guerre. Elle effectue des descentes surprises à différentes heures du jour et de la nuit chez quiconque est susceptible de l'abriter. Sans succès. Un mythe est en train de naître. Un soir, à la faveur d'une descente inopinée chez la femme de Sidi Hamou à Tinghir, le commissaire commandant l'opération jubile : deux rations de pain entourent le tajine encore fumant, mais seule la femme du fugitif se trouve dans la chambre qui tient lieu de salon.

– *Où est-il*, exulte le commissaire, tout à l'excitation jubilatoire que ressent chaque chasseur qui se sait proche de capturer sa proie, *je sais qu'il était ici à manger avec toi !*

– *Oui*, répond placidement la femme, *vous n'avez pas vu un chat noir dévaler l'escalier quand vous êtes monté* ?

– *Certainement*, observe le commissaire, agacé de cette digression à propos d'un chat insignifiant, effarouché par l'intrusion de ses hommes.

– *Eh bien c'était lui !* réplique la femme.

Les efforts infructueux des forces de police lancées à ses trousses, alimenteront la rumeur qui fera le tour du pays : Sidi Hamou est un chérif qui a le don de se transformer en chat. Plusieurs années après, à son retour d'exil, lorsqu'un journaliste l'interroge sur la véracité de cette légende, il répond simplement « *oui c'est vrai* » avec un sourire amusé, avant de préciser au journaliste incrédule « *quand on a l'amour du peuple, tout est possible, en outre, les pouvoirs d'un chérif sont dissuasifs pour tout un chacun tenté par la trahison.* »

Après leurs retrouvailles, le premier réflexe de Sidi Hamou et El Melki est de rejoindre Oumda à Khénifra.

Ils marchent de nuit, dormant la journée, à l'abri de quelques marabouts isolés. Les unités des forces auxiliaires lancées à leur poursuite sont loin d'imaginer qu'une telle distance puisse être franchie à pied. La région entre Tounfit et Khénifra étant en ébullition, Sidi Hamou et El Melki bifurquent par Tadla et Beni Mellal, menant une vie de nomade et subsistant grâce à de maigres pitances dispensées par des paysans qui font semblant de ne pas les reconnaître.

La retraite sur Beni-Mellal

Sa vision s'est embuée, puis c'est le trou noir. Du fait de l'altitude, Seghir a perdu connaissance en plein accrochage dans le mont Asoul. Lorsqu'il revient à lui, il fait déjà nuit. Son premier regard est absorbé par le scintillement des étoiles qui irisent le ciel. Autour de lui, des fusées éclairantes illuminent les cimes à l'horizon. Peu à peu son esprit retrouve la clarté. La battue a commencé et l'armée est à ses trousses. Najjar et ses compagnons sont hors de vue. Prudemment, il quitte les lieux esquivant les mouvements des forces armées. Le jour succédant à la nuit, il se terre dans un abri de fortune. Le soir, lorsque les ombres s'épaississent pour laisser place à la pénombre, il reprend sa route. Seghir affronte ainsi trois jours sans manger. Le quatrième jour, il est emporté par le courant d'une rivière à l'abri de laquelle il tentait de gagner la vallée. La rivière est encore partiellement couverte de neige.

A bout de forces, il parvient à rejoindre l'autre rive, au prix d'efforts surhumains. Exténué par la faim et la fatigue, il s'en remet au destin. Seghir se hasarde alors vers une habitation de laquelle s'élèvent les aboiements frénétiques d'un chien. Le propriétaire des lieux l'accueille, l'héberge et lui donne à manger. Depuis quatre jours Seghir n'a pas mangé. L'homme l'interroge sans trop insister. Seghir improvise. Il se fait passer pour un militaire rescapé du putsch de Skhirat et réfugié chez une tante. Il donne maints détails sur la région, qu'il connaît comme sa poche.

— *Pourquoi me caches-tu la vérité* ? lui lance son hôte après l'avoir écouté avec une attention distraite. *Tu es un guérillero. Mais ne crains rien. Je ne te donnerai pas !*

Seghir sent qu'il est inutile de nier. L'homme le fournit en vivres et le renseigne sur la région. Sur quoi Seghir se dirige vers Beni Mellal.

Beni Mellal devient le point de ralliements des guérilleros isolés, confrontés à l'évidence de leur échec. Ils se déplacent de nuit parcourant des centaines de kilomètres à pied. Ils évoluent silencieusement, furtivement. La prudence est instinctive, l'approvisionnement en chemin, l'objet de maints subterfuges.

Si les contrées sont immenses, l'environnement est avare en ressources, faisant de l'hospitalité une règle sacrée, seule garante de la subsistance. Mais dans cette région aux contours mal définis et aux lointains indécis, la peur de l'inconnu est permanente. Nombreux sont ceux qui leur portent assistance. Mais les récalcitrants augmentent à mesure qu'ils progressent et leur survie ne dépend plus que de cette stratégie de l'esquive dans laquelle excellent les nomades. Souvent, ils se font passer pour des bergers. Mais la précaution est superflue. Les paysans de la région savent désormais qui ils sont. Leur seule complicité est celle de la nuit. La pénombre devient leur dernier refuge. Les lueurs, autrefois annonciatrices d'un accueil providentiel et de la chaleur d'un repas, sont autant de pièges. De l'horizon sans cesse menaçant peut surgir à chaque instant un détachement armé.

Malgré les précautions prises, quelques accrochages ont lieu comme à Bouzenour où Najjar et Si Brahim s'en sortiront de justesse après un échange sanglant qui dissuadera leurs poursuivants.

Mai 1973, jonction à Beni-Mellal

Presque chancelant, le visage durci de sommeil et de fatigue, Seghir est parvenu à trouver refuge à Aït Aqbli près de Souk el Arba, dans les environs de Beni-Mellal. Au hasard de sa marche forcée, il a erré plusieurs jours, s'égarant maintes fois en raison de la neige. Les hommes, à qui il demandait son chemin, le toisaient d'un regard soupçonneux. Aucun détail particulier ne le désignait à l'attention des curieux si ce n'est son calme inébranlable dans une région sous couvre-feu. A force de subterfuges, Seghir parvient à maintenir les curieux et les malveillants à distance.

Jusqu'au jour où, à l'issue d'un repas, auquel il est convié et qu'il estime imprudent de décliner, il se trouve nez-à-nez avec un moqaddem flanqué de six de ses hommes. Seghir n'a pas le choix ; il doit reprendre le thé en hommage aux nouveaux venus, aussi indésirables soient-ils. Les questions ne sont pas longues à fuser. Mais les réponses de Seghir sont déjà prêtes. Il n'a plus qu'à répéter le scénario inventé à l'attention de son hôte :

– *Je suis d'Ifsfasen, et je viens récupérer l'argent que mon père à prêté à quelqu'un dans la région.*

Seulement pour le moqaddem le soupçon est un métier. Il l'interroge longuement sur les noms des habitants d'Ifsfasen, puis, à demi convaincu, il lui demande de rester le temps de vérifier ses dires. Décelant une certaine hésitation chez ses interlocuteurs, Seghir se montre intransigeant et refuse catégoriquement. On tente de le fouiller, nouveau refus. Par contre, sans doute pour éviter que la séance de thé ne se transforme au traquenard, Seghir leur signifie qu'il accepte de les suivre. Le groupe n'a pas parcouru un kilomètre, que Seghir sort son pistolet et le pointe en direction de ses accompagnateurs.

– *Que celui qui souhaite sauver sa vie déguerpisse* !

Pris au dépourvu, aucun des hommes ne demande son reste.

L'arrivée du groupe de Najjar à Beni-Mellal sera moins mouvementée. Ayant quitté Tinghir le 31 mars, ils ont traversé les hauts plateaux de l'Atlas central partageant la vie des bergers dans leur pérégrination. Ils ont marché la nuit et dormi le jour dans des abris de fortune, se nourrissant d'herbe (*El fasat*) assaisonnée de sel. Ils arrivent à Fqih ben Salah en taxi le soir du 20 avril et passent la nuit dans les cafés nocturnes, pris d'assaut par les marchands ambulants, venus écouler leur marchandise au souk du lendemain.

Dés l'aube, une cohue, qui n'est pas sans rappeler une ambiance de fête foraine, agite un monde bigarré de femmes et d'hommes enturbannés, arpentant les lieux au milieux de balluchons et de bestiaux. Les guérilleros comptent sur l'agitation provoquée par le souk pour rentrer à Beni-Mellal sans se faire remarquer, car la vigilance de l'armée ne s'est pas relâchée. Encore à Qasiba, village situé à une journée de marche de Beni-Mellal, ils ont du quitter la route pour déjouer un barrage militaire.

Seghir et le groupe de Najjar sont rejoints peu après par Sidi Hamou et El Melki, derniers arrivés à Beni-Mellal.

Ces retrouvailles après plusieurs semaines d'errance font renaître l'espoir. Ensemble, les révolutionnaires sont pris d'une ferveur désespérée s'accrochant à l'illusion d'une proche libération. Comme pour alimenter ce regain d'espoir, un bruit court dans la région que le fqih Basri aurait envoyé des renforts en hommes. Sidi Hamou et Najjar pressent les responsables locaux du parti de leur venir en aide pour réanimer le flambeau vacillant de la révolution. Ils sollicitent une aide matérielle, des contacts, des hommes sûrs pour transporter les armes et refont le compte des militants prêts à se battre.

Les deux responsables locaux du parti qui reçoivent leurs doléances, esquissent des sourires embarrassés. Ils ne dédaignent pas les hyperboles analytiques et se montrent très prolixes en « perspectives », phrases destinées à rendre le change à leurs hésitations. Puis les entrevues s'espacent et l'enthousiasme des responsables politiques s'estompe. Quelques contacts ont bien été établis, mais l'affaire en reste là. Par manque de temps sans doute, les militants se disent absorbés par les préparatifs du premier mai. La révolution peut attendre. Dans ce flot de paroles creuses, Najjar, Sidi Hamou et leurs compagnons perçoivent qu'aucune de leurs requêtes ne sera satisfaite. Comme s'ils se sentaient redevables du meilleur d'eux-mêmes, il sont partis jusqu'au bout d'eux-mêmes pour parachever l'œuvre révolutionnaire pour laquelle Mahmoud s'est sacrifié. Ils tentent désespérément, dans un dernier effort, de remuer l'inertie du parti au fin fond de l'arrière-pays. Mais la peur envahit les cadres politiques et les incline à considérer le courage des guérilleros comme une folie désuète et à bénir leur lâcheté comme une sagesse de circonstance.

En désespoir de cause, les guérilleros songent à s'évanouir dans la nature pour attendre des circonstances plus propices. Résignés et marginalisés, ils se réfugient dans une clandestinité précaire. La trahison fera le reste. Un mouchard avertit les autorités. Plusieurs guérilleros et militants clandestins sont arrêtés[8]. El Melki tombe à son tour dans les filets des forces de sécurité. Dépourvu de papiers, il prétexte une fausse identité ce qui lui vaut d'être miraculeusement relâché quatre jours plus tard : le « truc » de son oncle Sidi Hamou fonctionnait encore quatre ans après. Mais pas pour longtemps, El Melki est arrêté une seconde fois en septembre, identifié et transféré au Derb-Moulay-Cherif à Casablanca.

Sidi Hamou, lui, en réchappe de justesse avec Si Brahim, Najjar et Seghir. Tous les quatre sont désormais des fugitifs dépendant de l'hospitalité téméraire des quelques rares militants clandestins échappés aux rafles de police. Rescapés d'une mission impossible, ils se rendent à l'évidence, dans la solitude de leur errance : « *Il faut retourner en Algérie* ». Cette entreprise hasardeuse est désormais leur seule issue.

[8] Notamment Saïd Oukhouya, Mouha Ouhamou, Maâti Naït Aziz et Bougrine.

Le prix de la défaite

Option Tindouf

D'Alger où il suit les événements, le fqih Basri découvre progressivement l'étendue du désastre. La tentative de soulèvement dans l'Atlas a échoué et l'armée n'a pas bougé. Pour parvenir à ses fins, il ne lui reste qu'une solution : changer son fusil d'épaule. Il envoie Ait Kaddour et Benyahia au moussem de Tindouf. Leur mission consiste à sonder les dispositions insurrectionnelles des tribus marocaines du sud assistant traditionnellement à ce grand rassemblement. La parade qu'entrevoit le fqih Basri est un soulèvement contre les Espagnols indirectement dirigé contre Hassan II.

« *J'ai passé une semaine au moussem de Tindouf sous mon chèche noir à multiplier les contacts avec les cheikhs et les chefs de tribu du Sahara* » se souvient Aït Kaddour[1]. De retour à Alger, Aït Kaddour affirme que la zone est à découvert et que les Algériens seraient aux premières loges. Le soutien même tacite de ces derniers est incontournable. Des discussions s'engagent avec le pouvoir algérien.

L'objectif du Tanzim est d'obtenir au mieux un soutien algérien, au pire une neutralité bienveillante. La réponse algérienne reste évasive. En fait, dans un premier temps, les Algériens font l'impasse sur El Ouali. La jeune recrue enrôlée par Mahmoud à Oran, formée et entraînée en Libye, est en effet préposée au sein

[1] Entretien avec l'auteur.

du Tanzim pour prendre la tête des opérations militaires contre l'occupant espagnol. Or, les Algériens le jugent trop inféodé à Khaddafi. Ils lui préfèrent Edouardo Moha, présenté comme le dirigeant du « Mouvement des hommes bleus ». Sans le savoir les Algériens se fourvoient. Edouardo Moha s'avérera très vite œuvrer pour le compte du renseignement marocain.

Au hasard de ces pourparlers, le Tanzim ne sera pas long à découvrir le double jeu algérien. Les agents du renseignement algérien multiplient leurs visites aux révolutionnaires marocains, leur parlent abondamment des affaires de l'Etat, mais surtout, sondent discrètement leurs intentions. C'est alors que survient le coup de théâtre. Après une longue absence, Draïa, le chef de la sûreté algérienne, revient à Alger. Aït Kaddour apprend par inadvertance, qu'il s'est égaré lors d'une mission de reconnaissance dans le Sahara et, pour couronner le tout, s'est fait arrêter par les forces d'occupation espagnoles. L'incident a failli dégénérer en contentieux diplomatique. Aït Kaddour en parle à El Bahi qu'il sait en contact avec Draïa :

— *Comme le Maroc semble se satisfaire du statu quo, pourquoi les Algériens n'appuieraient-ils pas eux-mêmes une action militaire au Sahara ?*

El Bahi considéra l'idée avec intérêt et la rapporta à Draïa. Etait-ce un ballon d'essai machiavélique ou une simple maladresse d'El Bahi ? Le sang de Draïa ne fit qu'un tour. Voilà qu'un projet qu'il tenait pour ultra confidentiel sort de la bouche de quelqu'un censé l'éclairer sur les intentions des révolutionnaires marocains. Draïa est trop accoutumé aux manœuvres de coulisses pour croire un seul instant à une coïncidence. Persuadé que son plan a été divulgué, il s'acharne sur El Bahi pour identifier le « mouchard ».

Le 10 mai 1973, soit un mois après la disparition de Mahmoud et quasiment à l'annonce de la mort de Nemri, héros légendaire de l'ALN-Sud, faisant figure à ses yeux de père spirituel, El Ouali décide de prendre son destin en mains : il fonde le Polisario. Dix jours plus tard, il lance sa première attaque contre un poste espagnol à El Khanga. C'est le début d'une autre histoire. Les Algériens relanceront le Tanzim au lendemain de l'offensive marocaine au Sahara. En vain. Le destin du Tanzim d'un côté, du Polisario et du gouvernement algérien de l'autre, ont pris des voies différentes pour ne plus jamais se rencontrer.

Jeudi 2 août 1973, Alger

Au matin du jeudi 2 août, huit personnes se réunissent dans la villa d'El-Biar à Alger : le fqih Basri, Abderrahmane Youssoufi, Aït Kaddour, Brahim, Ahmed Talbi, Benyahia, Abbès et Lakhssassi. A l'ordre du jour, le constat d'un échec qui ne dit pas son nom avec, en corollaire, les relations futures entre le parti et sa branche armée. Plus qu'une réorganisation des taches ou un quelconque plan d'action, le protocole de cette réunion consigne, par écrit, une tentative de compromis en prévision de désaccords futurs.

Comme guidé par le besoin de trouver une parade à la déroute qui menace d'infléchir la détermination de ses partisans, le fqih Basri refuse d'entériner son échec. Les erreurs ont été imputées à El Mid. Si le fqih Basri, Aït Kaddour et Benyahia parlent d'une seule voix, c'est bien à propos de celui-ci. Tous le tiennent pour responsable de l'échec de mars 1973. Fusible opportun pour les uns, espion pour les autres, il est présenté comme le grand coupable. Les ressources en hommes et en matériel sont encore disponibles, soutiennent les va-t-en-guerres. Il suffit, selon eux, de créer des conditions plus propices. Car dans l'assistance, le fqih Basri n'est pas seul à vouloir considérer comme une étape ce qui n'est en réalité qu'un dénouement tragique.

Abderrahmane Youssoufi, pour sa part, se soucie de sauver un parti menacé dans son existence. Chaque jour qui passe apporte son lot de victimes. La branche de Rabat de l'UNFP a été suspendue, ses locaux mis sous scellés et ses cadres emprisonnés.

Au terme de fastidieux débats, l'assistance s'accorde sur une plate-forme en préambule au « communiqué de Meknès », écrit à la hâte au lendemain du 3 mars par Benyahia et Taieb Bennani. Rédigé avec la bénédiction de Abderrahmane Youssoufi, le «communiqué de Meknès» revendiquait la paternité des opérations armées au nom d'un « Front National de Libération du Maroc », surgi de nulle part. Il s'agissait bien évidemment d'un leurre censé préserver l'UNFP, déjà fragilisée, de nouvelles représailles. Telle était la concession, exigée par Abderrahmane Youssoufi, en échange de la poursuite des opérations militaires.

Les cadres de l'UNFP ont encore tous en mémoire les rafles de décembre 1969 qui ont décimé leurs rangs. A l'époque, le parti disposait de suffisamment de ressources pour se permettre d'afficher une solidarité sans faille avec les militants emprisonnés. Or à présent, bien qu'il s'agisse des même hommes, de la même organisation, du même projet révolutionnaire, le profil bas est de mise. C'est bien d'un tournant qu'il s'agit.

Abderrahmane Youssoufi obtient du fqih Basri qu'il prenne ses responsabilités. L'entité distincte revendiquant la parternité des opérations armées préservera le parti d'une nouvelle répression massive que ne manquerait pas de susciter une seconde tentative d'insurrection si elle s'avère infructueuse.

Mais il n'y aura pas de seconde tentative.

Le fqih Basri est acculé dans ces derniers retranchements. Opiniâtre, il a toujours su se dégager de pareille situation. Son esprit intuitif lui a déjà sauvé la mise face à des esprits cartésiens bardés de diplômes, tels les cadres de l'UNEM.

Mais l'échec de mars 73 est l'aboutissement d'une déroute. La suite n'est qu'un épilogue pathétique. Quelques vaines tentatives de reprendre les activités militaires débouchent immanquablement sur un flot de désertions et d'exclusions. Benyahia s'envole pour Paris, suivi quelque temps après par Aït Kaddour en rupture de ban. Abderrahim Bouabid, lui, quitte Paris pour le Maroc au terme d'un mois d'attente. A peine débarqué de son avion, il se voit confisquer son passeport et assigner à résidence.

Avortement d'une révolution

Lorsque les services de sécurité algériens mettront la main sur les documents du Tanzim, ils n'en reviendront pas. Saât, arrêté comme d'autres, pour être interrogé par la police algérienne, se rappelle leur effarement :

— *Avec ça,* lui avait lancé le commissaire algérien en parcourant d'un air songeur les documents étalés sur son bureau, *Hassan II est en slip avant le premier coup de feu !*

Et pourtant...

Après les deux tentatives de putsch, le Maroc est en ébullition. Le terminus des monarchies détrônées semble proche. Or, voilà que les cadres de la guérilla les plus compétents, censés renverser le cours de l'histoire, sont pris au piège. Les officiers des forces auxiliaires ou les commandants des unités d'élites de la gendarmerie royale, s'étonneront tous de la sophistication de l'équipement militaire dont disposaient Mahmoud et ses lieutenants, avec la même interrogation :

— *Pourquoi n'ont-ils rien entrepris*[2] ?

La course de vitesse engagée, Mahmoud était probablement capable de surmonter les contingences du Tanzim et de saisir l'occasion historique qui s'offrait à lui. Mais le fqih Basri est-il homme à céder le leadership à un homme d'une telle envergure ? Comment ne pas avoir à l'esprit les craintes que peuvent inspirer à un chef, les talents d'un lieutenant trop habile ? Certes, Mahmoud a le profil d'un dirigeant pétri dans le rigorisme et la discipline de l'action militante. Rien en lui ne préfigure l'électron libre jaloux de ses prérogatives. Mais le fqih Basri sait Mahmoud peu disposé à céder le commandement du Tanzim aux cols blancs de la révolution. Pour l'avoir pratiquée, il redoute la révolution dans la révolution.

---

2 Hamid Ben Amar, ami d'enfance de Mahmoud, ingénieur en poste à Khouribga lors des événements, rapportera les confidences d'un colonel de gendarmerie qui ignorait à l'évidence à qui il avait affaire (Entretien avec l'auteur).

Depuis que Mahmoud a repris l'organisation en main, le fqih Basri s'est retrouvé entouré d'une équipe de jeunes cadres qui organisent et prennent toutes les décisions en commun. S'il fait semblant de se plier aux règles de l'organisation, le fqih Basri reste fidèle à ses anciennes habitudes. En réalité, le fqih Basri accorde peu de crédit aux efforts organisationnels et encore moins aux mouvements populaires spontanés. Sous couvert de militantisme révolutionnaire, le fqih Basri pratique le contre-espionnage, guidé par la certitude qu'au premier du coup de feu une révolution par le haut mettra fin à la monarchie.

Si Mahmoud soupçonnait le Tanzim d'être infiltré au plus haut niveau, l'arrestation en cascades de plusieurs militants venus assister à des entrevues prétendument secrètes en Europe où en Algérie lui en a fourni la certitude. Il a ainsi découvert une réalité que d'autres mettront des années à percer. Le fqih Basri n'a pas de stratégie politique, il a une méthode : l'entrisme. Depuis la leçon du deuxième coup d'Etat, Mahmoud entendait se démarquer du clientélisme politique qui orientait l'action du fqih Basri. D'une nature méfiante, il s'est entouré d'hommes rompus aux techniques de guérilla dont il a mesuré la fidélité et l'efficacité à travers cinq années d'épreuves communes.

Est-ce la perspective imprévisible d'un soulèvement populaire qui a dissuadé le fqih Basri de fournir à Mahmoud les armes et les hommes qu'il réclamait ? En tout état de cause, la visite de Bachir Figuigui à Alger semble avoir hâté sa décision de passer à l'offensive. Comment expliquer sinon le déclenchement simultané des hostilités à Casablanca et Khénifra, deux régions qui échappaient au contrôle direct de Mahmoud ? Si ce dernier préparait une révolution, qu'ambitionnait le fqih Basri, par ces actes apparemment contradictoires, sinon un coup d'Etat militaire ? Dans cette hypothèse l'action de Mahmoud se devait d'être aussi limitée que possible, juste de quoi semer un climat d'insécurité, favorable à une entrée en scène de l'armée. Mahmoud a pris ses dispositions pour circonscrire l'incurie et la corruption au sein du

Tanzim. Mais il n'a certainement pas prévu l'inimaginable : un marché avec Dlimi[3].

Les oubliettes

Les premières chaleurs de l'été sont caniculaires à Goulmima. Le profil des maisons s'estompe sous un soleil de plomb, noyant les reliefs dans une lueur éblouissante. A mesure qu'il s'approche de son zénith, le soleil repousse la vie dans les entrailles de cette terre aride, inondée de lumière. Dans la pénombre suffocante d'une bâtisse située au centre de l'agglomération, s'entassent des hommes recroquevillés, ligotés, alignés en rangs d'oignons, le bandeau sur les yeux. Ironie du sort, leurs bandeaux ont été découpés dans des sacs de farine portant la mention « *Don du peuple américain* ». Les mêmes sacs qui furent généreusement distribués aux habitants pour stimuler une collaboration jugée trop timorée.

La chaleur asphyxiante qui envahit la salle, plonge les prisonniers dans une sorte d'engourdissement hypnotique. Un silence terrible, entrecoupé de quelques plaintes à peine audibles, fait écho à l'épuisement moral et physique de ces hommes terrassés par la perspective de leur fin. L'instant est éternel. Faute de local suffisamment grand pour accueillir les cohortes de prisonniers, ils ont été installés dans un refuge de bienfaisance transformé en

---

[3] Outre la collusion avec Moha Oulhaj et la visite de Bachir Figuigui, l'hypothèse d'un projet de coup d'Etat fomenté par Dlimi, en 1973, avec la complicité active ou passive du fqih Basri est étayée par un faisceaux d'indices. Plusieurs prisonniers attesteront que lors des séances de torture, Dlimi leur garantissait les pires sévices et une mort certaine s'ils s'avisaient de dénoncer leurs complices dans les rangs de l'armée. Le dernier témoignage concordant en date est celui des frères Bourrequat, rescapés de Tazmamart. Hommes du palais, ils témoigneront avoir été approchés en 1973 par un général qui leur fera part des velléités putschistes de Dlimi, leur demandant d'en aviser le roi. Ce qu'ils firent. Une semaine après, le 8 juillet 1973, ils disparaissent sous le prétexte d'une sordide histoire de mœurs et d'argent sale comme il en fleurit tant dans les jardins du palais.

centre de détention[4]. Alors que Goulmima ne compte à cette époque que 6 000 habitants, ce ne sont pas moins de plusieurs centaines de personnes qui défilent dans cette fournaise. Les policiers de Goulmima, pour la plupart sympathisants, se montrent prévenants envers les détenus. Tout au moins s'abstiennent-ils de leur infliger des sévices.

Mais depuis l'arrivée de la brigade spéciale, dépêchée de Rabat, le cauchemar a commencé. La cuisine du bâtiment a été transformée en salle de torture. Pour échapper à l'ambiance de veillée funèbre, les hommes parlent, se racontent leur calvaire, échangent des mots de dérision. Avec prudence toutefois, car un climat de suspicion persiste, tant l'origine de la trahison demeure incertaine.

Les mêmes scènes d'une horreur insoutenable se répètent dans une dizaine d'autres centres de torture du royaume : Khénifra, Figuig, Imilchil, Ouarzazate, Agadir, Casablanca, Rabat, Méknes et Oujda. Les témoignages des rescapés rivalisent en atrocité[5]. Les techniques de torture font alterner sévices physiques et psychologiques avec une efficacité qui doit beaucoup à un encadrement d'experts étrangers. Un responsable du Tanzim se souvient : « *Après m'avoir assoiffé, on m'a fait boire de l'eau contenant des substances stupéfiantes, puis on m'a diffusé un film montrant des prises de vue de Goulmima, Tinghir et Khénifra avec des bandes-son projetant la voix de camarades arrêtés. C'est alors que j'ai compris que le mystérieux touriste canadien qui m'avait suivit à Azrou et Goulmima était un agent de la CIA. Les images qu'on me projetait, provenaient de sa caméra*[6]. »

---

[4] Depuis, le local en question a été transformé et abrite le commissariat central de Goulmima.

[5] Plusieurs de ces témoignages ont été publiés en 1999. Voir *El Karama,* n° 4, juin 1999, publication de l'Organisation Marocaine des Droits Humains, ou *El Nashrat*, n° 13 juin 1999. Si l'on en croit « le Secret », de Mohamed Boukhari, (Michel Lafon, Paris, 2002), les sévices infligés par les services où il officiait, aux membres du réseau de Dahkoun seront d'une telle cruauté que la moitié des prévenus succombera sous la torture.

[6] Entretien de l'auteur avec Mohamed El Qasimi.

Parmi les zélés tortionnaires marocains, encadrés par les experts étrangers, les victimes reconnaîtront le colonel Khatoush de Goulmima, le colonel Arzaz, le commissaire Hamdani de Rabat, et le commissaire Kaddour Youssfi de Casablanca, celui que Stephen Smith surnommera le « Mozart des interrogatoires[7]. » En 1973, le virtuose s'est surpassé. Après « l'interrogatoire scientifique », le cadre du Tanzim évoqué ci-dessus, sera émasculé, aura la mâchoire fracturée, et perdra la vue. Le chef d'orchestre de ce concert d'horreurs n'est autre que Dlimi lui-même[8].

Moha Oulhaj expiera au-delà de l'imaginaire, sauvagement torturé sous les yeux de ses enfants. Les femmes ne sont pas épargnées non plus. L'une d'elle, Oum Hafiz, femme d'un militant clandestin de Khénifra, témoignera de ce qui demeure inconcevable pour un esprit sain : son accouchement sous la torture.

Un militant clandestin de Goulmima, se souvient : « *On était entassés dans la salle d'un hangar de l'aéroport d'Anfa. C'est là, que les prisonniers furent directement amenés par avion depuis Meknès, Oujda, Ksar es-Souk et Ouarzazate. Il y avait quatre salles identiques contenant plusieurs centaines de détenus. C'étaient des ateliers pour tester les moteurs d'avion. Les tortures se déroulaient dans le couloir. Le cauchemar a duré des mois. Plusieurs de mes camarades sont morts des suites des tortures*[9]. » En effet, malgré leur robustesse, beaucoup de militants ne réchapperont pas vivants de cet enfer. Les détails sont sordides : « *C'est là que j'ai découvert que les poux quittent les corps décédés*, poursuit le militant clandestin de Goulmima. *Un*

---

[7] *Oufkir un destin marocain*, ed. Calmann Levy, 1999.

[8] Le témoignage du Dr Omar Khattabi démontre que de tels traitements relevaient souvent du sadisme : d'un geste qui aurait pu être magnanime, Dlimi lui aurait tendu un revolver, alors qu'il était physiquement anéanti par plusieurs séances de tortures, lui offrant ainsi le réconfort du suicide. Au moment de presser la détente, le revolver pointé sur sa tempe, le Dr Khattabi entendit un déclic. Le chargeur était vide.

[9] Entretien de l'auteur avec Ali Zaboul.

camarade est mort à mes côtés après une longue agonie. Les parasites ont alors quitté son corps inanimé et se sont répartis sur moi et son voisin opposé. Notre sous-alimentation était telle que nos selles s'espaçaient et devenaient plus ténues que des excréments de chèvres. »

Un militant d'Agadir arrêté pour avoir diffusé des enregistrements de la radio Libye, se souvient avoir été, au Derb-Moulay-Cherif, le voisin infortuné de Farix au côté duquel tombèrent Mahmoud et Slimane El Alaoui: « *Ses habits étaient déchirés et il saignait abondamment de la jambe gauche. Un jour les gardes l'ont emmené, et lui ont retiré une balle à vif. Lorsqu'ils l'ont ramené, il était inconscient et transpirait abondamment*[10]. »

Lundi 25 juin 1973, tribunal de Kénitra

149 accusés comparaissent dans l'ambiance moite et exiguë du tribunal militaire de Kénitra : les meneurs de l'insurrection et des responsables du parti. 123 autres inculpés, essentiellement des militants composant l'ossature des cellules clandestines de l'Atlas, raflés lors des ratissages de l'armée, comparaîtront devant le tribunal de Meknès qui rendra son jugement le 20 juillet 1976, soit plus de trois ans après les faits. Mais la majorité, plusieurs centaines de militants, précipités dans les centres de tortures, ne sera pas jugée. Ceux qui ont suvécu réapparaissent un jour de la manière aussi inexpliquée qu'ils avaient disparu.

Dans la salle du tribunal de Kénitra, se côtoient Dahkoun et plusieurs de ses compagnons notamment El Mouhtadi et El J'daini. S'y trouvent également une dizaine de cadres de la guérilla rentrés avec Mahmoud[11]. Pris les armes à la main, ils ne nourrissent aucune illusion sur leur sort. A leurs côtés, se serrent

---

[10] Entretien de l'auteur avec Hafiz Bakbashi.

[11] Il s'agit de Sabri, Ba Amrani, Nassiri, Othmani, Bouzyan, Dahmane Saïd, Farix, Aït Ami et El Jazzar.

les chefs des cellules clandestines de l'Atlas[12] et les cadres du parti, Omar Benjelloun et Elyazghi en tête. Abderrahim Bouabid, lui, est cité à comparaître en qualité de témoin.

C'est là probablement une des plus habiles manœuvres dilatoires de la magistrature assise au Maroc, puisqu'elle empêche Abderrahim Bouabid de plaider et de remporter la même victoire qu'à Marrakech, trois ans plus tôt. Le pouvoir attend de lui qu'il se distancie des révolutionnaires.

L'objectif de ce procès politique n'est pas tant de juger les révolutionnaires que de les anéantir. Les compagnons de Mahmoud sont stigmatisés comme « les partisans de la violence ». Leur condamnation à mort ne doit pas être un martyre mais un avilissement. L'exécution d'une sentence, tout comme celle d'une grâce, s'apprécie aux yeux de l'absolutisme royal au renoncement de la victime à sa dignité humaine. Ainsi le procureur, maniant avec maestria la perfidie, demande à chaque prévenu son opinion sur le régime monarchique.

Défaits et humiliés, nombre de prévenus, à commencer par les cadres de l'UNFP, ne se font pas prier pour tourner le dos aux révolutionnaires. Désespérant d'une cause qu'ils considèrent irrémédiablement perdue, ils clament leur allégeance au pouvoir royal dans l'espoir d'un verdict clément.

Les compagnons de Mahmoud assistent en silence à l'ultime trahison. Les principes proclamés par les cadres du parti, dont beaucoup les exhortaient à la lutte armée, vacillent devant la main tendue du pouvoir. Cette dérobade les rejette dans la solitude de leur rêve inachevé. Eux qui avaient préféré le silence du courage au vacarme de la lâcheté et ont vu leur chef leur rester fidèle jusque dans la mort, sont, tels des proscrits, reniés par leurs frères. Les regards des coaccusés, susceptibles de plus de clémence, les évitent, comme pour souligner leur infortune.

---

12 Notamment Mouha Oulhaj, Hadidou, Adi Shan, Ali Ouskounti, Abderrahmane Masine, Mouha Ouhamou, Saïd Oukhouya, Houceine Aït Zeid, Bougrine, Skou Akader et Tourki Adi.

Préférant la solitude de l'échec à la sollicitude hypocrite, Saïd Oukhouya, un des chefs de la guérilla à Imilchil, s'offre le luxe d'un baroud d'honneur. Lorsque vient son tour, les avocats de la défense s'apprêtent à réitérer un exercice de plaidoirie rôdé d'avance :

— *Les armes ? Elles servaient à l'entraînement des militants en vue de rejoindre le Moyen-Orient et participer à la libération de la Palestine !*

— *Les balles absentes du chargeur ? Elles furent tirées sur du gibier* !

Pour Saïd Oukhouya, la ligne de défense convenue est délicate. Son chargeur était vide et ses balles avaient fait de nombreuses victimes dans les rangs des forces auxiliaires. Lorsque son arme fut présentée comme pièce à conviction, Saïd Oukhouya partit d'un énorme éclat de rire et rétorqua :

— *De quoi croyez-vous qu'il s'agisse ? D'un bâton de berger pour mener au pas un troupeau de brebis ? Non ! Il s'agit d'un fusil-mitrailleur pour libérer mon pays de la tyrannie, et si une balle se trouvait encore dans mon chargeur, soyez certain que je ne serais pas ici à présent*[13] !

La franchise de Saïd Oukhouya dans ce concert de faux-semblants, destiné à soigner les apparences, déclenche une vague de murmures approbateurs à travers l'assistance, sous le regard éberlué des avocats. Les plus hardis esquissent des rires pudiques qui recouvrent avec humilité l'amertume de ces guérilleros reniés par ceux-là même qui se seraient arrogés l'étendard de la révolution, si elle avait été couronnée de succès.

La confrontation de ces hommes à leur destin fait rejaillir avec force le drame de leur sacrifice solitaire. Farix, prostré, fond en larme. Un des inculpés alors à ses côtés, se souvient : « *Il savait qu'il allait mourir, mais il restait inconsolable de la perte de Mahmoud, répétant son nom dans une sorte d'incantation désespérée.*

---

[13] Entretien de l'auteur avec Mohamed El Qasimi.

— *On a perdu Mahmoud, jamais plus le Maroc ne produira d'homme pareil*, se lamentait-il[14]. »

« *Seul le Dr Omar Khattabi restait solidaire avec nous et nous remontait le moral* » se rappelleront en cœur les rescapés du peloton d'exécution. Le Dr Khattabi n'est pas un homme de parti, mais un homme de principe. Membre d'aucune organisation politique, il est de tous les combats. Sa sympathie pour les guérilleros est immédiate. Il garde en héritage la mémoire de la révolution guidée par son oncle Abdelkrim. Un instant unique qui a vu un peuple réduit à la servilité se dresser et prendre en main son destin. Que le sultan Ben Youssef se soit rangé du côté des forces coloniales françaises et espagnoles pour écraser la révolution du Rif dans le sang, scelle à ses yeux le rôle néfaste de la monarchie alaouite au Maroc. En ce qui le concerne, le chef d'accusation ne fait mention que d'une rencontre avec le fqih Basri au Caire en 1972. En réalité, le palais lui fait payer son implication dans le coup d'Etat avorté de 1972. Lorsque vient son tour d'être invité par le procureur à émettre son opinion sur le régime monarchique, le Dr Omar Khattabi, bien que physiquement meurtri par les tortures endurées, reste fidèle à lui-même :

— *C'est bien la première fois que cette question m'est posée dans ce pays. Par respect pour cette cour, et par égard pour ma dignité, je ne répondrai pas à cette question*[15] !

Prison centrale de Kénitra

Le verdict tombe le jeudi 30 août 1973 : 16 des inculpés condamnés à la peine capitale sont dans le box, 15 sont condamnés à perpétuité, les autres écopent de plusieurs décennies de prison, quelques-uns sont acquittés. Mais le verdict ne satisfait pas les attentes exprimées en haut lieu. A l'exception des prévenus

[14] Entretien de l'auteur avec Mohamed El Qasimi.

[15] Le Dr Khattabi sera acquitté. Entretien avec l'auteur.

condamnés à la peine capitale, tous sont retraduits en justice, y compris les acquittés.

Le jour du verdict reste gravé dans la mémoire d'Ahmed Benjelloun : « *Ce jour là, moi et mes camarades condamnés lors du procès de Marrakech avons été évacués de la prison centrale de Kénitra pour céder la place aux nouveaux arrivants. Ils nous ont conduits vers la prison civile de Meknès*[16]. »

Les militaires condamnés dans l'affaire des deux coups d'Etat avortés, également pensionnaires de la prison de Kénitra, ont été conduits vers une autre destination, inconnue celle-là. Dix ans plus tard, à la faveur d'un appel au secours échappé à la vigilance d'un système carcéral aussi hermétique que cruel, l'endroit portera un nom : Tazmamart, un bagne spécialement aménagé en mouroir collectif.

Dahkoun et les autres condamnés à la peine capitale sont cantonnés dans le quartier des condamnés à mort. Chaque matin, ils s'attendent à ce qu'on vienne les extraire de leur cellule pour les attacher au poteau d'exécution. Au fond de leur cellule, ils confient leurs restes d'amertume à de longues méditations silencieuses. Plus que leur isolement, c'est l'imminence de leur mort qui les séparent de leurs camarades du quartier des condamnés à la réclusion.

Ils ne font plus partie du monde des vivants. Le triste privilège d'être sans avenir les libère de toute contingence. Il ne leur reste plus qu'à combler l'espace des jours. Leurs pensées sont entièrement absorbées par le sens et la portée de leurs actes. Les derniers doutes dissipés, quelle hiérarchie attribuer aux regrets emportés par leur vie inachevée ?

De l'autre côté, celui des vivants, on songe à la forme à donner à la lutte, à son avenir, à sa carrière. Plusieurs suppliciés s'étaient confiés. Un militant clandestin de Khénifra, s'en souvient : « *Ils faisaient dignement face à la mort mais étaient amers.*

---

[16] Entretien de l'auteur avec Ahmed Benjelloun.

Ils se sentaient trahis. Ils avaient combattu dans les rangs palestiniens, survécu à des combats meurtriers, et ici, au Maroc, ils allaient mourir sans avoir pu se battre. Leur avait-on menti[17] ? »

Dahkoun affichera jusqu'au bout cette détermination inébranlable que seuls connaissent ceux qui ont tenté, de toutes leurs forces, de réaliser leur idéal. Pour avoir mené la lutte jusqu'au sacrifice de soi, il sait désormais ce que la pérennité de la tyrannie doit à la servilité d'hommes sans conviction. A Omar Khattabi, en qui il a deviné un homme intègre, il dit :

— *Toi qui va sortir, soit notre témoin. Nous, nous allons mourir, mais nos dirigeants vont sortir d'ici et finir dans les ministères. Dis bien aux camarades que l'ennemi est chez nous*[18] !

Dahkoun est exécuté à l'aube du jeudi 1er novembre 1973 avec 14 de ses camarades. Alignés à ses côtés au poteau d'exécution, se trouvent :

- deux de ses lieutenants, J'daini et Yous Moustafa ;
- Houceine Aït Zeid (chef de cellule de Tinghir), Hadidou (chef de cellule à Imilchil) et Moha Oulhaj (chef de cellule à Khénifra) ;
- neuf lieutenants de Mahmoud : Dahmane Saïd, Nassiri, Bouzyan, Othmani, Aït Ami, Ba Amrani, El Jazzar, Sabri et Farix.

El Mouhtadi échappe provisoirement au peloton d'exécution. Ses déclarations ayant efficacement alimenté le réquisitoire du procureur, le juge décide de le citer encore comme témoin à charge, lors du second procès. Celui-ci se clôture le 18 janvier 1974 sur six nouvelles condamnations à mort. En tout, 84 peines capitales assorties de plusieurs siècles de prison ont été requis.

Selon une comptabilité sinistre qui veille à maintenir l'équilibre des grâces et des disgrâces, sept avocats dont Omar Benjelloun et Elyazghi sont libérés le matin du 27 août 1974,

---

[17] Entretien de l'auteur avec Abderrahmane Masine, qui fut condamné à vingt ans de prison.

[18] Entretien de l'auteur avec Omar Khattabi.

alors que sept révolutionnaires ont été passés par les armes le matin même à la prison militaire de Kénitra.

Ensevelis à la va-vite, les corps des suppliciés sont ceux de deux chefs de la guérilla d'Imilchil, Saïd Oukhouya et Moha Ouhamou, et de cinq compagons de Dahkoun : El Mouhtadi, Janah Boujma, Mohamed Elhajoui, Miri Boujma et Driss Meliani.

L'exécution du dernier condamné à mort, Driss Meliani, un enseignant de Salé, emporte encore un ancien compagnon de l'école Nahda de Salé...

Les rescapés

Depuis toujours Merzouk s'était porté vers le combat libérateur de la révolution. Mais voici qu'un autre type de combat vient à lui, celui où il joue sa survie. La fuite en Algérie devenue hasardeuse, il décide, pour échapper aux forces d'intervention spéciales, de s'enterrer vivant. Sa détermination est à la mesure du péril qui le guette. Il se fait emmurer derrière une double paroi aménagée dans sa maison. Lorsqu'il met la dernière pierre à son édifice, le 11 août 1973, il ne se doute pas encore qu'il restera plus de 14 ans prisonnier de sa captivité volontaire. 14 ans à attendre. A apprendre sa condamnation à mort par contumace, l'exécutiont de ses camarades, et surtout à observer le défilé du cortège de la vie, ses enfants grandissent, se marient, son père rend l'âme, le tout en sa lointaine présence.

Avec pour seul viatique, un sens aigu de l'esquive et de la survie, Seghir parvient à gagner Algérie par Oujda. Il est imité par Najjar qui foule le sol algérien le 7 septembre 1973. Sidi Hamou et Si Brahim suivent le 27 octobre 1973. A Oran, ils retrouvent d'autres rescapés du désastre tels Louzi, le chef du Tanzim à Goulmima. Tous reviennent de très loin. Ils ont laissé dans l'Atlas leurs camarades et avec eux, le meilleur d'eux-mêmes, l'espoir de la liberté.

Le délabrement physique de ces rescapés n'est rien comparé à leur affliction morale. Le plus oppressant est le sentiment diffus du mensonge. Dans le maquis, les impératifs de la guérilla absorbaient tout leur esprit. Mais dans l'exil, la réalité les rattrape, une réalité indicible que les mots ne peuvent exprimer. Un épais silence devient leur ultime refuge.

Avec le temps, la vie reprend le dessus. La politique aussi. Les réunions se succèdent pleines de propos convenus : le carcan idéologique dissimule le drame vécu par ces hommes désincarnés qui mettront des années à reprendre consistance. Le dernier à regagner l'Algérie est Oumda, accompagné de trois guérilleros. Repliés dans la montagne, ils sont restés l'oreille collée au poste radio dans l'attente d'un signal annonciateur d'autres soulèvements.

L'attente s'est prolongée jusqu'en... avril 1975.

Oumda et ses compagnons arriveront à Oran le 26 mai 1975 au terme d'un périple de 50 jours à travers les montagnes.

El Melki, tombé dans les filets de la police en septembre 1973, échappera miraculeusement au peloton d'exécution. Après sept mois de détention secrète, il est transféré à la prison de Kénitra en avril 1974. Condamné à mort, El Melki, matricule 18659, intègre un quartier vidé par deux vagues d'exécutions. Il partage la même cellule que Khyari, un homme de Dahkoun, également condamné à la peine capitale.

De l'autre côté, dans le quartier des condamnés à la réclusion, un compagnon de Sidi Hamou se souvient avoir partagé la cellule du Dr Omar Khattabi. Les paysans des montagnes, impressionnés par sa prestance, vénéraient tout autant son titre que son illustre ascendance et l'appelaient avec déférence «docteur ». Mais le Dr Khattabi n'est pas homme à se complaire dans l'auto suffisance. Il rétorque un jour :

— *Ne m'appelez pas docteur, appelez-moi tracteur ! Moi je n'ai rien fait. C'est vous les hommes des montagnes qui avez osé prendre les armes contre la tyrannie pour libérer le pays*[19] *!*

---

[19] Entretien de l'auteur avec Tourki Adi.

A l'inverse, il ne trouve pas de mots assez durs à l'encontre des cadres de l'UNFP :

— A force de courber l'échine, les Marocains sont devenus des invertébrés. Vos dirigeants ne sont pas dignes de votre sacrifice !

La plupart des condamnés à la réclusion bénéficieront du répit offert par le conflit du Sahara, et seront finalement relâchés en 1980. El Melki, le condamné à mort, en est. Il sort de la prison de Kénitra, avec 16 autres compagnons, le 17 juillet 1980. Au directeur de prison qui lui signifie sa mise en liberté, il répond sobrement :

— Merci à Dieu !

— Merci à Dieu et à sa majesté Hassan II ! rectifie promptement le fonctionnaire d'un air sourcilleux.

Il ne lui avait pas échappé qu'aucun des révolutionnaires condamnés n'avait sollicité, comme il est de coutume, une grâce royale. Par cette supplique, le prisonnier consent au renoncement à sa dernière parcelle de dignité comme prix de sa liberté. Mais le directeur de la prison en sera pour ses frais.

— Merci à Dieu ! renchérit simplement El Melki en souriant avant de signer son acte de sortie[20].

---

[20] Entretien de l'auteur avec Abdallah El Melki.

Mahmoud. Le Caire, 1972.

La maison du moqqadem Adi Shan à Amellago où se produisit l'accrochage qui se solda par la mort de Mahmoud et Slimane El Alaoui. Devant le bâtiment figure encore le vestige du mur qui abritait naguère le puits derrière lequel s'étaient postés Mahmoud et Slimane El Alaoui en embuscade.

Les cadres révolutionnaires de Goulmima

Photo non disponible

Slimane El Alaoui, alias Moulay Omar.
Mort au combat à Amellago le 5 mars 1973.

Abdallah Ben Mahzoun, alias Farix, Biri, Mansour.
Né en 1941, exécuté à Kénitra le 1er novembre 1973.

Bachir El Zine Ben Kadour, alias Najjar El Khirani Mousa. Vit à Rabat (2002).

Mohamed Naït El Hachimi, alias Si Brahim
Vit à Oran (2002).

Mohamed Belqadi, alias Seghir
Vit en Libye (2002).

Les cadres révolutionnaires de Khénifra

Mohamed Askour, alias Castro. Mort au combat le 6 mai à Ajdir.

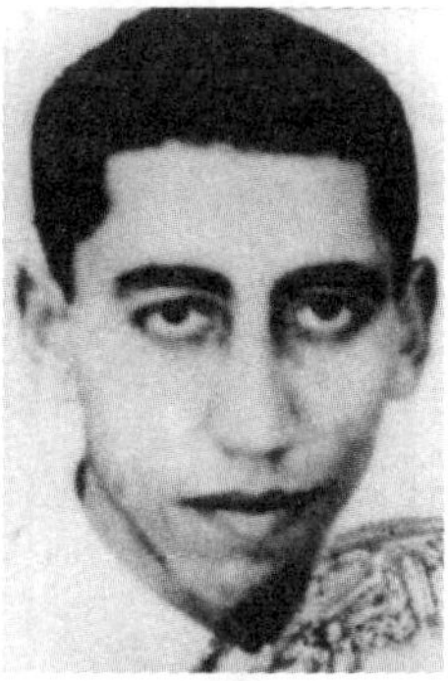

Mohamed Ben El Houssein, alias Sabri, Ho Chi Minh. Né en 1947, exécuté à Kénitra le 1er novembre 1973.

Bahou Moubarak, alias Ba Amrani. Né en 1936, exécuté à Kénitra le 1er novembre 1973.

Aït Ami Lahcen. Né en 1937, exécuté à Kénitra le 1er novembre 1973.

Lahcen Idrissi, alias Nassiri. Né en 1948, exécuté à Kénitra le 1er novembre 1973.

Les cadres révolutionnaires de Tinghir

Mohamed Bouchakouk, alias Othmani. Né en 1937, exécuté à Kénitra le 1er novembre 1973

Lahcen Tarjisht, alias Bouzyan. Né en 1934, exécuté à Kénitra le 1er novembre 1973.

Dahman Saïd Ben Lahcen. Né en 1928, exécuté à Kénitra le 1er novembre 1973.

Moha Oumouh Naït Berri, alias El Jazzar. Né en 1934, exécuté à Kénitra le 1er novembre 1973.

Abdallah El Melki, alias Mokhtar Vit à Casablanca (2002).

Dahkoun lors d'une audience au tribunal de Kénitra.

Dahkoun et El Mouhtadi (au second plan) lors d'une confrontation au tribunal de Kénitra.

Présentation des armes saisies au tribunal de Kénitra, comme pièces à conviction.

Destins

« Les lâches meurent avant leur dernier trépas,
les hommes de courage survivent à leur mort.»

Shakespeare

On ne remue pas impunément le passé, surtout quand il terrasse certains mythes et révèle des héros insoupçonnés. Accueillie avec une moue dubitative par les uns et un enthousiasme intéressé par les autres, cette recherche a touché à son terme. Quelle conclusion lui apporter ? A présent que les méthodes ont changé et que les certitudes ne sont plus les mêmes, il est dur de renouer le fil de la logique. Le parcours mental des occasions perdues est un exercice éprouvant. Combien d'ambitions égarées dans des perspectives vagues ? Combien de qualités humaines corrompues ? Que reste-t-il des morts, des vivants et des morts-vivants ? Y-a-t-il une morale à retenir du destin contrasté de ces hommes qui ont pourtant résolu d'unir leur destin ? A moins que la réponse ne réside précisément dans le silence obstiné qui a si longtemps entouré cette histoire tragique ?

Dans l'immensité de la montagne, Mahmoud répétait l'acte de sa mort, aboutissement fatal d'une épopée tragique. Animée par une ambition d'où toute gloire personnelle était absente, son action appelait un combat mené jusqu'à l'anéantissement de soi-même.

Mais l'histoire est une grande brasseuse de destins inachevés et d'ambitions cachées. Allongeant la liste des martyrs de la liberté, Mahmoud, mort à 35 ans, est devenu un des hommes dont la disparition scelle irrémédiablement un destin plus vaste que le sien.

Il compte parmi ces rares hommes de courage et de conviction qui rêvaient d'émanciper des sujets tout entier acquis, ou contraints, à la dévotion d'une dictature sacralisée. Les accommodements rodés aux courbettes ont montré leur limite. Lassé par tant de servilité, il a œuvré pour un Maroc libre où le sujet deviendrait citoyen. Mahmoud a donc fait le choix des armes pour abattre le règne de terreur auquel l'absolutisme de la monarchie marocaine doit sa longévité et dont Mohamed Oufkir, Ahmed Dlimi et Driss Basri auront été les agents à la fois redoutés et efficaces. Ce choix, Mahmoud l'a fait avec sincérité et dévouement.

Dans ses innombrables lectures, il a certainement acquis la conviction que les civilisations passent et les utopies défaillent. Il savait que toute victoire est éphémère et que l'air du temps relègue les idéologies remplaçant un « isme » par un autre. Mais qu'importent les clivages lorsqu'un peuple tout entier, maintenu dans la misère et l'ignorance, se prosterne et s'avilit devant un pouvoir absolu qui l'écrase de son arrogance ? C'est bon pour les historiens ! Seule une révolution offre un raccourci appréciable vers une société plus juste et une dignité retrouvée. Être révolutionnaire, c'est triompher de ses doutes pour faire l'économie de plusieurs décennies d'humiliation à courber l'échine et implorer l'aumône d'une liberté. Il a ainsi décidé d'entraîner les derniers braves dans une action qui peut tout ou rien.

Destin d'une nation

Paradoxalement, son geste amorce le début d'un lent et fastidieux processus de normalisation politique. Le Palais aurait-il entendu sonner l'heure de l'ultime combat ? Tout porte à le croire. Car cette fois, le coup de semonce ne provient pas de « janissaires en mal de destinées nationales », mais des tréfonds du peuple. L'histoire retient que quelques années plus tard la page des « années de plomb » est tournée. Le palais privilégie dès lors la corruption à la répression.

L'apprentissage de la démocratie dévoyé par la compromission est en marche. L'opportunisme remplaçant la peur, les cadres de l'USFP chantent à l'unisson l'idylle retrouvée entre le palais et l'opposition. Le temps est aux reniements, silences, et autres circonvolutions. Un concert de louanges qui fait étrangement écho à une nomenclature française, particulièrement sensible à la flagornerie et aux petites phrases bien pensantes d'un monarque qui savait dispenser ses faveurs avec élégance, et en qui ils admiraient l'artisan d'un Maroc aux relents coloniaux.

Pour soigner les apparences, le palais ne se privera pas de reprendre à son crédit le combat pour la libération de la Palestine. Au moment où les hommes de Mahmoud, compagnons d'armes des Feddayin palestiniens, passent devant le peloton d'exécution, un régiment des FAR s'embarque pour le Golan sous le commandement du général Sefrioui.

Pourtant derrière les slogans, la réalité s'entête. Ce rendez-vous raté du Maroc avec son histoire inaugure les tragédies à venir.

Le 10 mai 1973, tirant les enseignements de l'échec, Moustapha El Ouali prend son destin en mains et fonde le Polisario.

Le 18 décembre 1975, Omar Benjelloun tombe sous les balles d'un commando qui signe dans le sang la montée en puissance d'une nouvelle doctrine : l'islamisme. L'échec de cette révolution de la dernière chance laisse le pays aux prises avec une décolonisation inachevée et une faillite sociale qui alimenteront respectivement une guerre de trente ans et un islamisme rampant. Le Maroc mettra des décennies à solder l'échec de l'option révolutionnaire.

Destin d'un dirigeant

Le deuil et la souffrance qui jalonnent son parcours n'ont en rien altéré la conduite du fqih Basri. En dépit de son retour en grâce, le fqih rêvera jusqu'au bout du grand soir qui engloutirait un système sombré dans l'erreur pour faire resurgir des lendemains qui chantent. Son angoisse reste à jamais celle de l'impossible revanche. Son parcours est pavé d'une litanie d'actes manqués, trop nombreux pour être fortuits diront les incrédules.

A l'automne de sa vie, le fqih Basri est devenu un repenti, revendiquant une légitimité par l'histoire à défaut d'avoir pu en dicter le devenir. Les gardiens de la mémoire peaufinent déjà leur version des légendes de demain ? Cela tombe bien, le fqih Basri ne répugne pas à ses pages héroïques dont on accommode le roman d'une vie pour lui donner des accents plus dramatiques.

De retour dans son pays, il aura les honneurs des médias et se répandra, en termes feutrés, sur la pérennité du lien indéfectible qui unit la monarchie et le peuple marocain, discours qui doit beaucoup aux circonstances du moment.

Désormais, l'homme esquive la confrontation avec son passé[1]. S'il l'évoque, c'est pour mieux le dénaturer ou en lustrer les heures de gloire révolues. Dans une longue interview publiée en janvier 1999[2], il peaufine son profil de figure historique. Mais l'homme des intrigues de coulisses et de la clandestinité n'est pas à l'aise dans ce répertoire. Le temps ayant fait son œuvre, il tente maladroitement d'expliquer qu'il avait le dos tourné lors des opérations de mars 73. L'entrée de Mahmoud et ses hommes ainsi que le déclenchement seraient survenus à son insu. D'ailleurs, il n'a pas attendu les heures perdues de la retraite pour disposer de l'histoire à sa guise. Déjà en 1974, dans une lettre[3] adressée à Abderrahim Bouabid et à Abderrahmane Youssoufi, rédigée en réaction au *modus vivendi* imposé à Alger, avant-goût du congrès du parti en 1975 où l'Option révolutionnaire est sanctionnée, le fqih Basri défie ceux qui seraient tentés de l'enterrer trop vite.

---

[1] Le fqih Basri n'a pas daigné me rencontrer en dépit de plusieurs tentatives.

[2] Dans le quotidien *Al Ittihad al ichtiraki,* organe de l'USFP.

[3] La lettre en question a été publiée dans *le Journal* n° 145 ; 25 novembre-1er décembre 2000. Le document n'a pas été formellement authentifié par l'intéressé, qui s'est toutefois abstenu de le démentir. Ce silence, compte tenu de la gravité des propos, revêt le sceau d'une authentification tacite.

A propos de mars 73, il écrit : « *Entre temps, j'ai été invité en Libye, suite au rétablissement des relations du Maroc avec ce pays, en contrepartie de la fermeture des antennes de la radio destinée au peuple marocain. Le camarade Aït Kaddour m'avait accompagné lors de ce voyage. En concomitance à cet événement, le martyr Mohamed Bennouna avait appelé à une réunion à Paris en vue de trancher dans plusieurs problèmes ayant trait à l'organisation militaire. Mais personnellement, j'ai dû m'absenter de cette réunion en raison des problèmes dans lesquels se débattait la Libye. Sur ce point, précisément, les camarades Aït Kaddour et Benyahia pourraient faire état du contenu de la réunion précitée et des résolutions adoptées. A son retour Aït Kaddour m'a informé après coup que Mohamed Bennouna et un groupe de militants étaient rentrés au Maroc. Les camarades Lakhssassi, Mohamed Aït Kaddour et Mohamed Benyahia ont vécu ces événements* ». Et de conclure : « *L'action armée, au nom du Front, a été proposée et mise en exécution à partir de Paris. Le Plan du 3 mars a été rédigé par Mohamed Benyahia.* »

Inutile de pousser l'exégèse bien loin pour constater qu'il s'agit là d'un exercice de révisionnisme. Tout d'abord la radio Libye n'a cessé ses émissions qu'en été 1973, soit après la mort de Mahmoud, et non de son vivant. C'était une des concessions arrachées par Abderrahmane Youssoufi au fqih Basri lors de la mise au point d'Alger. Ensuite, la réunion de Paris avait un but organisationnel et stratégique, non militaire. La présence de participants ne partageant aucune prérogative militaire au sein du Tanzim suffit à le démontrer. « *L'action armée* », quant à elle, n'a pas été conçue à Paris en l'absence du fqih Basri, mais en Libye, et en sa présence. Enfin, comment imaginer que le fqih Basri ait été tenu informé « *après coup* » de l'entrée de Mahmoud et ses hommes, alors même qu'elle a été effectuée avec le concours d'El Mid, son bras droit à l'époque ? Quand on sait les sentiments qui animaient Mahmoud à l'égard d'El Mid, on devine aisément qu'il l'aurait écarté s'il avait agi de sa propre initiative. Le reste n'est qu'une élaboration *a posteriori*, échafaudée sur de fausses vérités, qui tente de donner un air de désaveu à un acte jugé inconsidéré.

Ceux qui croyaient se battre pour des principes en restent sans voix :

— *Comment peut-il se permettre de nier son rôle et sa responsabilité alors que nous sommes pour la plupart encore vivants*[4] ?

Depuis, l'énigme persiste. Comme pour donner consistance aux conjectures, son homonyme de triste mémoire, l'ancien ministre de l'intérieur Driss Basri, entame en 1984 les négociations qui aboutiront quelques années plus tard au retour de l'éternel opposant. Un contact qui fait suite à celui d'un intermédiaire fort à propos : Bachir Figuigui, l'âme damnée du complot de 1973, devenu entre temps parlementaire.

Destin d'un parti

Pour beaucoup, la prophétie de Dahkoun se réalisera. Abderrahmane Youssoufi, contrairement au fqih Basri, s'accommodera d'un mal finissant, persuadé que la dernière heure sera la sienne. C'est ainsi qu'en février 1998, il accepte l'offre d'Hassan II de former un gouvernement. Mais tout comme le fqih Basri, il consacrera l'essentiel de son énergie à sauver les apparences. Elyazghi, Ajoul, Aït Kaddour et Benyahia le rejoignent dans son cabinet. Cependant, les premières conversions politiques sont antérieures. Mehdi Alaoui a déjà été gratifié d'un poste d'ambassadeur, Lakhssassi est devenu parlementaire et Masine, maire de Khénifra, la ville dans laquelle il déposait des bombes en 1973.

Depuis sa refonte en 1975, le parti a eu le temps de se métamorphoser, gagnant en respectabilité aux yeux du palais ce qu'il a perdu en crédibilité aux yeux des masses. Rebaptisé USFP (Union Socialiste des Forces Populaires), le parti a rejoint, dans l'euphorie générale de la marche verte, l'opposition constitutionnelle. Pour l'exercice du pouvoir, il ne rivalise plus avec la

---

[4] Entretien de l'auteur avec Ahmed Benjelloun.

monarchie mais avec les autres partis. Il est désormais partie intégrante de ce que Mehdi Ben Barka qualifiait d'« opposition de Sa Majesté » et donne la réplique à des partis qu'il considérait jadis comme des officines de Palais. En changeant de forme d'action, l'USFP a sacrifié son attache combative à une conception atténuée des antagonismes politiques. Faute d'avoir pu éradiquer le mal à sa racine, elle tente d'en soigner les conséquences. Ainsi, perdu dans ses incertitudes et attelé à un consensus politique précaire, le parti, lorsqu'il arrive aux affaires en 1998, n'a plus rien de cette organisation de masse, encadrée par l'élite intellectuelle du pays, qui faisait jadis sa fierté. C'est désormais un parti de notables, obligés de composer avec l'oligarchie politico-économique du Makhzen.

Pour quel dessein ? Dans l'affrontement convulsif d'hier, où la défense des libertés se confondait avec la lutte pour sa propre survie, l'enjeu ne souffrait aucune ambiguïté. A présent qu'il importe de donner un contenu à une liberté prétendue possible, la machine s'enraye. Amant inconditionnel de la liberté, plus par rejet de l'absolutisme que par réelle culture démocratique, le parti, à défaut d'avoir su relever les défis du changement, s'abîme dans un verbalisme sectaire et passéiste.

Cela alors même que la féodalité vit un état de grâce, sous l'impulsion d'un nouveau roi, jeune et avenant, qui mènera une campagne fortement médiatisée et donc fédératrice, contre les maux que l'USFP se proposait précisément de combattre : misère endémique, analphabétisme, sous-développement, liberté d'expression, droits de l'homme, etc.

Or, plus que jamais, le monopole hégémonique du Makhzen, qui a maintenu le pays dans l'anémie économique et l'abrutissement politique en dilapidant ses ressources, reste un obstacle vers une modernité qui donnerait au Maroc sa place dans le troisième millénaire.

Reste l'encombrant héritage révolutionnaire. Les temps ont changé et la cause a perdu de sa fraîcheur, au profit de « perspectives démocratiques », certes peu concluantes, mais moins compromettantes. Pour la nouvelle génération de cadres, choyée par le privilège d'une existence épargnée par les vicissitudes des années de plomb, la révolution prend des allures de réminiscence nostalgique désuète. Une assurance bien pensante leur inspire un réalisme de bon aloi qui a tôt fait d'associer le combat pour la liberté à de l'enfantillage politique. Leur imagination fatiguée, ils considèrent les survivants, témoins du déchirement, au mieux avec une compassion mêlée de condescendance, au pire, avec de l'indifférence.

L'idée même que des hommes aient lutté au Maroc pour une alternative à la monarchie, ne saurait être envisagée, ne serait ce que du bout des lèvres. Dès lors, le parti a fait sienne la thèse d'un courant révolutionnaire agissant indépendamment du parti attaché, cela va sans dire, à la pérennité de la monarchie. Les distorsions du temps ont permis cet accommodement à peu de frais. Pourtant en 1973, cette thèse avait autant de consistance que la fable du bon roi, victime de courtisans malveillants. A l'époque, la nuance était d'ordre tactique, l'objectif, lui, ne souffrait d'aucune controverse : il fallait abattre la monarchie pour nettoyer le Maroc d'une administration archaïque aux mains de féodaux ralliés à la cause néo-coloniale.

L'échec de 1973 créera le clivage entre deux courants divisés par leur lecture des événements. « Aventurisme » pour les uns, pressés de se démarquer d'un échec aussi encombrant que compromettant, « acte prémonitoire » annonciateur d'une radicalisation à venir, pour les autres. Cette ambivalence nourrit encore une schizophrénie politique dont le palais saura tirer profit en soufflant le chaud et le froid sur une opposition frappée d'une amnésie qui se voulait pourtant salutaire. Paradoxe saisissant que ce consensus politique paraphé par l'oubli. A occulter le passé au nom d'un consensus politique, censé poser les jalons d'une alternance vers la démocratie, le parti ne risque-t-il pas d'enterrer un patrimoine de luttes, susceptible de procurer à cette expérience sa réelle portée historique ? A moins que, sans oser se l'avouer, le parti n'ait choisi d'accepter l'« alternance octroyée » dans le seul but d'assurer la survie du Makhzen après la disparition de Hassan II, faute de pouvoir offrir une alternative viable ? Amputer la mémoire, reste alors le seul moyen de masquer l'échec.

Destin d'une génération

La mort de ses amis et, parmi eux, l'exécution de ses plus proches compagnons, Dahkoun et Driss Meliani, hantera longtemps l'esprit de Taoufik. Cette disparition porte le deuil de son propre salut. Une sensibilité exacerbée aura raison de sa capacité de résistance morale. L'espace d'une entrevue dans un café casablancais, Taoufik, la ferveur pathétique, l'œil humide où pointe une tristesse fugitive, symbolise l'image d'une génération entière de militants. L'épopée tragique que fut l'échec de l'Option révolutionnaire leur laisse en héritage un présent défiguré par le passé.

Et le destin, qui sait être impitoyable avec les obscurs de l'histoire, n'a pas épargné non plus leur avenir.

Gracié, Ahmed Benjelloun est accueilli à sa sortie de prison le vendredi 12 décembre 1975 par son frère Omar. Retrouvailles de courte durée. Six jours plus tard, le 18 décembre, Omar Benjelloun meurt assassiné sur le seuil de sa maison. Bien que rescapé, Ahmed Benjelloun sort écorché vif de cette épreuve. Contrairement à d'autres, il ne trouve dans l'échec du rêve révolutionnaire aucune justification à une trêve politique. Ne pouvant se résigner à accepter une demi-victoire, il retourne en prison en 1980, 1981 et 1983 pour être « traité » par les même tortionnaires.

A la fin des années 80, il quitte l'USFP et fonde le PADS (Parti de l'Avant Garde Démocratique et Socialiste), rejoint par ses deux amis de Damas, El Yazid et Khaled. Après avoir progressivement quitté les formations politiques plus par dépit que par divergence idéologique, Khaled gardera une attitude réservée, hésitant sur l'identité politique de son combat. A Paris en 1995, à la veille de son retour au Maroc après plus de 30 ans d'exil, il se définissait encore comme un résistant.

La même détermination habitera El Kouar qui, sorti de prison en 1975, deviendra membre du bureau politique de l'OADP (Organisation de l'Avant Garde Démocratique et Populaire). Hier comme aujourd'hui, il affiche l'air résolu de celui qui suit le chemin que lui indiquent ses convictions.

Pour certains, le retour aux réalités est long et douloureux. Ils se retirent de la politique au terme d'une réflexion solitaire, où s'est insinuée la conscience d'avoir été des idéalistes résolus à élever le peuple marocain vers un destin qui n'était peut-être pas le sien. L'expérience douloureuse de l'échec ayant rendu leur mémoire sélective, ils ruminent une histoire mal digérée. Leur vie est devenue un théâtre d'ombres dans lequel se projettent les fantômes du passé. Les rancœurs accumulées deviennent leur seul héritage commun. S'ils parlent, c'est avec circonspection, employant des termes évasifs où pointe une irritation sourde, alourdie par l'amertume. Davantage que mes questions, c'est l'objet même de ma curiosité qu'ils réprouvent, comme une trahison sans pouvoir s'expliquer laquelle. Généralement, l'entretien n'apporte rien, tant l'interlocuteur semble décidé à ce qu'il ne soit qu'un banal échange de civilités.

Mais les mêmes causes produisent parfois des effets différents. Pour Aït Kaddour aussi, l'histoire ne s'est pas embellie avec les années. Concevant un dépit durable, l'ermite de la révolution qu'il était, s'est mué en militant de la mémoire. Paradoxalement, ses commentaires généreux sur cette épopée font le silence sur l'essentiel : son rôle dans la direction du Tanzim en 1973. Mes tentatives d'aborder des questions de détails se heurteront à sa surprise affectée. Par contre son témoignage offre une place de choix à un réquisitoire sans appel à l'encontre du fqih Basri : détournement de fonds, trahison politique, mythomanie, tout y est.

Parmi les destins brisés jetés aux oubliettes de l'histoire, celui d'Houceine Manouzi se perd dans les geôles du palais. En plus d'avoir été un cadre de la lutte armée, Houceine Manouzi fut un des principaux orateurs de la radio-Libye qui incendiait le roi et le palais. Quand on sait que Hassan II pratiquait un exercice très personnel du pouvoir, on devine aisément qu'Houceine Manouzi constituait à ses yeux un invité de marque. Identifié à Dar-El-Mokri par plusieurs militants arrêtés en 1973, son portrait sera placardé dans les rues de Rabat le 13 juillet 1975 : avis de recherche pour une évasion survenue la nuit du 12 au 13 juillet. La cavale comprenait également quatre militaires mêlés au putsch de Skhirat : le lieutenant colonel Ababou, frère du chef de la conjuration, l'adjudant Akka, le capitaine Chellat et l'aspirant Mzireg ainsi que les trois frères Bourrequat, autres masques de fer des geôles du roi.

Repris, les militaires sont exécutés et les frères Bourreqat, envoyés dans le bagne mouroir de Tazmamart dont ils ne réchapperont, avec des lésions irréversibles, qu'en décembre 1991. De Houceine Manouzi, aucune nouvelle. Des sources policières signaleront sa présence à l'état-major de la gendarmerie de Rabat de 1975 à 1981. L'évacuation du bagne de Tazmamart en fin 1991 fait renaître l'espoir chez ses proches : des sources officieuses évoquent sa prochaine libération. Puis plus rien.

En mars 1998, suite à la nomination du gouvernement de Abderrahmane Youssoufi, des « sources autorisées » promettent sa proche libération. Le 15 octobre son nom apparaît sur une liste de disparus déclarés décédés. Un nom devenu une statistique anonyme. Pas de dépouille, pas de sépulture. A l'instar de Mehdi Ben Barka, ses traces se sont perdues dans le crépuscule des suppliciés du règne d'Hassan II.

Epilogue

Plusieurs fois, le journaliste qui me traduit les propos de Sidi Hamou se lève pour apaiser la femme de Merzouk. L'entretien se déroule dans une maison, à l'abri des regards indiscrets. Mais il se prolonge depuis une bonne heure et notre présence attire la curiosité du voisinage intrigué par notre présence. Les visiteurs inopinés, qui demandant des nouvelles, qui requérant un service quelconque, se multiplient et des coups d'œil interrogateurs passent à chaque fois l'embrasure de la porte. La femme de Merzouk devient nerveuse. Le journaliste a grand mal à la calmer. Sidi Hamou, imperturbable, poursuit son récit. Merzouk, l'ancien révolutionnaire de Goulmima, qui accueille notre réunion sous son toit, doit sa survie à cette femme. Pendant ses 14 ans de captivité volontaire, elle a su tenir un secret que même ses filles ignoraient. L'une d'elle se rappelle simplement que sa mère lavait le linge pendant la nuit et que régulièrement un pain disparaissait du four.

— *C'est celui du mendiant*, lui expliquait sa mère.

Lorsque Merzouk refit surface en 1987, il eut une troisième fille. Il l'appela *Hayat* qui signifie la « vie » en arabe.

Après avoir patiemment satisfait ma curiosité lors de trois longs entretiens, Sidi Hamou prend congé de moi à Rabat le 31 août 1996 en me lançant :

— *La prochaine fois, viens me rendre visite à Tinghir, j'habite une région très appréciée pour ses qualités touristiques, il y a beaucoup de choses à y découvrir.*

La pointe de dérision qu'il avait mise dans son invitation ne m'avait pas échappée. Mais il n'y aura pas de prochaine fois. Sidi Hamou s'éteint trois jours plus tard, le 3 septembre 1996. Avec son inséparable bâton et sa djellaba, il trahissait un profond état d'abandon. Lorsque j'apprit sa disparition je repensai à ce que disaient de lui, en 1973, les habitants de l'Atlas :

— *Il est nulle part et il est partout* !

Vingt-cinq ans après eux, je refais dans l'Atlas le trajet des révolutionnaires. Ignorant ce que j'allais y découvrir, je me laisse surprendre par l'apparence dérisoire des lieux. La désolation et la misère devaient être les mêmes à l'époque. Depuis, la désertification a eu raison des palmeraies qui entouraient jadis les douars. Les plaines de Tinghir où gambadaient les gazelles, naguère gibier de prédilection de Moha Oulhaj, offrent à présent un paysage nu et aride. Un progrès notable toutefois : une ligne électrique a été installée jusqu'à Amellago par une ONG allemande. Autre consolation, si tant est que s'en fut une, la région est devenue la destination favorite des amateurs de trekking et de rallye.

Comment songer sans frémir que ces lieux enchanteurs qui émerveillent les touristes aient été le théâtre d'un drame qui a fait couler à flots sangs et larmes ? L'écoulement du temps, hermétique au souvenir, dévoile une réalité inchangée, témoin silencieux du drame qui s'est déroulé ici. Par endroits, les stigmates des combats sont encore reconnaissables sur certaines maisons. Les survivants que j'y retrouve affichent un moral intact. Ils ont été torturés, privés de leur liberté et de leurs biens, mais revendiquent avec fierté leurs actes passés et ne tarissent pas d'éloges pour évoquer la mémoire des martyrs disparus.

Cependant, leur accueil, aussi chaleureux soit-il, ne parvient à masquer la terrible réalité. Leur idéal a sombré dans le chaos d'un monde façonné par un pragmatisme politique qui sonne comme un aveu d'impuissance. Âmes désabusées, ils observent d'un œil effaré leurs ennemis d'hier échanger des propos lisses et hypocrites avec ceux-là même qui les exhortaient jadis à la lutte armée. Ils n'y entendent rien, si ce n'est que cette idylle perpétue leur exclusion.

Les chemins de la Révolution se sont égarés dans l'indifférence, emportant le souvenir terrible d'une lutte que d'aucuns rêvent en secret de voir ressurgir sous des cieux plus cléments. A l'évocation du nom de Mahmoud, leurs yeux s'humidifient et leurs gorges se nouent. Le drame enfuit de leur désolation prend subitement un visage : celui d'un cadre politique, de surcroît ingénieur, promis à une brillante carrière, qui a partagé leur existence jusqu'à mettre la sienne au service de leur libération. Ils font le deuil d'un brave comme jamais ils ne feraient celui d'un chef politique.

Laissez la parole à la mémoire du passé et vous verrez qu'elle n'a pas fini d'envahir la réalité du présent.

Lettre de Mahmoud à fqih Basri

Samedi 7 août 1971

Camarade Mohamed,

Je désire répondre en détail à ta lettre datée du 13 juillet 71. Aussi, je commence par réécrire le contenu de la lettre que tu m'as envoyée.

1. El Hatimi[1] restera en contact avec vous au moyen des adresses que vous lui communiquerez.

2. Il semble que le travail avance lentement alors que les circonstances exigent le contraire.

3. Ben Moussa n'a aucune relation avec El Mesaoui, que ce soit d'un point de vue géographique, tribale ou familial. Je crains qu'il parte en vacance et qu'il y perde son temps.

4. Abdessalam[2] et Tarakhi sont en contact avec lui. Vous savez que ce contact est pour le moins une nécessité. S'il ne peut être établi ce serait une catastrophe surtout que le besoin s'en fait sentir à la fois sur le plan matériel et moral.

5. Il fallait que X (Boumi ?) arrive le plus rapidement possible pour étudier avec lui le plan de l'Atlas, la déclaration générale, le cas de Rabat et celui d'Oufkir en particulier. Il est certain que ce retard peut s'avérer être une faute fatale au niveau des possibilités et du plan d'action.

6. Il importe que les moyens soient prêts au maximum des possibilités et des volontés.

7. Dès mon retour, il faudra arrêter une décision au sujet de la liste que vous m'avez proposée pour l'entraînement et concernant le cas de Haj Drioush. Jusque là, veillez à le séparer immédiatement de Shibani[3].

8. Dès que le couvre-feu sur Casablanca sera levé, c'est-à-dire que les circonstances permettront de rentrer, il faudra que Zouhair[4] s'introduise avec le plan et les moyens qui lui permettront de mener à bien sa mission.

9. Est-il possible d'utiliser une personnalité à Rabat, par exemple le neveu de Houceine s'il est encore comme je l'ai connu ? Il faut organiser un groupe qui puisse monter une opération importante à Oujda. De même faut-il créer un réseau d'information qui aura pour mission de collecter toutes les informations dans la région de façon à préparer cette opération.

---

[1] Ben Yahia.
[2] Hoceine Aït Zeïd
[3] Nemri
[4] Dahkoun

السبت 7-8-71

الأخ محمد، تحية طيبة وبعد،

أود الجواب على رسالتك المؤرخة ب 13-7-71 بتفصيل، وحتى تدرك جوابي فإنني أبدأ بإعادة كتابة نص رسالتك:

" 13-7-71.

1- " الحاج سيبقي بالاتصال معكم بالعناوين التي تراسلونها."

2- " يتضح أن العمل يمشي ببطء، رغم ما تتطلبه المرحلة من العكس."

3- " بن موسى لا علاقة له بالمسائل جغرافيا وقبليا وما ثليا. أتخوف من أن يتغيب في عطلة ويضيع الوقت كله".

4- " عبد السلام والتراخي في الاتصال معه. وأنتم تعرفون أن ربط الاتصال على أقل تقدير ليس مجرد ضرورة بل ان لم يطلع يمكن أن ينقلب لكارثة، خصوصا وأن الجانب المادي ملح والجانب النفسي".

5- " كان بودي أن يحصل في أقرب وقت من أجل دراسة خطة الأطلس معه والخطاب بصفة عامة. وقضية الرباط، أو خفيي بصفة خاصة. وقد بات من اللازم الأكيد أن هذا التأخير يمكن أن يكون غلطة قاتلة لإمكانية وخطة".

6- " يجب أن تكون الأدوات مهيأة بأقصى ما يكون التنظيم والحزم".

7- " بمجرد رجوعي نقرر في اللائحة التي اقترحتموها للتدريب وكذلك الحاج دريوش. لكن الى ذلك الوقت يجب فصله حالا عن الشيباني سالف".

8- " بمجرد ما يستعمل أمر الطوارئ بالهيضاء أي بمجرد ما تسمح الظروف بالحد سول سيدخل زهير ومعه الخطة والأدوات من أجل إنجاز مهمة هنالك".

9- " هل من الممكن استعمال شخص خاص بالرباط فليكن ابن أخ الحسين إن كان لا زال كما عرفته. يجب تهيئ جماعة ~~صغيرة~~ تستطيع القيام بعملية مهمة بوجدة كما يجب تأسيس شبكة الاستخبارات تكون مهمتها التقاط كل ما يجري بذلك الإقليم استعدادا لهذه العملية نفسها".

10- " إن تركت عن النظام يتبع باسترجاع أنفاسه وبناء جهازه المختل والمنهار حاليا سيكون غلطة لا مثيل لها. لذا فالمطلوب عدم ضياع الوقت".

11- " ومن جهتي فهناك آفاقا مهمة تتطلب التفرغ ومعنى هذا أن تكفوا عن استشاراتي حتى في الجزئيات..."

12- " يجب استغلال موقف الجيش إلى أبعد مدى في النقاش مع الأطر الجزائرية. بمجرد رجوعي سأعمل على لقاء الأستاذ مجيد مزيان".

13- " يجب الحرص على عدم (!) كل واحد إلا بما يهمه فقط والكف عن استعمال كلمة الثقة مكان كلمة التنظيم من أجل اشاعة التفاؤل فقط".

10. Si le système renaît de ses cendres, ce sera une faute sans précédent. Pour cela, il ne faut perdre de temps.

11. De mon côté, il est des perspectives importantes qui exigent ma présence. C'est pourquoi je vous demande de cesser de me consulter sur des points de détail.

12. Il faut exploiter le point de vue d'Alger au maximum en discutant avec les cadres algériens. Dès mon retour, je tiens à rencontrer Moujid Mezyan.

13. Il faut éviter de ? que chacun ne... uniquement des choses qui l'intéresse et cesser de faire appel à la fidélité au détriment de l'organisation dans le but de propager l'optimisme.

Après lecture de cette lettre – que je n'ai reçue que le 21 juillet 1971, c'est-à-dire lorsque tu étais absent – je constate qu'un certain nombre de points exigent des clarifications. Voici ma réponse aux 13 points ci-dessus. J'exécute cette tâche par fidélité aux principes qui nous unissent :

1. Le contact avec El Hatimi en ton absence ne résout pas les problèmes organisationnels auxquels nous faisons face. C'est pourquoi je t'ai demandé d'organiser un nouveau rendez-vous avec Abdessalam dans la lettre que je t'ai adressée le 12 juillet 1971. Ma demande est restée sans réponse. Ce qui signifie qu'à ce jour, rien de ce qui a été convenu lors de nos discussions n'a été fait : La création d'un groupe à Paris qui reprenne en charge les relations avec le Maroc dont tu avais la responsabilité. Ceci est censé représenter une étape décisive pour te permettre de quitter la France quand le travail commencera. Ainsi, les tâches sont retardées du fait de ta présence à Paris et parce que tu n'es pas en mesure de les résoudre toi-même.

2. En effet, le travail avance lentement en dépit de ce qu'exigent les circonstances. Ceci non seulement ici, mais en France et ailleurs. Cette situation est due à notre type d'organisation. Pour ce qui est de notre niveau en particulier j'évoquerai ce point dans l'affaire Ben Moussa et Abdessalam. Au niveau de l'organisation en général le travail avance lentement non seulement dans des circonstances normales mais il lui arrive même de cafouiller. Aussi, comment puis-je faire pour qu'il avance au rythme qu'exigent les événements actuels ? L'amer réalité est que tant que nous maintenons notre forme d'organisation actuelle nous ne serons pas en mesure de suivre le rythme des événements et tirer avantage des secousses vécues par notre société depuis 1965.

3. Pour ce qui est de Ben Moussa, je n'ai pas son adresse complète. Quand tu étais présent ici début juin, tu m'as envoyé deux fois son adresse après que je te l'ai demandée. La première fois, elle n'était pas claire et incomplète. Dès que j'ai reçu l'adresse j'ai envoyé un camarade pour aller le voir. C'était le 28 juin. Le lendemain une épidémie de choléra a été déclarée au Maroc. Les frontières ont été fermées et des carnets de vaccination ont été exigés de tous ceux qui quittaient l'Algérie à destination du Maroc. Le camarade en question a du patienter longtemps jusqu'à ce qu'il soit prêt à partir le 8 juillet. Ce retard

2

أعتقد أن هذه الرسالة، والتي لم أتسلمها إلا يوم ٢٨-٦-٧١، أي عندما كنت غائبا، لها من الصيغة والمضمون ما يتطلب تحديد عددا من المواضيع بوضوح لإزالة كل لبس. وهذا جوابي على نقاطها من ١ إلى ٨ أؤديه بوفاء للمبادئ التي تجمعنا:

1- إن الإتصال مع حاتمي - في غيابك - لا يحل المواضيع التنظيمية هنا. هنا منذ أشهر، طلبنا بعقد موعد جديد مع عبد السلام الذي جاء في رسالتك لك والمؤرخة يوم ١٢-٦-٧١، وظل هذا الطلب بدون جواب. ومعنى هذا أنه لم يتم لحد الآن ما سبقه وأن كررناه في أعداد بيننا بخصوص إقامة جماعة بباريس تتسلم منك العلاقات مع المغرب، وذلك كخطوة نحو خروجك من فرنسا عند بداية العمل. وبذلك تتعطل الأشغال إنتظارا لوجودك بباريس حتى تمارس عملها بنفسك.

2- إن العمل يمشي فعلا ببطء، رغم ما تتطلبه المرحلة من العكس. وذلك ليس هنا فقط ولكن أيضا في فرنسا وغيرها. وإن ذلك راجع لشكل تنظيمنا؟ أما من جانبنا فسأتعرض إلى هذه النقطة من موضوع بن موسى وعبد السلام، وأما من جانب التنظيم بصفة عامة فإن العمل يمشي ببطء في الظروف العادية، بل كثيرا ما يتعثر، فكيف له أن يمشي بالسرعة التي تتطلبها الأحداث العارضة. إن الحقيقة المرة هي أننا لا نستطيع - ما دمنا على شكلنا الحالي - أن نتحرك بسرعة الأحداث ونستفيد من الهزات التي يعيشها مجتمعنا سنة ٦١.

3- في موضوع بن موسى: لم يكن عندي عنوانه كاملا لما حضرت إلى هنا في غياب عنوان وبعثته لي مرتين بالعنوان جدات طلبته منك، وكان في المرة الأولى غير واضح وناقص. وبمجرد توصلي به كلفت أحدا بالعنوان ليسافر إليه وكان ذلك يوم ٢٨-٦. وبعد يوم أعلن عن الكوليرا بالمغرب، فأغلقت الحدود وطلبت وقت التلقيح لكل من يغادر الجزائر إلى المغرب. فاستغرق الأخ المذكور مدة طويلة ليكون جاهزا للسفر يوم ٥-٧. وليس هذا البطء راجعا إليه وإنما إلى عوامل إدارية وقرارات متخذة من طرف الدولتين. [في هذه الأثناء كان محمد غائبا في فرنسا وكنا ننتظر رجوعه من أجل العربي كان غائبا وهو الذي كلف بالإتصال بوسيلة لإحضار من ينوب عن محمد، كما أن الحاج وهو آخر من تركهم السيد لا تعامل معهم، ذهب في جولة لبعض المدن ولم أعلم بذلك إلا بعد غيابه، ولم يرجع من رحلته إلا يوم ١٥-٧.)

4- في هذه الأثناء، أي عندما كنت أنتظر أن يسافر الأخ إلى بن موسى، جاءت رسالتك تحدد لنا فيها موعدا مع عبد السلام ليومي ١٠ و١١-٧، ولم تصل رسالتك إلا يوم ٦-٧، فكان يوم ١٠-٧ لم يعد ممكنا الإتصال ولم يبق إلا يوم ١١-٧، في هذه الأثناء وصل محمد والتحق الشيباني

n'est pas de son fait mais dû aux circonstances administratives et aux décisions contradictoires entre les deux pays. (Pendant ce laps de temps, Mohamed était absent en France et nous attendions son retour. Laâbi[5] était absent également. C'est lui qui était chargé d'établir le contact avec Oujda et amener celui qui devait être présenté à Mohamed. Quant à El Imam, qui est la dernière personne qu'El Mid a laissé pour que je travaille avec lui, il est parti dans une tournée à travers plusieurs villes et je n'ai eu connaissance de son déplacement qu'après son départ. Il n'est revenu que le 10 juillet).

4. Ta lettre me proposant un rendez-vous avec Abdessalam les 10 ou 13 juillet est arrivée pendant que j'attendais que le « camarade » se rende chez Ben Mousa. Ta lettre étant arrivée le 8 juillet, le contact du 10 juillet ne pouvait plus avoir lieu. Restait le 13 juillet. Entre temps, Mohamed est arrivé et a rejoint Shibani et son fils. Ceci a mis un terme à leur possibilité de poursuivre leurs relations avec l'intérieur. De notre côté nous avons perdu à la fois un passeur pour la frontière et un intermédiaire avec Abdessalam. De ce fait, j'ai décidé d'abandonner temporairement le contact avec Ben Mousa et de réactiver le contact avec Abdessalam du fait de son importance. Ne disposant plus que d'un seul messager, je l'ai envoyé le 9 juillet muni d'un passeport, de l'argent et des infos pour retarder l'arrivée d'Abdessalam jusqu'à ce qu'El Mid règle ce problème[6]. C'est pour cette raison que je t'ai informé de l'entrée de Shibani et de ses deux enfants (je désirais retarder l'arrivée d'Abdessalam de deux semaines, c'était le contenu de mon message). Nous ne disposons d'aucun autre moyen de traverser la frontière et El Mid est au courant. Le 10 juillet les frontières ont été bouclées. A partir de cette date la région d'Oujda était soumise à un régime spécial : couvre feu et autre.. et les routes du Maroc se sont hérissées de barrages. Notre messager ne disposant ni de papier d'identité marocain ni de carte de séjour en Algérie, a du rebrousser chemin. J'ai décidé de ne pas le renvoyer dans ces conditions et je t'ai demandé le 12 juillet de fixer un nouveau rendez-vous. Ce n'est en effet que le 15 juillet que j'ai été en mesure de demander à ce messager de se rendre chez Ben Mousa pour attendre une nouvelle occasion de rentrer en contact avec Abdessalam. Sachant qu'un visa de sortie du Maroc est devenu nécessaire et que les passeports de toute personne se rendant au Maroc à partir de l'Algérie sont réquisitionnés, notre camarade a été retardé ici et n'a pu s'acquitter de sa mission que dernièrement en passant la frontière secrètement (c'était vers la fin juillet, le 25).

Considérant tout cela, je m'étonne de la phrase « un relâchement dans la prise des contacts » avec Abdessalam. Je la réfute tant dans la forme que dans son contenu. Soucieux de réformer notre plan, je suis intervenu à plusieurs reprises auprès d'El Hatimi et d'El Mid leur demandant que tu me contactes

---

[5] Sahir.

[6] Il s'agit selon toute vraisemblablance du passage des frontières

ولابنه وإ نقطعت إمكانيتهم، أي لقد إنقطعت علاقتهم بالداخل وفقدنا من يساعدهم على عبور الحدود، كما فقدت إمكانية المراسل إلى عبد السلام. لذلك قررت التخلي عن الإتصال بابن موسى سوقتا والإتصال مع عبد السلام نظرا لأهمية هذا الإتصال، ونظرا لأنني لم أعد أتوفر إلا على مراسل واحد. لذلك بعثت هذا الأخ يوم ٩-٧ ومزودا بالجواز والنقود والمعلومات لتأجيل قدوم عبد السلام لغاية ما يعلم السيد هذا الموضوع - ولهذا السبب أخبرتكم بدخول الشيباني وابنيه (وكنت أنوي تأخير قدوم عبد السلام بمدة ٣ أسابيع تقريبا، هذا ما بلغته للمراسل). إنه غير صحيح أنه تتوفر لنا إمكانية أخرى دون هؤلاء لعبور الحدود، والسيد يعرف ذلك.

ويوم ١٥-٧- أقفلت الحدود، وبعد هذا التاريخ أصبحت منطقة وجدة منطقة لوضعية خاصة، من حظر التجول وتغير كما أن طرقات المغرب أصبحت ممتلئة بالبراجات، وصاحبنا المراسل لا يتوفر على ورقة تعريفه مغربية وليست إقامته بالجزائر عادية، فرجع من الحدود وقررت عدم بعثه في تلك الظروف وطلبت منك يوم ١٢-٧-٠١ أن تجدد لنا الموعد. لذلك وجهت هذا الأخ يوم ١٧-٧ لعند ابن موسى، في إنتظار إمكانية جديدة للإتصال بعبد السلام، ونظرا لفرض تأشيرة الخروج من المغرب؟ وحجز جواز السفر لكل المواطنين إلى المغرب من الجزائر، فقد كلف صاحبنا هذا ولم يذهب في مهمته إلا أخيرا حيث ذهب ليعبر الحدود بطريقة سرية. (كان هذا في نهاية يوليوز، يوم ٢٦).

نظرا لكل هذا فإنني أستغرب لعبارة "التراخي في الإتصال" مع عبد السلام، وأرفضها لفظا ومعنا. إنني كنت جد حارصا على أن ندخل تعديلات على مخططنا هنا وطلبت ~~الإتصال~~ لتتصل معي تيليفونيا مرارا من الخارج والسيد وبقيت أنتظر معتقدا أنك موجود منذ يوم ١٥-٧ في الشرق كما جاء في إحدى رسائلك. حقيقة أن عدم الإتصال قد ينقلب إلى كارثة أخطر مما يمكن أن نقدر أبعادها حاليا، إن ذلك غير خاف علي لذلك حاولت الإتصال بك مباشرة للإتفاق معك على خطة جديدة بالنسبة لعبد السلام والعمل في الأطلس حتى نكيف بسرعة تحركنا مع الوضع الناتج عن ١٥-٧... غير أن المساعي كثيرا ما تضيع لأن أحد الإخوان أو بعضهم يعتبرونها غير جديرة بالإهتمام نظرا لعدد من الإعتبارات نحن في غنى عن ذكرها لأشياء لا تبرر شيئا.

٥- إنني مدرك كما قلت لضرورة الإتصال مع عبد السلام لذلك طلبت منك تجديد الموعد. أما الإمكانية التي تتحدث عنها بعد فقدان إمكانية الشيباني وأبنائه، فذلك لا وجود له، وقد إنتظرت مدة ١٥ أيام قبل أن أحرك أبناء الشيباني من جديد وهم الآن في مهمة استطلاعية وربط الخيط.

٦- إنك تعرف "الأدوات" المهيأة: فبالنسبة للرفاق الذين دخلوا من المغرب بعد الإعتقالات فأنهم مثال في الإنضباط والإمتثال

par téléphone. J'étais resté en attente de ton appel, croyant que depuis le 15 juillet tu séjournais au Moyen-Orient comme ce fut mentionné dans une de tes lettres. Conscient que ce manque de communication peut nous conduire tout droit vers une catastrophe aux conséquences encore incommensurables, j'ai essayé de te contacter directement pour convenir d'un nouveau plan en ce qui concerne Abdessalam et les activités dans l'Atlas à la lumière de la situation du 15 juillet. Malheureusement beaucoup d'efforts se perdent car l'un ou l'autre des camarades les juge superflus pour des raisons qui nous importent peu dès lors qu'elles ne justifient en rien de tels agissements.

5. Je suis conscient de la nécessité de contacter Abdessalam, raison pour laquelle je t'ai demandé de renouveler le rendez-vous. Le nouveau moyen que tu m'as indiqué après la perte de ceux de Shibani et de ses enfants n'existe pas. Cela m'a pris 10 jours pour réactiver les enfants de Shibani qui sont actuellement en mission d'observation en vue de renouer le contact.

6. Tu connais les « moyens » mis en œuvre. En ce qui concerne les camarades restés au Maroc après les arrestations, ils constituent, en plus de leur formation politique, un modèle de discipline et d'exemplarité au même titre que leurs camarades du Moyen-Orient. Tous sont des militants d'une grande valeur. Par contre, les messagers et les passeurs (exception faite d'El Moualim et d'El Imam) confondent action patriotique et contrebande d'une part, ambition et opportunisme de l'autre. Le meilleur qualificatif qui me vient à l'esprit est « anarchistes ». Ces derniers ne seront jamais des militants tant que le bakchich sera le seul lien qui nous unit et que leur motivation obéisse à la satisfaction de leurs intérêts personnels et à un esprit de soumission incrusté dans leur esprit petit bourgeois. Si nous sommes obligés de traiter avec eux, faisons-le modérément. Car aucun d'eux n'a servi l'organisation avec honnêteté et dévouement dés lors qu'il n'en est pas un militant. Toutefois, ils représentent un potentiel au niveau militaire pour autant que notre relation avec eux se transforme de fond en comble et qu'elle soit établie sur la base de valeurs militantes. A l'exception de ces deux groupes, il n'existe aucun autre moyen à disposition. Si tu as une autre raison pour évoquer ce point, je te prie de bien vouloir me la clarifier.

7. Tu nous as assuré que Zouhair et par la suite Sayat vont amener les détails concernant l'Atlas, Casablanca et l'armement. Sayat n'a rien amené comme élément concernant ces points. Quant à Zouhair tu n'as pas précisé la nature de sa mission. L'idéal serait que Zouhair prenne en charge le réseau de Casablanca. Cela nous éviterait de disperser nos efforts et nous permettra de nous consacrer à l'Atlas et au Rif qui relèvent de ma responsabilité. (=8)

8. El Haj n'a aucunement rencontré Shibani. Es-tu en possession d'une information contraire ? Quant à l'entraînement, s'il n'a pas lieu assez rapidement, l'occasion sera perdue. (=7)

9. Le fils du frère de Houceine souffre des deux reins depuis six mois.

بالإضافة إلى تكوينهم السياسي، فإنهم قد رفضوا قضايا الباقون في الشرق، وهم جميعا مناضلون أحسن من "الأدوات". أما بالنسبة للإخوان الإسلاميين وأصحاب العبور (فإذا استثنينا الأخ المتعلم والإمام) فإن الأمر مختلط عندهم ما بين "عمل وطني" و"تخريب"، وما بين طموح في الوصول ورغبة في الاستفادة... وأحسن وصف أستطيع إطلاقه عليهم هو "Anarchists". ليس هؤلاء الناس مناضلين مادام البقشيش هو الرابط، وأسلوب الترضية سائد وعقلية السولاء كامنة في نخاعهم وما إلى ذلك من رواسب مجتمع الإقطاع... إن كانت الضرورة تقتضي التعامل مع هؤلاء الإخوان فلذلك حدود، ولم يخدم نوعهم المنظمة بأمانة واستماتة مادام لم يصبح أحد منا ضليعا. إنهم في الحقيقة تربة خصبة لتكوين مناضلين أشداء في الميدان المسلح على أساس أن تنقلب العلاقة معهم رأسا على عقب وأن تخضع لمقاييس النضالية المعقدة... وبعد هذان المجموعتان فليس هناك "أدوات" أخرى يمكن التحدث عنها الآن. وإن كان هناك سبب لإثارته هذا الموضوع فأرجو توضيحه لأنني لم أدركه.

7 - بعدما وعدتنا أن زهير ثم الصياد سيحضرون معهم التفاصيل في موضوع الأطلس والدار البيضاء والسلاح، لم يحضر الصياد معه شيئا في الموضوع، أما زهير فلم تفسح مهمته: إن كان المقصود هو أن يتكلف زهير بمهمة الدار البيضاء، فهو أحسن حل لأننا عوض أن نشتت إمكانياتنا سنحصرها في عملية الأطلس والريف، وهذا حل أكثر.

8- لم يجتمع الحاج بالشيباني قط، فهل كان عندكم نبأ مخالف لذلك؟ في موضوع التدريب إن لم يتم بسرعة فستضيع الفرصة.

9- إبنة أخ الحسين مريضة بالرأس منذ 6 أشهر، وقد بعث الحسين في طلب أحد الأشخاص من العاصمة ليكلفه بالاتصال مع سماه... ويعتبر الحسين مرضها ميؤوس منه وأوافيكم بجديد

أما الجماعة التي ستقوم بمهمة وحيدة كما تخبر بها فليست هناك سوى الجماعة التي تعرفها أي الرفاق الذين قدموا من الشرق والباقون فيه، وستستطيع تهيئة هذه الجماعة إن أنت أخبرتنا بنوع المهمة لنقدر عدد الأفراد ونوعيتهم وما يتطلبه الموضوع من ترتيبات. أصحاب

أما بالنسبة لشبكة الاستخبارات فإنني أسعى بواسطة السيد أبي أنباء الشيباني والمعلم أن ألم استخبارات منظمة إلى حد ما، غير أنه لا يمكننا أن نحلم بشبكة تكون مهمتها التقاط كل ما يجري في تلك الأقاليم لأن هذا يتطلب بناء تنظيميا محكما لا يحدث بسرعة وقبل العملية نفسها. إن فكرة "الضغط على البوطونات" هي في هذه الحالة كحالات عديدة أخرى، لأن ما لدينا من إمكانيات، وليس هنا فقط، هو ما تحقق هذا الشعار.

C'est pourquoi El Houceine a sollicité qu'une personne de la capitale soit chargée de prendre contact avec Hamad (Qamad ?). Il a de nouveau fait mention des cas de Popol et d'Oufkir. Quant au groupe auquel tu fais référence afin d'exécuter la mission d'Oujda, il ne reste que les militants basés en Orient. Si tu nous informes du genre de mission, nous pouvons préparer ce groupe en évaluant le nombre d'hommes, les aptitudes et le type d'armement requis. Pour ce qui est du renseignement, j'essaie de mettre en place un réseau plus ou moins fonctionnel par l'intermédiaire des amis de Midani, des enfants de Shibani et d'El Moualim. Par contre, il serait illusoire d'espérer capter tout ce qui se passe dans la région. Ceci exigerait la mise en place d'un réseau fortement structuré ce qui nécessite du temps. L'idée d' « appuyer sur des boutons » est une illusion. Les moyens à notre disposition sont insuffisants pour espérer actionner le réseau de façon mécanique.

10. Le système a subi une violente secousse en essayant de rattraper le temps perdu et affronter la situation présente. Notre inertie pendant cette période est une erreur impardonnable pour laquelle on nous demandera des comptes... Par quel moyen agir et comment ? J'ai attendu impatiemment ton appel espérant plus que n'importe quel autre camarade le signal d'une offensive organisée qui aurait été coordonnée avec toi. En ce qui me concerne, moi ainsi que les autres camarades, le déroulement des derniers événements (- ?- - ?-) et nous sommes dans l'incapacité d'accomplir notre devoir après ce choc plus dur que celui qui a suivi l'arrestation de nos camarades en 1970. La priorité n'est pas seulement d'agir vite mais aussi de réévaluer rapidement la situation pour relancer notre action dans les plus brefs délais. Notre handicap actuel est l'armement et nos relations avec l'intérieur. C'est pourquoi il faut accélérer la mission de la Libye pour qu'elle nous approvisionne en armement, rapatrier nos camarades d'Orient et organiser un nouveau rendez-vous avec Abdessalam.

11. (...?...) Je suis de ceux qui pensent que tu dois consacrer ton temps à une activité plus importante que celle qui te retient à Paris. Je t'en ai parlé à plusieurs reprises tout comme l'on fait d'autres camarades. Je serai le premier à te féliciter si tu cessais de te préoccuper de considérations secondaires pour te consacrer à la direction réelle de l'organisation. Ceci étant, je me verrai, moi ainsi que les autres composantes de l'organisation, contraint d'évoquer avec toi des questions mineures tant que tu persisteras à tout superviser. Néanmoins, si tu parcours en détail les points que je t'ai soumis, tu constateras qu'ils te concernent directement.

12. Je me suis déjà exprimé à ce sujet dans ma précédente lettre.

13. J'espère que tu m'éclaireras sur les éléments ou les missions dans lesquels a été privilégié « la confiance au détriment de l'organisation dans le seul but de propager l'espoir ».

En ce qui concerne l'espoir, je n'ai interpellé personne et n'interpellerai personne sauf sur ce dont je suis intimement convaincu. Je me contente d'atténuer le côté négatif de notre organisation pour insister sur le positif.

٤

١٥ - حقاً أن النظام تعرض لهزة عنيفة في جهازه وهو يتسابق مع الوقت لتدارك الحالة، وعدم تحركنا في هذا الوقت بالذات غلطة لا تغتفر بل نحاسب عليها... بما أننا سنواجه وكيف. إنتظرت مكالمتك على أحر من الجمر في الوقت الذي كنت أرغب أكثر في أي رفيق أن تعطانا الإشارة لننطلق بشكل منظم ومنسق معك. بالنسبة لوضعية (الرفاق) فإن مرور الأحداث الأخيرة أمام أعيننا ونحن عاجزين عن القيام بواجبنا خلف صدمة أعنف من الصدمة التي تركتها فينا حملة إعتقال رفاقنا سنة ٧٥ . ومن المؤكد أن المطلوب ليس هو عدم ضياع الوقت فقط ولكن إعادة تقييم الوضع من جديد وبسرعة وتحقيق الخطوات الأولى بسرعة من أجل بداية العمل، بل يجب أن يبدأ العمل. إن الذي يحول بيننا وبين العمل حاليا هو السلاح والعلاقة مع الداخل. لهذا يجب التعجيل بمهمة ليبيا لتزودنا بالسلاح، واستقدام الرفاق من الشرق وأعطنا لنا موعدا جديدا مع عبد السلام.

١٦ - إنني من أحرص الناس على تفرغ لمهمة أهم مما تقوم به في باريس وقد فاتحتك كعدد من الرفاق في هذا الموضوع عدة مرات وسنة كون من الأوليات التي يمليها لك تخليك من الاهتمام بالجزئيات والتفرغ للمهام القيادية الفعلية. لكن من جهتي ومن جهة باقي أطراف التنظيم سنظل مضطرين إلى طرح الجزئيات معك ما دمت مشرفا على كل صغيرة وكبيرة. وإن راجعت المواضيع التي طرحتها عليك بجزئياتها فسترى أنها مرتبطة بك.

١٧ - لقد كاتبتك في هذا الموضوع في الرسالة السابقة.

١٨ - أرجو أن تشير بوضوح إلى العناصر أو المهمات التي استعملت فيها "سلمية الثقة مكان سلمية التنظيم من أجل إشاعة التفاؤل فقط" حتى يتضح لي ذلك. أما في موضوع التفاؤل فإنني لم ولن أطلب أحدا إلا بما أنا مقتنع به، وكلما أعمل هو أنني أنفي جوانب الضعف والنقصان عندنا ولا أثير إلا الجوانب الموجبة، أو أتحدث عن الثورة كتحليل ليفهم إلا أنما إذا كان المقصود هو تعاملي مع عبد الله فذلك من باب الإستثناء حتى أستفيد من معلوماته وأتخذ قراري بناءا من معلومات مسبقة وليس عن جهل.

أغتنم فرصة الرد على هذه الرسالة لأثير عددا من المواضيع كنت دائما أرغب في مناقشتها معك سابقا في توضيح جوانب أراها من النواقص العائقة تنظيميا ونظريا أسلوبا وتعامل.

إن أحداث ١٥-٣ وما نتج عنها من وضع ناضج لخوض معركة الإنتفاضة المسلحة، وعجز عن أخذ زمام المبادرة والاستفادة من عجز الحكم ليست هي أول مرة نقف فيها متفرجين على الأحداث التي تهز المغرب.... إن تخلفنا في تحرك راجع لشكل تنظيمنا:

- - - analyse la révolution dans le but de rentrer en contact avec Abdallah pour bénéficier des renseignements dont il dispose et prendre mes décisions sur la base d'éléments fiables et non par ignorance.

Je saisis l'occasion de cette réponse pour évoquer quelques points que je souhaite débattre avec toi. Tout d'abord permets-moi de souligner quelques points de faiblesse que j'ai identifiés au niveau de notre organisation, de nos moyens et de nos méthodes de communication.

- Les événements évoqués ci-dessus dans les points 7 à 10 et ce qui en résulte constituent une situation propice pour déclencher un mouvement insurrectionnel armé. Ce n'est pas la première fois que par incapacité de prendre l'initiative et profiter de la vulnérabilité du pouvoir nous sommes réduits à observer en spectateurs les événements qui secouent le Maroc.

L'inertie de notre mouvement est du à notre type d'organisation :

- Tout d'abord, une direction collégiale centralisée est plus efficace qu'un seul individu même doué de génie et d'une capacité de travail intelligent et structuré. Ce type de direction a démontré son efficacité autant dans les mouvements politiques que dans la conduite des peuples. L'absence d'une telle direction va à l'encontre du développement, de l'histoire et de l'intérêt du peuple.

- Des militants de sensibilités diverses demandent l'accomplissement de cette étape. Les circonstances ont mûri et permettent de le réaliser dans de brefs délais dans l'organisation et la discipline. Ceci mettrait un terme à la distribution des tâches et des responsabilités qui écarte les cadres des questions importantes provoquant danger et problèmes organisationnels. Les contradictions dans lesquelles se débat la gauche marocaine est le résultat et l'illustration de ce type de direction caractérisée par un leadership sans substance et paralysant à la fois. Mon intention n'est pas d'organiser des élections démocratiques, car la révolution ne naît pas des suffrages comme l'a dit Trotsky. Par contre j'ai l'intention d'échafauder un organigramme de direction centralisée qui aurait en charge la planification, la direction et l'orientation des différents moyens à disposition.

- Ensuite, j'évoquerais l'absence d'un programme politique qui définit les buts du mouvement et offre une option crédible de gouvernement fédéral qui soit une alternative au programme des partis d'opposition qui n'a pas évolué avec les derniers événements. Ce programme est censé à la fois guider les militants et mettre à leur disposition les moyens de mobiliser les masses laborieuses et de la classe moyenne contre le pouvoir. Dans l'Option révolutionnaire, notre regretté Mehdi Ben Barka a refusé de demander un programme. Ce refus, tout comme le silence à ce sujet, non seulement ne résoud rien mais en plus il prive la quasi totalité des cadres d'un espoir et laisse le mouvement sans instrument fort pour affronter le régime. On ne peut compter uniquement sur les sentiments de frustration et de désespoir ou sur la volonté pour tenir

6

- غياب القيادة المركزية الجماعية التي تعطي أضعاف ما يمكن أن تعطيه قيادة شخص واحد مهما بلغت تجربته وطاقته على العمل الذكي المنتج. وهذا الشكل من القيادة للحركة السياسية أو القيادة الشعبية هو الشكل الصحيح والعملي وما عداه إنما هو مخالف لسير التطور والتاريخ ومصلحة الشعب.

إن المناضلين مختلف ميولهم يطالبون بتحقيق هذه الخطوة وقد نضجت الظروف لتحقيقها في أقرب وقت بشكل منظم وبالتزام وليس بتوزيع المهام والمسؤوليات والقذف بالمسيرين من أعلى الشيء الذي أظهر من خطورته والمشاكل التي يخلقها. وما تخبط اليسار المغربي في تناقضاته إلا نتيجة مثل هذه الأساليب، التي تخلق نوعا من الزعامات الفارغة والتسلطية، لم أقصد تطبيق أسلوب الانتخاب الديمقراطي، إذ لم تقم الثورة بالانتخابات كما قال تروتسكي، وإنما أقصد بناء جهاز قيادي مركزي مسؤول على التخطيط والتسيير والتوجيه من الكفاءات المخلصة المتوفرة.

- غياب البرنامج السياسي الذي يعرّف بأهداف الحركة ويشكل بديلا مقنعا لبرنامج ~~يوجه المناضلين~~ الحكم الإقطاعي القائم وبديلا أيضا لبرامج الأحزاب السياسية المعارضة التي لم تتطور مع الأحداث. برنامج يوجه المناضلين ويوضح لهم مادة التحرك أو عاملا لإثارة الكادحين والفئة المتوسطة ضد الحكم. وموقف فقيدنا المهدي بن بركة من المطالبة بالبرنامج في "الاختيار الثوري" موقف غير صحيح إذ أن رفض الطلب بالبرنامج والسكوت عنه لا يعني شيئا وإنما يخيب أمل السواد الأعظم من الإطارات ويترك الحركة ناقصة من أدوات قوية لمواجهة الحكم. ولا يمكن الاعتماد فقط على الشعور أو السخط والاستياء ولا حتى الإرادة إذ أن هذا كله لا يشكل مضمونا مبدئيا أو شعارا، إنما تحديد المبادئ في برنامج تتعهد الحركة بتطبيقه كبديل، وتفي بوعدها. هو سبب استثمار السخط والتحمس ضد الحكم للتعجيل بنهايته.

- غياب التنظيم الثوري الصلب بجناحيه السياسي والعسكري: لا يمكن لمن يصادق نفسه منا ويصادق الناس أن يدعي أن ما لدينا هو تنظيما سياسيا ثوريا صلبا. فإن تنظيمنا ما هو بسياسي ثوري ولا هو بصلب، ليس بتنظيما سياسيا ثوريا، لأن لهذه العبارة مدلول طبقي وما ينتج عنه من إيديولوجية الطبقة الكادحة أي شكل تنظيمي طليعتها التي تحقق التوعية السياسية وتعبئة الطبقة وتحقيق استيلاء السلطة بالانتفاضة المسلحة أو الحرب الشعبية.

أما الجناح العسكري فإن اعتقالات 70 تبين أن أغلبية المعتقلين من الفلاحين وهذه نسبة تعكس الوضع الاقتصادي والاجتماعي الصحيح للبلاد وتجعل من اختيار الحرب الشعبية الطويلة النفس

lieu de principes et d'objectifs. Par contre la fixation de principes dans le cadre d'un programme dans lequel s'engage le mouvement en vue de l'appliquer comme alternative en tenant ses promesses est le meilleur moyen d'instrumentaliser la frustration et le désespoir contre le régime et accélérer sa chute.

- L'absence d'une organisation révolutionnaire solide sur les plans politique et militaire : On ne peut, si nous sommes sincères avec nous mêmes ou avec le peuple, prétendre disposer d'une organisation politique et révolutionnaire solide. Parce qu'en l'état notre organisation n'est ni politique, ni révolutionnaire ni solide. Elle ne saurait être une organisation politique révolutionnaire car cette notion a une connotation de classe et engendre une idéologie de classe prolétaire. C'est-à-dire un type d'organisation dont l'avant-garde oeuvre à la prise de conscience et à la mobilisation en vue d'une prise de pouvoir par le biais d'une insurrection armée ou d'une révolution populaire.

Au niveau militaire, les arrestations de 70 prouvent que la plupart des prisonniers sont des paysans. Ce pourcentage reflête la réelle situation économique et sociale du pays et impose l'option d'une révolution populaire de longue haleine. Ceci malgré le manque d'organisation dans les campagnes qui, comme l'ont démontré les procès verbaux de police et les comptes rendus d'audience des tribunaux, découle de l'égarement des dirigeants ignorants les taches qu'ils ont à accomplir. Ces arrestations ne nous ont laissés que des militants rescapés résidant à l'étranger et coupés du peuple marocain. Or le principe fondamental d'une révolution de libération populaire est incompatible avec cet éloignement. Cette condition est aujourd'hui réalisée d'un point de vue organisationnel dans l'Atlas. C'est une réelle lueur d'espoir dés lors que les conditions nécessaires y sont réunies. Il importe que cette composante de notre organisation ne soit pas une éphémère opportunité comme cela fut trop souvent le cas auparavant.

- L'absence d'une stratégie politique et militaire claire : Ce qui nous lie aujourd'hui est un accord général vague. La simple tentative d'aborder ce sujet avec un militant ou un responsable parmi nous soulève un débat animé révélant des appréciations diverses. L'objectif n'est pas tant de réduire ces divergences à un seul point de vue que de nourir notre action politique et surtout militaire d'une stratégie précise à laquelle adhère l'ensemble en vue d'oeuvrer à sa réalisation. Celle-ci doit organiser et fédérer nos efforts en mettant un terme au désordre idéologique et organisationnel. Son rôle est de privilégier l'encadrement des militants et non de stimuler les initiatives individualistes. Le fait de s'appuyer sur des individus isolés pour des questions organisationnelles a démontré ses limites. C'est pourquoi je préconise la mise en oeuvre d'une action collective. Il va de soit que cela implique que les résolutions prises ne restent pas dans les fonds de tiroir.

- Nos efforts à ce jour ne sauraient être assimilés à une ébauche de mou-

اختيارا صحيحا، مع أن الشكل الذي نلح عليه الإخوان في البادية ظهر بسبب محاضر الشرطة وجلسات المحكمة على أنه فيه انحراف، ولكن أن المسؤولين كان لا بد أن يكون شكل العمل المطلوب منهم تحقيقه. أما ما تبقى بعد الاعتقالات فعدد من المناضلين لا بد ورلهم وسط الجماهير المغربية، وهو الموجود بالخارج، والمبدأ الأساسي لحرب التحرير الشعبية يطعن في ذلك. وهذا الشرط يتوفر حاليا وتنظيميا في الأطلس، هذا هو الأمل الذي يبرق دوما أمامنا ويبقى الإمكانية الوحيدة التي تتوفر مبدئيا على الشروط الضرورية، والأمل هو أن لا يكون هذا الجزء من تنظيمنا "كورة ماء صابون" هو أيضا كما اتضح بالنسبة للكثير من "الإمكانيات".

- غياب إستراتيجية سياسية وعسكرية واضحة المعالم: إن ما يربطنا هو اتفاق عام وهو بذلك غامض. إن مجرد إثارة هذا الموضوع مع المناضل أو المسؤول من بيننا تثير جدالا حادا بالاختلاف في المفاهيم. وليس الغرض هو توحيد المفاهيم فحسب وإنما تزويد الجناح السياسي والجناح العسكري على الخصوص باستراتيجية محددة يلتزم بها الكل ويعمل على تحقيقها، تنظم صفوفنا وتوحدها وتجعل حدا للفوضى الفكرية والتنظيمية وتقطع الطريق عن التحرف الذاتي وتزود المناضلين غدا في ميدان المعركة بخطوط بين تحركاتهم.
وفي هذا الصدد فإن الاعتماد على أفراد منعزلين ليقوموا بوضع ما تحتاج إليه الحركة من برامج وتخطيطات قد يكون وأظهر لنا من جملة ما أظهر أن المشروع يكون دائما غير كاف ودون المطلوب، لذلك يجب اعتماد طريقة العمل الجماعي وبشكل منظم منذ الآن. بشرط أن يحول ما يخطط إلى حيز التطبيق وأن لا يلتقى به في رف من الرفوف.

أما ما نقوم به اليوم نظرا لواقعنا وأساليبنا فليس من الممكن أن نعتبره بداية العمل الثوري ولا حرب التحرير الشعبية، وإنما هو إشعال نارها، معنى هذا أن عملنا هو إثارة الأحداث وتحريك القوة المنظمة والتوعية تستمر نتائج العملية لصالح طبقتها، وبالتالي لن تكون هذه القوة من القوة الشعبية ما دامت بعض الشروط لم تتوفر ومنها التغلب على السلبيات التي أشرت إليها أو بعضها، من اللازم تهييء تحقيق هذه الشروط بمجرد ما تنطلق العملية في الجبال. فقط في هذه الحالة يمكن أن نعتبر أن العمل الذي نحن مقبلين عليه هو بمثابة شعل نار الثورة أو حرب التحرير الشعبية، وإلا فلن يكون سوى شعل نار الفتنة وتمكين إحدى الطبقات المستغلة من السيطرة على السلطة. وهذا الاحتمال له حظوظ كثيرة ليحدث. أما متى وإن نجحنا في المحافظة على الاستمرار - وهذا واجبنا - وإن نستمر بشكلنا الحالي فإننا نعمل سوى على تعويض حكم فاسد بما قد يكون أفسد منه. لأن حركتنا قائمة على الولاء الشخصي في مختلف مستوياتها بدلا من أن تقوم على الارتباط العقائدي والتنظيمي والاختيار

vement de libération ou de lutte de libération populaire. Il s'agit simplement de semer le feu de la discorde en se limitant à des actions qui profitent à un pouvoir plus puissant et à l'intérêt de sa classe. Cette dernière ne saurait être qualifiée de populaire dés lors qu'elle ne remplit pas les conditions lui permettant de surmonter les handicaps évoqués ci-dessus. Il faut dès à présent se préparer pour que ces conditions soient remplies lors du déclenchement des opérations dans les montagnes. A cette seule condition, notre action nous permettra de déclencher une révolution et une lutte de libération populaire digne de ce nom. Faute de quoi, nous ne ferons que semer le trouble et permettre à une classe exploitée de faire main basse sur le pouvoir. Or une telle éventualité a beaucoup de chances de se réaliser. Même si nous oeuvrons au futur (ce qui est notre devoir) et poursuivons nos efforts présents (ce dont nous nous efforçons) nous ne ferions rien d'autre que de remplacer un régime corrompu par un autre. Ceci parce que notre mouvement est basé sur le culte de la personalité à tous les niveaux au lieu d'un lien idéologique et organisationnel librement choisi et consenti par les militants et sur un ensemble de comportements rétrogrades qui trahissent des relents de féodalisme. Je pourrai apporter plus de détails à ce sujet, mais pas dans cette lettre. Si – comme on le prétend dans nos écrits – on privilégie l'analyse scientifique, il nous incombe d'évoluer et d'orienter notre action à la lumière de la réalité des faits et non des possibilités. Pourtant l'analyse reste chez nous une illusion et une chimère. Dans le meilleur des cas notre mouvement l'utilise comme ornement en se parant de formules toutes faites répétées telles qu'elles comme des textes sacrés. Dans le meilleur des cas, on se contente d'éclairer nos objectifs généraux d'une vague analyse approximative. Le plus grave, c'est que nous laissons ainsi les erreurs perdurer et se propager dans nos rangs.

- Loin de moi l'intention de te fatiguer avec des écrits théoriques. Mais le langage révolutionnaire est un grand handicap et ces observations me paraissent indispensables car certaines d'entre elles touchent à des points de principe. J'ai demandé la tenue d'une réunion pour discuter ces points après la période de l'Orient et avant celle des années 69. Mais la réunion n'a pas eu lieu. Or ma conviction m'amène à préciser avec clareté qu'un mouvement révolutionnaire digne de ce nom ne repose pas uniquement sur une discipline aveugle et une obéissance de fer. Il est aussi ouvert à un échange d'idées et d'esprit novateur de la base au sommet et vice versa. C'est là une condition essentielle pour que le mouvement soit une réelle avant-garde de la classe prolétaire au fait de sa réalité et de ses problèmes.

- Mon propos n'est pas de formuler des critiques irresponsables mais d'exposer un nombre de revendications fondamentales qui ne sauraient être ignorées dès lors qu'elles expriment l'état d'esprit de l'ensemble des militants.

- Enfin, il ne s'agit pas non plus d'une réaction émotionnelle à ta lettre si tu as voulu par là me punir ou me reprocher des « retards dans le travail » ou

الغير المقنع، وقائمة على سلسلة من الأساليب القديمة أغلبها من رواسب المجتمع الإقطاعي، وأنا على استعداد إلى ذكرها بتفصيل في غير هذا المكان. وإن كنا نلتزم بما يحلو لنا ترديده في مناشيرنا من اعتماد التحليل العلمي فيجب علينا عند تقديرنا لوضع من الأوضاع ووضع خطة من الخطط أن ننطلق من الوقائع لا من الممكن، غير أن التحليل يبقى عندنا وهميا وأسطوريا وفي أحسن الأحوال على تشويه حركتنا، وما دمنا نستعمل الصيغ المحفوظة نرددها كما هي، كباقي المنزلات السماوية، تكون في أحسن الأحوال قادرة على إبراز أهداف عامة وبصفة تقريبية، والأخطر من هذا ترك المغالطات تروج بين صفوفنا بل وإثارتها.

لست أحاول هنا إحياء مسامعك بنصوص نظرية، إذ أن مرض "الجملة الثورية" من أكبر العوائق، وإنما هي بعض الملاحظات أراها أساسية بل وسنها المبدئية طلبته بإجتماع لطرحها في إطاره بعد إنتهاء مرحلة الشرق وقبل أن تقدم على مرحلة الدخول سنة 69، غير أن ذلك لم يحدث، وأعرضها عليك بكل وضوح بناءا على اقتناعي بأن التنظيم الثوري الحقيقي هو إلى جانب "الانضباط الحي" و"طاعة حديدية" فإنه أيضا متفتح لدرجة تسمح بنقل الأفكار والإبداع في تيار مزدوج من القمة إلى القاعدة ومن القاعدة إلى القمة وهذه إحدى الضمانات الأولية ليكون التنظيم طليعة فعلية للطبقة الكادحة يعيش واقعها ويعيش في زمنه ويعيش مشاكله...

ليس غرضي محاولة للطعن أو النقد الغير المسؤول، وإنما قصدي إثارة عددا من المتطلبات الضرورية التي لا مجال التي لا مجال لتجنب تحقيقها والتي وعاها جل المناضلين ويطالبون بإلحاح تحقيقها.

وأخيرا فإن إثارتي لكل هذه المواضيع ليست وليدة تفاعل نفسي أو عاطفي، نتيجة أسلوب رسالتك – إذا ما كنت تقصد بها التوبيخ، أو إن كنت ترى أنني المسؤول على "البطء في العمل" و "التراخي" في ربط الاتصال" و"عدم الحزم والصرامة" – فإنني أرفض الرسالة عبارات ومحتوى لأن ليس لكل هذا محل من الواقع والموضوعية، مع علمي بأن النقد ضرورة تكوينية وتربوية، ضرورة إصلاح وتقويم. ليس المسؤول هو شخصي، وإنما شكل التنظيم وأسلوبه، وإنما اخترت استعمال اللهجة التي تتضمنها رسالتك لإثارة هذه المواضيع معك.

أملي أن تتمعن في كل ما جاء في هذه الرسالة وتوليها ما تستحق من عناية إذ أنها تحتوي على بعض متطلبات التنظيم الضرورية، كان من الممكن أن تصلك من المغرب أو من أي مكان آخر، وأن تقول الحقيقة المرة بكل بساطة ووضوح، بلا لبس وإبهام، طريقة من أجود

« un manque de sérieux dans la coordination » ou encore de manquer de « sévérité et d'intransigeance » ... dans ce cas, je rejette ta lettre dans le fond comme dans la forme, car ces propos ne s'inscrivent ni dans la réalité des faits ni dans l'objectivité de l'analyse. A ma connaissance la critique s'impose comme une nécessité didactique indispensable à l'amélioration et au développement de notre combat. Aussi, les responsabilités énumérées ci-dessus n'incombent pas à une personne mais à un type d'organisation. C'est pourquoi j'ai saisi l'occasion de cette lettre pour en retracer les principaux points.

- J'espère que tu réfléchiras bien à tout ce que j'ai écrit dans cette lettre et que tu lui accorderas l'importance qu'elle mérite. En effet, elle contient quelques recommandations essentielles à l'organisation quand bien même cette lettre te parvienne au Maroc ou ailleurs. Décrire l'amère vérité avec simplicité et clareté, sans détour, est le meilleur moyen de résoudre les problèmes. Et je reste persuadé qu'il mérite d'être débattu autant avec les responsables que les militants et la masse du mouvement dans l'intérêt du sérieux et de la sincérité qui orientent notre action.

- J'ai rédigé une copie de cette lettre, il y'a une dizaine de jours, que j'ai remise dans une enveloppe cachetée à Abderrahmane pour que Brahim te l'apporte. Mais Brahim est parti sans la prendre. Cette lettre est alors restée à la capitale en attendant que Benanni la prenne car il passera par Paris. Ne sachant si Bennani l'a prise ou non, je profite du voyage du camarade Abderrahmane pour la réécrire.

طرق التوضيح وحل المشاكل وإنني مقتنعا بأنها من الأساليب الجديدة لمخاطبة المسؤولين والمناضلين وجماهير الحركة تبيين جدية الحركة وصدق أقوالها.

كتبت نسخة من هذه الرسالة قبل ١٥ أيام سلمتها مغلقة إلى عبد الرحمان على أساس أنه إبراهيم سيحملها لك. غير أن إبراهيم سافر دون أخذها. وظلت الرسالة في العاصمة في إنتظار أن يأخذها ثاني معه إذ كان سيعبر عن باريس. ونظرا لجهلي هل أخذها ثاني معه أم لا ، وحتى أغتنم فرصة سفر الأخ عبد الرحمان فإنني أجدد كتابتها.

Chronologie

1952

novembre : discours du trône de Mohamed V réclamant « l'émancipation politique, totale et immédiate du Maroc »

décembre : troubles urbains. Arrestation de leaders nationalistes, dont Ben Barka.

1953

20 août : déposition de Mohamed V envoyé en exil avec sa famille (Corse d'abord, puis Madagascar) ; intronisation de Ben Arafa

1954

5 octobre : des nationalistes déjà arrêtés depuis deux ans, tels Ben Barka, sont libérés.

9 décembre : le parti de l'Istiqlal (Indépendance) accepte des négociations avec la France, mais réclame le retour de Mohamed V.

26 décembre : Mohamed V approuve le plan français de négociations.

1955

14 juillet : attentat à la bombe au marché central de Casablanca et au rond point Mers Sultan.

Août : réunion du parti de l'Istiqlal à Madrid.

20 août : massacres à Oued Zem. Début de l'action de l'ALN marocaine dans le Rif.

22-27 août : conférence d'Aix les Bains entre la France et les nationalistes marocains, dont Mehdi Ben Barka.

12 septembre : arrivée de Mohamed V en France.

1er octobre : abdication de Ben Arafa.

6 novembre : ouverture des négociations à la Celle St Cloud entre une délégation marocaine et le gouvernement français.

16 novembre : retour de Mohamed V au Maroc

20 novembre : bilan des victimes de 6 000 attentats entre 1953 à 1955 : 710 morts dont 103 Européens et 2000 blessés, dont 460 Européens. Des armes sont dérobées dans des arsenaux américains

2-4 décembre : 1er congrès extraordinaire du parti de l'Istiqlal créé en 1944 qui demande un organisme consultatif marocain auprès du roi après l'indépendance.

7 décembre : 1er gouvernement marocain dirigé par M. Bekkai : 21 membres dont 10 de l'Istiqlal, 6 du PDI (parti démocratique de l'indépendance de Hassan Ouezzani) et 6 indépendants.

1956

janvier : réunion à Madrid du commandement algéro-marocain de l'ALN.

2 mars : signature à Paris de la déclaration commune d'indépendance abrogeant le traité du protectorat.

7 avril : déclaration maroco espagnole abrogeant les dispositions du protectorat sur la zone nord. Voyage de Mohamed V en Espagne.

Mai : l'ALN descend vers le sud.

14 mai : création des Forces armées royales (FAR) qui intègrent une partie de l'ALN.

Juin : assassinat de Abbès Messadi (nationaliste anti-Istiqlal) dans le Rif, imputé à l'Istiqlal.

Juillet : l'ALN cède du terrain au sud devant les forces françaises.

Août : agitation dans le Moyen-Atlas et le Rif dirigée contre le parti de l'Istiqlal. Le caïd Lyoussi, un des trois conseillers de la Couronne avec rang de ministre, démissionne et rassemble à Kasba Tadla 1400 hommes du caïd Addi ou Bihi, gouverneur du Tafilalet, qui fait sécession contre le gouvernement. Mohamed V réserve son arbitrage et étend son administration. Les chefs rebelles sont arrêtés.

23 octobre : détournement de l'avion emmenant du Maroc en Tunisie, Ben Bella et 5 de ses compagnons, chefs de la résistance algérienne.

27 octobre : formation du 2ème gouvernement Bekkai après de graves incidents à Meknès : 17 ministres, uniquement Istiqlal et indépendants.

7 novembre : création par dahir royal d'une assemblée consultative désignée par le Roi sur pro-

position des partis politiques, organisations et groupements professionnels dont Mehdi Ben Barka est élu président.

20 décembre : affaire de Suez. Pour combattre la prise du canal par Nasser, président égyptien, les forces françaises et britanniques débarquent à Suez. Leur avance est stoppée par une intervention politico-diplomatique à la fois russe et américaine.

1957

16 avril : démission de 9 ministres istiqlaliens, crise ministérielle, dissolution du gouvernement.

Été : Ben Barka lance les travaux de la route de l'Unité.

9 juillet : Moulay Hassan, investi par dahir royal, au titre de prince héritier.

23 novembre : 1500 homme de l'ALN, sous les ordres du colonel Ben Hamou, et la tribu des Aït Ba Amrane s'emparent des postes espagnols et occupent l'enclave d'Ifni.

décembre : navires de guerre espagnols devant Agadir, renforts espagnols débarqués des Canaries dans l'enclave, bombardements espagnols contre l'ALN.

1958

janvier : combats à Ifni entre l'ALN et les forces espagnoles, violents engagements contre l'ALN et les forces françaises dans le Draa et à Atar en Mauritanie.

18 février : engagement entre 3000 hommes de l'ALN du sud et les forces françaises à Fort Trinquet, près de Bir Moghreine. Les armées françaises et espagnoles coalisées lancent l'opération aéroportée baptisée Ecouvillon qui, en une semaine, provoque le reflux de l'ALN.

28 février : campagne de Allal el Fassi pour le rattachement au Maroc des territoires du Sahara occidental.

mars : des bataillons des FAR encerclent Ifni et font tampon entre l'ALN et les troupes espagnoles.

7 avril : crise gouvernementale, démission des ministres istiqlaliens, dissolution du 2ème gouvernement Bekkai.

10 avril : les troupes marocaines, sous les ordres du commandant Oufkir, aide de camp du roi, prennent possession de la province de Tarfaya, jusqu'alors aux mains des Espagnols.

27 avril : conférence des partis nationalistes du Maghreb à Tanger.

8 mai : charte royale sur les libertés publiques, promesse d'une Constitution.

12 mai : constitution d'un gouvernement à majorité Istiqlal dirigé par M. Balafrej

Août : Omar Benjelloun est SG/UNEM.

20 août : Discours de Mohamed Basri devant Mohamed V au nom de la Résistance, dans l'enceinte du Méchouar de Rabat.

Août : évacuation des derniers postes français du sud.

Septembre : soulèvement dans le Rif contre la primauté de l'Istiqlal. Début du procès d'Addi ou Bihi et du caïd Lahcen Lyoussi.

8 octobre : l'offre de démission d'Abderrahim Bouabid, ministre de l'Economie et vice président du Conseil, précipite une crise gouvernementale qui va durer deux mois.

Octobre : Premier manifeste du Mouvement populaire animé entre autres par M. Ahardane, gouverneur de Rabat. Des caïds prennent le maquis et se déclarent ouvertement contre le parti de l'Istiqlal.

8 novembre : ouverture des travaux de l'Assemblée consultative par des discours de Mohamed V et de Mehdi Ben Barka.

21 novembre : attentats à Khémisset (1 mort et 48 blessés) et dans l'Oriental (6 morts, plus de 60 blessés), accrochages à Taza entre des dissidents et l'armée. L'Istiqlal accuse le Mouvement populaire.

22-25 novembre : dahirs sur les libertés publiques. A. Bouabid démissionne du gouvernement Balafrej.

6 décembre : démission du gouvernement Balafrej.

23 décembre : constitution du gouvernement A. Ibrahim : 14 membres. Querelles internes au parti de l'Istiqlal. Le PCM et la gauche du parti réclament une monarchie constitutionnelle urgente.

27 décembre : jugement dans le procès Addi ou Bihi (condamné à mort, il sera gracié mais mourra en prison).

1959

8 janvier : Mohamed V reçoit une délégation des tribus rifaines. L'agitation continue dans le Rif et y est fortement réprimée par l'armée.

Janvier : incidents au Rio de Oro entre les FAR et les tribus Reguibat : envoi de renforts.

janvier : problèmes au sein de l'Istiqlal : un discours de Mehdi Ben Barka au comité exécutif accentue la crise. Allal el Fassi exclut 7 dirigeants de la gauche du parti dont M. Ben Barka et A. Bouabid.

19 janvier : Allal el Fassi désigné président du conseil constitutionnel.

1er mai : forte de 700 000 adhérents l'UMT (membre de la gauche du parti de l'Istiqlal) s'affirme comme la principale force politico-syndicale du pays.

4 Juin : crise gouvernementale, le gouvernement démissionnaire, l'Istiqlal appelle à une Constitution.

Août : 4ème congrès de l'Unem à Agadir : demande d'évacuation des troupes françaises et américaines. Enlèvement par l'ALN du vice consul de France à Bou Arfa. Occupation du poste militaire de Hassi Zerzour.

6-21 septembre : éclatement définitif du parti de l'Istiqlal après 18 mois de crise aiguë et création de l'UNFP.

16 septembre : libération du colonel Miloudi, chef de l'ALN des Zemmours qui avait pris le maquis le 19 octobre 1958 pour protester contre l'arrestation de M. Ahardane et du Dr Khatib.

22 septembre : suspension du Parti communiste marocain devant le tribunal de 1ère instance de Casablanca

11 novembre : 1er congrès de l'UNFP à Casablanca.

16 novembre : assassinat d'un des dirigeants du parti de l'Istiqlal, Abdelaziz Ben Driss.

28-30 novembre : crise ministérielle : le parti de l'Istiqlal demande le renvoi du gouvernement A. Ibrahim.

15 décembre : arrestation à Casablanca de M. Basri et de A. Youssoufi pour « complot contre le prince héritier, offense envers la personne du roi, incitation au crime contre la sûreté intérieure de l'Etat, action troublant l'ordre public, atteinte à la sûreté de l'Etat ». Ils avaient demandé que le gouvernement soit responsable devant le peuple et dénoncé les agissements des forces de sécurité. Le journal, dont ils sont respectivement le directeur et le rédacteur en chef, At Tahrir, est saisi. A. Ibrahim refuse de démissionner.

25 décembre : inculpation de M. Basri. A. Youssoufi est libéré provisoirement le 30. Mehdi Ben Barka entame son premier exil de deux ans. A. Ibrahim va en voyage au Caire. Il y rencontre les dirigeants du FLN algérien.

1960

9 février : dissolution par voie judiciaire du PCM

12 février : signature de l'accord d'évacuation des bases américaines.

22 février : nouvelles arrestations dans les rangs de l'UNFP. Démission en signe de protestation du conseiller à la couronne, le fqih Belarbi Alaoui. Grève générale de l'UMT.

29 février : tremblement de terre d'Agadir. La ville est détruite : nombreux morts.

Mars : création de l'Union générale des travailleurs marocains, syndicat dépendant du parti de l'Istiqlal, malgré les protestations de l'UMT et du gouvernement. Dissolution de l'ALN.

12-18 mars : Les Phares, organe de Reda Guedira, ami et conseiller du prince héritier, attaque le gouvernement A. Ibrahim et insiste sur le caractère monarchique du Maroc.

19 mars : Bachir Ben Thami, caïd de Beni Mellal et l'ancien caïd Ben Hamou prennent le maquis après avoir assassiné un commissaire de police et attaqué trois postes militaires. 2 autres super caïds prennent le maquis. Ils seront arrêtés au bout d'un mois. 81 accusés au procès qui commence en mai, une condamnation à mort commuée en 15 années de prison. Révolte de la tribu des Mesfioua aux environs de Marrakech.

19 avril : annulation du statut provisoire de Tanger qui réintègre le Maroc.

1er mai : grand défilé de l'UMT à Casablanca.

8 mai : l'UNFP enlève les premières élections aux chambres de commerce.

20 mai : renvoi du gouvernement A. Ibrahim, remplacé, le 27, par un gouvernement présidé direc-

tement par Mohamed V dont Moulay Hassan est vice président.

28 mai : saisie du numéro du Monde qui comportait une interview de Mehdi Ben Barka et évoquait une « restauration préventive ». Le Nouvel Observateur parle de « coup d'état royal ».

29 mai : premières élections communales et municipales. Succès de l'UNFP dans les grandes villes. Les ténors de l'Istiqlal sont battus.

30 mai : non lieu pour Youssoufi dans l'affaire de décembre 1959. Basri libéré et amnistié le 5 juin. Libération de 71 autres personnes, peines réduites pour 193.

18 juin-2 juillet : Dahir sur l'organisation communale et municipale : l'UNFP contre.

12 juillet : nomination d'Oufkir, devenu colonel, à la tête de la police. Son prédécesseur, Laghzaoui, nommé à la tête de l'office des Phosphates.

6 septembre : conscil national extraordinaire de l'UNFP sur le thème de l'évacuation des troupes étrangères.

13 octobre : signature d'un accord sur l'évacuation des troupes françaises à partir du 2 mars 1961.

25 octobre : série d'incidents frontaliers avec les troupes françaises, liés à la guerre d'Algérie.

8 novembre : découverte d'un stock d'armes qui aurait été destiné à l'UNFP dans des sacs d'amande entreposés au port de Casablanca. 60 personnes de la résistance et de l'UNFP arrêtées, routes barrées, surveillance accrue, interdiction de quitter le Maroc sans autorisation. Saisies des journaux de l'UNFP dont les leaders présents au Maroc sont interpellés.

21-23 novembre : émeutes à Larache : 4 morts, nombreux blessés, 300 arrestations.

Décembre : procès de l'Avant Garde, organe de l'UMT.

1961

7 janvier : Assassinat de Belhaj Boubou à Casablanca.

26 février : mort de Mohamed V des suites d'une opération chirurgicale.

3 mars : intronisation officielle de Hassan II. Demande d'évacuation anticipée des bases françaises qui s'effectue progressivement d'avril à septembre. Gouvernement d'union nationale sauf l'UNFP. Accord avec l'Algérie sur la rétrocession des territoires marocains après l'indépendance algérienne.

Mai : soutien du Maroc au GPRA

2 juin : nouveau gouvernement sous la présidence de Hassan II, avec la participation de l'Istiqlal.

10 juin : appel de l'Istiqlal à l'élaboration d'une Constitution.

27 juin : débats sur la Mauritanie que le Maroc juge faire partie de son territoire et que la France veut rendre indépendante.

20 août : création d'un office national de la résistance

1er octobre : évacuation de la dernière base française, celle de Marrakech.

Novembre : manifestations pour la libération de Ben Bella : démarche officielle marocaine auprès de la France.

1962

17 janvier : congrès de l'Istiqlal

3 mars : Cessez le feu en Algérie.

22 mars : session plenière à Rabat du GPRA, après l'arrivée de Ben Bella et de ses compagnons.

25-27 juin : 2ème congrès de l'UNFP à Casablanca devant 2000 personnes. Retour de Ben Barka pour l'occasion. Tensions avec l'UMT qui affirme l'indépendance du mouvement syndical.

septembre : proclamation de l'indépendance de l'Algérie.

7 septembre : attentat contre l'imprimerie éditant les journaux de l'UMT et de l'UNFP.

5 novembre : lancement de la campagne référendaire. Discours très radicaux. L'UMT demande si la monarchie est au dessus des lois. L'Istiqlal, toujours au gouvernement, lance son programme d'égalitarisme économique. Meetings de l'UNFP qui estime la Constitution « octroyée », et, avec le PCM et l'UMT, prône le boycott. L'Istiqlal, le Mouvement populaire et les indépendants sont pour le oui, campagne personnelle de Hassan II. Tentative d'assassinat contre Mehdi Ben Barka

7 décembre : approbation de la première constitution par 3,7 millions d'électeurs (4,6 Millions d'inscrits sur 6 M de votants potentiels) : 80,10 % de oui.

Décembre : voyage du roi en Algérie.

1963

4 janvier : départ du gouvernement des 3 ministres de l'Istiqlal (Allal Fassi, Boucetta et Douiri) en conflit avec Reda Guedira qualifié de «grand chambellan ». Critiques contre l'absolutisme royal. Nouveau gouvernement présidé par Hassan II dont Guédira est ministre de l'Intérieur et Ahardane ministre de la Défense.

6 février : mort au Caire d'Abdelkrim el Khattabi

mars : les transfuges mauritaniens conduits par Fall ould Omer (ministre d'Etat) quittent Rabat pour regagner la Mauritanie.

12 avril : création par R. Guedira d'une coalition, baptisée FDIC, « pour défendre les institutions constitutionnelles », avec le Mouvement Populaire, les indépendants libéraux et le PDC.

17 mai : premières élections législatives dans 144 circonscriptions. Sur 4, 8 millions d'inscrits, 3,4 millions de votants soit 78,3 % de participation et 1,3 millions d'abstentions. Le FDIC recueille 33 % des suffrages exprimés et emporte 69 sièges sur 144, mais ses ministres sont battus. L'Istiqlal a 30 % des voix et 41 sièges, l'UNFP, 22,3 % des voix, 28 sièges et malgré la radicalisation de la bataille, les principales grandes villes, les sans appartenance politique (SAP), proches du palais, 14,7 % des voix et 6 sièges. L'Istiqlal conteste les résultats ; ses députés et 5 de l'UNFP sont arrêtés. 7 annulations.

5 juin : remaniement ministériel : Guédira n'est plus ministre de l'Intérieur, il est remplacé par Abderrahmane Khatib. Evènements de Had Kourt dans le Gharb entre le FDIC et l'Istiqlal : 2 morts, 4 blessés, 48 arrestations. Le délégué du FDIC condamné à 10 ans de prison. La région en état de siège. Arrestations de 5 personnalités de l'Istiqlal dont 4 élus du Gharb : Annulation de l'élection législative de Allal Fassi. 200 recours. 7 morts UNFP. Plusieurs centaines de blessés, nombreuses arrestations. Nombreux recours électoraux. Rejet du 2ème appel du PCM contre son interdiction.

16 juillet : arrestation d'une centaine de personnalités et élus de l'UNFP réunis à Casablanca sous l'inculpation de complot. Les routes et les communications sont coupées avec l'Algérie.

19 juillet : la gauche boycotte les élections communales qui sont remportées, comme les élections professionnelles suivantes (8 en tout, jusqu'à la fin de l'année) par le FDIC.

30 juillet : 8ème congrès de l'UNEM dont le SG Hamid Berrada est en fuite.

Août : 61 libérations parmi les Unfpistes arrêtés (quelques milliers). 103 restent en prison. Reparution des journaux de l'UNFP après leur interdiction. Réouverture de la frontière avec l'Algérie.

6 septembre : Oufkir devient général de brigade.

13 septembre-2 novembre : guerre des sables avec l'Algérie. Incidents frontaliers dus à des problèmes internes (le Maroc incrimine le soutien de l'Algérie à l'UNFP, l'Algérie soupçonne le Maroc d'avoir favorisé la dissidence d'Aït Ahmed en Kabylie) et au problème non réglé des frontières.

18 septembre : « Avec tout le respect que nous devons à la monarchie, le régime actuel n'est pas légitime parce qu'il est anti-constitutionnel », déclare Allal Fassi en réclamant l'annulation des élections.

8 octobre : raids marocains à l'intérieur du territoire algérien

13 octobre : le FDIC obtient une large majorité aux élections de la seconde chambre : 107 sièges sur 140.

18 octobre : attaque du poste d'Ich par l'armée algérienne

24 octobre : les deux parties s'accordent sur une médiation de l'OUA. Le Maroc rompt ses relations diplomatiques avec Cuba et rappelle ses ambassadeurs à Damas et au Caire.

25 octobre : procédure ouverte contre Ben Barka et H. Barrada devant le tribunal militaire de Rabat.

30 octobre : premier accord de cessez le feu. L'armée algérienne attaque Figuig dans la nuit.

2 novembre : cessez le feu définitif. Accord Hassan II-Ben Bella à Bamako.

9 novembre : Ben Barka condamné à mort par contumace. Son élection invalidée à Rabat.

13 novembre : nouveau gouvernement présidé par A. Bahnini (pour la première fois depuis 3 ans, il y a un premier ministre), Guédira est ministre des AE.

18 novembre : installation du nouveau parlement.
19 novembre : amnistie et réhabilitation pour les 158 personnes stigmatisées le 27 mars 1958.
17 décembre : évacuation des dernières bases américaines.

1964

10 janvier - mars : grève générale des étudiants, manifestations dans les lycées.
Février : reprise des relations diplomatiques maroco-algériennes
16 mars : jugement pour 85 accusés sur 102, 11 peines de mort dont 8 contumaces et 3 présents dans le box (Basri, O. Benjelloun et M. Diouri).
12 avril : création par Guédira du PSD (parti socialiste démocrate), composante du FDIC.
13 avril : le colonel Ben Hamou, ancien résistant dans l'ALN du sud et ex-gouverneur de la province de Nador passe en Algérie.
2-13 juin : accrochages à Boubekeur à la frontière algérienne. Dépôts d'armes trouvés à Berkane. 6 personnes armées interceptées à la frontière. Le ministre de l'intérieur évoque dans un communiqué « des bandes armées infiltrées de l'Oriental et entraînées en Algérie ». Accrochages dans les régions de Berkane, dans la Moulouya et le Moyen-Atlas.
3 juin : sentence de tribunal de Meknès : 6 condamnations à mort.
10 juin : 18 condamnations à mort.
7-15 juin : attentats de Cheikh el Arab à Casablanca, policiers abattus, 7 morts.
9 juin : heurts à la frontière algéro marocaine entre les forces auxiliaires et 20 hommes de Ben Hamou qui est fait prisonnier : 5 morts et 6 blessés dans les rangs de l'armée. 4 morts parmi les maquisards dans le massif des Beni Snassen. 13 prisonniers.
Juin : motion de censure de l'UNFP, avec l'appui de l'Istiqlal, contre le gouvernement devant le parlement : Débats sur la corruption. Nouveaux heurts à la frontière algérienne.
22 juin : condamnation à Oujda pour atteinte à la sûreté de l'Etat de 6 infiltrés d'Algérie.
3 juillet : deux condamnations à mort au procès de Meknès
5 août : amnistie des condamnés politiques du « complot de juillet » : le fqih Basri, Omar Benjelloun et M. Diouri.
7 août : mort de Cheikh el arab à Casablanca
20 août : remaniement du gouvernement Bahnini, compte tenu de la création du PSD. Le général Oufkir devient ministre de l'Intérieur.
4-7 septembre : 9ème congrès de l'UNEM qui réclame une constituante.
14 septembre : arrestation de M. Haloui, président de l'UNEM. Grèves, fermeture de nombreux établissements scolaires.
Novembre : reprise du processus maghrébin. Interdiction d'al Moukafih, organe de l'ex PCM. Délégation de l'UNFP au 10ème anniversaire de la révolution algérienne. Médiation UNFP entre Ben Bella et Aït Ahmed.

1965

16 février : 7ème congrès de l'Istiqlal
22-25 mars : mouvement de contestation scolaire et estudiantine qui, commencée à Casablanca pour un problème d'enseignement, tourne à l'émeute populaire. Manifestations et massacres pendant 2 jours. Violente répression de l'armée. Nombreuses victimes.
20-21 avril : le roi reçoit les chefs de parti et leur adresse un mémoire en leur demandant des réponses écrites.
30 avril : discours royal annonçant une amnistie des condamnés politiques de l'UNFP. Libération de Haloui et des 3 condamnés à mort de 1964. .
1er mai : manifestations ouvrières.
3 mai : La presse présente le dialogue entre le roi et les partis comme la recherche d'un gouvernement d'union nationale. Ben Barka, à l'extérieur, est sollicité.
Juin : coup d'Etat en Algérie. Ben Balla renversé par Boumedienne
7 juin : proclamation par discours royal, de l'état d'exception. Le parlement renvoyé, la constitution mise en sommeil.
8 juin : gouvernement de 23 membres, présidé par le roi.
29 octobre : enlèvement et assassinat à Paris de Mehdi Ben Barka, président de la Tricontinentale.

Grèves, manifestations estudiantines. Contestation exacerbée. Crise diplomatique avec la France.
13-14 novembre : grève générale lancée par l'UMT

1966

26 janvier : agitation scolaire et universitaire
Février : Lors d'une conférence de presse, le général de Gaulle incrimine le général Oufkir dans l'attentat contre M. Ben Barka. Le roi refuse de le désavouer : rupture de fait (mais non de droit) des relations diplomatiques avec la France.
Février : à Derb el Kébir, à Casablanca, 2 policiers et un commandant des FAR tués en perquisitionnant chez le commandant Bouchaib des FAR.
15 mars : Omar Benjelloun arrêté puis présenté devant le procureur du roi de Casablanca.
21 mai : Le fqih Basri quitte le Maroc.

1967

15 février : arrestation de militants de l'UNEM
3 mars : le Maroc pose le problème du Sahara devant l'ONU.
14 mars : démission d'Ahardane, ministre de la Défense nationale.
15 mars : nouveau gouvernement présidé par D. M'Hammedi. Oufkir toujours ministre de l'Intérieur.
17 avril : deuxième procès Ben Barka à Paris. Le colonel Dlimi se constitue prisonnier.
Juin : guerre des 6 jours au Moyen Orient. Arrestation de M. Ben Seddik, SG/UMT, condamné à 18 mois de prison.
18 août : Mohamed Benhima devient Premier ministre au cours du 3ème remaniement ministériel de l'année.
21 septembre : libération de Omar Benjelloun.

1968

Août : normalisation des relations maroco françaises après deux ans de froid. Libération de Mahjoub Ben Seddik après deux ans d'emprisonnement.
2 octobre : création du Parti de la Libération et du socialisme par Ali Yata (ex PCM).
Octobre : annonce d'élections municipales et communales que l'Istiqlal et l'UNFP déclarent boycotter pour non neutralité de l'administration.

1969

4 janvier : décision de l'Espagne de restituer au Maroc le territoire d'Ifni.
2 février : Ali Yata condamné à deux mois de prison par le tribunal de Marrakech.
Agitation scolaire, sociale et universitaire
Avril : renouvellement des élus communaux et municipaux (ils avaient été élus en 1963 pour 3 ans et déjà prorogés de 3 nouvelles années).
19 avril : mémoire de l'UNFP au gouvernement
30 juin : retour effectif au Maroc de l'enclave d'Ifni. Hassan II à Madrid,
18 août : 3 dirigeants de l'ex PCM, dont Ali Yata, condamnés à 10 mois de prison par le tribunal de Rabat : action judiciaire engagée contre le PLS pour reconstitution d'association judiciairement dissoute
septembre : arrestations dans les rangs de l'UNFP
1er septembre : coup d'Etat en Libye. Un groupe d' »officiers libres » se constitue en conseil de la révolution.
3 octobre : élections communales et municipales sans participation de l'UMT, de l'UNFP et même de l'Istiqlal qui refusent de « cautionner le truquage électoral ». 4, 7 M d'électeurs, neutres, 82, 70 %, MP, 12, 7 %, Istiqlal, 4 %, UNFP, 0,50 %.
6 octobre : Hassan II remercie M. Benhima qui devient ministre de l'agriculture et le remplace à la primature par M. Laraqui, ex membre de l'Istiqlal.
Détentions de membres de l'Istiqlal, crise dans al Alam. Deux directeurs de journaux de l'Istiqlal, la Nation et al Alam emprisonnés pour avoir écrit que la « souveraineté appartient à la nation ».

1970

29 janvier, arrestation à Madrid de Saïd Bounailat (Mohamed Ajar) et de Ahmed Benjelloun

15 février : S. Bounailat et A. Benjelloun livrés au Maroc par l'Espagne. Démarche de H. Bouguiba en leur faveur.
Février : Hassan II en France.
25 mars : remaniement ministériel : le général Driss Benaomar devient ministre des PTT, le général Bouyali, major général des FAR. 3 généraux au gouvernement avec Oufkir à l'Intérieur et Meziane à la Défense. Le colonel Boulhimez, chef de la gendarmerie royale.
Mai : Hassan II rencontre Boumendienne à Oujda
8 juin : visite de M. Ould Daddah, président d'une Mauritanie qui vient d'être indépendante : fin du différend maroco-mauritanien, traité d'amitié, de solidarité et de bon voisinage.
8 juillet : fin de l'état d'exception après 5 ans. Nouvelle constitution, boycottée par toute l'opposition et plébiscitée à 98,70 % des 4,8 d'inscrits. 1,3 % de non. Elle prévoit une seule chambre parlementaire, et asseoit les prérogatives royales.
14-17 juillet : selon le Monde, découverte dans l'Atlas de l'épave d'un avion chargé d'armes légères : 8 cadavres, 17, des hommes du Tanzim font feu sur des policiers. Arrestation du président de l'UNEM, M. Lakhssassi.
22 juillet : création par l'UNFP et l'Istiqlal de la Koutlah al Watania, front de l'opposition.
21-28 août : élections législatives boycottées par l'Istiqlal et l'UNFP. Nombreuses abstentions dans les villes (59,93 % à Fès). Prérogatives du parlement limitées par rapport à 1963. 159 députés indépendants, 8 Istiqlal, 1 UNFP. Nouveau remaniement ministériel
Septembre : coup d'Etat en Syrie. Hafez El Assad s'empare du pouvoir.
16 novembre : Enlèvement de Mohamed Elyazghi. Appel royal au dialogue dans l'enseignement où les grèves s'étendent.
28 novembre-3 décembre : affrontements à Had Kourt dans le Gharb où les paysans s'opposent à la vente de terres agricoles à de gros propriétaires fonciers : 5 morts, 6 blessés, 10 parmi les forces auxiliaires. Evènements des Ouled Khalifa.
Mort de Nasser
Le tribunal militaire de Rabat se déclare incompétent pour le jugement de 71 personnes dont Saïd Bounailat et Ahmed Benjelloun.

1971

janvier : fermeture d'établissements scolaires, grèves estudiantines, renvoi de médecins stagiaires.
14 janvier : annonce officielle d'un complot fomenté de l'étranger dont le tribunal régional de Marrakech est saisi.
18 janvier : communiqué de la Koutlah sur le procès de Marrakech.
29 janvier : Oufkir chargé d'une mission spéciale à Alger.
1er mars : rétablissement des relations diplomatiques avec la Syrie.
17 mai : manifestations d'étudiants à Rabat en solidarité avec les inculpés de Marrakech.
14-24 juin : début du procès de Marrakech : 193 inculpés dont 30 contumace pour atteinte à la sûreté de l'Etat et attentat contre le régime. 50 avocats dirigés par A. Bouabid. Interdiction des journaux de l'opposition. Expulsion du correspondant du Monde à Rabat. Grève générale des étudiants, dont certains entament une grève de la faim.
15 juin : nouvelle visite d'Oufkir à Alger.
29 juin : Interpellation à la Chambre des représentants : « Pourquoi Saïd Bounailat qui était un grand combattant pour l'indépendance est-il en prison ? quelles sont les raisons qui l'ont amené à faire ce qu'il aurait fait ? ».
10 juillet : tentative de coup d'état militaire à Skhirat lors de la fête du 42 ème anniversaire du roi : 100 morts dont le ministre du Tourisme, des ambassadeurs marocains et étrangers, 4 généraux, 3 colonels, le président de la cour suprême, de hauts fonctionnaires, des médecins. 200 blessés. Attaque de la RTM et de certains ministères : proclamation d'une république. Rupture diplomatique avec la Libye qui a approuvé le coup d'état. Pleins pouvoirs au général Oufkir. 158 morts parmi les attaquants.
13 juillet : 10 généraux, commandants et colonels fusillés sans jugement, devant les caméras de la TV.
5 août : La Koutlah estime que ce coup d'Etat illustre « l'échec du pouvoir personnel ». Elle récla-

me de nouvelles institutions et une Constituante.
6 août : Karim Lamrani, homme d'affaires, nommé Premier ministre.
28 août : verdict du procès de Marrakech : 49 condamnations à mort, 121 à perpétuité.
20 septembre-5 novembre : 6 000 mineurs de Khouribga en grève. Renforcement de la fiscalité, impôt agricole. Protestations contre les distributions de terre.
Octobre : soulèvement anti espagnol au Sahara
2 novembre : arrestation pour corruption de plusieurs ministres et hauts fonctionnaires.
21 novembre : Le roi consulte l'opposition.
28 novembre : 48 détenus politiques en grève de la faim

1972

27 janvier : arrestations dans les rangs de l'ex PCM, de l'UNFP, de l'Union nationale des Ingénieurs, de la nouvelle gauche, (A. Serfaty, et A. Laabi) et de lycéens et d'étudiants. Grèves estudiantines et universitaires. Meetings de protestation en France.
29 janvier : Arrestation des membres du comité exécutif de l'UNEM, d'un membre de la rédaction d'al Moharrir (organe de l'UNFP). Libération de 13 membres de l'UNFP.
31 janvier : ouverture du procès de 1033 cadets mutins de Skhirat devant le tribunal permanent des FAR à Kénitra.
17 février : le roi lance le projet d'une 3ème constitution, rejeté par la Koutlah.
29 février : verdict du tribunal militaire de Kénitra : 1007 acquittements, peines de 1 à 20 ans de prisons. 3 condamnations à la réclusion perpétuelle. Les officiers condamnés adressent une demande de grâce au roi.
1er mars : référendum constitutionnel : 92,96 % de participants parmi les 4,8 millions d'inscrits, malgré le boycott de l'opposition, 98,76 % de oui, quelques amendements par rapport au texte de 1970, le domaine de la loi est un peu étendu, le premier ministre a plus de pouvoirs.
21 mars : procès à Marrakech de 33 accusés de l'ex PCM pour reconstitution de parti interdit (le PLS, depuis 1969).
12 avril : Refus de la Koutlah de participer au gouvernement d'union nationale.
15 juin : Traité d'Ifrane entre le Maroc et l'Algérie.
26 juillet : en voyage privé en France, Hassan II est reçu par le président Pompidou, successeur du général de Gaulle.
30 juillet : scission dans les rangs de l'UNFP : création d'un groupe à Rabat autour de A. Bouabid et d'un autre à Casablanca autour de A. Ibrahim et M. Ben Seddik de l'UMT.
Arrestation de Mohamed Elyazghi.
Monadi, principal témoin à charge du procès de Marrakech, assassiné à Amzmiz.
16 août : des avions de chasse de l'armée marocaine attaquent, à la hauteur de Tétouan, l'avion ramenant Hassan II d'une visite en France et en Espagne. L'appareil se pose néanmoins à Rabat dont l'aéroport est mitraillé. Nombreux morts et blessés. Mort d'Oufkir dans la nuit.
16-21 août : reprise en main de l'armée, placée sous l'autorité directe du roi comme le ministère de la Défense, supprimé. Réorganisation des services de sécurité.
19 août : les officiers de l'armée de l'air Amokrane et Kouira qui avaient atterri à Gibraltar sont livrés au Maroc par l'Angleterre.
17 octobre : 220 militaires (14 officiers, 166 sous officiers et 40 hommes de troupe) devant le tribunal permanent des FAR de Kénitra, suite à l'attaque de l'avion royal. Amokrane met en cause les généraux Dlimi et Belarbi.
Octobre : Emissions de radio libye violemment anti monarchistes selon le Monde.
3 novembre : Ahmed Osman, directeur du cabinet royal devient Premier ministre. Tous les partis de l'opposition, même le PDC de M. Khatib, ont décliné l'offre royale. Les ponts sont coupés entre le palais et les partis.
7 novembre : verdict du tribunal militaire de Kénitra : 11 condamnations à mort, dont Amokrane et Kouira, 43 condamnations à des peines de prison. 177 acquittements. Révision du procès des mutins de Skhirat dans le sens d'un durcissement. Grâce royale pour 6 militaires des complots de 1963 et 1971 qui avaient adressé une demande de pardon.
Limite, par dahir royal, des droits d'association, de rassemblement et de liberté de presse.

15-16 novembre : le ministre de l'Intérieur évoque, dans un communiqué, « un groupe de malfaiteurs qui sème la terreur à Aïn Sfaa », près d'Ahfir, dans l'Oriental.

Jugement de 33 membres de l'ex PLS à Marrakech et de deux groupes de jeunes cadres de gauche (Assidon, Balafrej, Laabi) pour complot contre la sûreté intérieure de l'Etat.

29 décembre : attentat de Dakhoun contre Ouradi. Deux gardiens de la paix attaqués à Oujda.

1973

8-12 janvier : arrestation des dirigeants de l'UNEM

13 janvier : exécution des condamnés à mort (14) du procès du putsch du 16 août 1972 dont Amokrane et Kouira.

14 janvier : lettres piégées adressées à Omar Benjelloun et à Mohamed Elyazghi (grièvement blessé). Arrestation de Omar Khattabi dans sa clinique de Kénitra. 24 janvier 1973 : interdiction de l'UNEM. Arrêt des bourses pour les étudiants grévistes. Des diplômés du supérieur envoyés au service militaire obligatoire.

Mars : dahir nationalisant 250 000 ha de terres agricoles.

2-3 mars : attaque du poste de Moulay Bouazza, 2 cocktails molotov explosent à Khénifra, 2 bombes posées à Casablanca, 2 autres à Rabat.

5 mars : 7 morts parmi les forces de l'ordre. Mort de Mohamed Bennouna.

9-13 : arrestation de Omar Benjelloun, directeur d'al Moharrir et de plusieurs autres avocats et professeurs responsables de l'UNFP. Critiques officielles contre la Libye. Nomination de nouveaux caïds dans la province de Beni Mellal.

14 mars : communiqué du ministère de l'intérieur annonçant que 3 des assaillants dans l'Atlas sont morts, 11 arrêtés, des armes saisies.

Saisie des journaux d'opposition.

16-19 mars : communiqué de l'UNFP dénonçant une campagne d'arrestations (au moins 300).

20 mars : 2 bombes jetées à Nador sur l'hôtel de ville et le siège de la province selon des communiqués officiels.

21 mars : bombes à Oujda contre la province, le tribunal, la délégation de l'enseignement et la municipalité (communiqués officiels). Un communiqué du ministère de l'intérieur évoque des « arrestations effectuées dans le cadre de l'enquête préliminaire ouverte à la suite des événements survenus ces dernières semaines dans l'Atlas » et des « opérations de ratissage » à Goulmima et Tinghir. Le ministère de l'intérieur annonce que d'autres groupes de conjurés entraînés en Libye seraient prêts à franchir la frontière algérienne : « Leurs lieux de passage, leurs complices, les noms de leurs chefs et leurs objectifs sont désormais connus, à la suite des interrogatoires » Le syndicat des lycéens incriminé. Le ministre de l'Intérieur se rend à Khénifra.

22 mars : l'UNFP confirme l'arrestation des 3 avocats Belcadi, Haloui et Bennani, membres de sa commission centrale. Elle se définit comme un parti légal.

24 mars : communiqué du ministère de l'intérieur annonçant le démantèlement de bandes armées et la découverte d'une importante organisation subversive. Arrestation d'Omar Dahkoun. Le ministère de l'intérieur le présente comme le responsable des cellules UNFP de Rabat et Casablanca. Arrestation à Oujda de Mohamed Boujiha, responsable de l'UMT et de 3 enseignants.

3 avril : suspension par décret, signé par le premier ministre, de l'UNFP, section Rabat, dont les locaux sont scellés, « pour avoir servi de couverture à une activité clandestine, subversive et illégale qui vise à porter atteinte aux institutions du Royaume ». Communiqué du ministère de l'information contre « une conjuration venant de l'extérieur ». Le passeport d'A. Bouabid saisi à son retour d'un voyage en France. Déclaration royale devant le conseil national de la résistance. Nouveau communiqué, très long, du ministère de l'intérieur, rappelant le meurtre de Monadi en juillet 1972, l'attaque, en décembre 1972, d'Ouradi et des tentatives d'implantation de maquis à Khénifra et Ahfir en juillet 1972. Arrestations dans le Sous.

28 avril : modification du code des libertés publiques.

8 mai : mort de Brahim Tizniti, Alias Nemri.

25 juin-30 août : procès à Kénitra de 157 inculpés des événements de mars devant le tribunal per-

manent des FAR (parmi eux 8 militaires). 137 sont passibles de la peine de mort, 17 de la réclusion perpétuelle. 7 sont poursuivis pour détention d'armes. 12 disent d'entrée que leurs aveux ont été extorqués par la torture. Protestations en France. Avocats maghrébins, dont 2 Algériens empêchés de plaider. 100 avocats marocains, dont 64 désignés au titre de l'aide judiciaire.

27 juillet : meurtre à Oslo d'un ressortissant marocain, Ahmed Bouchiki, par un commando israélien.

30 juillet : procès de groupes gauchistes à Casablanca pour atteinte à la sûreté de l'Etat (Ila Amane, Balafrej) : 80 inculpés dont 25 en fuite. Ils ont été arrêtés entre le 10 et le 17 mars 1972 : 38 peines de 25 à 2 ans de prison, 14 acquittements.

Août : A. Serfaty condamné à la détention perpétuelle par contumace.

27 août : Ali Yata présente un nouveau parti, le PPS (parti du progrès et du socialisme)

30 août : verdict dans le procès des événements du 3 mars : 16 peines de mort, 15 détentions perpétuelles, 49 peines de réclusion, 7 sursis. Certains des acquittés, comme les avocats membres dirigeants de l'U'FP, parmi lesquels Omar Benjelloun, à nouveau appréhendés pour d'autres infractions : ils seront rejugés 6 mois plus tard. Le Monde s'étonne de si peu de clémence, pourtant, ajoute-t-il « Hassan II donnait l'impression de vouloir tourner la page ».

septembre : nouvelle rencontre à Agadir, Hassan II-Boumedienne-Ould Daddah.

20 octobre : révolte paysanne à Tassoultant dans la région de Marrakech

1er novembre : 15 des 16 condamnés à mort, dont O. Dakhoun, exécutés.

D'autres dates, après 1973

18-28 janvier 1974 : nouveau jugement par le tribunal militaire pour les condamnés des événements de mars 1973 : 6 autres condamnations à mort, 3 réclusions perpétuelles, 4 peines à 30 ans de prison. Le fqih Basri est qualifié de « dangereux agitateur », ayant à son actif plusieurs tentatives de renversement du régime.

27 août 1974 : libération d'Omar Benjelloun et de 6 responsables de l'UNFP, déjà acquittés en 1973 et réemprisonnés.

Autorisation du PPS de Ali Yata. Exécution de 7 condamnés à mort dans l'affaire de mars 1973. Au total 22 ont été exécutés.

17 septembre 1974 : saisie par le Maroc de la Cour de justice de la Haye sur l'affaire du Sahara.

10-12 janvier 1975 : congrès extraordinaire de l'UNFP qui devient l'USFP et abandonne l'option armée en se déclarant disponible pour entrer au gouvernement.

5 octobre 1975 : marche verte

14 novembre 1975 : accord tripartite Maroc-Espagne-Mauritanie, sur la partition du Sahara.

12 décembre 1975 : grâce pour Ahmed Benjelloun.

18 décembre 1975 : assassinat par un groupe islamiste d'Omar Benjelloun devant son domicile à Casablanca : il critiquait le processus électoral à nouveau projeté et voulait aller plus loin dans le Sahara. Il prônait une guerre populaire.

3 juin : nouvelles élections législatives.

Incidents à el Ayoun : 37 morts, 82 blessés, 900 arrestations. Répression contre les Reguibates.

1er mars 1977 : 4 dirigeants de l'opposition dont A. Bouabid entrent au gouvernement comme ministres d'Etat sans portefeuille pour soutenir le processus de récupération du Sahara.

Poursuite du processus électoral.

7 mars 1977 : rupture des relations diplomatiques avec l'Algérie liée à l'affaire du Sahara.

9 août 1979 : à la suite du retrait de la Mauritanie, le Maroc prend tout le Sahara occidental.

25 janvier 1983 : mort de Dlimi

Avril 1998 : gouvernement d'alternance

23 juillet 1999 : mort de Hassan II.

Index des noms propres cités

Abbes, de son vrai nom M'barek Bouderka. Ami d'enfance de Dahkoun, ce membre de l'UNFP sera recruté par ce dernier en 1971 pour diriger une cellule clandestine du Tanzim à Rabat. Echappé de justesse aux arrestations en mars 1973, il parvient à fuir à l'étranger. A la date de parution de ce livre, il vit encore à Paris.

Achâachi, Mohamed. Chef de la cellule anti-subversion au sein des services de renseignement marocain, il supervise aussi bien l'infiltration des mouvements d'opposition que les « interrogatoires » dans les centres de détention secrets. Les révélations tardives d'un agent du renseignement publiées en juin 2001 le désigne comme un membre actif lors du rapt et de l'assassinat de Mehdi Ben Barka à Paris en octobre 1965.

Agouliz, Ahmed, alias Cheikh-El-Arab : Résistant depuis 1954, il échappe aux purges qui accompagnent le démantèlement de l'ALN dès 1956 pour vivre depuis lors dans la clandestinité. En 1963, il se réfugie en Algérie pour échapper à la vague de répression qui sévit au Maroc. Rentré clandestinement au Maroc avec El Farchi en avril 1964, il trouve la mort dans un accrochage à Casablanca en juillet 1964.

Aït Ahmed, Hocine : Figure historique du FLN algérien, il déclenche une insurrection en Kabylie en 1963. Défait par les forces régulières, il est emprisonné avant de prendre le chemin de l'exil. De retour en Algérie en 1989, il préside aux destinées du FFS (Front des Forces Socialistes) en Algérie.

Aït Ami Lahcen, alias El Haj : Réfugié en Algérie, il rejoindra le Tanzim pour suivre un entraînement militaire en Syrie. Fin1969, il rejoint les rangs du FPLP. Rescapé des massacres de Septembre Noir, il fait partie des cadres révolutionnaires qui ont suivi Mahmoud au Maroc en 1973. Arrêté à Talsint en mai 1973 avec Ba Amrani, alors qu'ils s'apprêtaient à franchir la frontière algérienne, il sera condamné à mort et exécuté à Kénitra le 1er novembre 1973.

Aït El Mouden, Mohamed : Résistant depuis 1954, puis membre de l'UNFP, il échappa aux rafles qui emportèrent, en 1969 à Marrakech, Habib Forkani et ses compagnons. Réfugié dans la clandestinité à Casablanca, il est arrêté lors du démantèlement du réseau de Houceine Manouzi en 1970. Condamné à perpétuité, il est gracié en 1980. A la date de parution de ce livre, il vit encore à Agadir.

Aït Kaddour, Mohamed, alias Boulhia : Ancien élève de l'académie militaire de Meknès, il quitte l'armée en 1956 pour suivre une formation en ingénierie civil. Membre de l'UNFP dés sa création, il est arrêté en 1964 puis relaxé. Condamné à mort par contumace pour son implication dans le second coup d'Etat (1972), il apparaît comme un dirigeant actif du Tanzim jusqu'en 1973. A la date de parution de ce livre, il exerce encore comme chef de cabinet au ministère de l'habitat dirigé par Elyazghi.

Aït Zeid, Houceine, alias Abdesslam : Membre du Tanzim formé en Syrie, il a regagné le Maroc en 1970. Agent de liaison des cellules clandestines du Haut-Atlas, il a été arrêté suite à un accrochage survenu le 10 mars 1973 au-dessus de Tinghir. Jugé et condamné à mort, il est le 15e des suppliciés exécutés à Kénitra le 1er novembre 1973.

Ajoul, Larbi : Membre actif de l'UNEM, puis de l'UNFP, il devient, à la fin des années 60, le représentant du syndicat étudiant en France. Figure discrète mais néanmoins décisive à la direction du Tanzim, il sera condamné par contumace en 1973. Gracié en 1980, il retourne au Maroc. Secrétaire d'Etat aux postes de 1989 à 2000, il est élu au bureau politique de l'USFP en 2001.

Alaoui, Slimane, alias Moulay Omar, alias Mansour : Natif De Mellab (Tadighoust), cet ancien membre de l'ALN compte parmi les principaux cadres militaires du Tanzim. Que ce soit en Algérie, en Syrie ou en Libye, il a formé nombre de militants à lutte armée. Rentré avec Mahmoud en 1973, il trouve la mort à ses côtés le 5 mars 1973.

Amokrane, Mohamed : Colonel dans les forces armées, coauteur du coup d'Etat de 1972. Condamné à mort, il est passé par les armes le 13 janvier 1973.

Askour, Mohamed, alias Castro : Etudiant recruté en Algérie, il est formé en Syrie avant de s'introduire clandestinement au Maroc en 1970 avec le groupe de El Yazid. Replié en Algérie, il figure parmi le carré rapproché de Mahmoud qui gagne le Maroc en 1973. Il participe à l'attentat de Moulay Bouazza avant de trouver la mort au combat le 6 mai 1973.

Ba Amrani, de son vrai nom Brou M'barek Ben Ahmed : Ancien combattant de l'ALN-Sud, il devient sous-officier dans les FAR avant de trouver refuge en Algérie. Il suit des formations militaires en Algérie et en Syrie. En 1973, il compte parmi les cadres qui suivent Mahmoud au Maroc. Arrêté à Talsint en mai 1973 avec Aït Ami, alors qu'ils s'apprêtaient à franchir la frontière algérienne, il sera condamné à mort et exécuté à Kénitra le 1er novembre 1973.

Barou : Ancien résistant et compagnon de promotion d'Oufkir. Devenu Caïd de Salé, il fuit les persécutions de 63 et se réfugie en Algérie. En exil, il assure la direction du camp de Ouata jusqu'à sa fermeture en 1964.

Basri, Mohamed, alias le fqih : Ancien résistant et cadre de l'UNFP, il est arrêté et condamné à mort en 1963. Gracié, il est libéré en 1965. En exil depuis 1966, il organise et dirige le Tanzim. Il est condamné à mort par contumace en 1971 et 1973. A la date de parution de ce livre, il vit encore à Casablanca.

Benhamou, Mohamed : Chef de l'ALN-Sud, il devient officier dans les rangs des FAR à partir de 1959. En 1963, il déserte les FAR et se réfugie en Algérie, entraînant dans son sillage nombre de sous-officiers. Il participe à l'établissement de camps d'entraînement en Algérie.

Ben Barka, Mehdi : Membre fondateur de l'UNFP et ancien Président de l'Assemblée Nationale Consultative, il s'impose comme une figure internationaliste œuvrant au rapprochement des mouvements de libération. Enlevé et assassiné à Paris en octobre 1965.

Ben Bella, Ahmed : Dirigeant du FLN et premier président de la République Algérienne (1962-1965).

Ben Yahia, Mohamed, alias El Hatimi : Dirigeant de l'UNEM recruté en Algérie, il suit plusieurs formations militaires en Algérie et en Syrie avant de s'introduire clandestinement au Maroc en 1970 avec le groupe de El Yazid. Replié en Algérie, il est jugé par contumace lors du procès de Marrakech. Membre dirigeant du Tanzim jusqu'en août 1973, il est Gracié dans les années 80. A la date de parution de ce livre, il est attaché de presse du Premier ministre Abderrahmane Youssoufi.

Benjelloun, Ahmed, alias Abdelmoumen : Frère d'Omar Benjelloun, ce dirigeant de l'UNEM devient un des chefs du Tanzim en Syrie. Arrêté à Madrid avec Saïd Bounilat en janvier 1970, il est jugé et condamné lors du procès de Marrakech. Gracié dans les années 80, il réintègre la vie politique en tant qu'avocat, journaliste et membre dirigeant du Parti de l'Avant-garde Démocratique et Socialiste. A la date de parution de ce livre, il vit encore à Rabat.

Benjelloun, Omar : Dirigeant syndicaliste et membre fondateur de l'UNFP, il est assassiné le 18 décembre 1975.

Ben Saïd, Mohamed Idir : Chef historique de l'ALN-Sud il fut condamné à mort par contumace en 1963. Rentré d'exil dans les années 80, il rompt avec l'USFP et fonde l'Organisation de l'Avant Garde Démocratique et Populaire (OADP). A la date de parution de ce livre, il vit encore à Casablanca.

Benslimane, Hosni : Général de gendarmerie, ex-gouverneur de Kénitra.

Bouabid, Abderrahim : Membre fondateur de l'UNFP, ancien ministre, secrétaire général du parti à partir de 1975, il décède le 8 janvier 1992.

Boubker, Driss : Chef historique de l'ALN-Sud et proche compagnon de Nemri, il devient commandant des FAR dans les années 60. A la date de parution de ce livre, il vit encore à Rabat.

Boumaza, Bachir : Membre du FLN algérien, il devient ministre de l'économie dans le gouvernement de Ben Bella (1962-1965), avant de s'exiler en 1966. Nommé président du Conseil en 1998, il est démis de sa fonction en 2001.

Boumedienne, Houari : Ministre algérien de la Défense, il accède au pouvoir à la faveur d'un Coup d'Etat en 1965. Il décède le 29 décembre 1978.

Bounilat, Saïd de son vrai Mohamed Ajjar : Né en 1920 à Tafraout, résistant sous le Protectorat, il fut condamné 3 fois à mort, dont 2 fois sous le règne de Hassan II. La dernière condamnation à la peine capitale, pour son implication dans le « complot de 69 », fut commuée en grâce. A la date de parution de ce livre, il vit encore à Souk Sebt près de Beni Mellal.

Bousta, Abdelghani, alias Omar : Originaire de Marrakech ce militant de l'UNEM poursuit ses études à Grenoble à la fin des années 60 en même temps que Larbi Ajoul, Taieb Bennani et Brahim Ouchelh. Ingénieur diplômé, il retourne au Maroc, où il est nommé directeur des barrages du Sud marocain. Dès 1973, il quitte le Maroc et se rend en Libye. Il décède à Paris en 1998.

Bouzyan, de son vrai nom Lahcen Tarjisht : Ancien moqaddem à Safi réfugié en Algérie, il suit des formations militaires en Algérie et en Syrie. En 1969, il rejoint les environs de Marrakech avec Othmani, Choujar et El Farchi. Echappant de justesse aux arrestations qui décimèrent le Tanzim, il trouve refuge en Algérie. En 1973, il compte parmi les cadres qui suivent Mahmoud au Maroc. Arrêté à Tounfit le 9 avril 1973 avec Othmani en mai 1973, il sera condamné à mort et exécuté à Kénitra le 1er novembre 1973.

Boras, de son vrai nom Boras Figuigui, alias «le borgne »
Figure historique de l'ALN et membre fondateur de l'UNFP. A la date de parution de ce livre, il vit encore à Rabat.

Brahim, de son nom complet Brahim Ouchelh, alias Ahmed Bennouna : Originaire de Salé, ce militant de l'UNEM poursuit ses études à Grenoble à la fin des années 60 en même temps que Larbi Ajoul, Taieb Bennani et Abdelghani Bousta. Diplômé en géologie à Nancy, il devient à partir de 1971, responsable du Tanzim en Libye. A la date de parution de ce livre, il vit encore à Paris.

Chelouati, Mohamed : Colonel et gouverneur d'Oujda. Coauteur du putsch de Skhirat en 1971, il est exécuté le 13 juillet 1971.

Choujar, Abderrahmane : Membre des réseaux de Cheikh El Arab, cet enseignant de Safi, suit une formation militaire en Syrie avant de s'introduire clandestinement au Maroc avec El Farchi, Othmani et Bouzyan. Dénoncé par Brahim Monadi, il est arrêté en 1969 et condamné par le tribunal de Marrakech. A la parution de ce livre, il vit encore au Maroc.

Dahmane Saïd : Natif de Tinghir, cet ancien résistant proche de Sidi Hamou, compte parmi les cadres qui suivent Mahmoud au Maroc en 1973. Arrêté le 20 avril 1973 à Taghlaft, il sera condamné à mort et exécuté à Kénitra le 1er novembre 1973.

Dahkoun, Omar, alias Zouheir : Natif d'Agadir, militant clandestin dés le début des années 60, il rejoint les rangs du Tanzim pour suivre une formation militaire en Algérie puis en Syrie. Chef des cellules clandestines de Rabat et de Casablanca, il sera arrêté, condamné à mort et exécuté à Kénitra le 1é novembre 1973.

Dlimi, Ahmed : Colonel, chef du renseignement à partir de 1971, il meurt dans des circonstances non encore élucidées le 25 janvier 1983 à Marrakech.

Draïa, Ahmed : Chef de la sûreté algérienne depuis 1965 et bras droit de Boumedienne.

El Farchi, de son vrai nom Omar Nasser : Originaire de Marrakech, cet ancien résistant fuit le Maroc en 1960, échappant de justesse aux gendarmes venus l'arrêter. Suivant et dispensant plusieurs formations militaires en Algérie puis en Syrie, il s'est introduit à deux reprises au Maroc en 1964 avec Cheikh-El-Arab puis en 1969 avec Othmani, Bouzyan et Choujar, échappant à chaque fois à ses poursuivants. A la date de parution de ce livre, il vit encore à Casablanca.

El Houni, Abdelmoumen : Membre de la junte des « officiers libres » qui prirent le pouvoir en Libye en 1969, il s'impose comme le numéro 2 du gouvernement cumulant les fonctions de ministre des affaires étrangères et du contre-espionnage. Il part en exil en 1975 au Caire avant d'être nommé, en septembre 2000, représentant permanent de la Libye à la ligue arabe.

El Melki, Abdallah, alias Moukhtar : Neveu de Sidi Hamou, il fut formé en Algérie puis en Syrie. Arrêté à Madrid en janvier 1970, il est extradé vers Damas. Rentré au Maroc avec Mahmoud en 1973, il figure parmi les rares rescapés. A la date de parution de ce livre, il vit encore à Casablanca.

El Mid, de son vrai nom Ahmed Kheir : Originaire de Figuig, cet ancien résistant fut sollicité par Bouras pour l'intrusion clandestine au Maroc de certains militants du Tanzim formés en Syrie.

Condamné par contumace, il prend, dés 1970, de l'ascendant au sein de l'organisation du Tanzim. A la date de parution de ce livre, il vit encore dans la région parisienne.

El Mouhtadi, Mohamed : Membre du réseau de Dahkoun, il fut formé en Syrie. Arrêté en mars 1973, il est jugé et condamné à mort. Il est exécuté à Kénitra le 27 août 1974.

El Ouali, Moustapha : Militant de l'UNEM, recruté dans les rangs du Tanzim et formé en Libye, il fonde le Polisario en mai 1973. Il meurt au combat le 9 juin 1976 lors d'une attaque sur Nouakchot.

Elyazghi, Mohamed : Cadre de l'UNFP, il est traduit en justice à la fois en 1970 à Marrakech et en 1973 à Kénitra pour collusion avec le Tanzim. A la date de parution de ce livre, il exerce encore en tant que ministre de l'habitat.

Farix, également appelé Naffa El Atta ou Mansour, de son vrai nom Abdallah Ben Mahzoun : Originaire de Tiznit, il a suivi un entraînement militaire en Algérie puis en Syrie. Rentré avec le groupe de Mahmoud en 1973, il est blessé lors de l'accrochage qui coûta la vie à Mahmoud et Slimane El Alaoui. Jugé puis condamné à mort, il est exécuté à Kénitra le 1er novembre 1973.

Fassi, Allal : Leader de l'indépendance et fondateur du parti de l'Istiqlal. Décédé en 1974.

Forkani, Mohamed, alias Habib El Ghighai : Cadre de l'UNFP et chef des cellules clandestines de la région de Marrakech, il est arrêté en décembre 1969 et condamné. Gracié dans les années 80, il deviendra député de Mohammedia. A la date de parution de ce livre, il vit encore à Mohammedia.

Idrissi, Taoufik : Proche de Dahkoun, avocat de formation, ce membre de l'UNEM poursuit une formation militaire en Syrie. De retour au pays, il est arrêté, jugé et condamné. Libéré, il est à nouveau arrêté en 1973. A la date de parution de ce livre, il exerce encore au barreau de Casablanca.

Jazzar, de son vrai nom Moha Oumonh Naït Barri : Natif de Beni Mellal, cet ancien sous-officier des FAR, a rejoint l'Algérie en 1963. On le retrouve dans les camps d'entraînement en Algérie, puis en Syrie. Rentré avec le groupe de Mahmoud en 1973, il est arrêté avec Dahmane Saïd près de Taghlaft le 20 avril 1973. Jugé puis condamné à mort, il est exécuté à Kénitra le 1er novembre 1973.

Jebli, Abdesslam : Chef historique de l'ALN-Sud et membre fondateur de l'UNFP, il connaît l'exil dés 1960. A la date de parution de ce livre, il vit encore à Marrakech.

Jbiha, Omar : Médecin chef de l'hôpital de Ksar Es-souk en mars 1973, il assiste à l'arrivée des corps sans vie de Mahmoud et de Slimane Alaoui. A la date de parution de ce livre, il exerce encore à Casablanca.

J'daini, Moustapha, alias Omar : Proche de Dahkoun, ce professeur de lycée fut formé en Syrie avant de devenir chef d'une cellule clandestine à Oujda. Il est arrêté en mars 1973 et condamné à mort. Il est exécuté à Kénitra le 1é novembre 1973.

Khaddar, Houceine, alias Jeloul : Originaire de Rabat, cet ancien résistant, membre de l'état-major de l'ALN en exil, participera à l'organisation du Tanzim en Algérie. Il meurt à Oran en 1981.

Khaled, ou Hassan Brahim, de son vrai nom M'hammed Touzani : Etudiant membre de l'UNEM et de l'UNFP, établi en Orient, il suit une formation à l'académie militaire syrienne avant de participer à l'organisation militaire du Tanzim en Syrie puis en Libye et en Algérie. Il vit encore à Paris à la date de parution de ce livre.

Khattabi, Abdelkrim : Figure légendaire de la résistance, il organise en 1921 une rébellion et décrète la république du Rif. Tenant tête pendant 4 ans à la fois aux troupes coloniales françaises et espagnoles, il est finalement défait et déporté à la Réunion. Il meurt en exil au Caire le 6 février 1963.

Khattabi, Omar : Neveu d'Abdelkrim Khattabi, Né en 1926, sur le bateau qui déportait son oncle en exil. Directeur d'une clinique à Kénitra, il est arrêté en 1973 suite à la découverte tardive de sa collusion avec le colonel Amokrane et le fqih Basri. A la date de parution de ce livre, il exerce encore à Kénitra.

Louzi, Hadou : Chef des cellules clandestines du Tanzim à Goulmima, il s'enfuit en Algérie en

1973. Rentré au Maroc à la fin des années 70, il décède à Rabat en 1997.

Mahmoud, de son vrai nom Mohamed Bennouna : Natif de Rabat, ce dirigeant de l'UNEM et membre de l'UNFP devient à partir de 1968 un des principaux dirigeants du Tanzim. Il s'introduit au Maroc avec un nombre de cadres triés sur le volet. Il meurt au combat le 5 mars 1973.

Manouzi, Brahim, alias commandant Mao : Originaire de Tafraout, cet ancien officier de l'ALN devient Khalifat puis commandant au sein des FAR. Accusé de collusion avec les conjurés de Skhirat, il est exécuté en juillet 1971.

Manouzi, Houceine, alias Khali ou Abou Ali : Neveu de Brahim Manouzi, ce membre de l'UNEM a suivi un entraînement militaire en Syrie avant de rejoindre le Maroc et former une cellule clandestine à Casablanca. Echappé aux arrestations qui décimèrent son réseau, il gagne la Libye, où il supervise l'approvisionnement en armes des cellules clandestines au Maroc. Enlevé à Tunis le 29 octobre 1972, il est porté disparu depuis.

Masine, Abderrahmane : Chef d'une cellule clandestine du Tanzim à Khénifra, il fut arrêté, jugé et condamné. Gracié en 1980, il est élu conseiller communal en 1992, il deviendra député maire de Khénifra en 1997.

Medbouh, Mohamed : Ancien de l'armée colonial, ministre des postes, gouverneur de Casablanca, ce colonel devient chef de la sécurité rapprochée de la maison royale. Coauteur du putsch de Skhirat du 10 juillet 1971, il est abattu lors de l'opération.

Meliani, Driss : Proche de Dahkoun, cet enseignant du secondaire dirigeait une cellule secrète du Tanzim. Arrêté en mars 1973, il est condamné à mort et exécuté à Kénitra le 27 août 1974.

Melouk, Shafai, alias Abou Ali : Cadre de l'UNEM, il poursuit une formation militaire en Syrie. De retour au pays, il est arrêté, jugé et condamné. A la date de parution de ce livre, il est directeur financier du quotidien Ittihad Ichtiraki à Casablanca.

Merzouk, Lahcen : Membre d'une cellule clandestine du Tanzim à Goulmima, il échappa pendant 14 ans à la police en se cachant sous sa maison. Il réapparaît après l'amnistie en 1987. Il meurt accidentellement en juillet 2001.

Najjar, aussi appelé Khirani ou Mousa, de son vrai nom Bachir El Zine : Ancien de l'ALN-Sud intégré aux FAR où il devint sergent chef, il fuit en Algérie en 1963 avec Nassiri. Formé en Algérie puis en Syrie, il est arrêté à Madrid en janvier 1970 et extradé vers Damas. Rentré au Maroc avec Mahmoud en 1973, il figure parmi les rares rescapés. A la date de parution de ce livre, il vit encore à Rabat.

Nassiri, de son vrai nom Houssein El Idrissi Ben Salah : Natif de Beni Mellal, cet ancien de l'ALN-Sud, devenu sous-officier des FAR, a fuit le Maroc en 1963 avec Najjar pour rejoindre les rangs des révolutionnaires en Algérie, puis en Syrie. En 1973, il compte parmi les cadres qui suivent Mahmoud au Maroc. Arrêté, il sera condamné à mort et exécuté à Kénitra le 1er novembre 1973.

Nassiri, Fadel : Cadre de l'UNEM formé en Syrie, ce directeur d'une école privée servit d'agent de liaison entre les cellules de l'Atlas et celles de Rabat et Casablanca. Il est arrêté en 1971 et condamné en 1973. Amnistié en 1981, il vit encore à Casablanca à la date de parution de ce livre.

Nemri, Abdallah ou Tizniti, Brahim : Principale figure de l'ALN-Sud, il devient lors de ses années d'exil en Syrie et en Algérie un membre actif de l'état-major de l'ALN en exil. Rentré clandestinement au Maroc en 1971, il meurt au combat le 8 mai 1973

Othmani, de son vrai nom Mohamed Bouchakouk : Ancien sergent des FAR réfugié en Algérie, il suit des formations militaires en Algérie et en Syrie. Il rejoint les environs de Marrakech en 1969 avec Bouzyan le 9 avril 1973, Choujar et El Farchi. Echappant de justesse aux arrestations qui décimèrent le Tanzim, il trouve refuge en Algérie. En 1973, il compte parmi les cadres qui suivent Mahmoud au Maroc. Arrêté à Tounfit avec Bouzyan 9 avril 1973, il sera condamné à mort et exécuté à Kénitra le 1er novembre 1973.

Oufkir, Mohamed : Général et ministre de l'intérieur couvrant à la fois l'état-major de l'armée et les services de renseignement. Il meurt assassiné au palais royal la nuit du 16 au 17 août 1972, suite à la découverte de son implication dans le second coup d'état de 1972.

Oulhaj, Moha de son vrai nom Amahzoun : Notable de Khénifra issu d'une lignée de potentats locaux, il devient par alliance le beau-frère du roi Hassan II. Principal sponsor de Nemri depuis son infiltration, il accueille et héberge cinq des chefs révolutionnaires rentrés avec Mahmoud en 1973. Arrêté, le 4 mars puis condamné à mort il est exécuté à Kénitra le 1er novembre 1973.

Oumda, Mohamed : Natif de Khénifra, cet ancien agent des forces auxiliaires s'est entraîné en Syrie avant de rejoindre le Maroc en 1969. Caché à Rabat jusqu'en 1971, il s'installe au maquis dans les environs de Khénifra dés 1971. Rescapé de mars 73, il trouve refuge en Algérie, où il décède en 1980.

Saât, de son vrai nom Mohamed Ben Abdelhaq Ben Amara : Ancien membre de la résistance originaire de Figuig, il devient à l'indépendance adjoint du Caïd de Goulmima. Arrêté en 1960 pour recel d'armes, il sort de prison en 1965. A partir de 1971, il devient le chef des cellules clandestines du Tanzim à Figuig, responsables du passage de la frontière algéro-marocaine. Ayant fuit la répression de 1973, il est jugé par contumace. A la date de parution de ce livre, il vit encore à Casablanca.

Sabri, alias Ho Chi Minh, de son vrai nom Mohamed Ben El Houssein
Etudiant recruté en Algérie, il est formé en Syrie avant de s'introduire clandestinement en 1970 avec le groupe de El Yazid. Replié en Algérie, il figure parmi le carré rapproché de Mahmoud qui gagne le Maroc en 1973. Il participe à l'attentat de Moulay Bouazza avant d'être capturé le 9 mai 1973. Jugé puis condamné à mort, il est exécuté à Kénitra le 1er novembre 1973.

Sahir, de son vrai nom Larbi Figuigui : Ancien résistant, membre de l'UNFP, beau-frère de l'inspecteur Souhail Ramsis, Il est sollicité par Mahmoud pour assurer la liaison avec certaines cellules clandestines au Maroc. Il décède à Casablanca en 1997.

Sebatta, Abdelfattah, alias Abbes : Ancien résistant, membre de l'UNFP, il est condamné à mort par contumace en 1959 et 1963. Il participe, jusqu'en 1967, au recrutement de cadres pour le compte du Tanzim. A la date de parution de ce livre, il est encore président de la commune urbaine de Rabat.

Seghir, de son vrai nom Mohamed Belqadi : Originaire de Beni Mellal, il est recruté en Algérie, où il suit une formation militaire avant de gagner la Syrie. Arrêté à Madrid en janvier 1970, il est finalement extradé vers Damas. Rentré au Maroc avec Mahmoud en 1973, il figure parmi les rares rescapés. A la date de parution de ce livre, il vit encore en Libye.

Si Brahim, de son vrai nom Mohamed Naït El Hachmi : Gendre de Houceine Khaddar et neveu de Sidi Hamou, il fut formé en Algérie puis en Syrie. Arrêté à Madrid en janvier 1970, il est extradé vers Damas. Rentré au Maroc avec Mahmoud en 1973, il figure parmi les rares rescapés. A la date de parution de ce livre, il vit encore à Oran.

Sidi Hamou, Abdelalim : Figure de la résistance anti-coloniale, ce cheikh restera pendant de longues années un pilier de l'activisme révolutionnaire clandestin dans l'Atlas. Rescapé de mars 1973, il décède à Tinghir en septembre 1997.

Tanouti, Mohamed : Garde du corps du roi jusqu'en 1962, puis officier responsable du contrôle des postes frontières jusqu'en 1970, date de son arrestation. Ayant purgé sa peine de 10 ans de réclusion, il vit encore à Casablanca à la date de parution de ce livre.

El Yazid, Barakat : Etudiant membre de l'UNEM et de l'UNFP, il suit une formation militaire en Algérie avant de participer à l'organisation du Tanzim en Syrie. Rentré clandestinement à plusieurs reprises au Maroc, il est arrêté en septembre 1970 et condamné par le tribunal de Marrakech. Il vit encore à Casablanca à la date de parution de ce livre.

Youssoufi, Abderrahmane : Ancien résistant, membre fondateur de l'UNFP, puis secrétaire général de l'USFP dés 1992, il exerce encore, à la date de parution de ce livre, la fonction de Premier ministre.

Sommaire